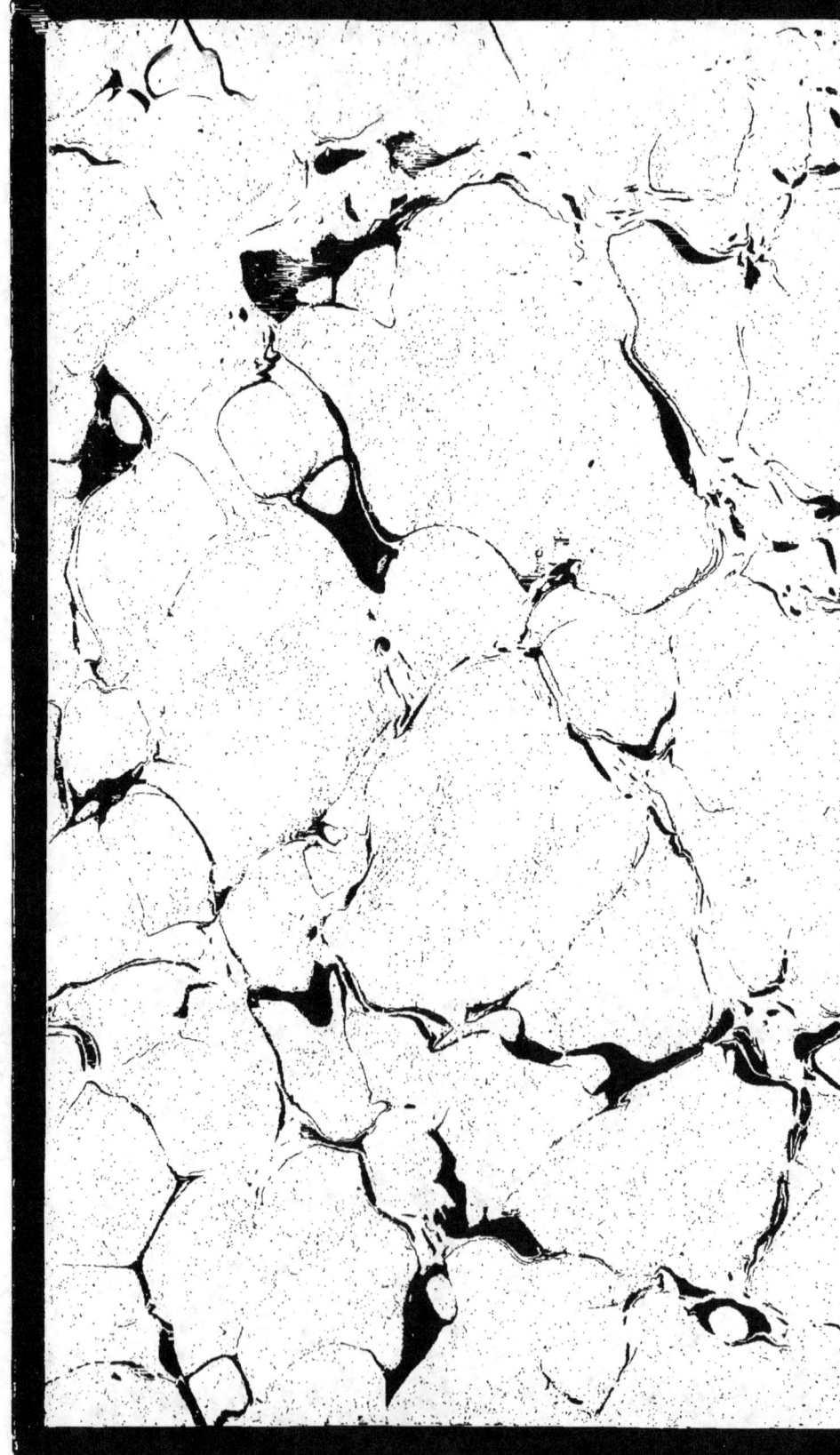

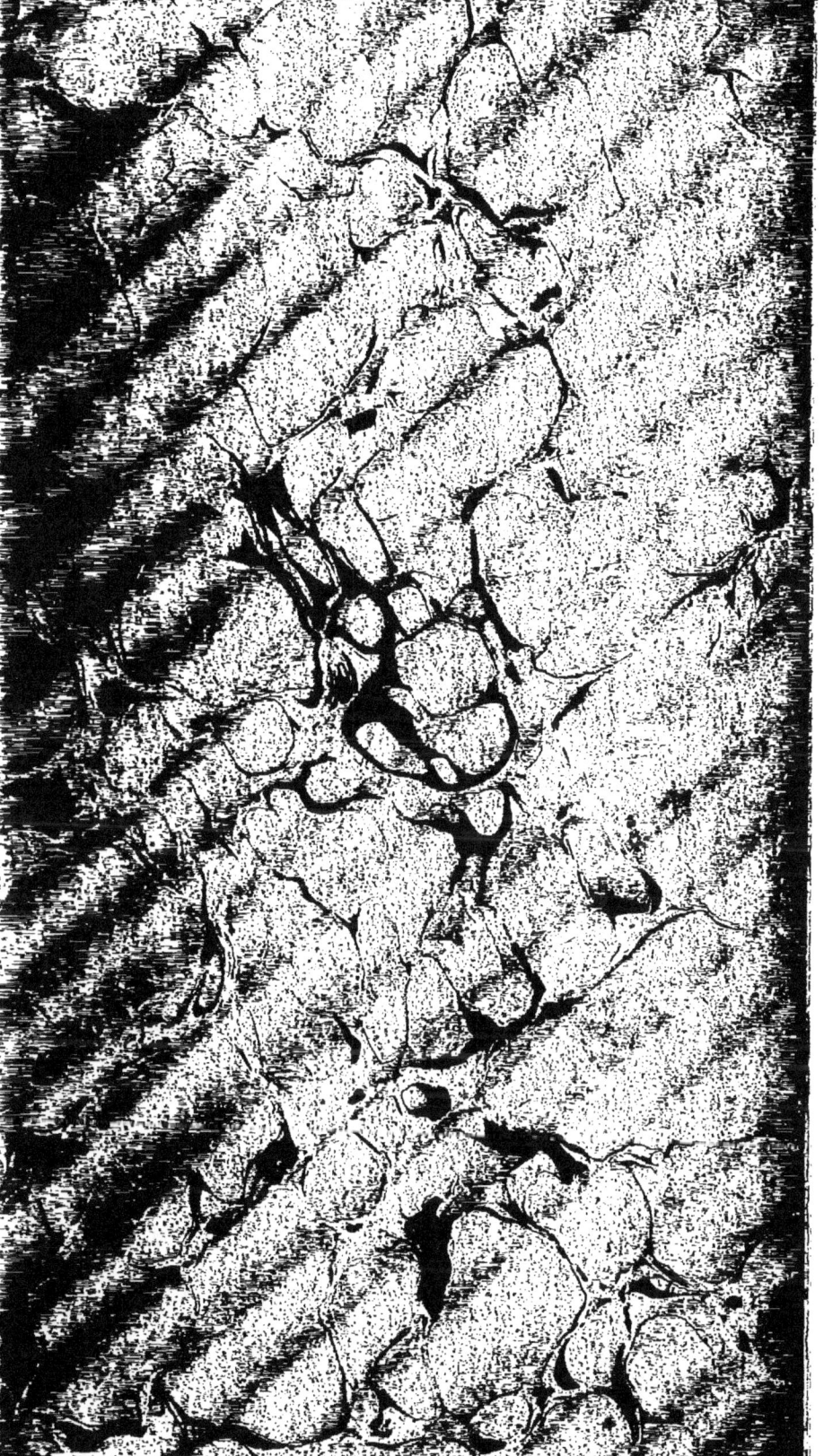

Don Arch. hat
Sect. 014

DV
8°
R
S.1905

LA PENSÉE MODERNE

(DE LUTHER A LEIBNIZ)

DU MÊME AUTEUR

La Pensée antique. *De Moïse à Marc-Aurèle.* Deuxième édition. 1 vol. in-8. (Librairie Félix Alcan).

La Pensée chrétienne. *Des Évangiles à l'Imitation de Jésus-Christ.* 1 fort. vol. in-8 (Félix Alcan).

L'Imitation de Jésus-Christ. *Livre de la consolation intérieure enseignant la vie spirituelle.* TRADUCTION NOUVELLE suivie d'une nomenclature des emprunts de l'Imitation; de la traduction du livre sur le sacrement de l'autel par le chancelier de Marillac, remaniée et amendée; d'un choix des principaux passages de la traduction paraphrasée de l'Imitation par Pierre Corneille et d'un appendice sur les origines de l'Imitation. 1 vol. in-8 (Félix Alcan).

La Pensée moderne. *De Luther à Leibniz.* 1 vol. in-8 (Félix Alcan).

Les Pères de la Révolution. *De Bayle à Condorcet.* Sous presse (Félix Alcan).

La Pensée nouvelle. *De Kant à Tolstoï.* En préparation (Félix Alcan).

Les neuf ans d'un sénateur. Discours, silhouettes et lettres, avec introduction par Marius Constans. 2 vol. in-12 (Félix Alcan).

La Chanson de Roland, traduite et rythmée conformément au texte roman, et Récits Épiques, composés d'après nos vieilles chansons de geste. Précédés d'une lettre de Gaston Paris à l'auteur. Troisième édition. 1 vol. de 664 pages (Belin frères).

Les Libérateurs. Troisième édition (Hachette et Cie).

Washington, libérateur de l'Amérique. Quatrième édition (Hachette et Cie).

Jeanne d'Arc, libératrice de la France. 6e édit. (Hachette et Cie).

Procès de condamnation de Jeanne d'Arc, traduit du latin d'après les procès-verbaux officiels, *avec éclaircissements* et *fac-simile* de l'attestation d'authenticité du manuscrit appartenant à la bibliothèque de la Chambre des députés. Troisième édition (Hachette et Cie).

Procès de réhabilitation de Jeanne d'Arc, raconté et traduit du latin d'après les procès-verbaux officiels, 2e édit. (Hachette et Cie).

Jeanne d'Arc. Drame en trois parties et neuf tableaux, joué au Châtelet et repris à l'Odéon. Nouvelle édition (Hachette et Cie).

Les bourreaux de Jeanne d'Arc et sa fête nationale. *Notice sur les personnages du procès de condamnation. Documents sur la fête du patriotisme.*

La délivrance d'Orléans. Mystère en quatre actes et dix-sept tableaux, d'après le *Vieux Mystère du siège d'Orléans.*

Jésus. Mystère en cinq actes, avec prologue et épilogue. 2e édit.

Le mois de Jeanne d'Arc, ou Éphémérides de Jeanne d'Arc en trente et un chapitres comportant une lecture pour chaque jour du mois de mai (Colin et Cie). Couronné par l'Académie française. Prix Guizot.

Cent poésies de Pierre Corneille, *tirées de sa traduction de « l'Imitation de Jésus-Christ »,* avec introduction. 2e édit. (H. Paulin et Cie).

JOSEPH FABRE

LA PENSÉE MODERNE

(DE LUTHER A LEIBNIZ)

> Pour être chrétien il faut n'être pas romain.
> — LUTHER.

> On doit ne rien croire de ce qui n'est fondé que sur la coutume, et non sur la raison.
> — DESCARTES.

> Le seizième et le dix-septième siècle pourraient être nommés les prémisses du dix-huitième, qui ne fut en effet que la conclusion des deux précédents.
> — JOSEPH DE MAISTRE.

PARIS
FÉLIX ALCAN, ÉDITEUR
108, BOULEVARD SAINT-GERMAIN, 108
—
1908
Tous droits de traduction et de reproduction réservés.

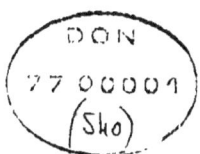

LA PENSÉE MODERNE

DE LUTHER A LEIBNIZ

L'AVÈNEMENT DE LA PENSÉE MODERNE

A partir du xvi° siècle, grand siècle plein de sève et de vie, l'intelligence européenne, émancipée du joug des autorités religieuses par la Réforme de Luther qui était grosse d'orages politiques et de révolutions intellectuelles que son auteur ne prévoyait ni ne voulait, émancipée du joug des autorités philosophiques par Ramus, l'infatigable adversaire d'Aristote, par Rabelais, le gigantesque railleur, par Montaigne, le profond douteur, par Galilée, le savant penseur, enfin par les inventeurs et par les artistes de la Renaissance, reprend les grandes traditions de l'antiquité; se retrempe aux sources vives de la liberté et de la nature; rompt avec le pédantisme ergoteur et vide, et s'affranchit du servage théologique. Il y eut alors comme une inondation de lumière, d'inspiration et de génie. L'humanité, rajeunie et radieuse, faisait éclater ses mille fanfares, et tout semblait chanter la nouvelle aurore de l'immortelle pensée.

Pourtant le fanatisme, voyant se dissiper la nuit où il prétendait emprisonner les âmes, redoublait ses fureurs. Galilée dut, pour sauver sa vie, apostasier son génie et jurer à genoux que l'évidence n'était pas l'évidence, tandis que plusieurs philosophes, entre autres le matérialiste Vanini et le panthéiste Giordano Bruno, expiaient sur le bûcher les hardiesses de la libre recherche.

« C'est vous qui devez être troublés et non pas moi », disait Bruno expirant à ses bourreaux. Et il avait raison, car ce qui tuait était frappé à mort et ce qu'on voulait tuer était fait pour vivre.

LIVRE PREMIER

LA RÉNOVATION RELIGIEUSE

LE BESOIN D'UNE RÉFORME

A côté des philosophes et des savants qui ressuscitèrent l'esprit philosophique et l'esprit scientifique de l'ancienne Grèce, il y eut les réformateurs qui entreprirent de ressusciter l'esprit religieux du christianisme primitif.

La théologie du moyen âge, à force de justifier le catholicisme, dressait les esprits à supposer qu'il avait besoin de justification, et l'habitude de le suspecter tendait à s'établir. Ainsi dans la scolastique était en germe la Réforme.

Elle avait été préparée, au commencement du xv⁰ siècle, par les deux continuateurs de Wicleff, Jean Huss et Jérôme de Prague, qui périrent sur le bûcher, mais à qui leurs idées survécurent. Bien avant, dès le xii⁰ siècle, elle était déjà rendue imminente par de graves désordres dont gémissait saint Bernard. On connaît ses plaintes éloquentes. Au xiii⁰ siècle, le grand moine franciscain, Jacopone de Todi, faisait écho à saint Bernard dans les pages où il marquait au fer rouge le pape Boniface viii, « vivant dans le scandale comme la salamandre dans le feu », et où il mettait en scène l'Église éplorée : « L'Église pleure et se lamente. O très noble et douce mère, pourquoi te lamenter? Pourquoi pleurer ? Tu sembles bien souffrir. Dis-moi le sujet de ta plainte. — O mon fils, je n'ai que trop lieu de pleurer. Les miens jadis vivaient en paix; maintenant ils sont dans les discordes; et les infidèles m'appellent l'Immonde, à cause des mauvais exemples qu'ont partout semés mes enfants. Mort est l'esprit de pauvreté. Il n'y a d'honneurs que pour l'argent. O criminelle avarice, soif prodigieuse qui boirait tout l'or du monde et ne saurait être désaltérée!... C'en est fait des bonnes doctrines. Où sont les patriarches pleins de foi, les apôtres pleins d'amour, les martyrs pleins de force, les docteurs pleins de sagesse ? La pompe et les grandeurs ont tout gâté. La vie qu'on mène est le contraire des lois que je prescris. Prélats et religieux me foulent aux pieds. Dans tous les États je vois le Christ mort; et chacun en son cœur se fait déicide. »

Les désordres, comme le constate Bossuet dans son *Histoire des Variations*, ne firent que s'accroître. Les Gerson et les Pierre d'Ailly étaient forcés de reconnaître que l'Église avait besoin d'être *réformée dans le chef et dans les membres*.

Le pieux disciple de Gerson, Nicolas de Clémengis, osait dire : « Le Saint-Esprit fuit les hommes charnels, loin de les assister; et un concile général n'est pas nécessairement guidé par lui. Le Seigneur seul connaît ceux qui sont vrais membres de l'Église ».

Enfin l'illustre cardinal Julien s'écriait tristement : « La cognée est à la racine; l'arbre penche; il pourrait encore se soutenir; et voici que nous le précipitons à terre, » tant étaient grands les vices et les crimes dont se souillaient, à côté de beaux exemples de sainteté, prêtres, moines et papes.

L'INITIATIVE DE LA RÉFORME

Le chef de la Réforme fut le moine allemand Luther.

Ayant été chargé d'une mission à Rome, l'austère théologien en revint outré de la corruption qui y régnait. Il n'attendait qu'une occasion pour éclater. Elle lui fut fournie par la vente des indulgences. Ce trafic, confié à l'ordre rival des Dominicains, indigna l'ordre des Augustins, auquel appartenait Luther. Quoi ! Cette grande idée chrétienne du salut par le repentir, on osait la profaner, l'avilir, en faisant du pardon des péchés une marchandise, et non le fruit des saintes humiliations de l'âme reconnaissant sa honte, s'amendant, se châtiant, se purifiant ! Luther s'éleva, avec cette fougue entraînante qui était le propre de son génie, contre les indulgences.

Cela devait le mener loin. En effet, pourquoi s'étonner si l'Église fait commerce des grâces d'En-haut et garantit la remise des péchés commis, en échange d'une contribution pécuniaire ? L'Église n'est-elle pas l'autorité souveraine devant qui il convient que toute conscience s'incline ? Ce qu'elle demande, elle le demande au nom de Dieu dont elle est la mandataire. Se révolter contre le débit des indulgences, c'est se révolter contre la délégation terrestre du pouvoir divin. Aussi Luther aboutit-il à renier le pape. Plus de pouvoir spirituel qui s'interpose entre l'homme et la Bible ! Chacun doit lire le *Livre de Dieu*, et s'en inspirer.

LUTHER

La tendance naturelle de l'homme à copier les autres et à se copier lui-même accrédite les coutumes et tend à les perpétuer, d'autant plus qu'elles dispensent de l'effort personnel. Mais à l'esprit d'imitation, commun au grand nombre, s'oppose l'esprit d'initiative, lot de quelques privilégiés. C'est lui qui fait les novateurs en tous genres, et particulièrement les héros religieux ouvrant des voies nouvelles à la croyance.

Luther avait eu des précurseurs dans ces hérésiarques, protestants avant le protestantisme, dont j'ai parlé dans mon livre sur la Pensée chrétienne. Il les prima par le génie et par la volonté ; puis il eut la chance de paraître à l'heure la plus favorable. Le croissant besoin d'une réforme facilita son œuvre ; et les passions des princes la servirent.

Ce n'est pas tout d'un coup qu'il aboutit à ses conclusions révolutionnaires. Où la pieuse légende voit un bloc, l'histoire nous montre un édifice dressé pièce à pièce parmi les contradictions.

Le théologien qu'on se représente comme un révélateur parlant en inspiré du haut de son Sinaï de Wittemberg, fut un être de chair et d'os, en qui la passion bouillonnait; enflammé par la dispute, prêt cependant à la conciliation ; poussé aux grandes audaces par les maladresses de ses adversaires, avançant et reculant tour à tour ; rude homme et bonhomme ; alliant la véhémence la plus emportée à la suavité la plus pénétrante ; épris de musique autant que de théologie; ému jusqu'aux larmes par la poésie des étoiles, des moissons dorées, du

petit oiseau qui chante ; ouvert à toutes les tendresses et
à toutes les joies humaines ; allègre et mélancolique ;
ici badinant avec de gros rires devant des pots de bière,
là sanglotant au chevet d'une enfant ; sublime et popu-
lacier ; naïf et retors ; prodigue d'anathèmes contre la
papauté et ferme comme un roc dans sa crédulité au
diable ; tantôt esclave d'un verset de la Bible, tantôt censeur impérieux de telle épître, de tel livre, rayés par lui
des Écritures parce qu'ils ne cadrent pas avec ses vues ;
aujourd'hui inflexible dans son intransigeance, demain se
prêtant à des compromissions dont la plus grande fut la
licence donnée au landgrave de Hesse d'épouser sa maîtresse du vivant de sa femme ; logicien et mystique ; disciple subtil de saint Paul et disciple ingénu de la nature ;
grande âme à tout prendre, profondément vraie et sympathique.

LE MANIFESTE SUR LES RÉFORMES NÉCESSAIRES

En politique avisé, Luther avait compris quel appui
pourrait lui venir de tous ces nobles qui, du haut des
donjons où s'abritait leur altière pauvreté, voyaient avec
dépit l'opulence du clergé et souriaient à l'idée de s'enrichir un jour de ses dépouilles. L'an 1520, au commencement d'août, il lança un livre qui était un vibrant
appel à la noblesse chrétienne de l'Allemagne. Esquis-
sons-en un résumé très sommaire :

Le temps du silence est passé ; l'heure de parler est
venue. Me blâme qui voudra ! Il suffit que Dieu me
fasse la grâce de rechercher son honneur et non le
mien.

Rome oppose l'ordre ecclésiastique à l'ordre civil, et

subordonne le laïque au prêtre. On y oublie donc que tous les chrétiens sont enfants du Christ au même titre, sans qu'il soit besoin d'ordination ou de tonsure. Le baptême nous fait tous prêtres, comme l'ont marqué Pierre et Paul. Le laïque est, tout autant que le clerc, de race sacerdotale. Il n'y a de différence que celle de la fonction. Elle crée des devoirs, et non un privilège.

Osons souffler sur des murs de paille et de papier! Osons dire qu'un ecclésiastique, démis de sa charge, ne garde point le caractère indélébile que le droit canonique lui attribue, mais n'est plus qu'un citoyen pareil aux autres ! Osons dire qu'il est scandaleux de prétendre que, *quand même un pape serait mauvais jusqu'à conduire une infinité d'âmes à leur perte éternelle, nul n'aurait pourtant le droit de le destituer !* Osons dire que, si l'Église a sanctionné tant de lois anti-évangéliques et inhumaines, cela vient de cette monstrueuse maxime : *Serait-il un méchant ou un impie, un pape ne saurait errer sur les choses de la foi !*

Le droit de convoquer un concile n'appartient pas au pape seul. Qui ne sait que le fameux concile de Nicée ne fut ni convoqué ni confirmé par l'évêque de Rome ? Tout citoyen qui voit se déclarer un incendie n'est-il pas tenu d'appeler au secours ? Combien ce devoir n'est-il pas plus grand pour l'homme qui s'aperçoit qu'un immense foyer de scandales s'est allumé dans la capitale du Christ ? Je pousse donc le cri d'alarme. Alerte, Allemands ! Provoquons un concile ! Il faut craindre Dieu plus que les hommes. L'avenir me saura gré d'avoir donné l'éveil.

Pourquoi les successeurs de saint Pierre, qui nous

doivent l'exemple de l'humilité, étalent-ils un luxe, une pompe, que ni roi ni empereur ne sauraient égaler? A quoi bon tout ce peuple de cardinaux auxquels on donne évêchés, couvents et prélatures, au grand détriment du service de Dieu et à la grande ruine du pauvre monde? A quoi bon cette fourmilière de parasites qui vivent autour du pape et qui, avec leurs bénéfices, dévorent les princes comme les loups les brebis?

N'est-il pas temps de défendre les biens temporels et spirituels contre ces loups dévorants qui se donnent pour les bergers et les conducteurs de l'Église?

Qu'est la foire de Beaucaire, à côté de cette foire qui se tient toute l'année à Rome? Ce n'est que ventes, achats, échanges, mensonges, tromperies, escroqueries, orgueil, luxure, mépris de Dieu. Il y a là une mer d'iniquités qui déborde sur le monde entier. De l'or, encore de l'or; et l'usurier devient honnête homme; et le moine a permission de quitter son ordre; et les fils de prostituées sont légitimés; et toute honte se change en dignité; et le vice, l'infamie reçoivent des lettres de noblesse. Sus à cette avarice romaine, qui, sous le saint nom du Christ, commet plus de rapines que les pires voleurs de tous les temps!

Nobles, songez que votre fonction est de protéger le peuple, qui, lui, a pour fonction de travailler! Ramenez le christianisme dans le siège de la chrétienté! Assurez-vous des évêques qui cessent d'être des zéros, des mannequins! Exigez que Rome mette un terme à sa passion des biens temporels, à son mépris de la prière et de l'Évangile! Dédaignez ses excommunications, comme on dédaigne les criailleries d'un voleur anathématisant son prochain parce que celui-ci n'a pas voulu se laisser voler!

Je demande que le pape ne se mêle plus des gouvernements de la terre. Il peut être le représentant du Christ travaillant, prêchant, se dévouant, souffrant et mourant; mais il n'a pas qualité pour prendre au Christ sa céleste royauté. Le roi du ciel n'a pas besoin d'un vicaire, lui qui règne, voit, sait, peut et fait toute chose.

Il est temps que la cohue romaine cesse de se mettre au-dessus de toute autorité civile. Que de sang répandu, que de libertés perdues, que de biens sacrifiés, que d'outrages subis, pour ce semblant d'empire que la papauté laisse à l'Allemagne ! Nous avons le nom, le titre, le sceau de l'empire. Le pape a les trésors, le droit, la liberté, les âmes. Il dévore l'huître, et nous jouons avec les écailles vides.

Je demande qu'il soit mis un terme à l'idolâtrie romaine. Le Christ lavait les pieds à ses disciples; et le pontife de Rome accorde comme une grande grâce la faveur de lui baiser les pieds. S'agit-il de recevoir la communion ? Le pape se tient tranquillement assis, tandis qu'un cardinal à genoux lui présente le Saint Sacrement au bout d'un roseau d'or, comme si le Saint Sacrement n'était pas digne qu'un misérable pécheur se tînt debout pour le recevoir et fît au moins cet honneur à son Dieu. A Rome le Christ n'est rien ; le pape est tout.

Je demande qu'on abolisse les pèlerinages faits à Rome. Les pèlerins n'en rapportent que mépris de Dieu et de ses commandements. D'où le proverbe : Plus près est Rome, pires sont les chrétiens.

Je demande qu'on ne bâtisse plus de couvents d'ordres mendiants. Il y en a de reste. Le Saint-Siège ne met sur pied cette grande armée de moines que pour opposer une puissance aux prêtres et aux évêques, qui sans cela pourraient entreprendre la réforme nécessaire. Au surplus, je ne sais que trop comment, dans les cloîtres, on garde les vœux, en particulier le vœu de chasteté.

Je demande que les prêtres ne soient pas contraints à vivre dans le célibat, mais puissent prendre une femme légitime. C'était le vœu de l'apôtre saint Paul : « Que l'évêque soit un homme irrépréhensible, *mari d'une seule femme* ! »
Chez les chrétiens de jadis, chaque communauté faisait choix, pour la charge pastorale, d'un homme pieux et instruit; fournissait à ses besoins, et le laissait libre de se marier ou de vivre dans le célibat. Ce chef élu de la communauté avait à ses côtés plusieurs auxiliaires mariés ou non. D'autres temps sont venus, prévus par saint Paul, quand il écrivait à Timothée : « Quelques-uns, s'attachant aux doctrines des démons, défendront de se marier. »
Il est impossible de dire les maux qui ont procédé de cette défense. On lui doit le schisme de l'Église grecque, des disputes infinies, toute sorte de péchés.
Le comble, c'est que le prêtre a la faculté d'avoir une femme à son service. Faire vivre ensemble un homme et une femme et leur interdire de succomber, n'est-ce pas approcher la paille du feu en lui défendant de s'enflammer ?
Encore si ceux qui se font prêtres étaient armés contre la fragilité humaine ! Mais non, le souci de vivre chastement n'est pour rien dans la plupart des vocations ecclésiastiques. Si chaque paysan veut qu'un de ses fils entre dans le sacerdoce, c'est qu'il est alléché par l'espoir que

ce fils fera bonne chère. Le jeune homme se fait prêtre afin d'avoir la nourriture temporelle sans peine et sans travail, à l'encontre du commandement de Dieu qui dit : « Tu mangeras ton pain à la sueur de ton front. »

Je demande la suppression, ou tout au moins la réduction de toutes ces fêtes, fêtes anniversaires, fêtes votives, fêtes de la Vierge et des saints, qui ne sont qu'une affaire d'argent, une occasion de boire ou de manger. Ce qui touche Dieu ce n'est pas le nombre des prières; c'est la manière de prier. Les jours saints sont devenus des jours d'oisiveté, moins sanctifiés que les jours de travail : on s'y livre au jeu et à la débauche.

Je demande la suppression de toutes les dispenses que Rome donne pour de l'argent, par un abominable marchandage. Il y a lieu de rompre les mailles de ces filets que le pape s'arroge le pouvoir de desserrer contre de beaux deniers comptants. Plus de ces mariages qui sont prohibés à moins qu'on n'achète le droit de les contracter ! Plus de ces jeûnes dont on est dispensé pourvu qu'on paye le droit de manger gras ! Les prélats de Rome se rient du jeûne, pendant qu'ils nous mettent au régime de l'huile, et d'une huile dont ils ne voudraient pas pour graisser leurs souliers. L'Évangile, comme le constate saint Paul dans sa première épître aux Corinthiens, donne à tous pleine liberté de se nourrir de toute espèce d'aliments. Rome nous vole cette liberté pour nous la revendre. Et il se trouve une foule de fidèles assez sots pour estimer que manger du beurre à certains jours est un plus grand péché que de mentir ou de s'enivrer.

Je demande l'abolition des cas réservés, au moyen desquels on extorque de l'argent et on trouble les consciences. C'est se jouer du monde que d'inventer, pour en faire profit, tant de péchés puérils et ridicules.

Je demande la disparition de tous ces sanctuaires champêtres, de tous ces centres de pèlerinage, où les multitudes s'empressent. Il n'y a là que fantasmagories diaboliques, qui, pour remplir la bourse des prélats, répandent la superstition, favorisent la prostitution et dépouillent le pauvre peuple mené par le nez. Qu'on ne dise pas qu'il s'y fait des miracles ! Si les évêques interdisaient ces pèlerinages, les miracles auraient bientôt cessé. La toute-puissance de Dieu ne se localise pas ainsi. Le spectacle de ces pèlerins qui se ruent comme des bêtes suffit à témoigner que Dieu n'attache aucun mérite à de pareilles manifestations. Il n'y a en tout cela que des aveugles conduits par d'autres aveugles.

On fabrique des saints pour attirer la foule et se faire de l'argent au moyen d'une pluie d'indulgences. Quel droit a le pape de prononcer qu'un homme est un saint ? C'est s'immiscer dans le jugement de Dieu.

On se forge des idoles en chaque église pour attirer à soi gens et pièces de monnaie. C'est une émulation de cupidité entre les curés jaloux les uns des autres. Qu'on abolisse donc, ou qu'on rende communs à toutes les églises, les privilèges que le pape vend à Rome dans sa maison d'extorsion ! Indults, indulgences, grâces, facilités de toute sorte, abondent ici et manquent là. Pourquoi ? N'est-ce pas le devoir du Souverain Pontife de donner tout ce qui est en son pouvoir à tous les chrétiens, gratuitement, pour l'amour de Dieu ?

Comment pense-t-on nous faire accepter ce comble de l'avarice, de l'iniquité, de l'imposture ? N'avons-nous pas des yeux pour voir et une intelligence pour comprendre ?

Je demande l'abolition de la mendicité dans tout le monde chrétien. Que chaque ville prenne soin de ses pauvres et défende aux mendiants du dehors, moines ou ermites, de venir mendier dans ses murs. Il devrait y avoir en toute cité un tuteur des pauvres, dont la charge serait de démêler ceux qui sont véritablement tels, d'apprécier leurs besoins et d'y pourvoir. N'est-ce pas un scandale que chaque ville soit rançonnée par cinq ou six tournées annuelles de chacun des ordres mendiants? Et quelle n'est pas la richesse des couvents? Quelle n'est pas la magnificence de ces grands édifices de pierre? Il ne sied pas pourtant que celui qui fait vœu de pauvreté vive dans le luxe. C'est assez qu'il soit à même de ne pas mourir de faim ni de froid. Qui veut s'enrichir, qu'il mette la main à la charrue! Pour ces vagabonds qui vivent grassement des fruits du travail d'autrui, ils font mentir la parole de saint Paul : « Qui ne veut pas travailler ne doit pas manger non plus. »

Je demande la disparition des confréries avec tous ces bénéfices d'indulgences ou de messes qui leur sont octroyés. Le baptême ne nous a-t-il pas fait entrer dans la grande confrérie où sont tous les saints avec Jésus-Christ? Qu'elle nous suffise! Toutes les confréries, à côté de celle-là, sont ce qu'est un jeton de cuivre à côté d'une pièce d'or.

Je demande l'expulsion des nonces pontificaux, avec leur trafic d'iniques dispenses, qu'ils nous vendent si cher. Pour de l'argent, ils légitiment les possessions injustes, exemptent des vœux et délient des serments. La papauté a-t-elle donc le droit de s'élever au-dessus de Dieu et de permettre ce qu'il défend? Alors que Dieu nous ordonne de tenir la foi jurée, même envers nos ennemis, un bref prétend nous soustraire à cette obligation. C'est là un mensonge dicté par Satan.

Qui pourra dire tous les malheurs déchaînés par les papes, dégageant à prix d'or les grands de la terre de leurs vœux et de leurs serments? C'est à croire que le jugement dernier est proche. Il n'est pas possible que le mal devienne plus grand. Partout et en tout, sur les ruines des commandements de Dieu on voit s'élever les commandements du siège romain. Nul n'ignore comment Jean Huss et Jérôme de Prague ont été brûlés à Constance, malgré les sauf-conduits du pape et de l'empereur. Peut-on nier la perfidie et la scélératesse de tels attentats? La parole donnée ne devrait-elle pas rester sacrée ? C'est une infamie que cette maxime romaine : *Il n'y a pas lieu de tenir les engagements pris envers un hérétique*. Autant dire que, pour obéir à Dieu, il ne faut pas garder ses commandements. Dieu ordonne de ne point violer le sauf-conduit qu'on a donné. On doit donc ne point le violer, dût le monde périr, à plus forte raison dût un hérétique échapper. D'ailleurs, n'est-ce pas par la parole, et non par le bûcher, qu'on doit convaincre les hérétiques? L'Église primitive ne voulait pas pour docteurs les bourreaux.

Telle est la vérité. Si, pour l'avoir dite, le pape nous excommunie, il n'y a qu'à l'excommunier lui-même. Ce qui est nécessaire à la chrétienté, c'est la foi chrétienne, c'est la charité chrétienne, et non le pape.

Je demande une réforme dans les Universités. Le païen Aristote y règne en souverain. Qu'on mette donc une bonne fois de côté sa *Physique*, sa *Métaphysique*, son *Traité de l'âme* et ses *Traités de morale !* Ce présomptueux philosophe méconnaît la nature, l'humanité et Dieu. N'avons-nous pas la Sainte Écriture ? Qu'il ne soit plus au pouvoir d'un misérable mortel d'anéantir les livres du Dieu vivant.

Tout au plus admettrai-je qu'on conserve, en les abrégeant, les livres d'Aristote sur la *Logique*, la *Rhétorique* et la *Poétique*. On en fait un thème à bavardages et à disputes ; mais ils peuvent servir à l'enseignement de l'éloquence et de la prédication.

A cette étude doit se joindre celle du latin, du grec et de l'hébreu, puis celle des mathématiques et de l'histoire. Quant au droit ecclésiastique, comme il ne respire que l'orgueil et l'avarice, il n'y a qu'à en faire litière. Il n'est que temps de remplacer les lois déplorables des papes par le saint Évangile, qui gît sous les bancs dans la poussière des écoles.

Du droit civil, je ne dirai rien, sinon qu'il conviendrait d'assurer à chaque pays une législation propre qui se distinguât par sa brièveté. Toute cette complication de lois est un fardeau pour le monde : elle embarrasse les affaires plutôt qu'elle ne les facilite.

Non moins que les lois, simplifiez les études ! On y fait entrer trop de livres. Il faudrait s'en tenir aux meilleurs. Les écrits mêmes des saints Pères ne devraient servir que comme introduction à l'Évangile. Il s'agit de marcher en avant et non de s'attarder devant les poteaux indicateurs qui signalent le chemin. La vigne où nous devons travailler, c'est l'Écriture. Qu'importe votre qualité de docteur en tel ou tel ordre de sciences ? Je me moque de vos barrettes rouges ou noires. Le Saint Esprit ne regarde pas si un homme est jeune ou vieux, célibataire ou marié, laïque ou prêtre, ignorant ou érudit ; il parle par la bouche des plus humbles, du moment où ils se mettent à l'école des saintes Écritures.

Désireux de la paix, mais gardant mon franc parler d'homme libre, j'ai dit les vices de l'Église; je dirai maintenant ceux de l'État.

Le luxe nous ronge. Il appauvrit la noblesse et la bourgeoisie. Le désir de s'égaler les uns aux autres excite partout l'orgueil et l'envie. Ne peut-on se contenter du lin et de la laine? Pourquoi ce gaspillage de trésors pour se procurer la soie, le velours, les étoffes d'or et toute cette variété de marchandises étrangères? C'est assez de l'avarice des gens de Rome, sans qu'il s'y joigne celle des gens de négoce.

A quoi bon toutes ces importations qui font sortir tant d'argent de l'Allemagne? Y a-t-il un autre pays qui produise aliments et boissons en plus grande quantité et en meilleure qualité? Je ne sache pas que le commerce ait jamais introduit les bonnes mœurs dans un pays.

Je dénonce une pire calamité, c'est le prêt usuraire. Que de gens n'a-t-il pas conduits à la misère et à la ruine? Vivre du produit de ses terres, vivre de loyales redevances est bien; vivre de l'usure est abominable. Est-il juste que des financiers puissent, dans une courte vie d'homme, accumuler d'immenses trésors? A cent florins, ils en font rapporter vingt, quarante, soixante; et cependant les terres incultes abondent auxquelles l'homme n'a pas encore mis la main!

Que dirai-je de notre mauvaise réputation, trop justifiée, d'être des mangeurs et des ivrognes? Ces deux vices, particuliers à l'Allemagne, sont une source de meurtres, d'adultères, de vols, de blasphèmes, d'iniquités de toute sorte. Que la puissance séculière y mette un frein !

Autre honte. Nous, chrétiens, qui avons reçu le baptême de pureté, nous souffrons qu'il y ait chez nous des maisons publiques où des femmes de mauvaise vie vendent la débauche. On dit que cela vaut encore mieux que si la honte était portée dans les familles. Mais des gouvernements chrétiens ne devraient-ils pas chercher à prévenir ce malheur par d'autres moyens que par une tolérance toute païenne ? Certaines villes et les campagnes n'ont pas de ces maisons. Pourquoi les grandes villes ne sauraient-elles s'en passer ? Il faudrait prendre toutes les initiatives propres à rendre plus facile le mariage des jeunes gens. Cette facilité les détournerait de l'immoralité.

Que de choses j'aurais encore à dire ! Quiconque détient une parcelle d'autorité ne devrait avoir qu'une pensée : être utile. Mais les grands aiment à gouverner de loin et de haut, sans souci de faire le bien.

Voici mon livre fini. Je le ferais encore plus vif s'il était à recommencer. J'aime mieux exciter la colère des hommes que celle de Dieu. Ils ne peuvent me prendre que la vie.

Des acclamations saluèrent le manifeste du moine de Wittemberg. « Vive Luther ! disait-on. Celui-là a le courage de parler ! Dieu est avec lui ». A ceux qui le trouvaient trop audacieux Luther répondait : « Je ne pousse pas à la révolte ; mais à la convocation d'un concile. »

L'HOMMAGE DE LUTHER AU PAPE LÉON X

Même en septembre 1520, après son entrevue avec le cardinal Cajetan, après la dispute de Leipzig, après la bulle d'excommunication qu'il brûle devant un grand concours de peuple, après la publication de son pamphlet la *Captivité de Babylone*, et de son appel à la noblesse allemande en vue de la réforme de la chrétienté, Luther hésite encore à couper le câble.

Certes, il ne porte pas en son cœur le pape Léon X. Libre à d'autres de l'admirer comme le protecteur des lettres et des arts ! Luther, lui, trouve que ses vices sont une continuation des crimes qui naguère avaient fait trôner sur le Saint-Siège le vol, l'assassinat et l'inceste. Il est scandalisé par cette cour pontificale où se prélassent, au milieu de tous les plaisirs et de toutes les élégances, un pape et des cardinaux d'esprit très raffiné sans doute, grands appréciateurs des belles peintures et des manuscrits rares, mais sceptiques, voluptueux, païens, riant entre eux des sacrements qu'ils administrent et rançonnant la chrétienté.

Pourtant Luther consent à un héroïque effort sur lui-même. Il écrit en septembre au pape Léon X qu'au milieu de la guerre qu'on lui fait depuis trois ans, « son cœur ne s'est pas détourné de Sa Sainteté »; qu'il continuera à avoir griffes et dents contre ses adversaires ; mais qu'il ne lutte que pour la Parole de Vérité. Il reconnaît avoir attaqué la cour de Rome, jadis porte du ciel, aujourd'hui bouche de l'enfer, caverne de voleurs, sentine de tous les vices, plus corrompue que ne le furent jamais Babylone et Sodome. Mais l'exécrer, n'est-ce pas fortifier le Christ ?

Pourquoi l'a-t-on distrait de ses douces et sereines études? Pourquoi le cardinal Cajetan l'a-t-il arraché au silence qu'il ne demandait qu'à garder ? Maintenant ses supérieurs veulent qu'il exprime sa vénération pour la personne du pape. C'est là un ordre qu'il reçoit comme un bienfait. Il se prosterne aux pieds du pontife. Il se proclame disposé à toutes les rétractations si on lui démontre son erreur ; mais il ajoute qu'aucune force humaine ne saurait le contraindre à rien faire ou dire contre le témoignage de sa conscience. Il finit en dédiant à sa Sainteté le traité sur la *Liberté chrétienne*.

LA LIBERTÉ CHRÉTIENNE SELON LUTHER

Le chrétien est à la fois un homme libre qui n'est soumis à personne, et un serviteur obéissant qui se soumet à tous. Sa force est dans la foi, source d'eau vive jaillissant jusqu'à la vie éternelle.

Prières et jeûnes ne suffisent pas à faire une âme sainte. C'est la Parole de Dieu qui est la vie. Nous ne sommes que misère et péché ; mais la foi au Christ, mort et ressuscité pour nous, engendre en nous l'homme nouveau. Cette foi, qui seule justifie, ne peut naître que dans les profondeurs de l'âme. A elle la puissance d'affranchir et de sauver, puissance qui n'appartient pas aux œuvres, lesquelles ne pénètrent pas le centre de la vie et de soi sont toutes en surface.

Les préceptes enseignent ce qu'il faut faire ; mais ils n'en donnent pas le pouvoir. La foi rend tout facile. Comme le feu chauffe le fer et le rend incandescent, la parole de Dieu pénètre l'âme et la transfigure à son image.

Le chrétien n'est pas destiné à posséder les biens et les honneurs d'ici-bas ; il les laisse aux rois, aux grands de la terre. Sa puissance est d'ordre spirituel ; elle s'exerce parmi les hostilités et brille dans l'oppression.

La même foi qui spirituellement le fait roi le fait prêtre. La Sainte Écriture n'établit aucune distinction entre les fidèles. Ces hommes, aujourd'hui si fiers de leurs titres d'évêques, elle les nomme les serviteurs de leurs frères. Avec le temps la charge de dispenser les mystères de Dieu s'est changée en une tyrannie, qui à l'empire du Christ, presque oublié, a substitué une intolérable servitude d'œuvres et de lois d'intérêt purement humain.

S'il n'y a que la foi qui fasse de nous des justes, est-ce à dire qu'il faille nous croire dispensés des bonnes œuvres ? Non. Dans ce monde mortel l'homme porte un corps qu'il doit gouverner en le disciplinant par les travaux et les jeûnes, en le purifiant de ses convoitises mauvaises, en le soumettant à la puissance de l'esprit. Il doit vivre en outre avec d'autres hommes auxquels est dû son amour. Plus il les aimera, plus il cherchera à leur être utile. N'ayant égard qu'au bien du prochain, il sera prompt à l'aider et à le servir. Le membre robuste assistera le membre faible, et, pleins de sollicitude réciproque, nous porterons les fardeaux les uns des autres.

L'homme n'est pas bon parce qu'il fait de bonnes œuvres ; il fait de bonnes œuvres parce qu'il est bon. L'homme n'est pas mauvais parce qu'il fait de mauvaises œuvres ; il fait de mauvaises œuvres parce qu'il est mauvais. Telle la personne, telles les œuvres. Ni un mauvais arbre ne porte de bons fruits, ni un bon arbre n'en donne de mauvais. Certes il est excellent de prêcher la pénitence et la confession ; mais, si on en reste là, on n'aboutit pas à créer la foi, on ne donne qu'un enseignement trompeur.

Le chrétien est en possession d'une royauté divine.

La foi est sa vie, sa justice, son salut; la foi fait de lui une créature aimée de Dieu, qui jouit de toutes les grâces. Mais en même temps à l'exemple du Christ il se fait le serviteur du prochain; il se sacrifie pour ses frères comme Jésus se sacrifia pour lui. L'amour de Dieu, la joie en Dieu, lui font une âme libre, heureuse, prompte à tous les dévouements, insoucieuse de la gratitude ou de l'ingratitude des hommes, indifférente au dommage ou au gain, élevée au-dessus de la louange et du blâme, donnant et se donnant sans calculer.

« Que la vie chrétienne est donc belle et glorieuse ! s'écrie Luther ; qui peut en comprendre les splendeurs et la richesse ! Elle ignore l'indigence ; elle est plus forte que le péché, la mort et l'enfer ; mais en même temps elle est pour les autres toute obéissance, toute bonté, toute sollicitude ! »

L'Église romaine insistait sur les œuvres, et de plus en plus tout se réduisait à la formalité des prières, des confessions, des jeûnes, et surtout des sacrifices d'argent : de l'argent pour les messes ; de l'argent pour les sacrements ; de l'argent pour les bons offices des saints ; de l'argent pour le rachat des âmes ; de l'argent pour les indulgences. La grande œuvre consistait à remplir les caisses de l'Église : moyennant quoi, la peur de l'enfer devait faire place à l'espoir du paradis.

A cette morale de trafiquants Luther oppose sa formule : *le tout est d'avoir la foi*. La foi aime ; la foi agit ; et par un élan spontané, sans mélange de spéculation ou de crainte, elle se complaît aux bonnes œuvres. Pour elle les pratiques dévotes et les cérémonies valent tout juste ce que valent les échafaudages servant à la construction d'un édifice et qu'on fait disparaître sitôt l'édifice bâti. Elle est toute, intérieurement dans la piété, extérieurement dans la vertu.

LA GRANDE RUPTURE DE WORMS

Six mois s'étaient écoulés depuis l'envoi au pape du traité de la *Liberté chrétienne*, lorsque s'accomplit à Worms l'événement le plus décisif du xvie siècle. Le 18 avril 1521, de même que Paul, son grand ancêtre, rompit avec la synagogue de Jérusalem, Luther rompt avec l'Église de Rome.

Ses amis le pressaient de ne point aller à Worms et lui prophétisaient le sort de Jean Huss. Il leur répondit avec son âpre énergie. « Y eût-il autant de diables à Worms qu'il y a de tuiles sur les toits, j'irai. » Aux éminentissimes membres de la Diète, qui le sommèrent de se soumettre aux conciles et à la papauté par une rétractation formelle, il fit cette déclaration : « Je refuse ma foi et au pape et aux conciles, parce qu'il est manifeste qu'ils ont souvent erré et se sont souvent contredits. Je ne me rétracterai que lorsqu'on m'aura prouvé par l'Écriture, ou par de solides raisons, que je suis dans l'erreur. » Paroles à jamais fameuses qui opposaient aux prétentions de l'autorité les droits de la vérité et ouvraient la porte à l'entière émancipation des consciences !

Le 18 avril 1521 est une date aussi inoubliable que toutes les grandes dates de la Révolution française, et elle est bien digne d'être annuellement fêtée par l'Allemagne, mère de la Réforme.

Luther renouvelle le grand cri de Tertullien : « Lève-toi, ô Vérité, et romps enfin la barrière de ta patience ! Interprète toi-même les Écritures, obscurcies par les fausses explications que les hommes se transmettent de main en main ! »

L'illustre docteur de l'Église primitive formulait en quelque sorte la charte du protestantisme quand il écrivait, à la fin du IIe siècle, dans son livre intitulé *Du voile des Vierges* : « Rien ne peut prescrire contre la vérité, ni la longueur du temps, ni l'autorité des personnes, ni la suprématie des lieux, choses par lesquelles la Coutume, fille de l'ignorance ou de la simplicité des hommes, prend force, devient tradition et fait obstacle à la vérité. Le Christ n'a pas dit : « Je suis la Coutume » ; il a dit : « Je suis la Vérité. » De même que Dieu et son Christ, la vérité est éternelle et antérieure à toutes choses ; et ainsi elle est de soi infiniment ancienne, alors même qu'elle apparaît comme une nouveauté. Ne dites donc point, parce qu'une affirmation est nouvelle, que c'est une hérésie. Elle ne l'est que si elle est contraire à la vérité. Tout ce qui est contraire à la vérité est une hérésie, quel que soit le nombre de siècles depuis lesquels cela est passé à l'état de chose établie. » Le même Tertullien disait dans son traité sur *les Prescriptions* : « Jésus-Christ suffit à notre curiosité, et l'Évangile suffit à nos recherches. Hors de là nous ne voulons rien croire ; et nous pensons qu'il n'y a rien à croire. »

Luther n'a qu'antipathie pour la pensée grecque, et, à l'exemple de Tertullien, il professe une véritable haine contre les philosophes, en particulier contre Aristote réputé le maître des maîtres ; mais avec lui la théologie se retrempe aux sources de l'antiquité sacrée, et elle y gagne tout ce que gagna la philosophie à se retremper aux sources de l'antiquité profane.

Quelle distance du christianisme romain à l'évangélisme galiléen ! Luther la franchit ; et c'est pour cela que, sous sa livrée de docteur ratiocinant sur la foi contre les œuvres et sur la prédestination contre le libre arbitre, apparaît le champion de l'esprit moderne, esprit anticatholique, mais non antichrétien.

De même que Luther, usant du libre examen, fait sa sélection des dogmes, des sacrements et des livres saints de l'Église romaine, en rejette plusieurs comme erronés et conserve les autres comme vrais, les Calvin en France, les Knox en Écosse, les Swingle en Suisse, et d'autres, puis d'autres, sans fin et partout, feront leur sélection. La route est ouverte aux variations, comme l'a démontré Bossuet ; la liberté est fondée.

Mais Luther et son grand disciple Mélanchton ne l'entendaient pas ainsi, et ils prétendirent que la confession d'Augsbourg, formulée en 1530, fît loi pour tous les protestants. Défense de mettre en doute les dogmes maintenus par Luther !

Il y avait là une contradiction. L'absence de toute orthodoxie était impliquée par la revendication du droit d'examen, reconnu à chaque fidèle. La foi devenait affaire individuelle ; et c'était la communauté des tendances, mais non l'identité des croyances, qui devait désormais former le lien de la famille religieuse.

Luther est à travers les âges le continuateur de saint Paul ; mais, quelle que soit son originalité, comme il est loin du grand apôtre, apostat du pharisaïsme devenu le disciple du Christ, pour substituer au christianisme judaïque une religion universelle planant sur toutes les diversités de race et de condition; ancêtre, de par son initiative émancipatrice, des grands libérateurs qui ont dégagé l'esprit de la lettre, et combattu le despotisme sacerdotal; pauvre ouvrier s'astreignant, parmi les œuvres de son apostolat, à gagner chaque jour son pain à la sueur de son front; puissant dominateur d'âmes, avec sa parole embarrassée où vibre un saint enthousiasme; militant infatigable que n'ébranlent ni opprobres, ni persécutions, ni menaces de mort; martyr scellant sa foi de son sang !

LA BIBLE ET L'ÉGLISE CATHOLIQUE

En imposant à tout chrétien d'avoir et de lire les Écritures, Luther se conformait aux pratiques des premiers temps du christianisme. « Il est plus clair que le jour, reconnaît Fénelon, qu'alors tout le peuple avait la Bible, dans sa langue naturelle : qu'on faisait lire la Bible aux enfants, pour les bien élever; que les saints pasteurs leur expliquaient de suite dans leurs sermons des livres entiers de l'Écriture; que ce texte était très familier aux peuples; qu'on les exhortait à le lire continuellement; qu'on les blâmait d'en négliger la lecture; enfin qu'on regardait cette négligence comme la source des hérésies et du relâchement des mœurs. » Voilà qui est pleinement établi dans les monuments de l'antiquité. Toutefois Fénelon pense que, si l'Écriture était donnée à tous les fidèles, ce n'était pas sans méthode, la lecture en étant réglée selon les besoins et les progrès de chacun.

A mesure que le catholicisme s'établit, la lecture de la Bible fut de moins en moins encouragée, de moins en moins tolérée. « Nous sommes vos livres », disait saint Augustin aux fidèles. Et Fénelon professe que c'est lire les Écritures que d'écouter les pasteurs qui les expliquent. « Les pasteurs sont des Écritures vivantes. Ainsi, toutes les fois que l'Église jugera à propos de priver ses enfants de cette lecture, pour leur en donner l'équivalent par des instructions plus accommodées à leurs vrais besoins, ils doivent s'humilier ; croire, sur la parole de cette sainte mère, qu'ils ne perdent rien ; se contenter du lait comme du pain ; et se borner à recevoir avec docilité ce que l'Esprit qui a fait les Écritures leur donne des vérités mêmes des saintes Écritures, sans leur en confier le texte, de peur qu'ils ne l'expliquent mal. »

Conformément à ces vues, les papes défendirent à plusieurs reprises l'usage de l'Écriture sainte, qu'on nomma le *Livre des hérétiques* à cause des innombrables dissidences que suggérait sa lecture. La traduction en langue vulgaire en fut interdite : « C'est de cette source empestée, disait Gerson, que sortent et croissent tous les jours les erreurs des Béguards, des Pauvres de Lyon, et de tous leurs semblables, dont il y a beaucoup de laïques qui ont une traduction de la Bible dans leur langue vulgaire, au grand préjudice et scandale de la vérité catholique. » Bien avant Gerson, en 1229, le concile de Toulouse s'était prononcé en ces termes : « Nous défendons qu'il soit permis aux laïques d'avoir les livres de l'Ancien et du Nouveau Testament, si ce n'est tout au plus le Psautier ou le Bréviaire pour les offices divins. »

Quel danger y avait-il donc à faire directement connaissance avec les Écritures ? Fénelon s'en est expliqué avec une ingénuité touchante dans sa lettre trop peu connue à l'évêque d'Arras. Il avoue que maintes gens sont tentés de croire qu'on les amuse par des contes d'enfants, quand on leur fait lire les endroits de l'Écriture où il est dit que le serpent parla à Ève pour la séduire ; qu'une ânesse parla au prophète Balaam ; et que Nabuchodonosor paissait l'herbe comme les bêtes. Il rappelle que saint Augustin, constatant la surprise de maints lecteurs scandalisés de la multitude de femmes qu'avaient les patriarches, ces élus de Dieu, s'èst ingénié à les justifier là-dessus ; que le même Père a fait des prodiges de dialectique pour prouver que Jacob, quand il dit à son père aveugle : « C'est moi Esaü », n'avait ni commis un mensonge ni trompé son père pour frustrer son frère aîné.

N'est-on pas indigné de voir le peuple juif, qui se vantait d'être conduit par la main de Dieu, sortir de l'Égypte après y avoir enlevé les richesses des Égyptiens, se révolter dans le désert contre Moïse, adorer un veau d'or, se prévaloir de sa mission céleste pour s'emparer des terres des peuples voisins et pour les massacrer? N'est-on pas indigné de voir David mourant recommander à son fils de consommer l'œuvre de vengeance qu'il n'avait pu lui-même accomplir durant sa vie ? « Il faut avouer, dit Fénelon, que le commun des hommes, dont l'esprit n'est pas assez subjugué par l'autorité des saints livres, est surpris de voir les prophètes de Dieu commettre je ne sais combien d'actions qui paraissent indécentes et insensées. Il est vrai que ces choses extraordinaires sont mystérieuses et extraordinairement inspirées ; il est vrai qu'elles nous enseignent des vérités très profondes : mais le commun des hommes, sans humilité et sans vertu acquise, est-il capable de porter ces exemples ? N'est-il pas à craindre que chacun d'eux en abuse? »

Ici, c'est Abraham qui veut égorger son fils unique, quoique Dieu le lui ait donné par miracle, en lui promettant que la postérité de cet enfant sera la bénédiction de l'univers. Là, c'est Jacob qui, avec la complicité de sa mère, fait le personnage d'un imposteur. Ailleurs c'est Osée qui, par l'ordre du Seigneur, se met en quête d'une infâme adultère, d'une vile prostituée, avec qui il s'unit.

Rien n'est plus difficile, avoue Fénelon, que d'expliquer comment Judith, que le Saint-Esprit nous fait admirer, a pu aller trouver Holopherne. Elle l'excite au mal, elle le trompe, elle l'assassine.

Il n'y a dans tout le *Cantique des cantiques*, aucun mot, ni de Dieu, ni de la vertu ; la lettre n'y présente qu'un amour sensuel, qui peut faire les plus dangereuses impressions. Il est vrai que, selon l'évêque de Cambrai, ceux qui ont les yeux illuminés de la foi et le goût du saint amour, y trouvent une allégorie admirable qui exprime l'union des âmes pures avec Dieu: mais, ajoute-t-il, « il y a peu de personnes assez renouvelées en Jésus-Christ pour entrer pleinement dans ce mystère des noces sacrées de l'épouse avec l'époux. »

Si on s'en tient au texte de l'*Ecclésiaste*, on est tenté de croire que c'est le raisonnement d'un matérialiste, qui estime que tout est vanité sous le soleil, parce que l'homme meurt tout entier comme les bêtes.

Les sociniens, qui, avec Socin, ne croient pas à la divinité du Christ, se servent de l'Évangile pour montrer que Jésus-Christ a déclaré qu'il n'a voulu être cru Dieu qu'au même sens allégorique où il est dit aux hommes : « Vous êtes des dieux ». Cette interprétation ne semble-t-elle pas être notamment confirmée par la parole de Jésus : « Mon père est plus grand que moi » ?

Fénelon confesse que ceux qui ont quelque pente vers l'incrédulité ne peuvent digérer les contradictions de l'Écriture en matière de chronologie, ou encore sur la généalogie de Jésus-Christ, qu'un évangéliste donne bien différente de celle qui est donnée par un autre. « Ils sont scandalisés, ajoute-t-il, de ce que Jésus-Christ dit : « Je ne monte point à cette fête », et de ce que bientôt après il y monte en se cachant. Ils remarquent que les disciples de Jésus-Christ ne peuvent s'accorder entre eux ; que saint Paul reprend saint Pierre en face, et qu'il ne peut compatir avec saint Barnabé. Il faut avouer que si un livre de piété, tel que l'*Imitation de Jésus-Christ* ou le *Combat spirituel*, contenait la centième partie des difficultés qu'on trouve dans l'Écriture, vous, évêque, vous croiriez en devoir défendre la lecture dans votre diocèse. »

C'est la conviction de Fénelon qu'on doit prévenir et réprimer l'esprit critique. Il insiste donc, à l'exemple de saint Augustin, sur la docilité qu'est tenu de montrer le fidèle, et il conclut par cette déclaration, à l'adresse des pasteurs chargés de dispenser le pain de la vérité : « Il ne faut donner l'Écriture qu'à ceux qui, ne la recevant que des mains de l'Église, ne veulent y chercher que le sens de l'Église même. »

De même que Fénelon au xviie siècle, Joseph de Maistre, au début du xixe siècle, proclamera que l'Écriture sainte, lue sans notes et sans explications, est *un poison*, et il constatera que Rome ne peut souffrir les sociétés bibliques, les regardant comme une des machines les plus puissantes qu'on ait fait jouer contre le christianisme.

Selon l'auteur des *Soirées de Saint-Pétersbourg*, comme selon l'évêque de Cambrai, il n'appartient pas aux fidèles de lire les Écritures ; mais il appartient au prêtre de les accommoder à leurs besoins : « La douce colombe, avalant d'abord et triturant à demi le grain qu'elle distribue ensuite à sa couvée, est l'image naturelle de l'Église expliquant aux fidèles cette parole écrite qu'elle a mise à leur portée. »

BIENFAITS DE L'ESPRIT PROTESTANT

A l'encontre de ces idées d'asservissement intellectuel qui ont fait loi dans le monde catholique, le protestantisme ne veut pas que le croyant soit un être passif aux mains du prêtre ; il enseigne que la religion est une affaire entre l'homme et Dieu ; et c'est aux forces vives de l'individu qu'il fait surtout appel. Non content de tolérer l'examen, il le commande. Lisez et approfondissez les Écritures : voilà sa grande maxime.

Il suit de là qu'en pays protestant le dernier des paysans ne peut se dispenser d'acquérir une certaine instruction première et qu'être illettré y équivaut à être irréligieux. La Bible est le livre du foyer. Dans chaque famille on le lit et on l'interprète. Or il faut l'interpréter, non en demandant des formules toutes faites à un homme qui serait pour nous le représentant de Dieu ; mais en consultant la table vivante de notre cœur.

Quelle force que ce devoir de lire et de commenter, pour le gouvernement de soi-même, un livre ou plutôt un recueil de livres riches de suggestions variées, où les inspirations des génies les plus divers s'autorisent également du souffle de l'Esprit divin ! C'est un constant appel à la réflexion personnelle. Dans le plus humble logis, il se fait une quotidienne diffusion de lumière, un quotidien apprentissage de l'initiative intellectuelle. Aussi, en matière d'instruction populaire, la primauté appartient aux nations protestantes. Voyez la différence entre la Suède et l'Espagne, le Danemark et le Portugal, l'Écosse et l'Irlande, la Prusse et la Belgique.

Par une conséquence naturelle, les peuples protestants ont conquis la suprématie mondiale. Sitôt secoué le joug de Rome, voici que ces groupements d'hommes, hier inférieurs, déploient une puissance de progrès et d'expansion qui les fait supérieurs à tous les autres. Ne faut-il pas avouer que la France, l'Autriche, l'Amérique du Sud font moindre figure dans le monde que l'Angleterre, l'Allemagne, l'Amérique du Nord ?

Encore soumis au papisme, le Danemark était inférieur au Portugal ; converti à la Réforme, il lui devient supérieur. Catholique, la ville d'Édimbourg végétait ; protestante, elle a atteint un point de prospérité qu'elle ne connaissait pas. Les colonies ont vite fondu entre les mains de la catholique Espagne ; elles ne font que progresser entre les mains de l'Angleterre protestante.

La Suisse est en quelque sorte le petit monde où se manifeste le mieux la supériorité de la culture protestante sur la culture catholique. L'élément latin et l'élément germain y existent côte à côte. Mais que remarquet-on ? Les cantons germaniques soumis au pape, tels que Lucerne et Uri, semblent frappés de stérilité, tandis que les cantons latins où domine le protestantisme, tels que Genève et Neufchâtel, sont en plein éclat de civilisation. Là où les deux cultes se trouvent en présence, l'activité économique des protestants prime celle des catholiques; et ils sont les plus riches.

C'est un protestant anglais Malthus qui a professé que la population devrait être sagement restreinte et qu'il n'y a pas lieu d'appeler de nouveaux venus au banquet de la vie dès qu'il semble que les places sont déjà prises. Mais ce sont les catholiques qui ont le plus appliqué cette théorie, contraire à l'intérêt général qu'elle prétend servir, parce que l'homme, créateur des richesses, est la première richesse, et que pour un État, la pire disette, selon le mot de Rousseau, est « la disette d'hommes ».

En Autriche, en Belgique, en France, en Italie, en Espagne, il faut de cent cinquante à deux cents ans pour que la population soit doublée ; tandis qu'en Allemagne, en Angleterre, en Suède, en Norvège, la population tend à doubler chaque cinquante ans. Cette stérilité s'allie chez les peuples catholiques à une dissolution des énergies morales, à une idolâtrie du bien-être individuel, à une préoccupation du paraître, qui peuvent leur être fatales.

A cette heure trois peuples protestants, les Anglais, les Américains du Nord, les Allemands, tiennent le marché du monde. Les Anglais, rois des mers, commandent en Asie à deux cent millions d'hommes ; dominent l'Australie océanienne et l'Afrique australe ; enveloppent le globe de leur puissance commerciale et industrielle. Les Américains, qui s'accroissent chaque année par millions, dépassent encore les Anglais en élan et en richesse. Gladstone disait, parlant des Anglo-Saxons de la Grande-Bretagne et des États-Unis : « Notre race peut réclamer le droit de fonder une sorte d'Église universelle en politique », et récemment un autre homme d'État anglais, lord Derby, écrivait : « L'idéal le plus élevé que je puisse prévoir dans l'avenir pour mes concitoyens c'est l'époque où nous serons admis dans l'Union américaine pour ne former qu'une grande fédération. » Il n'est pas impossible que les générations de demain voient se fonder le grand empire protestant anglo-américain.

L'Amérique ambitionne l'hégémonie que l'Europe exerce, et qu'exercèrent avant elle l'Égypte, la Chaldée et l'Inde. N'est-ce pas la loi que nations et capitales se passent le flambeau de la civilisation ? Grecs, Romains, Italiens, Espagnols, Hollandais, Français, Anglais, Allemands, ont tour à tour primé. Athènes, Rome, Florence, Paris, Londres, apparaissent successivement comme les grands foyers de la vie universelle. Qui sait si un jour ce n'est pas par delà l'Océan que luira le soleil d'où rayonneront la science et l'art pour les autres nations ? Comme Babylone et Ninive, Paris et Londres deviendront tôt ou tard des ruines. Quand un astre se couche, un autre se lève ; un nouveau monde remplacera l'ancien monde.

LE PASTORAT PROTESTANT ET LE SACERDOCE CATHOLIQUE

Dans le christianisme catholique le prêtre est un être privilégié qui peut lier ou délier les consciences ; évoquer le Dieu vivant, chair et sang, sous la substance du pain ou du vin; instituer des saints; étendre indéfiniment le culte; imposer de nouveaux dogmes à la foi de tous : ce n'est pas lui qui parle et ordonne, mais Dieu qui parle et ordonne par sa bouche. Dans le christianisme réformé il n'y a entre l'homme et Dieu aucun intermédiaire obligé, et, selon la parole de Luther, *nous sommes tous prêtres*.

Rien n'a plus de portée que cette différence.

Chez les Grecs et chez les Romains tour à tour si grands, pas de pouvoir spirituel aux mains des prêtres ; pas de théologie; pas de dogmatisme; pas de clergé ; pas de théocratie. Sacrificateurs et augures étaient en quelque sorte des fonctionnaires appelés à mettre les forces divines au service de la patrie.

Par là même la Grèce et Rome eurent le mérite de sauvegarder l'indépendance de la pensée et de créer des courants féconds de vitalité intellectuelle, d'énergie morale, de liberté civique, qui ont été les meilleurs ferments de la civilisation universelle. L'effort créateur des poètes et des artistes, l'esprit de recherche des savants et des philosophes ne rencontra aucune entrave : et les libres génies de la Grèce et de Rome devinrent à juste titre les instituteurs du monde.

Dans l'antiquité, c'est l'Égypte avec ses collèges sacerdotaux, c'est l'Inde avec ses brahmanes, c'est la Perse avec ses mages, qui se courbent sous le joug de la théocratie et nous offrent le spectacle d'une caste prétendant à la direction de la pensée.

Aux premiers temps, l'Église chrétienne était une démocratie égalitaire et représentative; mais, par l'institution du sacerdoce, elle aboutit à l'autocratie la plus arbitraire et la plus fortement hiérarchisée dont il y ait eu des exemples. A la puissance oppressive de la papauté et du clergé exercée au nom de Jésus on ne peut comparer que le despotisme qui fut établi dans l'Inde, d'abord par les prêtres de Brahma, interprètes des lois de Manou, et plus tard par le sacerdoce bouddhiste, corrupteur de l'enseignement de Bouddha, lequel fut par rapport à Manou ce que fut Jésus par rapport à Moïse.

La corporation sacerdotale rendra les grands services que j'ai rappelés ailleurs, dans mes études sur le catholicisme; elle suscitera des exaltations d'âmes merveilleusement fécondes chez les fidèles appris à voir toujours visible en elle le même Dieu qui se rendit visible dans la Judée ; et elle possédera en tous temps des membres grands par le génie, les vertus et les œuvres; mais l'égoïsme de caste l'amènera à faire résider aveuglément le bien commun dans sa propre domination, et, de par la fatalité inhérente à son essence, les théocrates y seront les maîtres.

Ils oublieront l'enseignement de Jésus, qui secoua, avec des paroles d'anathème, le joug des scribes et des pharisiens ;

Ils s'opposeront, eux les soi-disant initiés, les porte-flambeaux de la divinité, les oracles de la foi, à la plèbe servile des fidèles, condamnés à une éternelle minorité;

Ils sauvegarderont les cadres primitifs du christianisme afin de bénéficier de son autorité, et ils feront de lui leur chose pour aboutir à le défigurer encore plus qu'ils ne le glorifient ;

Ils formeront entre eux une sorte de franc-maçonnerie dont les membres se concertent et s'entreprotègent d'un bout du monde à l'autre ;

Ils substitueront à la religion en esprit indépendante des rites, à la simple communion entre Dieu et l'âme, telle que l'avait voulue Jésus, une religion esclave de la lettre, compliquée de vaines pratiques, enchaînant l'humanité à un sacerdoce qui serait l'indispensable intermédiaire entre elle et Dieu ;

Ils se déclareront les interprètes des Écritures, les arbitres de la croyance, les représentants exclusifs du culte évangélique emprisonné désormais dans un savant amalgame de fictions, de dogmes, de cérémonies, au lieu de résider toujours dans la foi au Dieu vivant et dans les œuvres de la vertu ;

Ils oublieront le précepte *Soyez les serviteurs de tous*, pour se poser en maîtres ;

Ils s'appliqueront à étendre leur primauté dans le domaine civil et politique, à l'encontre de la parole : « Mon royaume n'est pas de ce monde » ;

Ils proclameront que leur caste a qualité pour substituer ses consignes à la raison du genre humain, vu que Dieu s'est engagé à être avec eux jusqu'à la consommation des siècles ;

Ils prononceront que les prescriptions qu'ils formulent dans leurs conciles, ils les formulent sous la dictée du Saint-Esprit, et qu'ainsi leurs décrets ne comportent ni discussion, ni critique ;

Ils promulgueront des articles de foi dont le seul énoncé implique contradiction, et ils instruiront les hommes à souffler sur cette lumière de la raison qui seule peut les éclairer dans les ténèbres de la vie ;

Ils se feront un devoir de sembler croire, malgré les

évidences contraires, à tout un faisceau d'affirmations incroyables dont il est entendu qu'aucune ne peut-être contestée : car ne pas tout croire revient à tout nier;

Ils se réclameront non d'une pure conviction, non pas même d'une simple certitude, mais d'une absolue infaillibilité, concentrée d'abord dans les conciles, puis dans le pape ;

Ils enseigneront aux fidèles qu'il ne leur appartient pas de juger l'enseignement qui leur est donné, mais qu'ils n'ont qu'à s'incliner, car écouter le prêtre c'est écouter Dieu ;

Ils ne reconnaîtront l'esprit religieux que dans l'asservissement à leur discipline ; et nul ne sera pieux s'il n'est dévôt ;

Ils anathématiseront la raison chaque fois qu'elle heurtera à la porte de l'Église, et, aussi féroces que doucereux, ils lui fermeront la bouche par des supplices qu'ils édicteront en bénissant;

Ils déchaîneront des guerres entre les peuples pour des pointilleries dogmatiques au lieu de se contenter d'être, à la suite de Jésus, les apôtres de la fraternité humaine fondée sur la paternité divine ;

Ils proscriront tout profane s'immisçant dans les secrets du sanctuaire, de sorte que chaque nation catholique aura son Dathan et son Abiron anéantis pour avoir usurpé les droits du prêtre, droits si sacrés chez les Juifs que le *Livre des rois* nous montre cinquante mille hommes frappés de mort pour avoir osé regarder l'arche;

Ils agiteront les torches de l'enfer sur la tête de quiconque hésitera à accepter des articles de foi que son sens intime repousse;

Ils prononceront qu'il ne saurait y avoir de pacte

entre le Christ et Bélial, entre celui qui croit et celui qui ne croit pas ;

Ils interdiront la lecture de grandes œuvres, mettront un bâillon au génie, déclareront impies ceux qui croient qu'il faut puiser à toutes les sources de la sagesse et boire l'eau vive où elle se trouve ;

Ils s'arrogeront l'immense privilège de retenir ou remettre les péchés, et s'assureront, dans le mystère de la confession, une influence dont les profondeurs demeurent insondables ;

Ils revendiqueront un pouvoir sur la personne même de Dieu, venant tous les jours, à l'appel de leur parole, *s'humilier dans leurs sanctuaires*, selon le mot de Bourdaloue, *et y renfermer toute sa gloire ;*

Ils réuniront en leurs personnes, le pouvoir législatif, le pouvoir judiciaire et le pouvoir exécutif, par leurs décisions sur ce qu'il faut penser ou faire ; par leurs sentences au tribunal de la pénitence ; par leurs distributions des grâces célestes ; par leurs canonisations et leurs excommunications ; et les âmes privées de leur estampille seront réputées la proie du démon ;

Ils s'attribueront, au nom de Dieu, la puissance de ces mêmes sorciers et magiciens qu'ils excommunient ou font brûler ;

Ils affecteront, vis-à-vis du monde surnaturel, une influence qui, vénérée, appelle les bénédictions sur la terre et les hommes, qui, méconnue, attire malheurs et fléaux ;

Ils s'enrichiront par la vente des choses saintes et par l'exploitation de la crédulité aux miracles ;

Ils accréditeront de basses pratiques et des superstitions de toute sorte, comme pâture nécessaire à l'abâtardissement des âmes ;

Ils persuaderont que chacun peut, par des offrandes accumulant en leurs mains des trésors, faire évoluer la Providence au gré de ses désirs;

Ils s'appliqueront à maintenir dans une sorte d'enfance les brutes ignorantes que la tradition et l'exemple courbent sous leur joug;

Ils domestiqueront, par le double jeu de la crainte et des espérances, les habiles que leur livrent la mollesse de la volonté ou les calculs de l'égoïsme;

Ils intéresseront les puissants à seconder une tyrannie qui se met au service de la leur;

Ils s'assureront dignités et privilèges, par l'évocation de la grande image de Dieu rendu comme présent en chacun d'eux;

Ils ambitionneront d'envelopper le genre humain dans les filets de leur omnipotence.

Tout récemment en France, au lendemain du vote de la loi qui sépare l'Église de l'État, vingt-cinq catholiques des plus éminents, aussi qualifiés par la supériorité des lumières que par leur zèle religieux, s'avisèrent d'adresser à l'épiscopat une lettre collective où ils exposaient respectueusement les raisons qui d'après eux devaient amener l'Église à accepter le régime des associations cultuelles, d'ailleurs déjà existantes en Prusse, et accompagnées, dans les cantons suisses, de l'élection des curés par le peuple.

Ils ajoutaient, avec la plus extrême déférence, qu'au surplus ils s'inclinaient d'avance devant le mot d'ordre qui viendrait de Rome, même s'il était tout à fait contraire à leurs vœux.

Le Pape jugea cette supplique incorrecte, aussi humble

fut-elle ; et il le fit savoir au monde catholique par l'organe attitré du Vatican. De quel droit ces membres de l'Institut et du Parlement, n'étant pas tonsurés, se mêlaient-ils de ce qui ne les regardait pas ? Ils étaient bons catholiques ; ils étaient illustres ; ils avaient maintes fois mis au service de l'Église leur argent, leur activité, leur éloquence. Mais ils étaient des laïques ; et par cela seul, « ils n'avaient pas plus le droit de s'immiscer dans la direction de l'Église que le plus humble paysan de Bretagne ». A la caste des prêtres de gouverner ; au troupeau des laïques d'obéir. Le corps sacerdotal commande sans contrôle ; et les laïques, même les plus autorisés et les mieux intentionnés, empiétent sur ses droits quand ils se mêlent de lui soumettre bien modestement leur avis.

C'est ainsi que dans le catholicisme le clergé est tout. Dans le protestantisme il n'est rien.

Qu'il y ait des hommes occupés plus particulièrement d'étudier et de répandre les notions religieuses, c'est juste. Mais qu'ils soient en possession d'un monopole et qu'ils détiennent une autorité spirituelle fondée sur l'abdication des consciences, c'est là une œuvre d'asservissement aussi funeste que dégradante. Les ministres protestants sont de simples présidents de manifestations religieuses, commentateurs de la Bible, prédicateurs de morale et distributeurs d'aumônes. Mêlés à la vie commune, n'ayant pas d'intérêts distincts de ceux des autres citoyens, non soumis au mot d'ordre d'un chef étranger, ils n'ont rien d'une caste internationale. Le protestantisme affirme le sacerdoce universel, si bien que, selon le mot de Boileau, « Tout protestant est pape, une Bible à la main. »

Plus de médiateur nécessaire entre le chrétien et Dieu; plus d'Église infaillible. La religion devient un apprentissage d'indépendance, au lieu d'une école de servitude.

Supposez que le protestantisme eût au contraire créé une hiérarchie sacerdotale, un despotisme aurait succédé à un autre despotisme; le mal aurait été déplacé, non détruit.

Qu'une religion soit imparfaite, il n'importe, si par sa nature elle échappe au joug théocratique. Son autonomie, alliée à la vitalité de la pensée libre, lui ménage tous les perfectionnements. Grande chose que ces millions d'hommes qui cessent de croire au prêtre, mais continuent de croire à Dieu.

NI CONFESSION, NI CÉLIBAT OBLIGATOIRE, NI PRATIQUES ASCÉTIQUES OU PAÏENNES

On connaît le mot de ce Spartiate que l'hiérophante voulait décider à se confesser : « A qui dois-je avouer mes fautes? Est-ce à Dieu ou à toi? » — « C'est à Dieu. » — « Retire-toi donc, homme. » Les protestants concluent de même. Plus radicaux que Luther qui voulait qu'on se confessât aux ministres de la religion, ils ne tardèrent pas à décider qu'on n'était tenu de se confesser qu'à Dieu. De fait, la confession auriculaire attribue au confesseur un pouvoir surhumain qui le pousse à se méconnaître; met l'arbitraire d'autrui à la place de notre conscience; encourage souvent les fautes par la perspective d'une absolution qu'on obtient en s'abdiquant soi-même; est un instrument de domination permettant au clergé de s'immiscer dans tout; enfin favorise la prédominance des pratiques de pure discipline sur les actes de vraie moralité.

En même temps que la confession auriculaire, les réformés répudient la loi du célibat. Ils reconnaissent que cette loi est contre nature et tend à détacher le prêtre ou le moine des liens de famille et de patrie pour en faire l'homme de Rome. Ils veulent que, par le mariage et la paternité, les ministres du culte s'abreuvent du lait des tendresses humaines, et participent à toutes les solidarités sociales.

Enfin aux maximes de l'ascétisme et du paganisme catholique qui demandent qu'on se sauve par la continence absolue, par des abstinences, par des mortifications, par des cérémonies, par des invocations à la Vierge et aux saints, par des pèlerinages, par des indulgences, ils opposent ce principe que c'est la foi qui justifie, et non les œuvres.

L'ESPRIT DE LIBERTÉ ALLIÉ A UNE DOCTRINE DE SERVITUDE

Luther, plein des idées de Paul et d'Augustin, ses auteurs favoris, estime que la foi ne dépend pas de nous, mais est un don de Dieu.

Calvin reprend et exagère encore les idées de Luther.

Au préjudice de la justice et de la liberté, tout mérite humain est sacrifié par lui à la grâce divine. C'est Dieu qui élit ; c'est Dieu qui réprouve. N'imaginons pas qu'un homme puisse se perdre de lui-même par son libre arbitre, sans être réprouvé de Dieu. Rien n'advient que par l'ordonnance divine. Chacun est prédestiné de telle ou telle sorte. La cause de la prédestination n'est pas que Dieu ait prévu les mérites d'un chacun. Dieu, tant en l'élection qu'en la réprobation, n'a aucun égard aux œuvres. Son bon plaisir est la cause de l'une et de l'autre.

Dure doctrine et souverainement déraisonnable. On croirait, à première vue, que ceux qui l'ont adoptée, rejetant ainsi le libre arbitre, n'ont pu être que des machines. Pas du tout. Luthériens et calvinistes ont eu au plus haut degré le sentiment de la personnalité et ont montré cet esprit d'initiative qui en est le naturel effet.

D'autres, au contraire, qui ont répudié leurs conceptions et qui, avec le jésuite Molina, ont affirmé l'indépendance du vouloir individuel, ont en même temps préconisé l'obéissance passive et en sont venus à adopter la maxime : « Faites-vous cadavres. »

Ainsi les uns se disent libres et se rendent esclaves ; les autres se disent esclaves et se montrent libres. Pourquoi ce contraste ? C'est que les molinistes, en reconnaissant la liberté, ne voient en elle que la misérable puissance du mal et dès lors jugent nécessaire de la mettre sous le joug d'une autorité souveraine qui la sauve d'elle-même. Les protestants, au contraire, en méconnaissant la liberté, appellent opération divine ce qui est le plus pur de leur vouloir et apportent d'autant plus d'énergie à l'action qu'ils se supposent mûs par une force supérieure, sûre de ses effets.

De même qu'eux, les jansénistes, bien loin de lâcher la bride, comme semblerait le comporter leur dogme de la prédestination, seront les partisans et les modèles les plus rigides de la réforme intérieure. Et dans l'antiquité, n'avons-nous pas vu les stoïciens, affirmant la nécessité universelle, s'élever au plus sublime sentiment de la liberté pratique, tandis que les épicuriens, adeptes du libre arbitre, s'immobilisaient dans une servile inaction?

Pour toute doctrine, il ne faut pas s'en tenir à la lettre ; il faut pénétrer l'esprit. La lettre du protestantisme est servitude ; l'esprit du protestantisme est liberté. Cet esprit a inspiré et la constitution libérale de la monarchie anglaise et la constitution libre de la république américaine.

LES RÉVOLUTIONNAIRES PROTESTANTS

L'Évangile fut originellement une parole de liberté ; et la théocratie papale ne fit de lui une parole de tyrannie qu'en le déformant.

C'est pour réaliser l'idéal de la fraternité évangélique qu'en Écosse l'héroïque Jean Knox, rompant avec les réserves de son maître Calvin, montre contre les pouvoirs établis un zèle intrépide, s'attaque à la majesté royale et enflamme les multitudes.

C'est au nom de l'Évangile que le théologien protestant Jean Godwin se fait en Angleterre l'apôtre de la révolution de 1640 et pousse la violence de ses principes républicains jusqu'à justifier la mort de Charles Ier.

Ce sont des hommes évangéliques, se piquant d'une fidélité stricte à l'enseignement des Saintes Écritures et remarquables par la rigidité de leurs mœurs, que ces puritains et ces quakers dont le rôle fut si grand soit dans la révolution anglaise, soit dans la révolution américaine. Ils ont été les ascètes du protestantisme ; et par cela seul qu'ils employèrent une puissante énergie au gouvernement d'eux-mêmes, on les vit s'élever dans l'action au plus haut point d'intelligence et de vigueur. Plus sont réfrénés les appétits corporels, plus s'augmentent les forces spirituelles.

Ces adeptes de la prédestination, convaincus qu'ils étaient élus pour une grande œuvre, sentaient en eux une force capable de soulever le monde. A eux l'honneur d'avoir les premiers affirmé, par la doctrine et par l'exemple, qu'il y a des droits de l'homme qu'il appartient aux citoyens de déclarer solennellement et qui, violés, appellent l'exercice du droit de résistance.

La première déclaration fut votée aux États-Unis, en 1647, dans le Massachussets ; et ce n'est que quarante et un ans plus tard que les Anglais consacrèrent par une déclaration de leurs droits, sorte de contrat entre la nation et le roi, la révolution qui plaça sur le trône le prince d'Orange.

Les autres États d'Amérique firent chacun leur déclaration à l'exemple du Massachussets. Ces diverses déclarations furent traduites en français dès 1778 ; et c'est précisément Lafayette, le grand Français devenu aussi le grand Américain, qui présenta le premier projet de déclaration des droits de l'homme à notre Constituante. Les Washington, les Franklin, ne sont pas fils de l'Encyclopédie, mais fils de la Réforme. Celle-ci les a produits, comme elle avait produit Guillaume le Taciturne et Cromwel.

Les principes qui prévalent dans les déclarations américaines sont les suivants : autonomie de la personne humaine qui s'appartient et est libre; origine populaire de tous les pouvoirs; défense de lever aucune contribution qui n'aura pas été consentie par les représentants du peuple ; défense de poursuivre ou de léser aucun citoyen pour ses opinions religieuses ; séparation de l'Église et de l'État; institution du jury; élection des juges; faculté assurée à tout citoyen de se faire élire membre de l'Assemblée nationale nommée au scrutin secret.

Comme chez les révolutionnaires d'Angleterre et d'Amérique, la sève du christianisme réformé fermentait, dès le xvie siècle, dans l'âme de ces gueux hollandais qui, prenant pour double symbole l'écuelle et la besace, luttèrent contre la force, ne se laissèrent abattre par aucun désastre, et, décimés mais indomptables, finirent par renverser le colosse. Les protestants des Pays-Bas, une fois affranchis du joug espagnol, surent devenir pour un temps les rois de l'Europe ; et ce sont eux qui par l'exemple de leurs provinces unies, initièrent les colons d'Amérique à l'emploi du système fédératif d'où a procédé la grandeur indéfiniment accrue des États-Unis.

Le souffle de l'esprit républicain issu du calvinisme se fit aussi sentir en France. Il était naturel de vouloir appliquer à l'État le principe du suffrage populaire introduit par Calvin, qui prescrit que tout ministre de l'Évangile soit élu avec consentement et approbation du peuple. La négation du pouvoir monarchique dans la société religieuse menait à sa négation dans la société politique.

Comme le constate Blaise de Montluc dans ses mémoires, les pasteurs prêchaient que les rois ne sauraient avoir d'autre puissance que celle qui plaît au peuple et que la noblesse n'était rien de plus que la plèbe. Aussi, quand le jurisconsulte Dumoulin dénonça au parlement les ministres huguenots, il déclara non sans raison que leur dessein était de réduire la France à l'état populaire et d'en faire une république comme celle de Genève; qu'ils s'efforçaient d'abolir le droit d'aînesse; et qu'ils voulaient *égaler les roturiers aux nobles*, *comme étant tous enfants d'Adam par droit divin et naturel.*

Les deux grands crimes du xvie et du xviie siècle, la Saint-Barthélemy, la Révocation de l'Édit de Nantes, étouffèrent en France le mouvement novateur, et dotèrent les révolutionnaires des Pays-Bas, de l'Angleterre et de l'Amérique, d'un appoint de deux millions d'auxiliaires français réfugiés hors de leur patrie.

L'INITIATION A LA TOLÉRANCE, ALLIÉE A LA PRATIQUE DE L'INTOLÉRANCE

De même que, tout en enseignant la prédestination, il a favorisé l'indépendance individuelle, le protestantisme a contribué aux progrès de la tolérance tout en se montrant intolérant. D'abord les Églises réformées sont étroites, exclusives, oppressives, là où leur domination s'établit ; et il s'accrédite chez elles, à l'encontre de la liberté de conscience et en faveur du droit de persécuter les dissidents, une sorte d'orthodoxie qui leur est commune avec l'Église catholique. Et cependant, grâce au mouvement d'idées suscité par le conflit des croyances, une ère nouvelle se prépare : d'abord les esprits en viendront à voir dans juifs, catholiques et protestants, des frères appartenant, aînés et cadets, à une même famille spirituelle ; plus tard ils s'habitueront à s'élever au-dessus de toute distinction religieuse pour ne voir partout que des hommes.

Les réformés, quand ils détachaient le christianisme du siège de Rome pour l'appuyer sur le roc de l'évangile, étaient convaincus qu'ils représentaient la vérité chrétienne. Or ils partageaient l'opinion commune que la force doit être mise au service de la vérité chrétienne et que le magistrat est armé pour la défendre. Le zèle religieux les fit donc persécuteurs à l'envi des catholiques. Durant le seizième siècle l'intolérance fut la tare de tous les partis.

Aux premiers temps de son entreprise réformatrice, Luther avait imité ces chrétiens des vieux siècles qui, faibles encore, invoquaient avec saint Hilaire les droits de toute conscience. Devenus forts, ces mêmes chrétiens de persécutés se firent persécuteurs, et les martyrs de la veille devinrent des bourreaux. « L'hérésie, disait Luther dans ses commencements, est une chose spirituelle qui ne peut être consumée par aucun feu et ne saurait être brûlée que par la seule parole de Dieu. » La puissance leur étant venue, les Luthériens passent d'opprimés oppresseurs. On sait comme ils multiplièrent pilleries, incendies et massacres dans la Souabe, la Franconie et l'Alsace. Dans ces combats entre catholiques et protestants qui ont si longtemps ensanglanté l'Europe, l'animosité fut aussi furieuse parmi les chrétiens réformés que parmi les chrétiens non réformés ; et des deux parts il fut bien manifeste que les pires haines sont les haines religieuses.

Le protestantisme était un demi retour au judaïsme ou plutôt au prophétisme juif; et, pendant le moyen-âge, les juifs, armés de la Bible, enhardis par l'oppression, avaient été les devanciers de cet esprit critique que développa la Réforme. Cela n'empêche pas Luther de lancer contre eux des cris de colère, auxquels on ne peut égaler que ses véhémentes invectives contre les Turcs et contre la papauté. « Qu'on brûle les synagogues des juifs! dit-il ; qu'on brûle leurs maisons ! Qu'on les parque dans des écuries ! Pas de pitié pour ces négateurs du Dieu en trois personnes ! »

On verra les Luthériens, partout où ils deviendront les maîtres, établir à leur profit une religion d'État, comme s'ils n'avaient combattu la théocratie romaine que pour la remplacer par des théocraties protestantes.

Pire que Luther est notre Calvin. Cet ancien curé, aussi aigre, emporté, opiniâtre et dominateur qu'il est grand par la rigidité des mœurs et la force du génie, fait accepter aux Genevois comme loi de l'État un formulaire dogmatique. Il faut que tout citoyen de Genève partage sa foi en la prédestination ; substitue le culte intérieur au culte extérieur ; rejette l'invocation des saints, le purgatoire, la prière pour les morts et les indulgences ; nie la présence réelle du corps et du sang de Jésus-Christ dans la communion, où est commémorée la cène ; et voie dans le baptême l'acte d'incorporation qui fait le fidèle membre de l'Église calviniste, la seule orthodoxe.

Calvin allègue l'exemple du Dieu de Moïse en faveur des répressions édictées par son inexorable fanatisme. Puisqu'il était ordonné aux Juifs de raser les cités idolâtres, de passer au fil de l'épée hommes, femmes et enfants, pourquoi hésiterait-on à glorifier la vérité chrétienne par des rigueurs certes bien moindres que celles qui furent divinement prescrites pour glorifier la vérité mosaïque ? Donc, mort aux blasphémateurs !

Dans son ouvrage latin *Retour au vrai christianisme*, le protestant Michel Servet, s'inspirant des vieilles théories de Philon, s'était permis de ne voir dans la trinité que trois différents modes de l'Être absolu et l'avait comparée au Cerbère à trois têtes. Le livre parut sans nom d'auteur ; mais un ami de Calvin lui donna le charitable avis que l'auteur était Servet. Voilà Servet aussitôt arrêté. Il réussit à s'évader. On le condamne à mort par contumace. Il est brûlé en effigie le 17 juin 1553. Où trouver un asile? Le malheureux, voulant aller en Italie, commit l'imprudence de passer par Genève. Il fut arrêté le 13 août, poursuivi comme hérétique et condamné au bûcher. Un moment Michel Servet défaillit ; mais il eut vite repris cœur, accabla de sa fière pitié le fanatisme de Calvin et marcha courageusement à la mort.

Théodore de Bèze, qui fut à Calvin ce que Mélanchton fut à Luther, à la fois son ami et son disciple, publiait à Genève, peu de temps après, un traité sur l'obligation où est la magistrature civile de punir les hérétiques. Il y fait expressément l'apologie du supplice de Servet. Cela n'empêche pas qu'il soit mis au premier rang parmi les ministres de l'Église réformée ; et ses coréligionnaires l'appellent *le phénix du XVIᵉ siècle*.

Chacune des sectes primitives a sa confession de foi dont elle fait un étau où est comprimée la conscience. Elles sont malveillantes les unes pour les autres ; mais les anathèmes de toutes s'accumulent contre le chef de la Réforme en Suisse, le très docte humaniste Zwingle, qui n'exige pas qu'on souscrive aux dogmes de la trinité et de la prédestination ; se contente de la foi en Jésus-Christ ; repousse comme impies les vieilles idées sur l'enfer et voit dans les grands sages de l'antiquité, dans les héros de la philosophie, dans les zélateurs du bien pour le bien, des chrétiens sans le savoir, auxquels il ouvre les portes du ciel. Il faut voir comme Luther s'indigne que ce hardi réformateur ose méconnaître le péché originel; n'admette pas que le baptême lave les fautes et confère la grâce; ne vénère qu'un signe dans l'eucharistie; et revendique le privilège du salut en faveur de toutes les âmes saintes et vertueuses qui ont existé depuis le commencement du monde, quelle qu'ait été leur croyance. Il défend la présence réelle aussi vigoureusement qu'il combat la transsubstantiation; il trouve extravagant cet homme qui ne veut pas damner personne; il le proclame *devenu païen;* il l'appelle *un ministre de Satan;* et, pour justifier ses récriminations, il s'écrie : « Maudite éternellement la paix qui se fait au préjudice de la vérité! »

Toute une légion de pasteurs, caudataies de Calvin, prêteront à ceux qui ne partagent pas leur foi une sorte de fanatisme antireligieux né du besoin qu'ils ont de se justifier le désordre de leurs mœurs; et ils insinueront que c'est tout un d'être libre penseur et libertin.

Au xviie siècle, lorsque le roi de Bohème expulse les prédicateurs calvinistes, c'est une grande joie parmi les Luthériens. Ceux-ci applaudissent à la persécution, sans prévoir qu'ils seront persécutés à leur tour, et qu'on les expulsera pour livrer le pays aux jésuites. En Saxe, un prince luthérien fait la chasse aux calvinistes. Dans le Palatinat, un prince calviniste fait la chasse aux luthériens. La Suède protestante bannit les protestants qui n'adhèrent pas aux articles de foi formulés dans la confession d'Augsbourg. L'Angleterre protestante emprisonne des protestants parce qu'il nient les peines éternelles, ou même parce qu'ils ne s'accommodent plus de l'usage du surplis. Dans les Pays-Bas, Amsterdam et Leyde imitent l'intolérance de Genève, et le grand Rembrandt lui-même, avec sa nature luxuriante, doit subir les vexations d'un pieux autoritarisme, dur envers quiconque a des habitudes contraires à l'idéal de vie bien compassée et bien vertueuse proposé à tous les citoyens.

De nos jours encore, dans la Hollande, le zèle calviniste multiplie les règlements rigoureux contre l'ivrognerie, les divertissements un peu libres, les violations du repos dominical ; et on y peut entendre le premier ministre Kuijper, plus théologien qu'homme d'État, justifier son caporalisme évangélique par des appels à la révélation.

Même chez les Anglais et chez les Américains du vingtième siècle, il y a à compter avec les exigences d'un bigotisme étroit qui, entre autres contraintes, impose la plus morne observation du repos dominical.

Malgré cette affectation de religiosité, il est à remarquer que le théologisme protestant n'a pas eu moins d'indulgence que le théologisme catholique pour la monstrueuse exploitation des nègres. Là même où naguère l'esclavage fut politiquement aboli, dans cette grande république des États-Unis, il laisse subsister l'excommunication sociale qui soumet à toutes sortes d'affronts les hommes de couleur et en fait des parias. Les protestations des ministres réformés qui ont dans l'âme quelques étincelles du large christianisme de Théodore Parker, le pasteur grand entre tous, demeurent isolées.

D'autres faits innombrables pourraient être allégués pour mettre en lumière l'intolérance protestante. Et néanmoins il était inévitable que, dans ses développements, la Réforme finît par répudier toute intolérance. Bossuet a dit pourquoi, dans son XVIe *avertissement aux protestants*.

Voyant la perte des consciences là où l'esprit moderne voit leur salut, le grand évêque établit, par des raisonnements tirés de l'essence même du protestantisme, que la Réforme ne pouvait qu'aboutir à l'approbation de la tolérance universelle : « La Réforme a été bâtie sur ce fondement qu'on pouvait toucher à toutes les décisions de l'Église et les rappeler à l'examen de l'Écriture. La tolérance civile, c'est-à-dire l'impunité accordée à toutes les sectes, en dérive nécessairement. Si le magistrat est persuadé qu'il n'a point d'autorité sur la religion, ou, comme parlent les tolérants, que la conscience n'est pas de son ressort, et qu'il s'élève dans son empire quelques dévots de l'Alcoran, pourra-t-il leur refuser leur mosquée? Que si le mahométan se croit obligé, en conscience, de prêcher sa doctrine et de se faire convertisseur, il faudra bien le laisser faire, pourvu qu'il se comporte modestement et qu'il ne soit pas séditieux ; autrement on le gênerait dans sa conscience. »

Après avoir ainsi établi qu'avec les principes du protestantisme force est de laisser croire et prêcher ce qu'on voudra, Bossuet montre qu'il faudra en venir à l'indifférence des religions, c'est-à-dire n'exclure personne du salut, chacun réglant sa foi par sa conscience. « Les mystères, s'écrie-t-il, s'en vont les uns après les autres ; la foi s'éteint ; la raison humaine en prend la place. » A toutes ces églises luthériennes ou calvinistes qui, par une sorte de regain de l'esprit catholique, prétendent chacune à l'orthodoxie et s'excommunient mutuellement, Bossuet jette ce cri prophétique : « Dussiez-vous en périr, il vous faudra avaler tout le poison de la tolérance. »

Ce ne sont pas seulement les églises protestantes qui

ont avalé ce poison ; l'Église catholique s'est décidée à en faire un usage intéressé ; et c'est en invoquant à son tour la liberté refusée par elle et les droits proscrits par elle, qu'elle a, depuis Bossuet, entrepris de réparer ses pertes en Allemagne et en Angleterre, et fait de grandes conquêtes aux États-Unis.

Si le catholicisme met à profit la suppression des religions d'État et la liberté des consciences là où il est sans force, il entend bien ne pas tolérer la liberté des consciences et se maintenir comme religion d'État partout où il en a le pouvoir. La même poussée de dialectique intérieure qui achemine le protestantisme à la tolérance condamne le catholicisme à l'intolérance. L'Église catholique ne peut s'accommoder de ces débauches de la pensée humaine qui se permet de tout examiner et de tout juger ; elle fait appel à la compression contre les audaces des philosophes et des savants, au nom des doctrines dont elle est la gardienne et où elle fait résider le salut social ; elle est enfin animée de l'esprit qui a inspiré à Joseph de Maistre ces paroles : « Celui qui parle ou écrit pour ôter un dogme national au peuple doit être pendu comme voleur domestique » ; et nombreux sont les adeptes du Syllabus qui diraient avec Louis Veuillot : « Pour nous, ce que nous regrettons, c'est qu'on n'ait pas brûlé Luther, et qu'il ne se soit pas trouvé de prince assez pieux et assez politique pour mouvoir une croisade contre les protestants. »

Tout au plus, fidèle à son grand art de s'accommoder aux circonstances, l'Église admettra-t-elle qu'en certains lieux, en certains temps, il est politique de laisser dans l'ombre ses deux grands principes que la liberté des croyances est une pernicieuse erreur et que les États sont tenus de mettre au service du dogmatisme romain la force du bras séculier.

A cela reviennent les concessions que voulait bien faire à la pensée moderne un catholique libéral, suspect aux intransigeants de Rome, le comte de Montalembert. D'abord l'orateur de Malines amnistie le passé persécuteur et intolérant du catholicisme : « Pour juger ce passé, dit-il, il aurait fallu y vivre ; pour le condamner il faudrait ne lui rien devoir. L'Europe lui doit d'être demeurée chrétienne. » Selon lui, l'Église, avec ses rigueurs, a été la tutrice des peuples et les a faits dignes de la liberté ; mais, s'ils en redevenaient indignes, elle aurait tout droit de redevenir intolérante. L'intolérance peut disparaître dans les actes, lorsque les évolutions historiques le comportent ; mais elle subsiste irrévocablement dans les principes : « C'est précisément quand la tutelle a été efficace que l'enfant devient digne d'en être affranchi et qu'il peut unir à une vive reconnaissance pour cette *tutelle* le droit de s'en passer, *sauf à y retomber s'il mésuse*. »

Lorsque Léon XIII vint occuper le saint Siège, sa politique de ralliement lui donna un renom de libéralisme ; et il se trouva des fidèles assez naïfs pour demander, avec Émile Olivier, que le nouveau pape *dissipât tous les malentendus, en affirmant d'une manière solennelle que la liberté de conscience, la tolérance, sont des conquêtes définitives, irrévocables, contre lesquelles la cour de Rome ne nourrit plus aucune arrière-pensée.* C'était demander le suicide de l'Église catholique acculée au démenti de toutes ses traditions. Ne s'est-elle pas toujours proclamée le sûr organe de la vérité ; et comment pourrait-elle reconnaître à l'erreur des droits égaux à ceux de la vérité devant l'opinion et devant les lois ?

Léon XIII ne différa de Pie IX, aujourd'hui ressuscité en Pie X, que par ses habiletés de diplomate. Diversité dans la tactique; uniformité dans les principes. A l'exemple de Pie IX, Léon XIII condamne, dans son encyclique de juin 1888, les doctrines des *libéraux* et « notamment cette liberté si contraire à la vertu de la religion, *la liberté des cultes* comme on l'appelle, liberté qui repose sur ce principe qu'il est loisible à chacun de professer telle religion qu'il lui plaît, ou même de n'en professer aucune » ; et il estime pernicieux que l'État accorde indistinctement les mêmes droits à toutes les religions.

Trois ans auparavant, dans son encyclique de novembre 1885, il avait repris pour son compte les condamnations édictées par le *Syllabus*, et il avait loué Pie IX d'avoir fait ce recueil des *fausses opinions* mises en vogue par les penseurs modernes, « afin que, dans un tel déluge d'erreurs, les catholiques eussent une direction sûre. »

La survivance de l'esprit catholique explique l'intolérance des protestants ; l'essor progressif de l'esprit protestant explique le triomphe final de la tolérance.

Même dès le xvi⁰ siècle, quelques rares réformés combattent le sectarisme étroit et persécuteur. Tel Sébastien Châteillon, cet humaniste qui, selon la remarque de Bayle, au lieu de laisser la théologie aux gens à qui elle appartenait d'office, s'y fourra jusqu'au cou, et encourut ainsi mille chagrins parce qu'il n'eût point à cœur de dire aux théologiens des choses agréables. Il enseignait en effet qu'on ne doit pas forcer les consciences ; que la violence n'a rien à faire avec la vraie piété ; qu'il convient de songer que chacun trouve hérétiques ceux qui ne s'accordent pas avec ses opinions ; qu'il faut laisser à tout chrétien la faculté de servir Dieu selon sa foi, et non selon la foi d'autrui, nous souvenant que Jésus-Christ et les siens furent mis à mort comme hérétiques.

On n'avait pas eu toujours cette humeur intolérante. L'ère de la tribulation et de l'humilité avait précédé l'ère de la prospérité et de l'orgueil. Châteillon se fait un plaisir de rappeler à ses frères de la Réforme leurs maximes du temps où ils n'étaient pas constitués en autorité et n'avaient garde de « colloquer la vraie piété en force et violence. » Il ajoute : « Nous nous en tiendrons à la première sentence ; car on ne saurait croire à personne au monde plus sûrement qu'aux calamiteux et affligés. »

Dans une de ses dissertations latines contre Calvin, le même protestant dit avec une haute sagesse. « La saine doctrine, saint Paul la définit celle qui donne aux hommes la charité, une foi vraie, une bonne conscience. La doctrine malsaine au contraire est celle qui les rend envieux, querelleurs, rebelles, irréligieux. Nos docteurs glorifient ceux qui s'accordent avec eux sur le baptême, la cène, la prédestination. Que ces gens soient avares, calomniateurs, hypocrites, menteurs, usuriers et le reste, on les supporte. Mais si quelqu'un s'écarte de leurs opinions, celui-là est un hérétique, un démon : il faut le poursuivre sur terre et sur mer, quand bien même il aurait une vie irréprochable, serait clément, doux, miséricordieux, libéral, religieux et craignant Dieu. »

Il est permis de voir dans Châteillon une sorte de

précurseur de Locke, ce fils d'un puritain, qui sera le grand apôtre de la tolérance.

Continuateur de Locke, le protestant Lessing accablera de ses cinglantes invectives des pasteurs intolérants et écrira, d'après un conte de Boccace, son drame de *Nathan le Sage*.

Dans cette pièce, Lessing a voulu montrer qu'il existe un sentiment moral indépendant de toute foi religieuse, et qu'aucune des religions dites révélées ne peut se targuer d'être la vraie religion. Il s'élève contre ces croyants qui mettent leur orgueil à être chétiens et non pas à être hommes, et qui se prévalent des vertus mêlées à leurs superstitions, non parce que ce sont des vertus, mais parce que le Christ les a enseignées, parce que le Christ les a pratiquées. « Quel bonheur pour eux que Jésus ait été un homme si parfait ! Quel bonheur qu'ils puissent, grâce à la foi, s'approprier une part de ses vertus ! Mais quoi ! Ses vertus ? Ce n'est pas ses vertus, c'est son nom qu'ils veulent répandre partout, de gré ou de force, et qui partout doit anéantir les noms des autres hommes auxquels il fut donné de toucher à la perfection ! »

Pourquoi ne pas reconnaître qu'il y a en tous lieux et en tous temps des hommes bons, et qu'ils ne doivent pas se décrier les uns les autres pour des différences de culte ? Le peuple d'Israël dédaigna présomptueusement les autres peuples et s'intitula l'élu de Dieu. Le peuple chrétien et le peuple musulman l'ont imité. Chacun croit que son Dieu est le seul légitime. Quels ne sont pas les maux qu'a partout causés cette folle prétention d'avoir le meilleur Dieu et de contraindre le reste des hommes à l'adorer ?

On appartient à telle religion par le même hasard qui fait qu'on appartient à tel peuple. Qu'importe que tel soit chrétien, tel juif? Chacun est avant tout un homme. Restons frères ! Traitons-nous en frères !

Quant aux fanatiques, il ne faut pas trop leur en vouloir. Ils s'imaginent connaître la seule route conduisant à Dieu : comment ne voudraient-ils pas ramener tout homme dans cette route? Qui pourrait d'un œil placide laisser les personnes aimées courir à leur perte, et à leur perte éternelle ? S'en désintéresser ne serait-ce pas les haïr ? Pardonnons donc à ces pauvres fous de nous croire damnés; ôtons-leur les moyens d'user de violence, et plaignons-les, en attendant que nous puissions les convertir à la raison.

Lessing met en présence un musulman, un chrétien et un juif qui disputent de magnanimité; et le plus grand c'est le juif. Un bon moine, émerveillé de ses belles actions, s'écrie : « Vous êtes un vrai chrétien! » Et Nathan de répliquer : « Ce qui me rend chrétien pour vous, vous fait juif pour moi. »

A la question du sultan Saladin qui lui dit : « Je suis musulman; ce templier est chrétien; toi tu es juif : laquelle des trois religions est la bonne? » Nathan répond par cet apologue : Un patriarche de l'Orient avait une bague dont les vertus étaient merveilleuses et le prix inestimable. Il devait la donner à celui de ses fils qui serait le plus méritant et qu'il ferait chef de la famille. Or il avait trois fils, tous trois pareillement dociles et bons. Il promit la bague à chacun et finalement n'osa en préférer aucun. Que faire? Il fit venir en secret un artiste à qui il ordonna de fabriquer deux autres bagues absolument pareilles à la sienne. L'artiste rapporta les anneaux. Il avait si parfaitement réussi que le père lui-même ne pouvait distinguer l'anneau original. Le bon père dit à chacun de ses fils en particulier : « Mon enfant, reçois ma bénédiction et mon anneau. » Puis il mourut. Le père mort, chaque fils se présente avec son anneau et veut être chef de famille. On dispute ; on plaide...

Il n'y avait point de preuves possibles du véritable anneau, pas plus qu'il n'y en a de la vraie foi. Religion juive, religion chrétienne, religion musulmane, ne se fondent-elles pas également sur la tradition ? La tradition n'a-t-elle pas partout pour sanction la croyance ? N'est-il pas naturel que chacun soit porté à garder la croyance de ses parents, eux qui lui ont transmis leur sang, eux qui depuis l'âge le plus tendre lui ont témoigné leur amour, eux qui ne l'ont trompé que lorsqu'ils croyaient salutaire de le tromper ? Pourquoi croirais-je moins à mes parents que vous aux vôtres ? Pourquoi exigerais-je que vous accusiez vos parents de mensonge, pour ne pas contredire les miens ?

Revenons à l'apologue des anneaux. Le juge dit aux trois plaideurs : « Votre père ne pouvant comparaître, je ne saurais déchiffrer l'énigme. Cependant écoutez. J'entends dire que l'anneau véritable possède la vertu miraculeuse de rendre son maître agréable devant Dieu et devant les hommes. Eh bien ! Lequel de vous a su le plus se faire aimer ?... Vous vous taisez ? Je le vois bien : chacun de vous ne sait que se préférer aux autres. Vous êtes tous les trois trompeurs ou trompés. Vos anneaux sont tous les trois faux. L'anneau véritable avait été vraisemblablement perdu. Je ne puis prononcer une sentence ; mais je vais vous donner un conseil. Puisque chacun de vous tient son anneau de son père, qu'il se croie assuré d'avoir le véritable anneau ! Il est manifeste que votre père vous aimait tous trois également. Imitez chacun son amour. Efforcez-vous à l'envi de mettre en évidence le mérite de vos anneaux par la sagesse, le courage, la mansuétude, la charité et la confiance en Dieu ! »

De nos jours, les Réformés ont de plus en plus secoué les haillons d'un sectarisme qui contredit leurs principes. Ce n'est pas à dire qu'ils aient partout renoncé à faire de leurs confessions de foi une religion d'État, ni qu'on ne rencontre encore de ces vieux huguenots se croyant d'une autre race que les profanes qui, comme ils disent, « ne sont pas de la patrie ». Le protestantisme a toujours ses intolérants, pires que les intolérants catholiques peut-être parce que leur intolérance est plus illogique. Mais ce qui prévaut, c'est le type des protestants ouverts à l'esprit moderne et hostiles à toute intolérance.

Leur allure est souvent froide et rogue; leur langage solennel, melliflu et papelard. Puis, on trouve en leur façon d'être et d'écrire une pointe de religiosité biblique, qui ne cadre pas avec nos goûts pour la religion affranchie de toutes les prédilections confessionnelles. N'empêche qu'on sent chez ces âmes fortes une largeur philosophique réelle, jointe à une élévation morale dont le charme viril nous séduit. Ils en sont venus à comprendre qu'aucun pouvoir ne peut rien tenter contre les droits imprescriptibles de la pensée et de la parole; que la diversité des croyances ne doit point empêcher l'entière égalité civile et politique; que l'idéal à réaliser c'est non l'unité religieuse, mais l'absolue liberté religieuse; qu'on ne doit pas enfermer ses charités dans le monde de ses coréligionnaires; que les interprètes des diverses religions doivent être fraternels les uns envers les autres; qu'au lieu de s'arrêter aux dogmes qui divisent il faut s'attacher aux sentiments qui unissent; et qu'on doit s'incliner avant tout devant l'universalité des révélations de la science, de la raison et de la conscience, dont nulle secte n'a qualité pour s'attribuer le privilège.

LE RATIONALISME PROTESTANT

Les chefs de la Réforme étaient des théologiens rigides. Tout autant que leurs adversaires catholiques, ils abhorraient la libre pensée; et malgré eux ils servaient la libre pensée. Ils avaient dû leurs succès à cette foi ardente, à cet enthousiasme énergique qui partout et toujours opère les grandes choses. Or, qu'étaient cette foi, cet enthousiasme, sinon un appel à la conscience individuelle, un cri de révolte contre l'autorité établie? Les initiateurs en ont appelé à leur conscience. Pourquoi chaque coréligionnaire n'en appellerait-il pas à la sienne ?

Vainement tentera-t-on d'ériger des confessions de foi en articles de foi et de convertir des synodes en conciles; le principe posé portera ses conséquences : Luthériens, Calvinistes, Swinglistes, Anabaptistes, Puritains, Indépendants, Arminiens, Méthodistes, Épiscopaux, Quakers, Moraves, Sociniens, Swédenborgistes, Unitaires, auront également le droit de se ranger sous la bannière du christianisme réformé.

La libre interprétation des Écritures n'implique-t-elle pas qu'il est permis à chacun d'élargir ou de rétrécir le fond de surnaturel sur lequel sa croyance s'édifie?

N'est-il pas inévitable que plusieurs tendent à réduire ce fond à rien ? Et dès lors, faut-il s'étonner si, à côté des *orthodoxes* exigeant qu'on confesse un dogme chrétien, les *libéraux*, faisant bon marché du dogme, enseignent qu'il suffit d'être pénétré du sentiment chrétien ?

C'est l'originalité du protestantisme d'être une religion essentiellement mobile et flexible, ouverte à toutes les sectes, même à celles qui se bornent à respecter en Jésus un grand initiateur et ne voient dans son apothéose qu'un abus de la locution orientale de *Fils de Dieu*.

A y bien regarder, le jour où Luther en appela à l'examen individuel, il ébranla la pierre angulaire de toute orthodoxie et jeta le premier fondement de la religion philosophique. On commence par dire : Arrière le prêtre ! Interrogez le Livre. On finira par dire ; Arrière le Livre ! Interrogez la raison.

Religion de libre examen, le protestantisme est par définition une religion indéfiniment progressive. Plus s'y multiplient les sectes, — et elles surabondent, — plus est manifeste sa vitalité. Parmi les catholiques, au contraire, prévaut une mortelle indifférence ; il n'y reste plus la force qui crée les schismes et les hérésies ; il y a chez le grand nombre une veulerie qui raille l'Église sans la déserter, pratique sans croire, et ne voit dans la religion qu'une formalité de la vie sociale.

Dès le xvie siècle, avec Socin et Fauste qui nient la divinité de Jésus-Christ, avec Arminius qui se fait à Leyde l'audacieux adversaire du calvinisme, avec les anabaptistes d'Allemagne, avec les diverses catégories de mystiques protestants, les courants les plus variés s'établissent parmi les fils de la Réforme.

Au xviie siècle, encore plus qu'au xvie, s'accentue l'opposition entre les partisans de la lettre des dogmes chrétiens et les partisans du sentiment chrétien, les uns attachés à la théologie, les autres tenant surtout à l'action morale.

Les méthodistes anglais, et plus particulièrement les méthodistes américains, voient, avant tout, dans les croyances religieuses le viatique de la réforme intérieure de l'individu et de la réforme extérieure de la société. Cette double réforme est leur première préoccupation. Les colons qui préparent la grande république des États-Unis demandent à l'Écriture des règles de bonne vie plutôt que des symboles de croyance. Il s'agit pour chacun de grandir en soi la personnalité humaine dont le christianisme a affirmé le prix immense. Ils préconisent la communion religieuse des consciences comme une école de respect et de vertu ; ils signalent dans la Bible les formules définitives de vérités éternelles qui en font le meilleur pain des âmes ; et ils appuient la religion sur l'expérience même des excellents effets de la foi.

L'évolution protestante du xviiie siècle est comme résumée dans l'œuvre de trois grands protestants : Locke qui, au début du siècle, tire les conclusions de l'effort de recherche des temps antérieurs dans son traité sur le *Christianisme raisonnable* ; Lessing qui, au milieu du siècle, oppose à la religion judaïque du Père et à la religion chrétienne du Fils, la religion de l'Esprit s'enrichissant de tout le progrès des lumières ; Kant qui, à la fin du siècle, consacre son livre le *Christianisme ramené aux bornes de la raison* à combattre le matérialisme cultuel et à montrer de purs symboles d'ordre moral ou métaphysique dans les dogmes de la religion.

En ce grand siècle de mouvement intellectuel, les trouées de la pensée protestante à travers la philosophie et l'histoire battent de plus en plus en brèche les édifices d'autorité élevés par les luthériens et les calvinistes. Petit à petit, aux conservateurs professant qu'on ne peut être un chrétien réformé si on n'a souscrit une confession où sont formulées quelques croyances fondamentales, s'opposeront les novateurs soumettant à la critique dogmes et textes.

Au fond, pour les esprits logiques, il n'y a que deux alternatives : ou aboutir à la religion libre, si on demeure fidèle au principe de l'examen individuel, base du protestantisme, ou revenir au catholicisme, si on opte pour une religion d'autorité. Le catholicisme reste la religion d'autorité par excellence, et ce n'est pas sans raison que, conséquents avec eux-mêmes, maints fidèles, sortant de ces temples évangéliques qui se bornent à faire du protestantisme un catholicisme expurgé, ont repris le joug de Rome. Mais les protestants les plus timides se piquent d'être des esprits libérés, et ils répètent, avec les beaux génies de la Réforme, que par dessus tout ils repoussent le dogme de l'autorité. « Restons fidèles aux doctrines de nos pères du seizième siècle », disent dans leur illogisme ces conservateurs. « Suivons, où qu'ils nous mènent, les enseignements de l'histoire, de la science et de la conscience, nous qui avons secoué l'ancien joug », répondent les libéraux. Pourquoi être aujourd'hui esclaves des traditions, après les avoir jadis reniées ? Jésus n'a-t-il pas dit : On ne met pas le vin nouveau dans de vieilles outres ?

Il se crée des écoles critiques qui passent la Bible au crible de la philosophie et de la science. On constate combien il est difficile de tenir pour divins ces livres qui font de Dieu le plus féroce des tyrans et qui autorisent en son nom tantôt des immoralités, tantôt des exterminations révoltantes. On remarque qu'il est possible, avec les textes de l'Ancien Testament, de justifier la polygamie, l'inceste, la nécromancie, l'esclavage, les pilleries et les tueries accomplies au nom de la vraie foi contre les mauvais croyants, et qu'avec des textes du Nouveau Testament, il est possible de justifier le communisme, l'incivisme, la fainéantise, l'assujettissement de la femme à l'homme, l'existence de Satan et des légions de démons placées sous ses ordres. On finit par démêler dans les livres de l'Ancien et du nouveau Testament, non la voix de Dieu, mais la simple expression des croyances et des aspirations, ici du peuple juif, là des évangélistes et des apôtres. La multiplicité même des orthodoxies mène à rejeter toute orthodoxie, et l'application de l'esprit d'analyse à la Bible a pour effet la dissolution lente mais décisive du dogme de l'infaillibilité des Écritures.

Au début du xixe siècle les préoccupations des ministres protestants, obligés de modifier leurs positions, mais soucieux de ne rien lâcher que sous le coup de la nécessité, trouvèrent une expression significative dans une lettre adressée par l'illustre pasteur luthérien Schleiermacher à un de ses amis. En voici l'essentiel :

« Les progrès immenses qu'ont faits depuis quelque temps les sciences naturelles m'inspirent les craintes les plus vives sur le sort non pas de la théologie, c'est trop peu dire, mais du christianisme lui-même. Il sera désormais impossible, à moins que l'on ne consente à se laisser cérémonieusement enterrer, de se défendre contre les sciences avec les ressources dont nous disposons à l'heure actuelle.

« Je ne veux point de telles funérailles, et puisqu'il nous reste encore le terrain de l'histoire, c'est là qu'il faudra se retrancher. Que de choses néanmoins ne faudra-t-il pas abandonner à l'ennemi! Ce n'est pas seulement l'ouvrage des six jours, mais encore l'idée même de la création, malgré les adoucissements quelquefois peu sûrs que l'exégèse y a introduits. Et les miracles de l'Ancien et du Nouveau Testament, ne voit-on pas qu'ils s'écroulent devant la science contemporaine? Ou l'histoire à laquelle ils appartiennent devra être considérée comme une fable, ou il faudra regarder les miracles comme des faits qui s'expliquent naturellement : il n'y a pas de milieu. Dans les deux cas, que devient l'ancienne foi aux miracles?

« Si vous vous retranchez dans la foi, libre à vous ; mais alors vous voilà cerné ; et puis voyez : d'un côté seront le christianisme et la barbarie, de l'autre la science et l'incrédulité. Il se peut que quelques réformés fassent déjà leurs préparatifs pour se renfermer dans leurs étroites redoutes religieuses ; mais ni vous, ni moi, ni nos nombreux amis, nous ne saurions nous accommoder d'une situation semblable.

« Au surplus l'histoire elle-même nous fournira-t-elle un abri, quand nous ignorons quel sera le sort de l'Ancien Testament? Il serait très important de déclarer dès aujourd'hui, de la manière la plus positive, que la révélation de Dieu en Jésus-Christ ne dépend en aucune manière de la croyance à l'Ancien Testament; car plus on voudra s'y tenir, au lieu de fouiller largement dans les mines du Nouveau Testament, plus profonde deviendra la séparation entre la science et la piété. Et même sur le canon du Nouveau Testament, qui sait quelles nouvelles lumières nous apportera la critique? Que dire de l'inspiration des saints livres, lorsqu'on ne sait pas au juste quels sont les livres qui doivent porter le nom de saints? En vérité il serait prudent de se débarrasser à temps de tout ce qui n'est pas de l'essence de la foi chrétienne, afin de ne pas user ses forces dans une lutte inutile où plusieurs perdraient jusqu'à l'espérance de conserver l'essentiel. »

Quel chemin parcouru! Luther en venait à dire : « Sois pécheur et pèche fortement: mais crois plus fortement encore! C'est la loi que nous péchions pendant que nous sommes ici-bas. » Schléiermacher, dans ses lettres, aboutit à des conclusions qu'on peut résumer ainsi : « Crois ce que tu pourras, mais ne pèche point et fais le bien ! »

Depuis Schleiermacher, avec les Channing, les Parker, les Vinet, les Coquerel, les Harnach, les Leblois, les Sabatier, le parti pris confessionnel disparaît de plus en plus : les livres divins sont traités comme des livres humains qui comportent inexactitudes, inégalités, erreurs, et allient des pages de portée médiocre aux pages de haute inspiration ; la religion, de plus en plus strictement évangélique, est épurée de toute cette théologie et de tous ces dogmes dont les évangiles selon saint Marc, saint Mathieu et saint Luc, n'offrent aucune trace ; l'amour de Dieu notre père et des hommes nos frères devient l'objet capital du culte ; et il n'est demandé aux fidèles que de tendre à cet amour, en reconnaissant que l'Évangile est la meilleure école où on l'apprenne.

Si l'on y regarde bien, à quoi se ramène la doctrine d'un Saint Paul, sinon à servir Dieu par nos prières et nos vertus, sans complication de rites, et sans assujettissement à une autorité extérieure, en hommes pénétrés du sentiment de notre faiblesse, profondément repentants de nos fautes, appuyés sur la foi et vivifiés par la charité ?

De même que la Réforme a originellement opposé au pape le Christ, aux évêques les apôtres, et aux pratiques du christianisme sacerdotal les pratiques du christianisme apostolique, on oppose aux récits sacrés les données des sciences naturelles, à la Bible l'exégèse ; à la foi dans la divinité du Christ l'évidence des incertitudes sur sa personnalité.

Dans l'antiquité, Évhémère avait fait une suite de récits où la mythologie païenne était ramenée à l'histoire, non qu'il eût un parti pris d'impiété, mais parce qu'il avait à cœur d'accommoder la religion au progrès des idées. Les théologiens protestants, surtout en Allemagne, ont fait de l'Évhémérisme à l'endroit de la mythologie chrétienne. Strauss en particulier a consacré à Jésus un roman historique, qui, pour la portée philosophique, n'a pas été dépassé par celui qu'a écrit Renan.

L'application des méthodes d'exacte recherche au domaine des traditions religieuses, laissé jadis dans une sorte de respectueuse obscurité, a produit un prodigieux effet sur les consciences impartiales. L'effet a été d'autant plus considérable que les études étaient conduites sans parti pris d'apologie et de dénigrement. De même qu'on a pu suivre l'évolution du concept et du culte de la vierge-mère, on a pu retracer historiquement les étapes successives qui de Jésus, — lequel ne se crut jamais Dieu mais simple Messie, — ont fait d'abord un être surhumain assis à la droite de Dieu, puis Dieu même et une des trois personnes de la trinité. En même temps, les vieilles affirmations sur la corruption fondamentale de l'homme et sur la justification assurée par Jésus à un nombre restreint de croyants ont trouvé des incrédules. Un croissant discrédit a frappé cette sombre doctrine du péché originel que saint Paul tira du récit Jéhoviste de la faute d'Adam et qui fait d'un profond pessimisme la base de la religion. Des chercheurs font l'histoire des dogmes ; et les détails de leur naissance, de leur progrès, de leur consécration, se trouvent en être la plus irréfutable critique. Force est de n'admettre d'autorité que celle des idées ou des faits, et du pouvoir qui leur appartient d'imposer la conviction par l'évidence.

Pourtant il demeure des orthodoxes qui opposent à l'intellectualisme rationaliste une espèce de fidéisme protestant. Ils montrent dans la religion un ensemble de croyances salutaires créées par le sentiment, une œuvre de foi et d'amour où n'ont rien à voir ni la raison ni la science. Aux démonstrations survenues ils opposent un intérêt social, et prétendent fonder sur un parti pris de la volonté un dogmatisme que la réflexion pure n'autorise plus.

A ces orthodoxes qui méconnaissent les altérations qu'ont subies forcément les conceptions de Luther et de Calvin, et qui ne sentent pas combien eux-mêmes sont loin de l'état d'âme de ces deux chefs du protestantisme, il n'y a qu'à appliquer la parole de l'Évangile : « Ils s'imaginent marcher sur la terre ferme ; ils ne marchent que sur des tombeaux. » Ce sont de bonnes âmes, mues par des visées excellentes, mais destinées à être tôt ou tard débordées par les intelligences sincères qui répugnent aux hypocrisies et aux compromissions.

Ils demeurent nombreux ceux qui, fidèles au véritable esprit philosophique, comprennent combien il est illogique de faire des heureuses conséquences d'une doctrine le critérium de sa vérité ; et qui ont l'âme trop droite pour affirmer, par une sorte de politique, là où leur pensée ne voit pas d'immédiates raisons d'affirmer. Ce ne sont pas nos désirs, ce sont des preuves qui doivent décider de nos opinions. Quelques beaux prétextes qu'on allègue. c'est toujours une coupable duperie que de leurrer les autres ou de se leurrer soi-même.

De cette duperie on peut voir une curieuse manifestation dans une lettre récente de l'homme qui est véritablement le chef actuel du christianisme réformé en Prusse, l'empereur Guillaume II.

Le docteur Delitzch, un de ces rationalistes protestants si nombreux en Allemagne, avait, dans une conférence publique faite en février 1905. tiré de ses études sur la civilisation babylonienne des conclusions où étaient niées la divinité du Christ et l'existence de toute révélation préparant sa venue.

L'empereur notifie au professeur qu'il doit s'avancer prudemment sur un tel terrain, et en tout cas faire grâce de ses thèses aux profanes, en ne les produisant que dans le cercle de ses collègues. C'est une *faute lourde* de toucher ainsi au for intérieur des bons protestants et de bousculer des traditions auxquelles se rattachent des *conceptions précieuses*.

Après quoi, le théologien couronné expose son point de vue personnel sur la théorie de la révélation. Il distingue deux révélations : l'une continue et historique, l'autre purement religieuse.

A son avis, il n'est pas douteux que Dieu se manifeste constamment, tantôt dans un grand homme, tantôt dans un autre, que ce soit dans un prêtre ou dans un roi, parmi des païens, des juifs ou des chrétiens.

A côté de cette révélation inspirant les grands initiateurs qui changent la face des esprits ou des nations, Guillaume II signale la révélation religieuse qui mène des premiers temps à l'apparition du Christ : « La race d'Abraham développa la foi en un seul Dieu et prépara l'avènement du Messie, qui constitue la révélation la plus éclatante de Dieu dans le monde. Le Christ est Dieu sous la forme humaine ; son feu brûle en nous ; sa miséricorde nous réconforte : son intercession nous sauve. Appuyés sur sa seule parole, nous bravons tout, travail, mépris, afflictions, misère et mort. »

Guillaume II ajoute :

« *Il va de soi à mon sens que l'Ancien Testament contient un grand nombre de fragments qui ne sont que de nature purement humaine et non la parole révélée de Dieu. On n'y peut voir que des exposés historiques de faits de toute sorte relatifs à l'ordre politique, religieux, moral et spirituel. Ainsi l'acte par lequel la législation d'Israël lui fut donnée sur le Sinaï ne peut être considéré que symboliquement comme inspiré de Dieu ; et il se peut que Moïse n'ait fait que renouveler des lois plus anciennement connues. Cela n'empêche* pas qu'il n'y ait lieu de dire que Dieu a inspiré Moïse, et que, par cela même, il s'est révélé au peuple d'Israël.

« Voici mes conclusions :

« Je crois en un seul Dieu ;

« Nous autres hommes, nous avons besoin pour le connaître d'une représentation et nos enfants plus encore ;

« Cette représentation a été jusqu'à présent l'Ancien Testament, et il *n'importe que, dans sa forme, celui-ci se trouve modifié profondément par suite de recherches et de fouilles*. L'essentiel demeure : Dieu et ses actes.

« *Jamais la religion n'a eu le caractère d'un fait scientifique : elle fut toujours uniquement ce qui déborda du cœur et de l'être même de l'homme par suite de ses relations avec Dieu.* »

Il y a sans doute quelque chose de l'état d'âme du bien intentionné empereur dans ces penseurs de l'Allemagne, à la fois hardis et timides, qui d'un côté concluent au pur panthéisme ou à l'athéisme, et d'un autre côté chantent régulièrement, au temple, le cantique de Luther : « Dieu est ma forteresse. »

En réalité la religieuse Allemagne nage à plein dans les eaux du rationalisme ; et on serait stupéfait du chemin qu'elle y a fait si, au delà du Rhin, tous les ministres du culte devenus intérieurement incrédules au *credo* de leur Église suivaient l'exemple du grand pédagogue français Félix Pécaut qui, le jour où l'étude, la réflexion et l'expérience morale le détachèrent des croyances consacrées, déposa sa robe de pasteur, et par religion se sépara de ses coréligionnaires pour se faire l'apôtre d'un large rationalisme chrétien rejetant la foi en la divinité de Jésus.

Autre fait significatif. En Amérique, la propagande de l'évangile compte d'innombrables volontaires, pleins de zèle pour leur mission ; et les sectes fourmillent, depuis les communistes jusqu'aux illuministes. Mais il y a une tendance dominante qui met les sectes d'accord. C'est la préoccupation des entreprises d'intérêt social. Le programme commun de tous les chrétiens de dénominations diverses est un retour à la foi apostolique où dominerait l'esprit de fraternité et de solidarité comme aux premiers temps du christianisme. Les dogmes n'y sont plus qu'un poids mort à côté des œuvres. Les Églises multiplient les sociétés consacrées à la culture morale, rivalisent d'ardeur philanthropique, et à l'occasion coopèrent ensemble dans leurs créations pour le bien de l'humanité.

Non seulement aux États-Unis, mais en tout pays, dans les milieux réformés les plus stricts, il se manifeste une croissante réserve à l'égard des questions qui touchent aux traditions ou aux dogmes. On accorde moins d'attention aux divergences doctrinales ou historiques, et il ne subsiste plus que quelques rares étincelles de ces ardeurs théologiques qui jadis firent de Genève une seconde Rome. Ce qui prime, c'est la foi dans l'idéal qui s'est manifesté en Jésus, tel que l'ont fait l'histoire ou la légende ; et c'est là une foi du cœur plus qu'une foi de l'esprit.

Les Évangiles donnent l'intuition du divin dans un modèle digne d'être aimé et imité. Jésus y dit des paroles de vie pour les âmes, non des paroles de science pour les intelligences ; il ne s'occupe ni de théologie, ni de dogmes : il montre dans le repentir des fautes, dans le renoncement aux vaines concupiscences, dans l'annihilation progressive des mauvais penchants, dans l'exercice continu de la vertu, l'acheminement vers le règne de Dieu : il donne cœur à ceux qui pleurent, parce qu'ils seront consolés : il prescrit d'observer les commandements de notre Père qui sont ceux de la conscience, de demeurer dans son amour, de travailler à se rendre parfaits comme il est parfait ; il enseigne à s'aimer les uns les autres ; à pardonner aux méchants parce qu'ils ne savent pas ce qu'ils font ; à opposer au mal la persévérance dans le bien ; à être doux, purs, miséricordieux, affamés de justice ; à brûler du feu de cette charité qui fait des miracles. De plus en plus, on reconnaît, à la suite de Jésus, que ce n'est pas la façon de croire, mais la façon de vivre qui fait le chrétien.

Le protestantisme est appelé à devenir une grande confédération de libres groupements religieux faisant de l'individualisme dans la croyance la loi finale des âmes, rapprochant dans une union volontaire ceux qui ont abouti à une foi commune, et tendant avant tout à honorer Dieu par les actes qui contribuent le plus à la moralisation et au bonheur des hommes. Ce sera la religion en esprit et en vérité dont le fondateur est Jésus-Christ.

La pensée moderne procède des deux grands apôtres du sens individuel, Luther et Descartes. Luthérianisme allemand, Calvinisme français, Puritanisme saxon, autant de prodromes de la Révolution. Rousseau et les encyclopédistes l'ont engendrée ; mais c'est de la Réforme qu'elle est sortie.

LA COMPAGNIE DE JÉSUS

La Réforme prit une grande extension chez les races germaines. Les peuples latins s'en accommodèrent moins. C'est leur caractère de répugner aux demi-mesures. Ils comprennent qu'on suive en ses dernières conséquences ou qu'on abandonne définitivement une religion positive ; ils ne comprennent guère qu'on la renouvelle.

Au seizième siècle, les nations latines furent le foyer de la résistance organisée contre l'esprit de la Réforme. L'Italie donna l'impulsion ; l'Espagne donna l'homme ; et c'est en France, l'an 1534, sur les hauteurs de Montmartre où trône aujourd'hui l'église du Sacré-Cœur, que fut pris le solennel engagement d'où devait sortir la lutte des fils de Loyola contre les fils de Luther.

D'abord milice de l'anti-protestantisme, puis milice de la contre-révolution, la compagnie de Jésus apparaît comme la garde prétorienne de l'autocratie papiste. Contre les révoltes de la foi individuelle multipliant protestants et libres penseurs, Ignace de Loyola et ses successeurs Jacques Laynez et Acquaviva, tous trois animés de l'esprit ascétique du moyen âge et de l'esprit politique de leur temps, ont édifié le plus savant système de servitude spirituelle qui ait jamais été connu. Les constitutions de la société de Jésus sont la charte idéale du despotisme collectif annihilant les individus au profit du corps dont ils sont les membres.

Avec l'ère du libre-examen commence le règne de Satan ; combattre l'émancipation des consciences, c'est lutter pour le règne de Dieu : telle était la profonde conviction d'Ignace. Il crut son œuvre sainte ; et l'Église l'a fait saint.

Il a certes sa poésie et sa grandeur ce gentilhomme, qui, après s'être dégoûté des plaisirs et des banalités de la vie, s'institue en son cœur le chevalier de la Vierge ; laisse là fortune et grandeurs ; va, en habit de mendiant, retremper son âme aux lieux saints ; parcourt les couvents et les écoles, avec une égale fièvre d'enthousiasme pour les austérités et pour les études ; soigne les pauvres dans les hôpitaux ; prêche aux coins des carrefours ; a des visions où son imagination ardente évoque vivants et réalisés les rêves de sa foi ; entreprend, faible, isolé, inconnu, de faire agréer à Rome son gigantesque plan de lutte ; et l'exécute à force de foi, d'énergie, de passion.

L'avancement des âmes dans la vie et dans la doctrine chrétienne, la propagation de la foi catholique par l'éducation de la jeunesse, par la direction des consciences et par des missions apostoliques, tel est le but assigné par Ignace à la société qu'organisa son génie. Le moyen c'est une discipline incomparable, fondée sur l'obéissance passive et sur l'espionnage mutuel.

Ignace ne se lassait pas d'insister pour que ses disciples s'appliquassent à surpasser les autres ordres religieux par l'abdication de leur jugement et de leur volonté propre. Il leur recommandait d'être entre les mains de leur supérieur comme une cire molle qui prend la forme qu'on veut et de ne craindre rien tant que de se conduire eux-mêmes. Faire ce qu'on vous commande n'est pas assez. Il faut identifier votre volonté avec celle de vos chefs et juger que ce qu'on vous ordonne est le plus raisonnable et le meilleur, par la raison seule que le supérieur l'estime ainsi. « Pour parvenir à ce degré si élevé, qui se nomme l'obéissance de l'entendement, nous ne devons point prendre garde si celui qui nous gouverne est sage ou imprudent, saint ou imparfait, mais considérer en lui uniquement la personne de Jésus-Christ qui lui a mis son autorité entre les mains pour nous conduire et qui, étant la sagesse même, ne permettra pas que son ministre nous trompe. » Actes, paroles, pensées, tout est soumis au Général qui, avec l'aide de quelques assistants, devient la raison, la volonté, le bras de tous, partout insaisissable et partout présent. Il est la Providence vivante. Les religieux doivent s'abandonner à lui *comme un cadavre qui se laisse tourner et manier en tout sens, ou comme un bâton qui sert partout et à toute fin à qui le tient dans la main.* Voilà bien le comble de l'obéissance aveugle. Elle est dans le génie des ordres religieux. Saint Bonaventure, le biographe de saint François d'Assise, nous montre le maître des franciscains recommandant à ses disciples de se laisser traiter *comme des corps sans vie;* et le grand saint Basile, dans ses *Constitutions monastiques,* prescrit aux moines d'être absolument dociles, *comme l'outil dans la main de l'ouvrier ou la cognée dans la main du bûcheron.*

Néanmoins il y a toujours à craindre que ces machines vivantes ne soient pas assez machines et que l'homme s'y montre. L'espionnage y pourvoira. La délation deviendra un instrument de règne. Les membres de la compagnie de Jésus devront s'engager, dès leur noviciat, à se surveiller et à se dénoncer mutuellement. « Tout postulant est tenu de se conformer, disent les Constitutions, à l'exemple des personnes de la Société qui se dévoilent et révèlent la conduite les unes des autres, sans préjudice de l'amour et de la charité réciproque et pour leur plus grand avancement spirituel. » Pour le rendre absolument humble et soumis, on lui demande de consentir que toutes ses erreurs, tous ses défauts, tous ses manquements tant soit peu répréhensibles, soient révélés aux supérieurs par tout membre de la Société qui s'en sera aperçu hors la confession.

A la vue de ce grand corps des jésuites, où tous les chefs, depuis les maîtres des novices et les recteurs jusqu'aux provinciaux et au général, ont auprès d'eux un moniteur qui a mission de leur donner des avis sans s'ingérer dans l'administration; en présence de cette annihilation de toutes les volontés sous le joug d'une dictature éclairée par mille renseignements journaliers sur les besoins, les actes et la pensée de tous, Richelieu, l'homme de l'absolutisme, se récriait d'admiration et saluait *le plus parfait modèle des gouvernements*. Mais le philosophe et le moraliste ne doivent-ils pas, eux, se récrier d'indignation et condamner un édifice de tyrannie élevé, avec la dénonciation pour appui, sur les ruines de l'autonomie morale ?

Au surplus, dans cette réglementation infinie qui constitue le code des jésuites, on rencontre des vues très fines sur la nature humaine et sur le gouvernement. Ignace de Loyola formulait ainsi la méthode politique qu'on a appelée l'opportunisme : « Dans le gouvernement, la pratique ne peut pas toujours répondre à la spéculation, et il faut quelquefois ajuster les choses non pas de la manière qu'elles seraient le mieux, mais de la manière qu'elles peuvent être ». Il faisait cette remarque : « Il y a souvent moins de danger à violer les grandes règles qu'à négliger les petites, par la raison que le mal qu'apporte l'infraction des premières est évident et sensible, au lieu que le mal qui vient du mépris des secondes ne se voit pas et ne se sent d'ordinaire que quand il est incurable. » Voici enfin des conseils très sages à l'adresse des détenteurs de l'autorité : « Il n'appartient pas à ceux qui tiennent les premières places de descendre dans tous les petits détails. On rend les gens fidèles en les croyant fidèles, et il vaut mieux être trompé en de certaines occasions que de paraître avoir de la défiance. Les premiers supérieurs doivent ressembler au premier mobile qui, par un mouvement toujours égal, remue les autres globes célestes. Il faut qu'ils sachent tout, qu'ils ordonnent tout ; mais ils doivent bien se garder de vouloir faire tout eux-mêmes. »

Mais qu'importent les belles vues de détail ? L'annihilation de la personnalité, voilà où aboutit ce grand zèle des jésuites pour l'affirmation du libre arbitre, méconnu par les réformés et par les jansénistes. Ils le défendent et ils l'immolent. Avec leur Molina, ils ne veulent pas de la prédestination et de la grâce toute-puissante qui, faisant sortir d'une théorie fataliste l'esprit de liberté, risquaient de substituer à la consigne d'un maître l'inspiration personnelle sous le nom d'inspiration divine. Ils attribuent à l'homme le libre pouvoir de mal faire afin de mieux lui persuader qu'il doit se donner des chaînes.

« Cette liberté que le Créateur nous a départie, dit Ignace, il faut librement la lui livrer en la personne de ses ministres. » Avec Ignace le jésuite adressera à Dieu, représenté par son supérieur, ces paroles de suprême renoncement : « Prends, Seigneur, mon libre arbitre, ma raison, ma volonté. » Ainsi, le libre arbitre n'existe ici que pour consommer son propre suicide. Plus est proclamée volontaire cet holocauste où l'homme tout entier, sans rien garder de lui-même, s'immole au Créateur par l'intermédiaire de ses ministres, plus elle devient définitive, revêtue qu'elle est du caractère sacré de la vertu.

Mais l'homme peut-il tout d'un coup s'abdiquer? Non. Il y faut de longs efforts. A cette œuvre visent les *exercices spirituels* décrits par saint Ignace. C'est une gymnastique morale menant à l'absolue soumission. L'auto-suggestion y joue un rôle capital. Il faut par exemple évoquer le tableau de l'enfer; imaginer qu'on entend des sanglots, des plaintes, des vociférations; se représenter les flots de fumée, le soufre brûlant, le ver de la conscience.

L'oraison, la lecture de récits mystiques, les austérités, les macérations, les jeûnes sont magistralement combinés pour produire une espèce d'entraînement extatique. Petit à petit l'individu sort de lui-même et s'incorpore radicalement à la Société.

Cet être tout bouillant d'exaltation et totalement dépouillé de sa volonté propre, la société le prend dans son engrenage, et elle discipline à son service l'enthousiasme qui est en lui. A la place de l'égoïsme individuel l'égoïsme collectif. Irascibilité, orgueil, cupidité, hypocrisie, ambition, toutes les passions refoulées tout-à-l'heure vont revivre sans scrupule, régularisées, sanctifiées par leur emploi au service d'une œuvre à laquelle l'être, aliéné de soi, appartient corps et âme.

Cette œuvre, quelle est-elle? C'est l'avancement du catholicisme, l'avancement de la Société. Celui-ci est lié à celle-là comme la cause à l'effet. La société de Jésus ne saurait comprendre le triomphe du catholicisme en dehors d'elle. Elle s'assimile le catholicisme et de plus en plus fait de lui sa chose. Qui sert la Société le sert; qui la combat, le combat.

Le premier moyen pour la Société d'asseoir sa domination et par conséquent la domination du catholicisme, c'est l'éducation de la jeunesse. Être les maîtres de l'éducation, n'est-ce pas prendre possession de l'avenir? Pour les jésuites élever l'homme, c'est le mâter. Ils lui donnent le vernis le plus brillant; et ils lui ôtent sa personnalité. « De même, dit le père Cérutti, qu'on emmaillotte les membres de l'enfant dès le berceau pour leur donner une juste proportion, il faut, dès sa première jeunesse, emmaillotter en quelque sorte la volonté de l'homme pour qu'elle conserve dans tout le reste de la vie une heureuse et salutaire souplesse. »

En même temps que, parmi les douceurs et les caresses, la volonté est graduellement domptée, l'intelligence, tenue en lisière, est promenée dans les jardins fleuris de la rhétorique ou des vers latins et à la surface des sciences. L'histoire devient un roman ingénieusement accommodé aux intérêts de la pieuse congrégation et du catholicisme. La philosophie est effleurée, juste autant qu'il convient pour mettre en garde contre les pièges de la raison et pour apprendre à lui substituer l'autorité, tout en déclarant que la raison a ses droits légitimes dans le domaine borné qu'on veut bien lui assigner. S'il se rencontre un jésuite naïf qui veuille philosopher sérieusement, il est persécuté. Tel fut le sort du père André. L'essentiel est de mettre les mots à la place des choses. Les parades littéraires sont encouragées. On façonne des légions de beaux esprits sonores et creux. Ceux-ci sont orateurs à la façon de Bembo et de Sadolet. Ceux-là sont poëtes à la façon de Vida et de Sannazar. La puérilité est le caractère saillant de la littérature jésuistique. Tout y est artifices mécaniques, jeux d'antithèses, imitations, amplifications.

Pauvre instruction qui meuble l'esprit de vérités sans pénétrer le cœur du profond amour de la vérité ! Il ne faut pas faire de l'étude une simple prolongation des jeux de l'enfance. Elle doit être un apprentissage de l'effort. Le but est sans doute d'apprendre ; mais il est surtout de comprendre.

Où prévalent la discipline et la routine, on ne doit pas chercher le génie. Il lui faut pour se développer la spontanéité et la liberté. Aussi les jésuites n'ont-ils compté dans leurs rangs ni poète, ni savant, ni penseur de premier ordre. Un François Xavier, admirable par l'intelligente ardeur de son zèle apostolique, un Bourdaloue, admirable par la vigueur toute pratique de ses éloquentes prédications : voilà la fleur des gloires de la compagnie de Jésus. A ces deux noms on peut joindre, comme étant celui de la troisième grande illustration de l'ordre des jésuites, le nom du cardinal Bellarmin, qui, dès le seizième siècle, constitua le vaste arsenal où s'approvisionnent pour leurs controverses la plupart des théologiens catholiques. Ce patron de l'ultramontanisme enseigne que le pape, monarque absolu de l'Église, est supérieur aux conciles, et que l'autorité des évêques n'est qu'une émanation de sa juridiction souveraine. Il attribue en même temps aux pontifes romains un droit de suzeraineté sur tous les gouvernements et veut que la puissance temporelle demeure subordonnée à la puissance spirituelle. Bossuet se plaignait de ce qu'à Rome les ouvrages de Bellarmin tenaient lieu de toute tradition. De plus en plus ils ont fait loi.

L'intrigue fut toujours la ressource des politiciens. C'est dans l'intrigue que la Compagnie triomphe. Jamais l'art de captiver et de diriger les consciences ne fut poussé si loin. Les jésuites ont compris que, pour mener les hommes, il suffit de mener ceux qui les mènent. Ils ont été les confesseurs des rois et des reines, des princes et des princesses, des seigneurs et des grandes dames.

Comment n'auraient-ils pas acquis une grande influence? Volontiers serviles pour être despotes, on les a vus s'accommoder de tout et être accommodants pour tous. En eux rien de ces farouches sectaires qui sont esclaves de leurs principes. La rigidité janséniste n'est pas de leur goût. Leur principe est *qu'il ne soit pas question de principes*, selon le mot d'Ignace. Il n'y a de bonne secte et de bon parti que la secte et le parti qui les fait maîtres. La politique prime la morale. Subsister et dominer, voilà la règle des règles.

Pour s'ouvrir toutes les portes, ils font les métiers les plus divers, du négoce, de la médecine, de la science. Ils affectent la rigidité ou la mansuétude selon leurs craintes ou leurs espérances. Ils professent tour à tour des maximes d'autorité et des maximes de liberté. Sous un roi pieux ils sont les avocats de l'inviolabilité royale; sous un roi suspect ils affirment le droit qu'a tout citoyen de poignarder les mauvais princes. Ils ont des trésors d'indulgence pour la calomnie et les massacres, dès que calomnies et massacres profitent à la cause romaine.

Former avec des individus personnellement honnêtes et croyants, qui constituent, on doit le reconnaître, l'aristocratie du monde catholique, une société foncièrement immorale et sceptique : tel est le miracle que réalise ici la doctrine de l'obéissance passive. Pour le jésuite la vérité n'est pas la vérité; c'est la consigne du maître. A l'immolation de la volonté se joint l'immolation de l'intelligence. Le jésuite doit non seulement vouloir, mais encore penser de même que son supérieur. « Si, pour empêcher la volonté de s'égarer, nous la confondons avec celle du supérieur, de même l'intelligence, pour ne pas se tromper, devra se régler sur celle du supérieur, représentant de Dieu, interprète de la volonté divine. »

Il arrive bien au législateur des jésuites de faire des réserves pour les cas où les commandements du supérieur seraient en contradiction visible avec les commandements de Dieu. Mais cette concession faite à la conscience du genre humain est purement formelle. Saint Ignace dit en effet : « L'éclatante simplicité de l'obéissance disparaît quand nous mettons intérieurement en question si ce qu'on nous commande est bien ou mal. Convaincus que l'ordre du supérieur est l'ordre de Dieu même, un élan aveugle de la volonté avide d'obéir nous entraînera sans même laisser de place à la réflexion. » Supposez d'ailleurs que l'intelligence ne soit pas assez disciplinée et se permette de scruter la moralité des ordres donnés, elle ne devra pas ignorer que Dieu, dont le supérieur est le vivant organe, est le maître de convertir le mal en bien et peut, comme l'enseignent le père Caramuel et maints autres à la suite de saint Thomas et de saint Augustin, sanctifier des crimes tels que le vol, l'adultère et l'assassinat[1].

Ainsi plus de scrupules possibles. La règle des mœurs pourra être fléchie en tous sens, et la raison d'État sera maîtresse. Le bien de la Société, qui est le bien même de la religion et de la papauté, voilà la loi suprême. Pour procurer la *plus grande gloire de Dieu*, tous les compromis deviennent légitimes. L'honnêteté de la fin purifie le vice des moyens, et la carrière est ouverte aux subtilités de cette casuistique qui enseigne l'art d'être immoral sans immoralité.

Les jésuites, visant à l'empire des âmes, ont attaché un intérêt capital à l'étude des cas de conscience. Leurs doctes théologiens, tels que Molina, Suarez, Vasquez, Valentia, Lessius, Ventura, ont su assortir les maximes à la diversité des conditions et des circonstances. Les uns sont rigides ; les autres relâchés. Tels sont faciles sur un point qui sont sévères sur un autre. Leur variété se prête à tous les besoins. Le petit nombre des personnes qui veulent une morale austère et le grand nombre de celles qui préfèrent une morale complaisante trouvent chez eux égale satisfaction.

L'essentiel est que personne ne soit rebuté. Or quels accommodements ne deviennent possibles avec la doctrine des probabilités qui confère la vraisemblance à toute opinion pouvant se réclamer d'un docteur grave ; avec la doctrine des restrictions mentales qui permet de dire tout haut un mensonge, pourvu qu'on se dise tout bas la vérité ; avec la distinction de la théorie et de la pratique, qui permet d'autoriser en fait les actes condamnés en principe ; avec la direction d'intention qui

---

1. Voir dans LA PENSÉE CHRÉTIENNE, le chapitre : *La morale sophistiquée par la théologie.*

permet de voler et d'assassiner, du moment où on poursuit comme but un certain bien et où on ne fait pas le mal pour le mal ?

Chacun se fait tout à tous, et pourtant nul ne se livre. Ils se répandent aux quatre coins du monde; ils s'immiscent dans toutes les fonctions de la vie sociale; ils mettent en œuvre toutes les influences : partout étrangers et partout chez eux. Leur société c'est leur patrie ; c'est leur famille; c'est leur être même. L'homme n'est plus; il y a le jésuite.

Comment en serait-il autrement dans une compagnie, qui, éblouie par la grandeur du but lui voilant les moyens, repose sur la profanation de la dignité humaine ? Au lieu de traiter toujours la personnalité *comme une fin*, selon la grande parole de Kant, les constitutions des jésuites la font descendre à l'état de pur instrument. Toute immoralité est là en germe, malgré l'incontestable beauté des vertus dont les jésuites ont donné le spectacle au monde. On a attribué beaucoup de crimes à la société de Jésus. La plupart étaient imaginaires; quelques-uns étaient réels. Mais ces attentats, aussi graves soient-ils, sont moins coupables que cet homicide moral qui est l'âme même de son existence.

Malheur à qui ne sait pas séparer l'idée religieuse de ses savantes sophistications ! Autant mérite d'être vénéré le pur christianisme, autant doit être réprouvé ce cléricalisme jésuitique, radicalement contraire à l'esprit de Jésus, qui, sur la base du complet renoncement à soi-même, ramène la religion à un ramassis de pratiques superstitieuses ; la morale à cette casuistique machiavélique immortellement flétrie par Pascal ; et la politique au triomphe d'une théocratie dans laquelle, de par la subordination des pouvoirs civils à l'autorité sacerdotale, l'intolérance domine.

Les succès de la réaction catholique contre le développement de la Réforme furent l'œuvre de la compagnie de Jésus. Ses généraux, qu'on a appelés *les papes noirs*, veillèrent à ce que les papes élus fussent des hommes de grande sagesse et de grande vertu ; ils s'ingénièrent à utiliser toutes les aptitudes et tous les enthousiasmes, en plaçant chaque individualité à la vraie place où ses dons pouvaient produire le plus de fruits ; ils mirent merveilleusement à contribution le zèle des femmes, par la double amorce de leur piété et de leur amour-propre. Parcourez tous les coins du monde d'alors. Qui confesse ? Des jésuites. Qui prêche ? Des jésuites. Qui enseigne ? Des jésuites. Qui gouverne ? Des jésuites. Ils favorisent l'éclosion de toutes les croyances propres à consolider leur empire ; ils organisent des dévotions nouvelles, et ils s'arrangent de façon à persuader que leur héroïque François Xavier a accompli dans les Indes, au Japon et en Chine, des miracles plus grands que les miracles attribués à Jésus.

LE DÉVELOPPEMENT LOGIQUE DU CATHOLICISME

L'Église catholique répondit au mouvement protestant par le grand concile de Trente.

Cette assemblée fameuse prolongea ses sessions de 1545 jusqu'en 1563.

Sur les traditions et les Écritures bases de la foi, le saint concile prononça que les institutions, les vérités et les règles morales consacrées par les Pères devaient être respectées comme venant de Jésus-Christ même ; que les livres de l'Ancien et du Nouveau Testament avaient été écrits sous la dictée du Saint-Esprit, et que nul n'avait le droit de contredire les interprétations séculaires données par l'Église ;

Sur le péché originel, il prononça que tous les hommes avaient péché dans Adam, qui, par sa prévarication, transmit au genre humain le péché, les douleurs et la mort ; que la régénération baptismale est nécessaire pour effacer la souillure contractée par le fait seul de la génération ; qu'au surplus la concupiscence, qui est un effet du péché et qui porte au péché, survit au baptême ;

Sur la justification du pécheur, il prononça que chacune des dispositions qui y conduisent est un pur effet de la libéralité divine ; que l'homme ne peut, par ses propres forces, ni guérir ses plaies, ni même concevoir le désir de la guérison ; que la crainte de Dieu, l'amour de Dieu et la confiance en sa miséricorde, fondée sur les mérites de Jésus-Christ, mènent l'homme à son renouvellement ; que le Saint-Esprit opère en lui cette salutaire transfiguration, en formant dans son cœur les saintes habitudes de la foi, de l'espérance et de la charité ; que l'homme, ainsi devenu juste par la grâce de Jésus-Christ, va s'avançant de vertu en vertu, avec l'aide constante de la prière et des sacrements qui lui ménagent les secours nécessaires pour marcher jusqu'à la fin dans la voie de la justice ;

Sur le culte des saints, il prononça qu'il convenait d'invoquer l'assistance de ces puissants protecteurs qui, régnant avec Jésus-Christ, offrent à Dieu leurs prières pour les hommes ; que la vénération est due à leurs corps qui furent les temples du Saint-Esprit et qui doivent un jour ressusciter pour la vie éternelle ; et que Dieu justifie cette vénération par les miracles qu'il opère à propos de leurs reliques ;

Sur les indulgences, il prononça que les âmes détenues au purgatoire reçoivent un soulagement considérable par la célébration des messes; que l'Église est qualifiée pour accorder, en vertu des mérites du Sauveur, la rémission de tout ou partie des peines dues au péché; qu'anathème est quiconque dénie à l'autorité ecclésiastique le pouvoir de faire gagner aux fidèles des indulgences.

L'œuvre du concile de Trente a été complétée au xix° siècle par le concile du Vatican. Pour ne pas répéter ce que j'ai dit dans le livre sur la *Pensée chrétienne*[1] je n'insisterai pas ici sur ces deux conciles dont la compagnie de Jésus fut l'âme. Il me suffira de remarquer qu'en restreignant les latitudes laissées à la croyance religieuse, aux xiii°, xiv° et xv° siècles, en donnant au catholicisme des bases plus étroites par les définitions dogmatiques et les condamnations accompagnées d'anathèmes qui furent décrétées, ces deux conciles ont fait à l'Église autant de mal que lui en a fait Luther. Ils étaient sans doute le développement logique de l'autocratie romaine; mais, par cela même qu'ils ont mis en plein relief tout l'excès d'une tutelle tyrannique exercée sur les consciences, ils en ont préparé la fin.

---

1. Voir notamment au sujet des décisions du concile de Trente, les chapitres : *La question de la grâce; La question du péché originel; Double décret de l'Église; Le purgatoire; Le baptême; Le tribunal de la pénitence; La messe; La transsubstantiation triomphante; Le dogme de la transsubstantiation;* au sujet des décisions du concile du Vatican, les chapitres : *Le despotisme papal; La charte du catholicisme; L'Église et l'Évangile; Le paganisme catholique.*

En même temps que l'Église se divinise, que l'écart s'élargit entre la pensée catholique et la pensée moderne, et que mûrit le dogme de l'infaillibilité papale, l'individualisme se manifeste ici et là par de beaux types, dans le monde catholique. Tels en France, au xviie siècle, les jansénistes qui constituèrent un si curieux groupement de fortes âmes, et cette magnifique personnalité, saint Vincent de Paul.

LE JANSÉNISME

L'insinuant et doux François de Sales avait montré ce qu'il peut y avoir de grâce et de volupté dans la vie dévote. Les jansénistes montrèrent tout ce qu'elle peut comporter de gravité et d'héroïsme. Leur stoïcisme contraste avec le pieux épicurisme de l'évêque de Genève.

Les solitaires de Port-Royal-des-Champs entendaient sevrer la vie des croyants de ce qui restait encore des réjouissances enfantines qu'y avait séculairement accréditées une sorte de survivance de l'esprit païen. Aux beaux temps du catholicisme la fête des fous et les saturnales carnavalesques se mêlaient aux abstinences et aux autodafés. L'inspiration religieuse, qui se traduisait dans les chefs-d'œuvre de l'architecture, de la sculpture, de la peinture, de l'orfèvrerie, était toute pénétrée d'une jovialité naïve. Sur les portes et les piliers des églises, sur les stalles, sur les lutrins, sur les autels, et jusque sur les tabernacles, la fantaisie se jouait ; et, de même que dans toute cour il y avait un bouffon, dans l'intérieur des cathédrales grimaçaient des figures grotesques, mêlant la satire à la piété. Et puis, c'étaient des divertissement populaires, des danses rustiques, des chansons pleines d'humour, telles que ces joyeux Noëls dont les couplets joignaient tant de verdeur à tant de naïveté. L'Église, sûre de son empire, laissait le bon peuple s'ébattre en mille jeux dont la malice était sans conséquence.

Quelle foule débordante de gaieté, en même temps que pleine de foi, se pressait à ces drames liturgiques qui représentaient des scènes de l'Ancien Testament, la légende de saint Nicolas, ou la Passion ! Moines, ménestrels, artisans, fournissaient leurs contingent d'acteurs pour ces pièces demandant jusqu'à cinq cents personnages et remplissant parfois trois journées successives.

Quelle n'était point la popularité de la fête de l'âne, le doux animal de l'étable de Bethléem, de la fuite en Égypte et du triomphe de Jérusalem ! Dans l'office célébré en l'honneur de la bête aux longues oreilles, une imitation de son braiment terminait chaque antienne ; et, pour marquer la fin de la messe, le prêtre ne manquait pas de faire entendre un triple hihan, répété par la foule des fidèles. A Reims se faisait une procession où un gigantesque monstre en osier remuait automatiquement la mâchoire et engloutissait au profit des officiants les friandises ou pièces de monnaie que le bon peuple lui jetait dans la bouche. A Metz, pour les rogations, on promenait un dragon dont la gueule était bourrée de gâteaux. A Évreux il y avait un jour où les prêtres mettaient leurs surplis à l'envers et se jetaient du son dans les yeux : c'était la fête des cornards. Dans maints couvents, à certaine date, les frères servants prenaient la place des pères devenus servants pour vingt-quatre heures. Ainsi le burlesque était un repos au milieu des solennités graves de la vie religieuse.

Le contraste est grand entre cette vieille sève de bonne

humeur mêlée à la dévotion et la rigidité janséniste. Celle-ci, toute pareille à la rigidité calviniste, ne s'accommodait pas de fidèles tour à tour en veine d'adorer et de rire. Un sombre pessimisme était sa constante atmosphère.

Le jansénisme néglige le point de vue social pour n'envisager que le point de vue personnel. Faire son salut, c'est la grande affaire. Il demande qu'on s'élève, par un suprême effort de piété, au-dessus des sentiments humains. Rien de plus significatif que les lettres de Pascal à Mlle de Roannès, et la lettre à sa sœur sur la mort de leur père. Si ce n'était point à un faux dévot, c'est à un vrai dévot de la secte janséniste, que s'appliqueraient ces vers d'Orgon dans *Tartufe* :

> Oui, je deviens tout autre avec son entretien,
> Il m'apprend à n'avoir d'affection pour rien,
> De toutes amitiés il détache mon âme
> Et je verrais mourir frère, enfant, mère et femme,
> Que je m'en soucierais autant que de cela.

En matière d'éducation, le jansénisme conçoit des méthodes très rationnelles, sait former le jugement et dresser la volonté. Mais quel manque de vie et de libre spontanéité ! Avec quel froid sérieux on fait alterner les méditations, les oraisons, les instructions ! Quelle différence entre les maisons de Port-Royal et la maison de Saint-Cyr, où Mme de Maintenon voulait qu'on sût lâcher la bride, tourner le travail en agrément et égayer les plus graves exercices !

Mais, tout en regrettant la part excessive faite en toutes choses à la mortification et à l'expiation, on ne peut qu'admirer les beaux fruits du renoncement et de l'effort constant. De ces solitudes où la vie se passait dans l'étude, les méditations et la prière, il sortit des chefs-d'œuvre de méthode intellectuelle et de discipline morale. Les sectaires de la grâce, les audacieux réfractaires, que les condamnations de l'Église et les proscriptions de Louis XIV trouvaient inébranlables, demeurent d'immortels modèles de grandeur d'âme. On n'oubliera jamais les religieuses de Port-Royal si simplement héroïques, ni le grand Arnauld qui finit dans l'exil une vie de luttes et de persécutions, ni l'abbé de Saint-Cyran enfermé quatre ans au donjon de Vincennes, ni Sylvestre de Sacy prisonnier deux ans à la Bastille, ni Pierre Nicole menant pendant trois ans la dure vie de l'exilé.

La destruction de Port-Royal, dictée par les jésuites, fut un des grands crimes de l'intolérance catholique.

SAINT VINCENT DE PAUL

Quelques années avant l'époque où le pouvoir, par ses coups contre Port-Royal, fit jaillir de cette nouvelle Thébaïde la flamme des plus hautes vertus, Vincent de Paul, dont Bossuet fut un moment le disciple, fondait la congrégation des prêtres de la Mission. Déjà Pierre de Bérulle avait institué en France la noble et féconde association des prêtres de l'Oratoire, vouée à la prédication et à l'enseignement; et peu après, l'abbé Olier devait créer l'Institut des Sulpiciens se consacrant à l'instruction des apprentis du sacerdoce. Selon l'esprit du concile de Trente, qui voulait qu'un retour à la bonne discipline des mœurs suivît la fixation de l'orthodoxie, l'idée commune de ces illustres initiateurs était de ranimer partout, avec le goût de la science religieuse, la ferveur de la vie chrétienne. Ils avaient à cœur, comme le grand saint Charles Borromée, de relever la mentalité et la moralité du clergé.

Saint Vincent de Paul institua ces retraites qui étaient de véritables cures morales où les âmes des prêtres se retrempaient pour l'action ; il favorisa l'expansion de ces catéchismes qu'on vit se multiplier peu après le concile de Trente et où est résumée, par demandes et réponses intelligibles aux plus humbles esprits, la doctrine catholique ; il fit bénéficier les moindres villages de l'œuvre des missions, lancées dans tous les coins du monde pour conquérir les âmes à la foi.

Mais son caractère propre ce fut d'être l'homme des déshérités, qu'il visait à placer tous sous l'abri d'institutions catholiques, destinées à être pour eux une espèce de Providence terrestre. Mélange d'énergie et de bonté, liant et pratique, Vincent de Paul excelle à s'assurer l'aide des puissants et à utiliser la sentimentalité des femmes ; il allume parmi les personnes de qualité de généreuses ardeurs qui les font aller consoler et assister les malades dans les hôpitaux, les prisonniers dans les cachots, les indigents dans les taudis ; il étend aux esclaves des États barbaresques les trouvailles de sa charité ; il déploie enfin une activité sublime, soit que son zèle s'applique au soulagement des criminels peinant dans les galères, soit qu'il sauve de la mort et de la misère les enfants trouvés et les mendiants ; soit qu'il ménage des soins continus aux malades et aux infirmes, avec le concours de la congrégation des humbles Filles de la Charité dont il fut le fondateur.

LA DÉCADENCE DE L'ÉGLISE ET LA FIN DU GALLICANISME

Au XVIIIe siècle, le grand élan régénérateur qui avait suivi le concile de Trente fit place à un rapide mouvement de décadence. On vit pulluler les petits abbés pimpants, vides et libertins ; on vit s'interrompre la grande lignée de ces papes remarquables par le zèle et par la vertu, qui, depuis l'assaut de Luther, avaient pris la place des papes criminels, sans mœurs et sans foi, premiers provocateurs de la Réforme ; on vit s'organiser et combattre, avec un riche arsenal de railleries et de raisons, l'armée des philosophes répétant contre le catholicisme tout le mal qu'en ont dit les protestants et englobant dans leur réprobation la Bible et le protestantisme ; on vit succomber pour un temps la puissante compagnie de Jésus ; on vit les gens du monde se piquer de n'être pas dévots par cela même qu'ils se piquaient de n'être pas sots ; et on ne vit paraître ni un Vincent de Paul, ni un Arnauld, ni un Bossuet.

La Révolution suit. C'est la fin de l'antique Église de France. Elle ressuscitera ; mais le gallicanisme, dont la tradition était chère à la noblesse et à la magistrature française toutes deux non moins ennemies des *empoisonneurs italiens* que de la *vermine espagnole*, demeurera frappé à mort. Et ainsi sera avancé par la révolution elle-même le plein triomphe de l'ultramontanisme.

Vainement Bossuet avait-il fait l'apologie des libertés gallicanes. Pour la logique romaine le gallicanisme, tout comme le jansénisme, n'était qu'une forme du protestantisme se ramenant lui-même au déisme, pur déguisement de l'athéisme.

LAMENNAIS, DE BONALD ET DE MAISTRE

Au début du XIXe siècle, tandis que le protestant Benjamin Constant, dans son livre *de la Religion*, étudiait et justifiait les transformations diverses du sentiment religieux, en montrant que toute religion positive, quelque satisfaisante qu'elle soit pour le présent, contient un germe d'opposition aux progrès de l'avenir et contracte, par l'effet même de sa durée, un caractère dogmatique et stationnaire qui l'amène à rester en deçà des progrès de la science et à ne plus répondre aux aspirations des âmes ; tandis que Chateaubriand, plus artiste que croyant, dans son poétique appel à l'imagination et au cœur, traçait un séduisant tableau des beautés du Christianisme, résumé de la philosophie éternelle, régénérateur des barbares, rédempteur des humbles, consolateur de la vie, rénovateur de la poésie et des arts ; trois génies, précurseurs du *Syllabus*, combattirent avec éclat l'illogisme des croyants qui répugnent aux dernières conséquences de la tradition catholique, et s'appliquèrent à orienter vers l'ultramontanisme la renaissance religieuse. Ces trois génies sont : de Bonald, de Maistre et Lamennais.

Dans son brillant *Essai sur l'indifférence*, Lamennais, faisant du consentement général le critérium de la vérité, avait tout ramené à la tradition et à la théologie, avec l'Église comme pouvoir suprême. Il personnifiait en elle, et plus particulièrement dans le Souverain Pontife, l'autorité spirituelle ; et il lui conférait la haute suzeraineté sur l'autorité civile. L'impérieux dialecticien resta fidèle à lui-même dans les premières parties de cette *Esquisse d'une philosophie* où, renouvelant la métaphysique néoplatonicienne, il tentait d'expliquer l'ordre physique et l'ordre moral par la trinité de l'intelligence, de la puissance et de l'amour. Mais l'heure vint où il fit volte-face. Dans le quatrième volume de son grand ouvrage, Lamennais n'accepte plus d'autres points d'appui que le fait et l'idée. Il publie en même temps ses *Paroles d'un croyant*, qui retentirent comme le cri de la liberté et de la charité contre toutes les oppressions et tous les égoïsmes.

De Bonald, qui avait précédé et encouragé Lamennais, n'eut garde d'abandonner comme lui la cause de l'Église pour la cause de l'humanité ; et, bien loin d'aboutir à se faire l'apôtre de la Révolution, il en demeura le plus violent adversaire. Son tranchant dogmatisme oppose l'autorité à la raison, le pape au peuple, la déclaration des droits de Dieu à la déclaration des droits de l'homme; affirme l'origine divine du langage, dépôt sacré des traditions fondamentales qui de siècle en siècle se transmettent et s'imposent; interprète dans le sens de toutes les tyrannies la législation primordiale dont la Bible et la puissance ecclésiastique constituent le double oracle; enseigne enfin une métaphysique, une religion et une politique où les hommes vis-à-vis de Dieu et du Médiateur, où les laïques vis-à-vis du pape et du clergé, où les sujets vis-à-vis du roi et de la noblesse, sont ce qu'est l'enfant vis-à-vis du père et de la mère, ce qu'est *l'effet vis-à-vis de la cause et du moyen*. Toutefois, malgré l'allure superbe de ses formules, cet imperturbable théoricien ne fut jamais qu'une ombre, ombre grandiose, de Joseph de Maistre son illustre contemporain, à qui lui-même il disait : « Je n'ai rien pensé que vous ne l'ayez écrit; je n'ai rien écrit que vous ne l'ayez pensé. »

C'est Joseph de Maistre qu'il faut considérer si l'on veut voir se développer en sa pleine floraison le système absolutiste des purs du catholicisme, pour qui le gallican Bossuet est une façon d'hérésiarque.

La logique mâle et hautaine du gentilhomme savoyard ne recule devant aucune conséquence; elle perce vigoureusement les surfaces et va sans crainte au fond de ses principes.

Ce fond, ce dernier résidu du système, c'est la négation des droits naturels de l'homme; c'est la défense des privilèges de la naissance et des abus de la tradition ; c'est la protestation contre l'insanité des nobles qui émancipent les serfs ou introduisent les sciences autour d'eux; c'est l'adoption de ce principe machiavélique que, la fin excusant les moyens, il ne faut pas respecter ses contradicteurs, car *on n'a rien fait contre les opinions tant qu'on n'a pas attaqué les personnes;* c'est la réprobation de l'humanité radicalement déchue; c'est la glorification du supplice qui, comme un immense oiseau de proie, plane sur la terre entière, *autel imbibé de sang où tout ce qui vit doit être immolé sans fin jusqu'à la mort de la mort;* c'est la justification du sacrifice de l'innocent destiné à payer pour le criminel qui bénéficie de ses mérites; c'est l'apologie de l'inquisition et de la guerre, double instrument du salut par le sang ; c'est enfin l'organisation d'une théocratie où Dieu règne par l'intermédiaire du pape, son représentant terrestre, et a pour premier ministre le bourreau, le bourreau qui *est créé comme un monde* et qui mérite bien cet honneur, étant le principal agent de la politique céleste.

L'apôtre de tant d'horribles doctrines était-il donc un

ennemi des hommes? Non ; ce fut un homme de travail, un homme de devoir, tendre, bon et sympathique. Sa vie témoigne que tout le fiel de ses écrits n'est, pour ainsi dire, que le suc naturel des idées qui lui servirent de principes. Il fut conséquent et il fit des démonstrations admirables ; mais ce qu'elles prouvent, c'est le contraire de ce qu'il voulait prouver, et elles le prouvent par une rigoureuse réduction à l'absurde.

LE SECOND LAMENNAIS

Un dialecticien du moyen âge, Simon de Tournay, tout fier de sa capacité d'argumenter pour et contre, se laissa un jour aller à dire : « O petit Jésus, petit Jésus, comme j'ai élevé ta loi ! Si je voulais, je pourrais encore mieux la rabaisser. » Lamennais, l'homme du *Conservateur* et du *Drapeau blanc* devenu l'homme des *Paroles d'un croyant*, rabaissa la théocratie catholique encore mieux qu'il ne l'avait exaltée, et il apporta une telle fougue dans son nouveau dogmatisme que ses amis de la veille épouvantés le traitèrent, avec Guizot, de *malfaiteur intellectuel*.

Au fond ce qui l'avait toujours passionné c'était l'extension de l'action sociale du christianisme. Lorsque, dans le journal *l'Avenir*, il réclamait la liberté de l'enseignement et la séparation de l'Église et de l'État, avec Lacordaire, l'abbé Gerbet et le comte de Montalembert, il voulait l'Église libérée pour que fût mieux assise la bienfaisante domination de la papauté sur les peuples.

Le pape Grégoire XVI ayant condamné sa doctrine, il se retourna vers les masses, pour les appeler à créer sur les bases de l'Évangile une démocratie vraiment chrétienne. Puisque Rome, à qui il s'était d'abord adressé, ne voulait pas prendre en main la cause sacrée de la paix, de la justice, du relèvement des humbles, de la régénération de l'humanité, lui, qui tant de fois l'avait déclarée infaillible, en vint à la renier et à renier ses dogmes ; mais en même temps il fut l'apôtre et le prophète de la démocratie chrétienne et du socialisme chrétien.

Le jour devait arriver où l'opportunisme d'un pape intelligent, Léon XIII, voulut que l'Église, jusqu'alors liée aux cadavres du passé, s'associât aux forces vives de l'avenir. Ce fut une vaste éclosion de républicains, de démocrates, de socialistes catholiques. Mais son successeur qui prit le nom de Pie X, comme pour témoigner qu'il serait un second Pie IX, semble avoir pris à tâche de refouler, dans les rangs du clergé, les tendances lamennaisiennes.

LE SPIRITUALISME UNIVERSITAIRE

Tandis que Lamennais, toujours fidèle à sa conception maîtresse, passait du dogmatisme théocratique au dogmatisme démocratique, deux de ses contemporains, Royer-Collard et Victor Cousin, s'appliquaient à organiser un spiritualisme universitaire, également éloigné des servitudes de l'ultramontanisme et des licences de la libre pensée.

Dès 1811, l'austère Royer Collard naturalise en France la prudente philosophie de l'École écossaise, dite l'école du bon sens; se préoccupe avant tout de la convenance et du décorum ; combat l'absolutisme papiste en bon garde du corps des traditions gallicanes, et jette le premier moule d'un dogmatisme officiel où l'idéalisme des métaphysiciens du passé et l'empirisme des psychologues d'Outre-Manche sont combinés l'un avec l'autre et adaptés l'un et l'autre aux enseignements de la religion dominante.

Victor Cousin eut à cœur de mener à bonne fin, en la rajeunissant au contact de l'idéalisme allemand et du néoplatonisme alexandrin, l'œuvre d'assainissement philosophique entreprise par son docte et grave prédécesseur à la Sorbonne.

Armé des idées moyennes de la philosophie écossaise, il combat successivement le sensualisme des derniers disciples de Locke et de Condillac, les constructions souvent très hypothétiques des métaphysiciens allemands, l'empirisme des philosophes qui proscrivent la métaphysique, et le panthéisme dont il avait à cœur de se disculper. En même temps il s'approprie et vulgarise les brillants sophismes de Hegel en l'honneur du succès qui « n'a jamais tort »; il fait valoir, par son éloquence entraînante, toutes les idées qu'il adopte tour à tour; il combine ingénieusement les inspirations de Platon, de Descartes et de Kant dans son ouvrage sur *le vrai, le beau et le bien*; il suscite de nombreux et érudits travaux relatifs aux systèmes anciens, modernes et contemporains; il fonde enfin sur des bases solides l'enseignement laïque de la philosophie.

Mais on peut être un habile critique, un professeur éloquent, un écrivain influent, un excitateur d'intelligences, sans être un penseur. Tel fut, ce semble, le cas de Cousin. L'éclectisme qu'il fonda est assez comparable au probabilisme de Cicéron. Lui aussi prenait la fleur des divers systèmes. C'est là un procédé qui facilite admirablement les belles variations oratoires. Mais, n'accuse-t-il pas un esprit plus préoccupé de l'effet esthétique que de la vérité philosophique, et y a-t-il rien de plus propre à ôter toute moelle et tout nerf à la pensée?

D'une part, à cause de son principe, l'éclectisme accoutumait à chercher la vérité dans les livres au lieu de la chercher aux vraies sources, dans la nature et dans l'humanité; d'autre part, il était bien voisin de l'indifférence, par cela même qu'il se prêtait à tous les compromis de peur de se compromettre et qu'il s'en tenait aux à-peu-près qui sont les plus propres à faire la fortune d'un système.

Réduisant ainsi le fond de la philosophie à une espèce d'archéologie et son enseignement à une espèce de politique, l'éclectisme était foncièrement défavorable à l'esprit d'invention, répugnait à toute initiative hardie et dégénérait en orthodoxie.

Cousin était devenu le pape de l'Église universitaire et s'appliquait à vivre en bons termes avec le pape de l'Église romaine. Il glorifiait également la raison et la foi comme deux sœurs immortelles. Son mot d'ordre était de ménager le catholicisme. Qu'importe que ses dogmes soient irrationnels, ses pratiques superstitieuses, sa discipline oppressive? Les universitaires enrégimentés par Cousin n'ont le droit d'en parler que pour exalter ses bienfaits.

A la date du 8 avril 1866, peu avant sa mort, Cousin adressait de la Sorbonne à Louis Veuillot, qui lui avait offert ses *Parfums de Rome*, une lettre où ses remerciements s'accompagnaient de ces déclarations : « Je défends Rome comme nécessaire au monde... Je ne repousse aucune manière de défendre ce grand trésor de l'humanité... Je fais profession de croire que le christianisme est la philosophie du genre humain, et que l'expression la plus large et la plus haute du christianisme est la religion catholique. »

Cousin et son clergé laïque rêvaient d'un catholicisme qui fût l'expression populaire du spiritualisme officiel. Il était convenu que les aristocrates de la pensée pouvaient bien entre eux nier la divinité de Jésus ; mais, devant le monde, il fallait paraître y croire et être indulgent aux superstitions qui sont le nécessaire viatique des simples.

Peu après la mort de Cousin, deux catholiques très convaincus et très pratiquants, mais profondément respectueux de la liberté des consciences, étaient à l'École normale supérieure de France les professeurs des futurs professeurs de philosophie.

L'un, Ollé Laprune, voyait dans la métaphysique, conçue à la manière de Malebranche, l'antichambre du catholicisme, indispensable refuge des âmes.

L'autre, M. Lachelier, semblait appliquer la maxime de Pascal : *se moquer de la philosophie c'est encore philosopher;* édifiait et démolissait avec une égale prestesse des châteaux de cartes métaphysiques ; et ne voyait finalement de sécurité que dans la soumission au pouvoir spirituel organisé par l'Église. Renan signalait de bonne heure les « tendances réactionnaires » de ce penseur, et il raillait ainsi, ou à peu près ainsi, sa stratégie : « On veut être la lance qui frappe et guérit ; après avoir savamment coupé la racine des croyances morales et religieuses, on veut en apparaître comme le restaurateur : vous passez par les transes du scepticisme, et il se trouve que, grâce à Dieu, tout est sauf... M. Lachelier d'abord applique à toutes les opérations de l'esprit une critique tellement corrosive qu'il n'en subsiste presque rien ; puis, parvenu au dernier terme du nihilisme, il fait volte-face. Une pensée triste suffit pour qu'il se trouve parfait chrétien. » Voilà comme, sous la direction d'un profond croyant doublé d'un dialecticien puissant, le scepticisme et le pessimisme servaient de base à une sorte de fidéisme catholique.

LE CATHOLICISME COMTISTE

C'est aussi la foi en la nécessité d'un pouvoir spirituel qui explique cette religion humanitaire des positivistes qu'il serait exact d'appeler le catholicisme athée.

A la tête des novateurs qui, au xixe siècle, entreprirent d'organiser d'après des vues nouvelles la science et la société, se place un génie joignant à un savoir encyclopédique une rare puissance de compréhension : Auguste Comte, né en 1798.

Au lieu de distinguer simplement en toute recherche la période hypothétique et la période scientifique, Auguste Comte prétendit, s'inspirant de Turgot et de Burdin, démêler universellement trois âges successifs : l'âge théologique où l'on explique tout par des êtres imaginaires tels que les dieux antiques; l'âge métaphysique où l'on explique tout par des entités abstraites ; l'âge positif où l'on explique enfin les faits par les faits; et il entreprit de combiner toutes les connaissances humaines en un système dont le dernier mot est, d'une part, la substitution de la science à la philosophie et du culte de l'humanité au culte de Dieu ; d'autre part, la concentration de l'autorité dans un sacerdoce de savants dirigeant d'après les vérités démontrées l'évolution sociale.

L'école positive, créée par Auguste Comte, conquit beaucoup d'adhérents en Europe et en Amérique, d'abord à cause de l'esprit de réforme, de la rigueur méthodique, du sérieux savoir et des vues sociologiques de ses principaux représentants; en second lieu, à cause de l'indécision, des équivoques, de l'insuffisance des doctrines contraires; enfin à cause des dispositions intellectuelles créées par le criticisme de Kant qui avait entrepris de prouver le néant de la métaphysique et l'impuissance où est le savoir humain de dépasser l'horizon des connaissances empiriques.

L'esprit positiviste a donné un prodigieux essor aux sciences sociales; il s'est traduit dans les divers domaines du roman, du théâtre, de la poésie et de l'art; il a marqué de son empreinte les œuvres mêmes des philosophes et des savants qui ne sont point inféodés au positivisme.

Un auteur favori d'Auguste Comte, Joseph de Maistre, l'auteur du *Pape*, avait dit: « Attendez-vous à ce que l'affinité naturelle de la religion et de la science les réunisse dans un seul homme. L'apparition de cet homme ne saurait être éloignée; peut-être même existe-t-il déjà. » — *Je serai cet homme*, se dit Auguste Comte. Et il conçut un système religieux qui est la contrefaçon de cette organisation catholique où il voyait le chef-d'œuvre politique de la sagesse humaine.

Arrière ces révolutionnaires qui prétendent fonder un ordre nouveau sur la liberté des consciences et sur la souveraineté du peuple! Auguste Comte, avec de Maistre et de Bonald, dont il s'assimile les écrits, proclame le vide de pareilles prétentions. Il admet tout au plus l'utilité transitoire des révolutionnaires, en tant que démolisseurs du régime antique qui, admirable en soi, a fait son temps, depuis qu'au mode de penser théologique ou métaphysique s'est victorieusement substitué le mode de penser scientifique. Le positivisme a prévalu dans les esprits; il faut lui donner vie dans les institutions, si on ne veut pas que l'anarchie s'éternise.

Mais pour lui donner vie, il n'y a pas à adopter d'autres principes politiques ni d'autres cadres sociaux que ceux du catholicisme, désormais tombé en déchéance. Il suffira de le démarquer intelligemment et de mettre à la tête de la nouvelle Église un nouveau sacerdoce, le sacerdoce des savants ayant mission de gouverner les hommes. Leur chef spirituel sera installé à Paris, la grande métropole qui prend la place de Rome.

Réorganiser la société sans Dieu et sans roi, avec un nouveau pouvoir spirituel, mais avec les vieux procédés qui ont fait leur preuve, telle est l'entreprise d'Auguste Comte. Par suite ce novateur est conservateur jusqu'aux moelles.

Que lui parlez-vous de liberté politique, de libre examen ? Ce fut chose bonne pour préparer l'avènement de sa doctrine. Mais maintenant il n'en faut plus. Pas plus que les vérités mathématiques, astronomiques, physiques, chimiques, biologiques, les vérités sociologiques ne comportent aucune contradiction, quoique, parmi ces vérités, figurent des énormités, telles que l'apothéose de la Sainte-Alliance et l'apothéose du coup d'État de 1852.

Que lui parlez-vous de droit ? Allant au bout des idées de Louis de Bonald et de Joseph de Maistre, Comte prononce que c'est là une conception immorale et anarchique. Une fois venue l'ère positive, il n'y a plus de place pour cette entité chimérique et dangereuse.

Les positivistes pratiquants se comptent par milliers dans le Brésil, et sont assez nombreux en France, en Angleterre, en Espagne et en Portugal. A Paris siège leur grand-prêtre, qui fut Pierre Laffitte après Auguste Comte. Leur religion a son rituel, son calendrier, ses sacrements, ses prières, ses fêtes, à l'image du catholicisme. Elle a sa morale de mutuel dévouement, où la charité devient l'altruisme et où le précepte de Jésus : « Aimez-vous les uns les autres » devient la maxime. « Vivre pour autrui. » Elle a sa trinité : le Grand Être qui est l'humanité ; le Grand Fétiche qui est la terre, avec son système solaire ; le Grand Milieu, qui est l'espace. Elle a sa Sainte Vierge, personnifiant la puissance transfiguratrice de l'ascendant féminin ; et c'est cette Clotilde de Vaux qui enflamma d'amour Auguste Comte quand il avait quarante-sept ans. Clotilde mourut un an après, et le bon philosophe lui voua un culte quotidien dont la liturgie demeure sacrée pour ses disciples.

Le culte de Dieu et des saints est devenu, dans le positivisme, le culte de l'humanité et de ses grands types. L'humanité comprend toutes les générations d'hier, d'aujourd'hui et de demain, solidaires les unes des autres. *Les morts gouvernent les vivants* ; ils parlent en nous ; et le présent plonge ses racines dans le passé. De même, l'avenir plongera ses racines dans le présent. L'isolement est la mort; la solidarité est la vie. Il y a un immortel capital de forces collectives accumulé par la suite des existences individuelles ; et c'est à ce patrimoine spirituel qu'est dû l'hommage pieux des peuples, enfin libérés de toutes les vieilles religions et de toutes les vieilles métaphysiques, et convaincus que chaque individu doit se consacrer au bien de la société, vu qu'il n'existe que dans elle et par elle. L'humanité, avec tout son génie et tous ses trésors, nous enveloppant, nous, nos devanciers et nos continuateurs, de sa perpétuelle influence, présidant à tous les progrès, élaborant à travers les âges le triomphe de la vérité et de la justice, est, aux yeux de Comte, un naturel objet d'adoration, par là-même qu'elle est une réalité parfaitement positive, qui comprend et dépasse tous les groupements d'individus.

Dans ce panthéon des énergies de la race humaine que glorifie le positivisme, tous les grands initiateurs en matière de religion, de vertu, de philosophie, de politique, de science, d'art, de poésie, d'industrie, ont leur place marquée et leur commémoration annuelle.

De fait n'y a-t-il pas eu, avec des sophistications théologiques et mythologiques, un double exemplaire du culte de l'Humanité dans le christianisme adorant le Dieu-Homme, et dans le paganisme adorant les héros et les demi-dieux, personnalités moitié historiques, moitié légendaires ?

A l'exemple d'illustres conducteurs d'hommes, Auguste Comte donne pour base au culte social et familial le culte individuel, sorte de gymnastique quotidienne qui met en jeu et perfectionne l'intelligence, le cœur, le caractère. En destinant à ce culte environ deux heures par jour, chaque positiviste, selon Auguste Comte, consacrera quotidiennement à son intime amélioration moins de temps que n'en absorbent le vice et l'oisiveté.

C'est en 1848, au début de sa cinquantième année qu'Auguste Comte s'occupa de l'institution des prières quotidiennes et il la perfectionna jusqu'à sa mort survenue neuf ans plus tard, en 1857. Il veut qu'on prie le matin, au milieu de jour et le soir. Dans chaque prière il y aura deux parties, l'une toute de commémoration, l'autre toute d'effusion. Chaque jour on se remémorera les formules fondamentales de la doctrine, telles que celles-ci : « En rapportant tout à l'Humanité, l'unité devient plus complète et plus stable qu'en s'efforçant de tout rattacher à Dieu... La soumission est la base du perfectionnement... L'amour pour principe; l'ordre pour base; le progrès pour but... L'amour cherche l'ordre et pousse au progrès; l'ordre consolide l'amour et dirige le progrès; le progrès développe l'ordre et ramène à l'amour. »

Avec sa discipline des intelligences et des volontés, avec son pouvoir spirituel conféré aux tuteurs du peuple, avec sa religion de l'Humanité ne donnant aux hommes aucune visée au delà de la terre d'où ils sortent et où ils retournent, Auguste Comte aboutit à un nouveau catholicisme qui finirait par faire regretter l'autre. Je comprends que son illustre ami, Stuart Mill, n'ait pu s'empêcher de dire : « C'est le système le plus complet de despotisme spirituel et temporel qui soit jamais sorti d'un cerveau d'homme, excepté peut-être de celui d'Ignace de Loyola. »

Par une sorte de confession de ses affinités, Auguste Comte proclamait que, si on n'était pas positiviste, mieux valait être catholique que protestant ou libre penseur. Il estimait que la théologie protestante mène à toutes les négations, d'abord au pur déisme, puis à l'athéisme ; et que la libre pensée, destructrice des bases intellectuelles de l'ancien ordre social, aboutit à *la destruction de toute véritable organisation quelconque.*

Pour rendre un suprême hommage à la vertu civilisatrice du catholicisme dont il se déclarait le continuateur, Comte avait légué au clergé de Paris, par son testament, une rente de cent francs destinée à être versée annuellement, à partir du jour où serait votée la séparation de l'Église et de l'État.

Il hâtait de ses vœux l'époque où la suppression du budget des cultes assurerait aux doctrines la libre concurrence et il ajoutait : « Le positivisme doit manifester envers le catholicisme expirant les dispositions non d'un envieux rival, mais d'un digne héritier. »

Comme le catholicisme, le comtisme a eu ses protestants, réfractaires à l'orthodoxie du maître. A la tête de ces disciples dissidents furent Stuart Mill et Littré. Comme Auguste Comte, Littré ne veut ni du théisme, ni du panthéisme, ni de l'athéisme, qui est encore de la théologie. Il répèterait volontiers ces paroles peu connues de Léonard de Vinci : « Combien ne devons-nous pas douter des choses impénétrables aux sens, comme l'existence de Dieu et de l'âme, à propos desquelles toujours on dispute et conteste ? Où manque la raison, les clameurs y suppléent. Mais où l'on crie il n'y a pas vraie science. La vérité a une seule formule qui, publiée, détruit tout litige pour jamais. » Littré conclut que l'immensité nous apparaît comme à la fois réelle et inaccessible : « L'immensité est un Océan qui vient battre notre rive et pour lequel nous n'avons ni barque ni voile, mais dont la claire vision est aussi salutaire que formidable. » Littré s'en tient donc à la philosophie de Comte ; et laisse de côté la religion qui la complète.

Ne voir ainsi que l'œuvre négative de Comte, ne retenir que cette philosophie des sciences, cette philosophie de l'histoire, où se déploie son effort contre la théologie et la métaphysique, c'est le mutiler. Comte n'entendait pas seulement critiquer les religions et les philosophies ; il voulait mettre à la place un système vivant dont elles étaient à ses yeux la préparation, de par cette loi de la continuité historique dont il a eu en quelque sorte le fanatisme.

Selon lui, dans l'ordre intellectuel et dans l'ordre moral, il n'y a point d'absolu ; il y a des vérités provisoires et temporaires. A telle époque apparaît en certaines affirmations cette *parfaite cohérence logique, cet accord de nos conceptions avec nos observations*, qui constitue la vérité, vérité toujours relative à notre organisation d'hommes et à notre milieu humain. Mais le temps est le plus grand des révolutionnaires. Par le jeu de l'évolution scientifique et sociale, où il y a d'ailleurs des ralentissements, de brusques élans, des arrêts, des reculs, suivant le sens et l'énergie de la coopération du commun des individus et surtout des grands hommes, il arrive que l'erreur jadis invisible devient manifeste ; et telles affirmations qui eurent leur fonction utile au moment où elles se produisirent doivent à jamais disparaître. Erreur dans le christianisme, fruit du mensonge théologique ! Erreur dans la révolution, fruit du mensonge métaphysique ! Le positivisme congédiera avec honneur le christianisme et la révolution, en les remerciant de leurs services provisoires.

La critique révolutionnaire fut nécessaire pour

détruire. Mais il faut rebâtir. Comment fermer la longue période de crises, née de la désuétude des croyances chrétiennes auxquelles les masses deviennent de plus en plus indifférentes, et de la décomposition croissante de la société telle que l'avait faite le moyen âge ? Comment créer, avec l'assentiment du plus grand nombre, une unité morale, un corps nouveau de pensées communes, un pouvoir spirituel mettant un terme à l'anarchie ? Par une religion ralliant les individus à une même discipline ; mettant une foi démontrée à la place de la foi révélée ; donnant pour but à la science et à l'art notre bien commun, au lieu d'admettre ces chimériques formules « la science pour la science », « l'art pour l'art » ; et coordonnant l'activité scientifique, esthétique, industrielle, au service de l'humanité : Comte, comme de Maistre, ne voyait pas de salut possible hors du retour à l'unanimité dans la croyance.

La religion de l'Humanité devait avoir pour point de départ une philosophie des sciences systématisant toutes les données du savoir universel, sans jamais s'attarder à la recherche chimérique des causes et des essences, et créant l'unité de l'esprit public ; puis une philosophie de l'histoire, facilitant une sage application des lois sociales. Mais ce qu'il y a de génial dans la systématisation scientifique et dans la systématisation sociologique d'Auguste Comte n'autorise personne à méconnaître que toutes deux n'étaient qu'un moyen ; et que le *Cours de philosophie positive* était la préface de la *Politique positive*.

C'est là une vérité qui ressort des six opuscules que Comte écrivit de vingt à trente ans et où toute sa doctrine est déjà esquissée.

D'ailleurs n'a-t-il pas fait cette déclaration explicite :
« J'ai systématiquement voué ma vie à tirer enfin de la
« science réelle les bases nécessaires de la saine philo-
« sophie, d'après laquelle je devais ensuite construire la
« vraie religion »? N'avait-il pas coutume de déclarer
qu'il devait être d'abord un Aristote, pour être ensuite un
saint Paul? N'avait-il pas toujours protesté contre la
pédantocratie et affirmé la nécessité d'ajouter la méthode
subjective à la méthode objective, si bien que la part du
cœur fût faite à côté de celle de l'esprit, au lieu d'éter-
niser criminellement cette *insurrection de l'esprit contre
le cœur* qui date de la fin du moyen âge?

A côté des positivistes, qui, avec Littré et Stuart Mill,
n'ont accepté qu'une moitié de la doctrine d'Auguste
Comte et se sont contentés de mettre en lumière la
richesse des points de vue qu'ouvre à l'esprit son évolutionnisme, il y a d'autres positivistes qui ont tiré de sa
doctrine des raisons pour adopter, au lieu du catholicisme comtiste, selon eux inconséquent et inefficace, le
catholicisme romain, seul logique et fécond. Tel fut Fer-
dinand Brunetière, naguère confident du pape
Léon XIII, sorte de cardinal laïque et demi-père de
l'Église.

LA CRISE CATHOLIQUE

Que le catholicisme, tel que l'ont défini saint Augustin,
saint Thomas et les conciles, soit une chose morte,
c'est un fait reconnu partout, hormis dans les chaires
catholiques. Sans doute les vieux catéchismes demeurent, et on les apprend; mais l'esprit de vie n'y est plus.

Ce sont les mêmes formules de foi, mais la foi manque ; on vante les bons effets de la discipline religieuse, mais on passe vite sur un dogmatisme devenu inintelligible.

J'ai expliqué, dans mes études sur la *Pensée chrétienne*, comment Rome, insatiable de domination, lia de bonne heure sa fortune aux doctrines les plus contraires à la raison et à la science. Elle devait l'expier. Sa mainmise sur une vaste étendue des domaines du savoir humain et ses anathèmes contre quiconque ne faisait pas écho à ses décisions ont abouti à ce résultat que les progrès de la science et de l'esprit philosophique creusent de plus en plus le tombeau où dans quelque cent ans elle sera ensevelie.

Quand on envisage l'ensemble des vérités qui ont été décrétées et des affirmations qui ont été condamnées par les papes et les conciles, on éprouve la même stupeur qu'en visitant ces musées des religions où ce qui fut vénéré n'est plus que ruine dédaignée. Que de controverses pour lesquelles on se passionna et qui demeurent pour nous inintelligibles ! Et quelle sottise que la prétention de détenir l'absolue vérité !

Que la moitié du monde gréco-romain échappe au catholicisme ; qu'il ne puisse conquérir ni le monde islamique, ni le monde indien, ni le monde chinois, ni le monde africain, ni le monde océanien, c'est là son moindre mal. Le mal le plus grand c'est que, là même où il semble florissant, il n'est plus que l'ombre de ce qu'il fut jadis.

Les énoncés du *credo* disent-ils la même chose aux catholiques du xxe siècle qu'aux catholiques du xiiie siècle ? N'apparaissent-ils pas liés à un état d'esprit disparu à jamais ?

Bon gré mal gré, les intelligences résolues à la plus grande docilité demeurent réfractaires aux argumentations traditionnelles.

Le besoin de tout soumettre à l'épreuve de la critique est le fond de la pensée moderne. Quiconque réfléchit cède à ce besoin ; et il s'en suit la divergence des opinions là où devrait persister l'unité du dogme. Quand des catholiques entreprennent de déterminer au juste ce qu'ils croient, ils se contredisent. On ne s'entend qu'à condition de ne pas s'expliquer.

Il est convenu par exemple que nos premiers parents désobéirent à Dieu en goûtant au fruit qu'il leur avait défendu de manger ; qu'en punition de cette désobéissance, ils devinrent esclaves du démon, dignes de l'enfer, assujettis à la mort et à toutes les misères du corps et de l'âme ; que leur péché, avec toutes ses suites, fut transmis à leurs descendants ; que le genre humain a été toutefois sauvé d'une perte sans ressource par la miséricorde de Dieu se faisant homme, naissant d'une vierge et se laissant crucifier pour être notre rédempteur. Beaucoup récitent ces formules et s'y tiennent, en véritables automates. Mais parmi ceux qui y appliquent leur esprit et qui n'ont pas été fermés à la discipline scientifique et philosophique, combien en est-il dont la foi demeure ?

Aujourd'hui, qui croit au diable ? Et pourtant quelle grande place ne tenait-il pas dans la pensée des catholiques de jadis, et même du protestant Luther ? Voici que ce fantôme imaginaire a rejoint les faunes et les satyres dans les limbes des anciennes mythologies. Que quelqu'un parle d'un possédé du démon, même les enfants lui riront au nez. Imaginez Massillon prêchant demain à Paris son sermon sur les peines éternelles de l'enfer et sur le petit nombre des élus, quelle ne serait pas la stupéfaction de son pieux auditoire ?

Qu'est-il advenu de la foi dans la transformation de l'hostie en la personne de Jésus-Christ, corps et âme ? Qu'est-il advenu de la foi aux miracles ? C'est désormais comme un mot d'ordre de laisser dans l'ombre tout ce qui est surnaturel.

La foi ne se commande pas. Sans doute de-ci de-là, dans l'élite du monde bien pensant, on voit se lever d'excellents apôtres qui prêchent la nécessité de croire. Mais que faut-il croire exactement? Ils gardent là-dessus un silence prudent. Eux-mêmes manquent d'une foi raisonnée ; ils n'ont que du vague à l'âme.

Laissez de côté la multitude des catholiques ainsi dénommés et non pratiquants; n'envisagez que les pratiquants. Que de dévots sans piété ! Que d'automates dont la foi n'est qu'une routine irréfléchie ! Que d'inconséquents qui se rient de leurs chaînes, mais restent enchaînés et chérissent les superstitions qu'ils condamnent ! Que d'indifférents qui ne sont religieux que par tradition, habitude, convenance ! Que d'incrédules dont les manifestations pieuses ne sont qu'un mensonge dicté par une convention de caste, par un intérêt personnel, par un calcul politique ! Le grand nombre ne fait que le geste de la croyance ; jadis on était croyant.

Que si vous descendez au fond de l'âme des meilleurs catholiques, vous constaterez que les adeptes d'un protestantisme inconscient s'y comptent par milliers. Au lieu de voir réellement dans l'Église l'infaillible oracle du Saint-Esprit, ils la traitent comme une maîtresse de vérité et d'erreur dont les décrets, tantôt bons tantôt mauvais, ne font loi qu'autant que la raison ou le caprice y adhèrent. Soit qu'ils osent de franches critiques, soit qu'ils prétendent substituer l'esprit qui vivifie à la lettre qui tue, soit qu'ils masquent sous un acte de foi générique leurs contradictions particulières, ils entament le bloc traditionnel et se font un catholicisme spécial. Sur maints points l'hérésie n'est évitée que par le parti pris du silence. La pensée s'émancipe de l'Église; mais le cœur y reste attaché.

A côté des prêtres qui, comme les évêques Duchesne et Mignot, les abbés Loisy et Houtin, constatent le vide des légendes que le catholicisme a incorporées à son essence et néanmoins se piquent de rester catholiques, il y a ceux qui, se refusant aux inconséquences, sortent de l'Église. N'étaient les vieilles préventions contre les prêtres défroqués, on compterait par centaines les pareils de ce vicaire de Nantes qui, après dix-neuf ans d'un sacerdoce consacré avant tout aux œuvres sociales, finit par proclamer l'impuissance de ses longs efforts pour s'étourdir de l'obsession du doute, et quitta hier la soutane.

Ce qui est le plus frappant c'est la rupture avec Rome d'ecclésiastiques éminents par leurs lumières qui ont sacrifié de grandes situations à leur conviction. Tel l'abbé Marcel Hébert, l'ancien directeur de l'école Fénelon, qui à cette question : « Peut-on rester catholique sans abdiquer sa raison, et avec complète loyauté à l'égard des conclusions modernes de la philosophie et de la critique ? » finit par répondre : « On ne le peut »; et conclut : « L'illusion a été maintenue jusqu'à nos jours par les prétendues preuves historiques que de bonne foi fournissaient les théologiens et les apologistes ; mais, leurs arguments ayant été démolis par la critique moderne, l'illusion est à jamais perdue : dès lors, on aura beau dire et beau faire, il faut autre chose à l'homme. » Tel encore le grand géologue belge, professeur à l'Université de Gand, l'abbé Renard, qui quitta lui aussi sa robe de prêtre, et prit congé de la compagnie de Jésus, dont il était membre, par cette noble déclaration : « Un souffle nouveau vivifie les intelligences ; des idées qui ont été pendant des siècles directrices des consciences font place à une conception plus large et plus vraie de la réalité. La science marche, et chacune de ses conquêtes est un coup décisif porté au surnaturel. Je revendique, tard sans doute, mais de toute la force de ma conscience d'honnête homme, mon droit à la liberté. » On l'insulta ; on le persécuta. Il demeura fidèle à sa conscience, au prix d'amertumes sans nombre. Sur le point de mourir, il disait : « J'entrerai dans la mort avec une sorte de délice, comme on entre, un jour de canicule, dans une forêt fraîche et pleine d'ombre. Et pourtant, il m'eût été doux de vivre centenaire pour goûter le spectacle qu'offrira le monde dans quelque vingt ans. Le progrès, qui marche aujourd'hui à pas de géant, va précipiter encore son allure et transformer la société au point qu'on ne la reconnaîtra plus. Malgré des apparences souvent déconcertantes ou décourageantes qui donnent la sensation d'un recul, il suffit de monter sur les hauteurs et de contempler le panorama universel, pour constater que l'humanité, en son ensemble, se perfectionne avec une rapidité inouïe. La matière et l'idée vont du même pas. L'individu cesse d'être un égoïste isolé. Nous avons la notion des liens qui nous rattachent les uns aux autres ; la famille universelle de demain se fonde ; il n'y a plus de groupe qui considère les autres groupes comme des étrangers dont les souffrances et les luttes doivent lui rester indifférentes. Regardez ces superbes mouvements des foules les plus distantes, des peuples parlant les langues les plus diverses, en faveur de la justice ou de la tolérance. Une iniquité ne révoltait jadis que sa victime et les proches de sa victime, ou, tout au plus, un ou deux étrangers d'élite. Elle soulève désormais la multitude des esprits et des cœurs... Dans le grand événement de ma propre existence, depuis ma rupture, n'ai-je pas senti autour de moi le souffle généreux des temps nouveaux ? Sans doute des fanatiques ont insulté à cet affranchissement de ma conscience. L'un d'eux m'a même écrit ce matin que les tourments suprêmes de ma chair sont *l'expiation de mon apostasie...* Cet homme, je ne vous le nommerai jamais. Ne divulguez point son nom, si, quelque jour, vous l'apprenez. Il faut pratiquer l'oubli et le pardon. D'ailleurs, qu'importe ? Que sont quelques paroles injurieuses à côté des supplices physiques et moraux dont il fallait payer, il n'y a pas si longtemps encore, de tels actes d'émancipation ? Quel chemin nous avons parcouru, pour qu'un prêtre ose abjurer l'erreur de ses croyances sans devenir un martyr, un pestiféré, une sorte de Christ de la négation, torturé au nom de Dieu lui-même ! Oh ! oui, de beaux siècles vont venir ! La poussée générale de l'univers me confond d'admiration. »

Nombreux cependant sont les esprits distingués qui,

malgré les désenchantements de leur conscience, s'obstinent dans l'espoir d'une régénération du catholicisme. C'est ainsi qu'en 1906, des prêtres professeurs des Instituts catholiques de Paris, de Toulouse, de Lyon, joints à des membres de l'Académie française et de l'Académie des sciences morales, ont signé un manifeste très suggestif qui sert de programme à une feuille catholique. Ils y déclarent qu'ils travailleront à libérer le catholicisme de la *superstition* et du *mercantilisme*, et qu'ils collaboreront à l'avènement d'une organisation sociale s'efforçant de ne laisser périr aucun être humain faute d'un morceau de pain ou d'un abri. En même temps ils proclament que, pour subsister, le christianisme doit « se désolidariser de tous les partis de réaction, aussi bien de réaction intellectuelle que de réaction sociale et politique », et qu'il faut laisser toutes portes ouvertes à l'esprit critique qui a pénétré dans tous les domaines et que rien ne peut arrêter. Ils ajoutent cette parole, qui frappe d'un désaveu l'histoire entière du catholicisme : « *Pour nous, toute vérité démontrée sera une vérité orthodoxe.* »

Ames nobles, mais naïves ! Le passé de l'Église enchaîne son avenir. Par cela même qu'elle a déclaré ne pouvoir se tromper quand elle promulguait les dogmes les plus irrationnels et constituait la théocratie la plus autocratique, elle ne peut plus se transformer sous peine de mort. Tout au plus, sous le vieux vocable s'élaborera-t-il une religion nouvelle.

Renan lui aussi, au moment où il quittait le séminaire de Saint-Sulpice pour obéir à sa conscience, s'ouvrit aux espérances les plus hardies. Il rêva d'une réconciliation de l'Église romaine avec la raison humaine, et projeta d'être l'initiateur d'une grande régénération religieuse : « Mon Dieu, mon Dieu, disait-il dans ses *Cahiers de jeunesse*, pourrai-je faire ce que je veux, moi si faible, si pauvre, isolé du monde, ne connaissant personne ? Mais Luther a été comme moi. » Hélas ! il s'aperçut vite qu'il n'était pas en son pouvoir de briser les cadres de l'orthodoxie et de créer un nouveau catholicisme. Il se réfugia dans la critique et devint le grand ironiste qu'on a connu.

ESSAIS DE TRANSFORMATION DU CATHOLICISME

Pour dissimuler ou réduire l'écart entre la croyance religieuse et la vérité scientifique, entre le dogme et la raison, des apologistes du catholicisme, à la suite du cardinal Newman, ont imaginé la doctrine de l'évolution des dogmes.

On ne peut dénier aux théoriciens de l'évolution des dogmes ni le prestige du talent, ni la droiture des intentions. Mais ces pseudo-catholiques sont au fond des protestants qui s'ignorent. L'essence du catholicisme, comme le démontrait Bossuet à la suite de saint Vincent de Lérins et de saint Augustin, c'est l'immutabilité dans le dogme. Ils frappent le catholicisme dans son essence en croyant le défendre. Ils l'achèvent sous prétexte de le régénérer.

Il est devenu avéré que le dogme catholique ne résiste pas à l'épreuve des conclusions auxquelles aboutit quiconque étudie avec une réelle probité intellectuelle la Bible et les origines du christianisme. Opposer le catholicisme, tel que l'a fait l'histoire, à la science et à la philosophie, telles qu'elles sont devenues avec le progrès des temps, c'est soutenir une lutte vaine où on est sûr de la défaite.

Par quel moyen faire cesser le contraste entre ce bloc de dogmes immuables qu'ont défini les conciles, et le corps du savoir humain toujours en progrès? C'est bien simple. On imaginera que les dogmes, immuables dans leur intime substance, n'échappent pas aux fluctuations dont est faite l'histoire des esprits.

Pourquoi prêter au dogme le caractère d'une vérité absolue? Le dogme ressemble à l'être vivant qui se modifie et progresse. La vie du dogme consiste dans une perpétuelle adaptation des vérités fondamentales à des exigences nouvelles.

La révélation est successive en ses manifestations et mesurée aux progrès de l'intelligence humaine. Ainsi la vérité balbutie dans le Pentateuque; parle plus net dans les prophètes et trouve une sublime expression dans l'Évangile. A son tour l'Évangile est comme dépassé par l'Église, qui en éclaircit les obscurités et en achève l'œuvre : ce qui explique que des chrétiens se conformant à l'Évangile et non à l'Église, comme les anabaptistes, aient justement passé pour hérétiques et schismatiques.

De même que l'ancienne loi trouve son parfait accomplissement dans la loi du Christ, la loi du Christ trouve son parfait accomplissement dans les décisions de l'Église. Quoique ces décisions semblent se contredire, il est inexact de prétendre qu'il y a contradiction, il n'y a qu'évolution d'un être vivant, qui ne devient pas un autre être mais achève de devenir soi-même. Telle la chenille muée en papillon.

L'Église, avec la suite des papes, est une personnalité

surnaturelle qui, à travers les temps, produit la part de vérité convenable aux diverses époques. Plus d'absolu. Nous voilà en plein dans le relatif. Le clergé et le pape ne sont pas seulement les gardiens et les interprètes de la tradition. La tradition se résume en eux. Ils sont la tradition vivante. Ce n'est plus à titre de dépositaire de la vérité que l'Église est infaillible. Elle est infaillible, parce que, divinement inspirée, elle est toujours la vérité même. « Par l'Église, dit le père Tyrrell, nous restons en contact avec le Verbe fait chair ; les actes officiels de cette Église visible sont des actes du Christ. » Le dogme évolue avec l'Église concentrée dans le Souverain Pontife, qui est le Christ incarné comme le Christ était Dieu incarné.

Mais dire que le pape, quoi qu'il décide, est la tradition vivante, n'est-ce pas dire qu'il n'y a pas de tradition ? Le propre de la tradition, c'est de rendre le présent solidaire du passé ; et voici désormais que le présent est tout. Le contenu historique de la tradition ne compte plus. C'est une simple étiquette sous laquelle l'inspiration des papes mettra ce qui lui paraîtra opportun. Quand même les papes de demain contrediraient le pape d'hier, il demeurera bien entendu qu'ils ont les uns et les autres le privilège de l'infaillibilité.

Avec cette doctrine les absurdités et les violences, qui dans l'histoire de l'Église scandalisent l'esprit moderne, ne sont plus que les étapes nécessaires d'une miraculeuse évolution. Elles eurent leur raison d'être et leur utilité. Elles furent commandées par le malheur des temps. Bénéficiaires des améliorations nées du passé, nous devons convenir que les persécuteurs n'eurent pas tort de taxer à crime l'incrédulité au nom de l'orthodoxie ; et que nous, plus avancés, nous aurions tort de taxer à sottise leur propre crédulité. Il y a des états d'esprit que nous ne comprenons plus. Il s'agit de les comprendre et de ne pas confondre les principes essentiels avec les formes contingentes dont ils ont eu historiquement besoin pour se réaliser. N'est-ce pas la loi que l'insecte soit ver avant de se chrysalider?

Au moyen de cette doctrine, on se flatte de ramener aux bornes de la raison le dogmatisme catholique. Il se trouve en effet des théologiens qui enseignent que, le capital étant l'action, l'assentiment donné aux dogmes n'est que l'assentiment donné à certaines règles de conduite. Il ne s'agit pas d'adhérer à un système doctrinal ; mais d'adopter une forme de vie. *Le credo est une déclaration d'attitude.* La résurrection de Jésus ne signifie pas qu'il a repris son corps, mais « qu'il a repris son action sur les âmes, et que nous devons être vis-à-vis de lui tels que nous aurions été avant sa mort. » Le dogme de la présence réelle, comme tous les autres dogmes, a moins un sens affirmatif qu'un sens prohibitif ; il a surtout un sens pratique. Il ne signifie pas : « Soyez sûrs que Dieu, chair et esprit, devient très réellement votre nourriture » ; il veut dire : « Ne profanez pas Dieu en vous ; ayez en face de l'hostie consacrée une attitude identique à celle que vous auriez devant Jésus devenu visible. »

Avec cette doctrine on coupe court aux incompatibilités entre la pensée catholique et la pensée moderne ; car on décide que la fixité du dogme ne l'empêche pas d'évoluer entre des limites si larges qu'elles n'excluent aucun des progrès de l'esprit humain.

Mais quelle audacieuse volte-face !

De tout temps l'Église a professé, par tous ses conciles, qu'elle se soumettait à l'Écriture Sainte ; qu'elle suivait les interprétations des Saints Pères en ce qui concerne la foi et les mœurs ; qu'elle n'innovait jamais ; qu'elle ne promulguait aucun dogme qui ne fût conforme à la tradition des siècles précédents. C'étaient là des déclarations solennelles répétées de génération en génération. L'Église proclamait qu'en les formulant elle ne faisait que suivre la direction du Saint-Esprit qui lui est donné pour docteur. Et on prétend aujourd'hui changer tout cela !

Voilà une théologie bien neuve pour être acceptable. Elle est tout à fait d'accord avec le protestantisme évolutif que conçut Schleiermacher, mais absolument contraire à la vieille théologie des pères de l'Église et de ses grands docteurs.

Quoi de plus grave que de rejeter la règle au nom de laquelle les dogmes ont toujours été définis et les hérésies toujours condamnées ? Pour sauver des coups de la critique des décisions qu'excluent aujourd'hui trop visiblement l'exégèse, la science, l'histoire, on demande que l'Église se déshonore par le plus flagrant démenti donné à tout son passé. Ce ne sera pas empêcher sa ruine ; ce sera faire seulement qu'elle s'achève dans la boue du mensonge.

La papauté a compris le danger ; elle a vu au fond de quel abîme l'Église serait jetée par cette apothéose de son indépendance permanente, imaginée en vue des concessions à faire aux incontestables résultats de l'exégèse biblique et aux idées modernes. Aussi voyons-nous que le pape Léon XIII, malgré la grande réputation de libéralisme que lui avaient faite les habiletés de sa politique opportuniste, prit le parti de condamner, en janvier 1903, un des représentants les plus éminents de l'évolutionnisme catholique, l'abbé Loisy.

Au lieu de persister à considérer certains problèmes comme soustraits à la science, ce prêtre, attaché de cœur et d'âme au catholicisme, a voulu étudier scientifiquement les Écritures et l'histoire évangélique. Il ne s'est pas borné à ces audaces purement philologiques dont on trouve maintes traces dans la docte revue de la compagnie de Jésus intitulée les *Études*. Il ne s'est pas contenté de signaler des lacunes ou des interpolations. Il a approfondi ses recherches, au profit de l'histoire vraie et au préjudice de l'histoire traditionnelle. Il arrive notamment à constater que la paternité du Pentateuque fut faussement attribuée à Moïse ; qu'on trouve dans l'Ancien Testament un ensemble de compilations qui n'ont aucune valeur documentaire ; que les évangiles de saint Marc, saint Mathieu et saint Luc, sont des apologies inspirées par un zèle pieux plutôt que d'exactes biographies ; que l'évangile selon saint Jean, en contradiction sur des points graves avec les trois autres, est le seul où se trouvent des affirmations précises sur la divinité de Jésus, sur la constitution divine de l'Église ; et que cet évangile ne vaut que comme témoignage de la mentalité toute hellénique de certains chrétiens de la fin du Ier siècle. Mais ce qu'il ne peut croire comme historien, l'abbé Loisy l'affirme comme théologien. Il proclame qu'on ne doit pas se servir de l'Évangile pour critiquer le développement des idées et des institutions catholiques, vu que celles-ci sont l'œuvre de l'Église qui, inspirée de Dieu et fécondant le germe évangélique, assure à travers les âges le plein épanouissement de la vraie religion.

Il n'est pas donné à toutes les consciences de se ménager ainsi une vie en partie double. D'un côté, effondrement scientifique de la Révélation, des Écritures, du Dieu-Homme et de la Sainte-Église ; de l'autre côté foi entière dans le perpétuel miracle du sacerdoce catholique, vivante providence des âmes, qui continue l'œuvre rédemptrice du Sauveur, et qui sauvegarde, interprète, applique, selon la diversité des circonstances, sous la dictée du Saint-Esprit, l'enseignement du Père et du Fils.

L'abbé Loisy compte pourtant dans le clergé de nombreux disciples ou imitateurs. Leur critique ne trouve pas les vérités chrétiennes là où la tradition les place ; mais leur théologie complaisante les retrouve ailleurs, sans qu'il en manque une seule.

Du nombre de ces novateurs est Mgr Mignot, archevêque d'Albi. A la suite de l'abbé Loisy, ce prélat, dans son étude *Critique et Tradition*, en vient à déclarer qu'il n'y a pas dans les évangiles de Saint-Marc, de Saint-Mathieu et de Saint-Luc, *tout ce qu'on y a mis, tout ce qu'on désirerait si ardemment y voir*. Mais ce qu'on y a mis existe dans l'Église. « *L'Église aurait pu à la rigueur se passer des évangiles. Sa vie réside dans l'action du Saint-Esprit qui en est l'âme.* » Elle est la Vérité vivante. Par suite le catholique n'a pas besoin de trouver la justification de sa foi dans les écrits sacrés.

L'archevêque d'Albi ne se contente pas de reconnaître ce qu'offrent de *très incomplet* les esquisses du Nouveau Testament sur la vie du Christ ; il confesse que force est d'abandonner la cosmogonie et la chronologie de la Bible ; il avoue qu'on ne peut rester fidèle à toutes les idées accréditées dans le monde théologique sur l'authenticité, l'intégrité, la date, le mode de composition, l'absolue véracité des livres bibliques, et qu'il y a lieu de *dégager leur sens vrai des inexactitudes qu'y ont déposées successivement les ignorances et les préjugés du passé*.

Mais voir dans la Bible une collection de livres humains justiciables du contrôle de la science, contester l'authenticité de tels ou tels d'entre eux, n'est-ce pas aller au-devant de l'anathème et de l'excommunication ; n'est-ce pas frapper d'un démenti formel les plus solennelles décisions de l'Église, qui s'est visiblement trompée si les Loisy et les Mignot ont raison ? En effet, l'an 1545, le Concile de Trente, dont, au dix-neuvième siècle, le Concile du Vatican a confirmé les décrets, faisait l'énumération minutieusement détaillée des *livres sacrés* qui constituent la Sainte Bible ; il désignait la Vulgate comme la seule traduction de la Bible reconnue canonique par l'Église catholique ; il disait expressément « *Si quelqu'un ne reçoit pas comme sacrés ces livres entiers avec toutes leurs parties, il est et demeure anathématisé* ; » il faisait enfin défense formelle à qui que ce fût de « *détourner les livres saints à son sens particulier contre l'interprétation que leur a donnée la Sainte Église, à qui il appartient de juger du vrai sens et de la véritable interprétation des Saintes Écritures.* »

En conséquence Léon XIII, après avoir soumis les écrits du « révérend abbé Loisy » au tribunal du Saint-Office, les a condamnés comme pouvant produire les effets les plus désastreux à cause des erreurs très graves qui y abondent et qui « ont trait principalement à la révélation primitive, à l'authenticité des faits et des enseignements évangéliques, à la divinité du Christ, à la résurrection, à la divine institution de l'Église et aux sacrements. »

A son tour le successeur de Léon XIII, Pie X, se montre très ému de ce souffle d'un esprit nouveau qui se répand jusque parmi les prêtres les plus pieux. Dans son encyclique de 1906 adressée aux prêtres d'Italie, il entreprend d'arracher les séminaristes à une atmosphère empoisonnée ; il exige qu'ils demeurent enfermés dans la tour d'ivoire de leur *credo* et s'abstiennent de fréquenter les universités où le démon de la science pourrait les tenter. Voici ses paroles : « Que la fréquentation des universités publiques ne soit pas permise aux jeunes clercs, sinon pour des raisons très graves, et avec les plus grandes précautions de la part des évêques. Que l'on empêche absolument les élèves des séminaires de prendre une part quelconque aux agitations extérieures ; et pour cela, qu'on leur interdise la lecture des journaux et des revues, sauf à titre exceptionnel quelque revue de principes solides, estimée par l'évêque comme opportune pour les études des élèves. »

Dans la suite de son encyclique le Souverain Pontife dit : « Il faut réprouver, dans les publications catholiques, toute façon de parler qui, s'inspirant d'un malsain esprit de nouveauté, tournerait en dérision la piété des fidèles, et inciterait à *une nouvelle orientation de la vie chrétienne, à de nouvelles directions de l'Église, à de nouvelles aspirations de l'âme moderne, à une nouvelle vocation sociale du clergé, à une nouvelle civilisation* et autres choses semblables. »

Pour mettre un frein à ce *fourvoiement des idées*, Pie X défend absolument à tous les prêtres et membres du clergé d'adhérer à quelque société que ce soit qui ne dépende pas des évêques; et il frappe d'un ostracisme particulier la ligue démocratique fondée par l'abbé Murri.

On comprend que Pie X soit en garde contre l'éventualité d'un 89 de l'Église. La papauté ne saurait admettre que la hiérarchie ecclésiastique renonce à son abdication entre les mains du pape, ou que les fidèles renoncent à leur abdication entre les mains de la hiérarchie. Or, un certain courant d'idées pousse des prêtres à rêver un retour à l'Église démocratique, véritable communion des fidèles, où l'autorité émanerait du suffrage des croyants. Lacordaire lui-même ne disait-il pas dans une de ses lettres : « L'Église n'est pas dans le pape et les évêques, qui n'en sont que des membres illustres, des membres directeurs; elle est dans la chrétienté des âmes » ?

De fait, aux temps primitifs du christianisme, il y avait une confédération d'églises sœurs, les unes orientales, les autres occidentales, ayant chacune sa langue, ses usages, son originalité. Mais bientôt la fusion dans l'Église romaine des églises occidentales, telles que l'église africaine, l'église gallicane, l'église espagnole, eut pour effet, avec l'institution papale, la formation d'un État dans l'Église. Le catholicisme était fondé ; et il est devenu de plus en plus un régime d'autorité et de répression où règne l'unité la plus absolue dans la discipline et dans la foi. Vouloir l'orienter vers la diversité, la tolérance et la liberté, c'est aller contre son essence et lui demander de se renier lui-même.

Le terme naturel de son évolution était le dogme de l'infaillibilité papale, qui a abouti à l'absorption de toutes les consciences dans une seule conscience. On peut rêver que ce dogme tombera en désuétude comme le droit divin des rois, et que l'Église reviendra à la constitution démocratique des temps apostoliques. Mais alors on sera en présence d'une face nouvelle du christianisme réformé ; il n'y aura plus de catholicisme.

C'est ce que comprenait l'évêque d'Annecy, Mgr Isoard, lorsque, au lendemain de ce congrès de Bourges où des membres du petit clergé formèrent une sorte de parlement occupé des questions démocratiques et sociales, il proclama que de telles manifestations étaient les prodromes d'un schisme, les commencements d'une « évolution qui tend à jeter par dessus bord les dogmes. »

L'évolution est fatale ; elle sera même hâtée par la politique du Vatican. Selon les temps, telle ou telle puissance, — par exemple la protestante Allemagne, souverainement influente en 1906 dans la métropole du catholicisme comme dans la métropole du mahométisme, à Rome comme à Constantinople, — a la haute main dans les affaires romaines. Il s'en suit que, dans maint lieu, le sentiment national couve la révolte contre les partialités de l'arbitraire papal opposant aux uns les *non possumus* qu'il n'oppose pas aux autres ; et, là où ne prévaut pas l'indifférence, mal pire que tous les autres pour les religions, le schisme est dans l'air.

Pour reculer les catastrophes imminentes, l'apologétique devient un appel au patriotisme, et elle presse les Italiens, les Espagnols, les Français, de collaborer à une renaissance latine qui sera une renaissance catholique. Les trois peuples frères doivent se souvenir qu'ils ont été tour à tour en Europe le peuple roi, et qu'ils constituent la triple avant-garde du catholicisme. Ce qui jadis a satisfait la raison d'un Saint Anselme et d'un Saint Thomas, d'un Saint Ignace et d'une Sainte Thérèse, d'un Pascal et d'un Bossuet, ne doit-il pas aujourd'hui satisfaire la nôtre ? Restons dans la paix de la foi. C'est sottise que de vouloir être plus sages que nos pères. Que notre grand lac latin, la Méditerranée, devienne le centre d'un nouvel épanouissement de la catholicité, faisant pénétrer dans tous les pays du monde les fruits de sa régénération !

Le point où on s'accorde le plus c'est qu'il faut *changer le greffage pour faire entrer la religion dans les âmes*, et qu'il s'agit d'arriver à cette démonstration pratique que la meilleure vie est la vie religieuse.

Ici ce sont des ecclésiastiques qui demandent, avec le curé Ballu, que les prêtres se souviennent de Joseph le charpentier penché sur son établi pour gagner le pain mangé par Jésus, de Pierre le pêcheur raccommodant ses filets entre deux prédications, de Paul le tisserand proclamant qu'il a toujours vécu du travail de ses mains. Ils veulent que le travail manuel se mêle au travail sacerdotal. « Ainsi, disent-ils, nous comblerons le fossé qui nous sépare des hommes ; car, il faut bien l'avouer, dans la majorité des paroisses nous n'avons que des femmes dans les rangs de notre auditoire. Quand les hommes nous verront travailler comme eux, ils penseront plus aisément qu'ils peuvent prier comme nous. »

Là ce sont des chrétiens qui, à l'encontre de Grégoire XVI et de Pie IX répudiant l'entente avec la démocratie, reprennent le mot de Pie VII : « Soyez de bons chrétiens, vous serez d'excellents démocrates, » et dégagent le catholicisme des formules dogmatiques pour le ramener à une action sociale qui le réconcilierait avec la pensée moderne. Le catholicisme ne serait plus que la face religieuse de la Révolution envisagée elle-même comme la face laïque du catholicisme.

Le bien social n'était-il pas le grand objet du mosaïsme, du prophétisme, du messianisme? N'était-ce pas le règne de la vertu et de la félicité dans une humanité idéale qu'annonçaient les vieilles apocalypses et que rêvaient les premiers chrétiens, pleins de foi dans le prochain établissement d'un royaume de Dieu sur la terre? Ne conçoit-on pas une vaste fédération de sociétés pénétrées du véritable esprit chrétien, où tous les efforts conspireraient à la destruction des inégalités, des injustices, des misères sociales, et à l'établissement d'une universelle mutualité de bons offices?

Les néo-chrétiens veulent, avec le *Saint* évoqué par le pieux Fogazzaro, que les catholiques se vouent à l'action sociale; qu'hospitaliers pour les hommes de bonne volonté, ouvrant les bras au bon Samaritain, ils ne gâtent point par un particularisme sectaire leur œuvre de justice et de fraternité. Guerre à l'esprit de mensonge qui fait que les docteurs de l'Église préfèrent les ténèbres à la lumière et combattent la Vérité de peur qu'elle ne détruise leurs vérités, devenues une tradition d'erreur! Guerre à l'esprit de domination qui supprime la vieille liberté chrétienne, impose des soumissions non obligatoires et des rétractations contraires à la conscience! Guerre à l'esprit de cupidité qui rend les ministres du Christ complaisants au riche et les empêche d'enseigner par l'exemple la grandeur du détachement! Guerre à l'esprit d'immobilité qui oppose au progrès dans l'ordre religieux la même hostilité dont étaient animés les Juifs quand ils crucifièrent Jésus au nom de Moïse!

En tant que doctrine, le catholicisme se heurte à des incrédulités ; en tant que gouvernement, il se heurte à des révoltes. Mais le catholicisme n'est pas seulement une doctrine, un gouvernement ; il est une vie. C'est sous cette dernière face qu'on s'appliquera désormais à le mettre en lumière. Il ne s'agit plus de démontrer aux intelligences que le catholicisme est la doctrine de la vérité ; mais de frapper les cœurs par le spectacle de sa vertu sociale. Au lieu de la vieille religion, code de dogmes et de pratiques non moins que de devoirs, on entrevoit une religion qui sera avant tout une règle de paix, de tolérance, de justice, de charité. Renonçant à prolonger les vieilles controverses, les fidèles doivent prouver l'excellence de leur culte par le bien qu'il peut faire.

Qu'ils se souviennent que le christianisme a commencé par être la religion des pauvres, et que les pérégrinations des apôtres étaient pareilles, selon un mot de Renan, à celles des « ouvriers socialistes répandant leurs idées de cabaret en cabaret ! » Qu'ils vivent humblement ! Qu'ils soient, comme les premiers disciples du Christ, les serviteurs des orphelins, les soutiens des opprimés, les consolateurs des affligés, les tuteurs des indigents ! Qu'ils n'aient ni l'esprit d'avarice, ni l'esprit de dénigrement, ni l'esprit d'intolérance ! Qu'ils songent que « le combat n'est plus aujourd'hui entre une forme religieuse et une autre, mais entre un peu de vie spirituelle et la mort totale » ! Qu'ils reconnaissent partout où apparaît la sainte image de la vertu les traits de *l'âme naturellement chrétienne*, selon le mot de Tertullien ! A défaut de cette foi de l'esprit qui s'attache à des formules, qu'il y ait la foi du cœur incliné au bien par l'amour !

Saint Paul disait : « Devenu homme, on quitte le langage, les idées et les jugements de l'enfance. » C'est ainsi que la religion chrétienne, arrivée à sa pleine vitalité, se détachera du vieux régime dogmatique et théocratique. Il ne lui convient pas de porter éternellement les chaînes d'une théologie qu'édifia la crédulité des anciens âges et que démolit la science des temps modernes. L'orthodoxie doctrinale fait place à l'orthodoxie morale. Il ne s'agit plus d'être inféodé au credo traditionnel, à la magie sacramentelle, à des rites devenus inintelligibles. Il s'agit de constituer une société de consciences résolues à fonder sur terre le royaume de Dieu par la justice et la charité ; il s'agit de raviver en soi les sources de la bonne vie, à l'école de Jésus qui n'imposait pas des dogmes mais demandait qu'on aimât comme il avait aimé.

Plus de conflits entre les hommes de science et les hommes de croyance ! Que l'enseignement religieux soit tel qu'il ne heurte aucune des vérités démontrées par l'historien, le philosophe, l'exégète !

Plus de mainmise sur les consciences ! Que la religion soit une féconde exaltation de toutes les vertus individuelles et sociales par la vie de Dieu en chacun et la vie de chacun en Dieu !

Plus de prêtres étrangers à la critique, se refusant à constater des contradictions qui crèvent les yeux, entretenant les âmes des simples dans une nuit d'erreurs que devrait dissiper le grand jour de la science, enseignant aux fidèles, sous forme de médailles miraculeuses, de scapulaires, de messes, de pélerinages, de dons aux églises, des méthodes de salut qui économisent toute peine et semblent suppléer à toute vertu ; faisant enfin

leur grand argument de ce misérable appel à l'intérêt :
« Donnez une miette et vous aurez un pain ; ne rejetez pas
nos observances et Dieu vous ouvrira le ciel » ! Plus de
prêtres mêlés aux agitations politiques, ou perdus dans
les arcanes d'un théologie éternisant les formules de
générations disparues ! Qu'ils soient les apôtres de la
concorde entre les citoyens et entre les nations ! Qu'ils ne
sollicitent aucune abdication intellectuelle ! Qu'ils abandonnent les prédications dogmatiques pour expliquer au
peuple en un langage simple les règles de la morale
naturelle et les préceptes de l'évangile !

Les grands prélats de l'Amérique, les Ireland, les Gibbons, — que la crainte d'un schisme, bientôt inévitable,
protège auprès de la politique romaine contre les reproches d'insubordination et d'hérésie, — proclament déjà,
par leur attitude en face du progrès des lumières, des
constatations de l'exégèse et des conclusions de la
science, qu'à leurs yeux toute vérité est orthodoxe.
Fermés aux spéculations théologiques, hostiles à toutes
les formes de l'obscurantisme, ils adaptent leurs libres
églises aux tendances de la civilisation moderne. A
Chicago, qui compte aujourd'hui cent trente paroisses,
on voit telle cérémonie officielle commencer par une
prière du pasteur protestant et se terminer par une bénédiction du prêtre catholique. Ces chrétiens visent non à
l'unanimité des croyances, mais à l'unanimité des sentiments ; ils s'accommodent de la diversité dans le *credo*
pourvu qu'il y ait unité dans le dévouement au bien.

Ainsi émerge du sein des vieilles religions la religion
de l'avenir.

Carlyle disait : « La religion de l'homme n'est pas
faite de la multiplicité des choses auxquelles il s'efforce

de croire et dont il doute ; elle est faite du petit nombre de celles auxquelles il croit fermement sans effort » ; et il appelait de ses vœux la religion vraie. De son côté Tolstoï enseigne que la foi commune qui servira de fondement aux hommes de demain ne saurait être ni le catholicisme qui vous excommunie si vous ne croyez pas à l'infaillibilité du pape de Rome, ni le protestantisme qui vous promet le salut pourvu que vous ayez la grâce.

La religion de l'avenir sera une religion moins étroite et plus haute que le catholicisme et le protestantisme. L'illustre protestant Vinet écrivait en 1842 : « Le catholicisme et le protestantisme ne sont pour nous que des points de départ : notre religion est au delà. »

LE FUTUR AVÈNEMENT DE LA RELIGION PHILOSOPHIQUE

La libération complète des âmes vis-à-vis de toutes les orthodoxies n'est plus qu'une question de temps. D'une part, les faits et gestes du clergé catholique le montrent pareil à tous les sacerdoces, lesquels se complaisent à river la chaîne des dogmes et des rites, non par un parti pris d'imposture, comme l'ont imaginé les encyclopédistes, mais par un inconscient besoin d'affermir leur tutelle sur les âmes. D'autre part, les monstruosités et les inexactitudes dont abonde la Bible confirment pour la conscience les données de la science aboutissant à y voir une collection de livres purement humains qui n'ont ni plus ni moins d'autorité que les livres bouddhiques, le Zend-Avesta ou le Coran. Finies les vieilles servitudes théologiques. Mais les grands horizons religieux demeurent ouverts à l'humanité.

Il ne s'agit pas seulement de remonter à cette religion

apostolique dont Renan disait, dans une lettre à Hyacinthe Loyson, que « jamais religion ne fut plus loin de toute superstition et de tout dogmatisme. » Il s'agit de s'élever plus haut, sur un sommet situé *au delà des confins de tout surnaturel*.

Qu'on fasse de Jésus le grand inspiré des temps passés, et de la croix le sublime symbole de l'esprit de sacrifice, encore demeure-t-il vrai que nous ne saurions imposer une limite aux progrès de l'esprit religieux et décider qu'une personnalité, si haute soit-elle, ne sera jamais dépassée dans l'avenir. La religion pure déborde les cadres du christianisme, non moins que celui-ci a débordé les cadres du judaïsme.

Lessing fut un des premiers à étudier les évangélistes comme de simples historiens n'ayant rien de divin. Il s'appliqua à délivrer le christianisme du joug de la Bible, comme Luther l'avait délivré du joug de la tradition; il conçut une religion sans formules dogmatiques, une morale sans calcul de récompenses et de châtiments; il annonça un nouvel âge tout de lumière, d'espérance et d'amour, où prévaudrait la religion du Pur-Esprit dont les religions du passé auront été les préliminaires. Il avait coutume de dire qu'à l'instruction élémentaire donnée par l'Ancien Testament, et à l'instruction secondaire donnée par le Nouveau Testament doit succéder pour le genre humain l'instruction supérieure.

Mais voici que les fanatiques de la libre pensée interviennent et concluent à la négation pure. Pour eux tout se tient dans les croyances; et par cela même qu'on se détache de la Vierge de Lourdes et du Syllabus, il faut se détacher de Dieu et de l'Évangile. Leur aphorisme est : *Tout ou rien*. Ils décident : *Rien*.

Les religions se condamnent les unes les autres. La libre pensée les condamne toutes. Elle aussi a ses inquisiteurs prodigues d'anathèmes et portés aux persécutions. Tels d'entre eux furent des dévots. Idolâtres qui n'ont fait que changer d'idoles, ils brûlent ce qu'ils ont cessé d'adorer ; ils adorent ce qu'ils brûlaient naguère. Ils combattent les églises ; et ils élèvent église contre église. Bedeaux de la raison comme ils l'étaient de la foi, ils crient sus aux dogmes, et ils font un dogme de l'incrédulité. La même étroitesse d'esprit qui leur faisait nier le droit de douter, leur fait maintenant nier le droit de croire. Ils partent en guerre contre le cléricalisme, et ils sont une nouvelle espèce de cléricaux. Il leur est arrivé de tenir des conciles laïques où on prétendait ne reconnaître la libre pensée que là où elle aboutit au matérialisme et à l'athéisme, soi-disant nécessaires, si bien qu'il faudrait écarter du rang des penseurs libres les Descartes, les Spinosa, les Leibniz et les Kant, qui ont eu la faiblesse d'être spiritualistes et de croire en Dieu.

Penser librement est une méthode, et la seule conforme à notre dignité d'hommes ; mais n'est-il pas visible qu'inféoder la *libre* pensée à une doctrine c'est la faire *esclave*, c'est l'annihiler ? Qu'importe l'affirmation des droits de la pensée, si pratiquement la liberté qu'on revendique tourne en tyrannie pour autrui ? Les vieux dogmatismes ont inoculé aux âmes un levain d'intolérance qui fait que ceux qui parlent au nom de leur sens propre sont souvent aussi exclusifs que ceux qui croyaient parler au nom de Dieu.

La folie des excommunications est contagieuse. On

en vient à frapper de suspicion quiconque n'a pas rayé Dieu de sa conscience. Et pourtant n'est-il pas manifeste qu'on s'ôte le droit de réprouver ceux qui exigeaient jadis un billet de confession, quand on exige à son tour un certificat d'athéisme ?

Mais de quel droit les sectaires de l'athéisme mettent-ils au ban de la raison les chercheurs qui, ne se réclamant que de la raison, concluent que le monde matériel et moral n'est intelligible qu'avec Dieu et l'Immortalité? Prononcer que Dieu n'existe pas est une croyance, de même que c'en est une de prononcer que Dieu existe. Il n'y a ici de démonstration mathématique ni dans un sens ni dans l'autre. Hypothèse pour hypothèse, ne faut-il pas préférer à celle qui appauvrit et dépoétise l'existence, celle qui en centuple le prix et la noblesse? Le bel avantage de dire sans preuve à ceux qui pleurent des morts aimés, à ceux qui souffrent pour la justice, qu'ils doivent renoncer aux immortelles espérances !

Les hommes qui réduisent la vie à un jeu perpétuel d'illusions mensongères risquent d'être découragés par son insignifiance et de conclure que ce n'est pas la peine de tant lutter pour réaliser en soi une grandeur que la prochaine minute va mettre à néant. Au contraire, penser qu'il nous appartient de coopérer à l'ordre universel ; que, si petits soyons-nous, notre être a pour toujours sa place marquée dans le système des êtres ; qu'à travers l'infini une divine paternité a l'œil sur nous ; que nos efforts pour diminuer nos imperfections ont pour mobile la réalité même du Parfait, qui allume en nos cœurs, par delà les froides clartés de la science, le soleil de l'amour, c'est s'assurer des trésors d'enthousiasme, d'énergie et de sérénité.

Sans doute, trop souvent le sentiment religieux n'est qu'un égoïsme spirituel et il n'y a qu'une spéculation au fond des prières et des observances : *Do ut des! Donnant, donnant!* Il n'en est pas moins vrai que, bien compris, le sentiment religieux refoule les convoitises brutales ; ouvre le cœur aux plus généreux élans ; décuple les forces de la volonté ; suscite des héros et des martyrs qui savent se dévouer et mourir. Il en coûte moins de faire le don de soi-même quand on se sent immortel ; et la nature se dépasse quand la vision du divin la soulève. Les nobles émotions engendrent les grandes actions. De même que le génie, la foi dégage les étincelles d'un feu sacré. Supprimer le sens religieux dans l'ordre moral serait une mutilation aussi monstrueuse que si on supprimait le sens poétique dans l'ordre intellectuel. L'Idéal est l'esprit de vie pour l'humanité.

Aussi bien la suppression du sens religieux est impossible. D'où venons-nous ? Où allons-nous ? Quelques hommes peuvent avoir le parti pris d'ignorer ces questions ; mais il n'est au pouvoir d'aucun de les annihiler. Nul ne réussira à tuer dans les âmes l'éternel besoin de chercher une solution au problème de la destinée humaine. C'est la force des religions de donner un corps aux aspirations les plus intimes de l'humanité. Qu'importent les déceptions ? Toujours germera au plus profond des êtres l'indéracinable instinct de l'infini. Autant se montrent périssables les innombrables religions du passé, autant il demeure manifeste que l'esprit religieux est impérissable. Prétendre que la science peut le détruire, c'est méconnaître que la science, qui certes témoigne par ses immenses progrès qu'elle n'a point fait faillite dans l'ordre des faits qui est son domaine, laisse indéfiniment ouvertes les questions de cause et de fin. Quelle est la suprême raison d'être des mondes, de la vie, de la pensée, de la conscience? Il y a là une énigme que l'homme voudra toujours déchiffrer, par cela même qu'il tient un haut rang dans l'échelle des êtres, de par sa raison et son cœur. Et, plus il réfléchira, plus il se convaincra, à la suite des plus grandes intelligences de tous les pays et de tous les temps, que la suprême réalité est celle des esprits ayant leur nécessaire raison d'être dans l'existence de l'Esprit divin.

Lui-même le grand positiviste anglais, Stuart-Mill, n'était-il pas forcé de reconnaître, à l'encontre de ceux qui prétendent tout ramener à des forces aveugles, que « les adaptations de la nature donnent beaucoup de probabilité à la création par une Intelligence », et ne concluait-il pas que « la vie humaine a grandement besoin, pour ses aspirations, de plus d'étendue et d'élévation que n'en comporte la contrainte d'une pensée ne dépassant pas le témoignage des faits positifs! » A son tour, le plus éloquent des socialistes français, Jean Jaurès, ne dit-il point dans l'*Action socialiste* : « Je ne crois pas du tout que la vie naturelle et sociale suffise à l'homme. Dès qu'il aura dans l'ordre social réalisé la justice, il s'apercevra qu'il lui reste un vide immense à remplir... Il serait très fâcheux, il serait mortel de comprimer les aspirations religieuses de la conscience humaine. Ce n'est point cela que nous voulons. Nous voulons au contraire que tous les hommes puissent s'élever à une conception religieuse de la vie par la science, la raison et la liberté. »

Si l'avenir ne saurait appartenir à l'irréligion parce qu'elle est contraire aux plus indestructibles aspirations de l'âme et qu'elle amoindrit déplorablement la réserve de forces morales dont dispose l'humanité, encore est-il vrai qu'il ne saurait y avoir de religion viable que celle qui sera en plein accord avec les affirmations de la pensée moderne.

Rompre avec les sujétions, les dogmes, les superstitions qu'une libre intelligence ne peut accepter ; faire tout converger vers le plus grand bien de tous, sera le propre de la religion future. Acceptation complète des résultats de la science ; consécration absolue de la liberté des consciences ; universelle émancipation de la personnalité humaine ; droit de cité donné à toutes les idées de progrès ; abandon des traditionnels recours au surnaturel ; renonciation aux pratiques fétichistes ; exclusion de toute tutelle sacerdotale ; développement des principes de tolérance, de paix, d'égalité, de liberté, de solidarité ; individualisme des croyances soustraites à toute codification ; coopération fraternelle des amis du Vrai et du Bien, quelles que soient les prédilections de leur pensée ; concert unanime d'efforts pour l'établissement du règne de la justice, vrai règne de Dieu sur la terre : tels sont quelques traits caractéristiques de la grande religion dont notre temps voit poindre l'aurore.

Longtemps sans doute, surtout parmi les paysans, — comme il advint pour le *paganisme* (religion des *paysans pagani*), les vieilles religions se survivront, épuisant ce qui leur reste de la force acquise à travers les siècles ; mais elles seront sans autorité sur l'élite des intelligences et des volontés.

La valeur d'une religion se mesure désormais à son contenu moral et à sa puissance civilisatrice. La merveilleuse poésie du paganisme ne saurait nous réconcilier avec des divinités *amorales*, où notre juste rigorisme voit une inacceptable apothéose du vice et du crime ; et, dans la doctrine chrétienne, la principale pierre d'achoppement pour les consciences, c'est l'injustice qui punit le péché du premier homme en toute sa postérité et qui inflige pour des fautes d'une minute une éternité de tourments.

Le paganisme, avec les mystères de ses hiérophantes, et le judaïsme, avec la théosophie de ses prophètes, furent une double ébauche, que le christianisme a perfectionnée et dont il a prophétisé l'achèvement dans le règne à venir d'une religion du pur esprit : telle est la pensée dans laquelle concordent des philosophes tels que Lessing, Schelling, Ravaisson et Tolstoï, des mystiques tels que Joachim de Flore, Jean de Parme, sainte Hildegarde, Grignon de Montfort et sainte Catherine de Sienne.

De nombreux signes font prévoir l'heure où, conformément à l'idée de ces précurseurs, une communion de lumière et d'amour s'établira entre tous les centres religieux de la terre.

Le catholicisme ne ramènera pas à ses églises la population des villes ; et, si le peuple des campagnes ne les déserte pas, on peut dire qu'en général il ne les fréquente que par habitude. Et pourtant le clergé catholique, séculier et régulier, possède le génie du prosélytisme ; et il a été le premier révélateur des merveilles que l'association, développée sous mille formes, est susceptible de réaliser.

La prétention qu'a toujours eue la théologie de recevoir immédiatement de Dieu ses principes et d'employer les sciences comme ses inférieures et ses servantes ne tient pas devant les progrès de l'esprit critique. Les meilleures âmes, en dépit des anathèmes du *Syllabus*, ont à cœur de ne point renier le libéralisme et de mettre leur foi d'accord avec la civilisation moderne. Elles ne s'accommodent plus de ce christianisme emprisonné dans la geôle de Rome ; de cette Église commissionnée par l'Homme-Dieu ; de cette piété sans foi qui, détachée des dogmes, reste amoureuse des légendes ; de cet automatisme du chapelet, des neuvaines, du rosaire, rappelant les pratiques du Thibet, où est le plus dévot celui qui fait le plus longuement tourner les moulins à prières ; de ces ventes de bénédictions, de ces débits d'eau claire, de cette exploitation de vieux os qui agenouille les fidèles devant les soixante doigts de saint Jean Baptiste, les dix-huit bras de saint Jacques, les six mamelles de Sainte Agathe ; de ce matérialisme des sacrements qui, faisant de l'eucharistie une manducation de Dieu, méconnaît que, par la Cène, Jésus enseigna à ses disciples que son souvenir serait à leur âme ce qu'est le pain au corps.

Pour quiconque examine, il est devenu manifeste que maintenir ou plutôt rétablir l'unité ancienne sur les mêmes bases est impossible. Même au temps où prévalaient les grands courants de soumission et de crédulité, cette unité ne fut jamais complète, malgré les crimes de l'État et de l'Église alliés pour la fonder. Quelle chimère d'y viser maintenant ! Force est que l'idée religieuse s'élargisse ou qu'elle disparaisse.

Dans les masses encore pratiquantes, la religion du

berceau est sans cesse battue en brèche par l'universel contact d'idées et de pratiques diverses ; en particulier par les discordances entre le père devenu indifférent et l'enfant plié à la discipline religieuse, entre le mari émancipé et la femme restant assujettie au mécanisme des traditions. Tôt ou tard la foi s'ébranle, et avec elle, la moralité dont elle était l'unique support, par un vice fatal de l'éducation première. La persistance des formules et des pratiques du passé n'empêche pas de s'évaporer les sentiments qu'elles avaient pour objet de fixer ; le formalisme extérieur ne sert plus à l'exaltation de la vie intérieure ; on imite les gestes des ancêtres sans leur être vraiment relié par une même croyance ni une même vertu ; et à la minutie des rites s'oppose le laisser-aller des actions.

Pour certains les observances ne sont plus qu'une corvée des grands jours. Ils se marient devant l'Église ; ils font baptiser leurs enfants ; ils les envoient à la messe ; ils assistent à leur première communion ; mais ils se rattrappent de ces servitudes par des moqueries de mauvais aloi. Leurs déclamations frondeuses sont la quotidienne revanche de leur pensée contre l'hypocrisie de leurs actes. Quand ils agonisent, le prêtre est appelé ; et il est notifié à tout le monde que ces catholiques sont morts *munis des sacrements de l'Église*, de l'Église qu'ils n'ont cessé de railler jusqu'à la comédie de la dernière heure !

A ces figurants du catholicisme s'opposent les sincères, dont l'évolution s'accomplit sans détours, sinon sans tristesses.

Dès le premier bégaiement de l'enfance on a cru à ce Dieu que l'Histoire Sainte montre si arbitraire dans ses volontés, si féroce dans ses vengeances, et qui prédestine la majorité de ses créatures à des supplices éternels. Mais une lente désagrégation des croyances se poursuit dans le secret du cœur. Longtemps on s'imagine croire quand on a cessé de croire. Le jour vient où on s'aperçoit de son illusion ; car on ne se sent ni les ardeurs ni les craintes qu'inspirait jadis la croyance véritable. Cela n'empêche pas que la foi maternelle continue à se traduire dans vos pratiques sans vivre dans vos consciences. Il est si pénible de soulever le couvercle de plomb étendu sur les cerveaux par des superstitions séculaires ! Il est si cruel de répudier une religion à laquelle on tient par toutes les fibres de son être, et qui vous enchante par la magie de ses chants, de ses fêtes, de ses légendes, de mille souvenirs aimés ! Il faut pourtant en prendre son parti. Pourquoi la foi des pères serait-elle une chaîne éternelle pour leurs enfants ? Pourquoi notre religion échapperait-elle au sort de cette longue série de religions qui furent florissantes pendant des milliers d'années et qui elles aussi ont passé, parce que l'opinion commune n'y reconnaissait plus le reflet de l'absolue vérité ? On s'affranchit donc de ces pratiques qui, conçues d'abord comme un support du sentiment religieux, lui sont devenues une entrave par leur multiplicité et leur puérilité ; on se détache de l'Église pour devenir à soi-même sa propre Église ; on se réfugie dans un large spiritualisme chrétien où les libertés de l'intelligence ne trouvent pas d'obstacle et où les troubles de l'âme trouvent un apaisement.

D'autre part, un réveil religieux se prépare chez une foule d'hommes jetés dans le plat positivisme de l'indifférence par les révoltes de leur bon sens contre les dogmes et les superstitions en vigueur. Ils ne resteront pas insensibles aux charmes d'une chaude communion d'âmes liées par une libre religion, qui n'enchaînera à aucun ritualisme ni à aucun dogmatisme, et où les affirmations du cœur s'accommoderont de tous les progrès de la raison, de toutes les lumières de la science.

Le protestantisme, lui, tire profit de la condamnation dont il frappe les servitudes catholiques, le mercantilisme des grâces, l'invention de cultes idolâtriques, l'organisation de miracles apocryphes ; mais il y a chez les catholiques de féconds élans de conscience, des prodiges de vitalité morale dont il n'a pas le secret.

Pour que le protestantisme ait sa pleine force, il faut qu'en maints lieux les protestants, restés inconséquents, se prêtent à la réforme de la Réforme. La logique de ses principes l'amène à rejeter en bloc toutes les orthodoxies pour tendre la main à tous les libres esprits, à quelque camp qu'ils appartiennent : d'où son absorption fatale dans le moralisme.

Ce moralisme sera-t-il l'irréligion ? Non ; il sera la religion philosophique, glorifiant Jésus, parce que, histoire ou légende, les événements ont fait de lui le plus grand précepteur de la foi en la paternité divine et le plus vivant symbole de la beauté morale qu'il ait été donné aux générations humaines d'admirer jusqu'à ce jour. Jésus ne s'annonçait pas comme venant racheter les hommes du péché originel, mais comme venant inaugurer le règne de Dieu, qui consiste à vivre pour le prochain et à mourir, s'il le faut, pour la justice. Jésus ne se mêla jamais de théologie ni de métaphysique ; sa religion fut toute d'action. Nous savons sur lui peu de chose ;

mais il est certain que ses disciples eurent pour lui un amour sans bornes, et que jamais être n'a été plus aimé. Or que devons-nous tous mériter? D'être aimés à force de bien aimer. « La fin de la loi, a dit Saint Paul, est la charité dans un cœur pur. »

La dernière tendance des protestants libéraux est aussi celle des juifs vraiment éclairés. Leur religion, par cela même qu'elle exclut l'idolâtrie et la superstition, les mystères et les dogmes, peut s'adapter aux progrès de la science et de la pensée. Il lui suffit d'en finir avec des rites qui ont fait leur temps.

Depuis l'époque où l'autonomie du prophétisme se substitua de plus en plus à la théocratie du mosaïsme, la foi d'Israël dans le Dieu unique, *Celui qui est,* s'établit sur les fortes assises d'une haute morale où les espérances messianiques représentent l'esprit de progrès, l'effort vers la fraternité, la régénération du genre humain.

Les prophètes furent les docteurs de la vie parfaite, les prédicateurs des grandes transformations sociales, les adversaires de l'étroitesse de l'esprit sacerdotal, les défenseurs du faible, les vengeurs de l'innocent, les apôtres d'un Dieu sage et juste substitué au Dieu sot et féroce de l'époque primitive.

Leur religion est foncièrement pratique. Elle ne tend pas à former des controversistes, mais des hommes de bonne volonté. Selon la remarque de Mendelssohn, les prescriptions de la loi et des prophètes sont d'ordre moral et non doctrinal; elles ne portent point « Tu croiras » ou « Tu ne croiras point »; mais : « Tu feras » ou « Tu ne feras point. »

Les prophètes conçoivent un Dieu qui n'exige ni autels, ni cérémonies, mais qui demande que de tous les actes humains jaillisse l'eau vive de la justice. Ils ont un cri de colère contre toutes les oppressions, un cri de pitié pour toutes les misères. Ils rêvent un renouvellement social qui unira les hommes dans l'amour et la paix, et fera succéder aux générations qui aiment à haïr, des générations qui, selon le mot de Michée repris par saint Augustin, *aimeront à aimer*. Quoique convertis pour la plupart à la foi en l'immortalité de l'âme, ils ne s'accommodent pas d'un ajournement du droit, et veulent que son aurore radieuse se lève pour tous sur cette terre transfigurée. Il leur semble bas et mauvais de considérer celle-ci comme un lieu d'épreuve où les persécutés doivent se résigner aux perpétuelles éclipses de la justice qui *n'est pas de ce monde* ; où les pauvres doivent adoucir les tourments de l'indigence par la pensée que les riches sont les *vrais pauvres*, où enfin tous les misérables doivent se dire qu'étant deshérités ils ont *la bonne part*.

Au fond, avec une spiritualité plus haute, Jésus fut le continuateur des grands prophètes juifs ; il affirma comme eux l'inanité du formalisme religieux et l'avènement d'un terrestre règne du bien. Les chrétiens de la première heure étaient des Juifs foulés par la cruauté et l'avidité de Rome, traités à cause de leur dénûment comme la lie de l'humanité, mais caressant des rêves appelés à changer la face de l'univers.

Pourquoi le judaïsme, qui est le grand arbre sur lequel se sont greffés le christianisme et l'islamisme, ne couvrirait-il pas de ses riches frondaisons les siècles futurs ? Ses voyants ne sont-ils pas les précurseurs qui ont évoqué avec le plus de force cet avenir de lumière, de justice et de félicité dont toutes les nobles âmes ont soif ? Les juifs n'ont-ils pas finalement échappé à cette organisation dogmatique et sacerdotale qui fut la grande ressource du christianisme, quand, achetant la domination au prix de l'enthousiaste élan des âmes, de la liberté spirituelle et de l'individualisme religieux, il s'encadra dans une théocratie, constitua une théologie, établit des intermédiaires entre Dieu et le fidèle, alla enfin à l'encontre des prescriptions de Jésus, pour venir à bout, au moyen d'une forte unité, des polythéistes adorateurs de la Nature, des dualistes opposant au bon principe le principe mauvais, et des philosophes propageant les dernières conclusions de la philosophie hellénique ?

Les Juifs n'ont plus beaucoup à faire pour rompre avec des pratiques d'un évident anachronisme et fondre leur confession, — qui subsiste avant tout comme survivance de leur nationalité perdue, — dans la future religion des peuples civilisés. Leurs livres sont exceptionnellement riches de formules définitives propres à vivifier cette religion. Ils ont été pris longtemps pour une révélation divine ; mais aujourd'hui, aux yeux des sages d'Israël, la vraie révélation est cette charte de liberté, de justice et d'amour qui est écrite dans toutes les consciences.

Il semblerait que le judaïsme, quand il a engendré le mahométisme, lui a légué cette intensité de vie qui fut longtemps son originalité. De tous les croyants, les musulmans sont les plus irréductibles. Et pourtant il arrive de nos jours que la règle d'airain du passé se volatilise en toutes sortes de formules adoucies. On dirait qu'un sang rajeuni bat dans le cœur de l'Islam.

Je ne parlerai pas des musulmans de l'Afrique occidentale que dominent encore des marabouts perpétuant les pratiques des sorciers, distribuant des gris-gris, faisant les guérisseurs, se jalousant les uns les autres et d'accord seulement pour cultiver dans le cerveau des pauvres nègres les plus puériles superstitions. Mais chez les musulmans de l'Égypte, de la Tunisie, de l'Algérie, éclatent ici et là des audaces qui tendent à briser les traditions séculaires. Certes, le mouvement qui se dessine ne va pas à la libre pensée; il s'abrite à l'ombre des traditions et des écritures sacrées. Mais il est visible qu'un effort est fait pour tirer de celles-ci les raisons d'une conversion aux idées maîtresses de la pensée moderne.

Ainsi dans diverses publications, notamment dans des études sur l'esprit libéral du Coran, des musulmans de la Tunisie et d'ailleurs, après avoir rappelé les quatre siècles où le monde mahométan fut le plus brillant foyer des lumières, professent qu'une ère de décadence a été provoquée par des théologiens dénaturant les véritables enseignements du Coran; par des confréries religieuses accréditant les plus sottes superstitions; par des marabouts persuadant aux simples que de pieuses intercessions peuvent assurer leur bonheur sur terre et au paradis, sans qu'il soit besoin d'initiative personnelle et de moralité. Ils exaltent la pureté du culte de Dieu tel que l'établissait Mahomet; ils démêlent les principes les plus larges dans ce même livre du prophète où le plus étroit formalisme a trouvé son aliment; ils multiplient enfin les citations démontrant que Mahomet fait de l'instruction un devoir; reconnaît que juifs et chrétiens peuvent se sauver dans leur foi; enseigne la tolérance; ne prescrit aucunement la séclusion des femmes ; admet les mariages entre musulmans et chrétiennes, et glorifie la science au point de dire que « l'encre des savants est plus précieuse que le sang des martyrs ». Ils concluent que la religion mahométane bien entendue ne s'oppose point à ce que les musulmans s'initient à la vie, aux usages, aux connaissances du monde moderne.

Hier encore, en Algérie, un cadi écrivait : « Qu'on ne dise pas que la loi musulmane est immuable; rien d'humain ne peut être tel ; » et, sur 87 cadis consultés par le gouverneur général, il s'en trouvait 42 qui se prononçaient pour de sérieuses innovations législatives. Ces magistrats réformateurs invoquaient les différences d'interprétation qu'ont toujours comportées les règles juridiques inscrites dans le Coran et la nécessité d'adapter en tout temps le droit aux besoins devenus manifestes.

Ainsi, il est indéniable que l'Islam cesse d'être figé dans l'immobilité. On ne peut encore innover qu'en se mettant à couvert sous un texte du prophète. Mais ce n'est là qu'une première étape. Et n'est-ce pas déjà beaucoup qu'on s'ingénie pour obéir à la raison sans désobéir au Coran ? Il se trouve toujours quelque texte comportant un commentaire qui permet d'évoluer vers le progrès sans paraître sortir de l'orthodoxie.

Le frémissement d'un renouveau parcourt également les grands espaces de l'Inde et de la Chine. Le monde bouddhique, depuis longtemps envahi par la théocratie et les superstitions, a ses cadres de prêtres et de religieux formant une masse presque aussi résistante que le vieil organisme romain et païen du monde catholique. Mais, à côté des âmes innombrables vouées à l'obscurité et à l'esclavage, il y en a qui s'éclairent et s'affranchissent. Deux courants se dessinent, l'un aboutissant droit à la libre pensée, l'autre remontant, pour s'y tenir, aux plus pures inspirations de Çakya-Mouni. Il y a là-bas des hommes qui, sans se courber sous la discipline sacerdotale, placent l'essentiel de la religion dans le perpétuel effort pour dompter ses désirs et aider ses semblables. Pour eux les mauvaises actions sont des souillures indélébiles que n'efface pas la parole d'un prêtre. Le vieux mot de la sagesse juive : « Le méchant périt de sa méchanceté » a chez eux cette formule dont ils sont tout pénétrés : « Même le méchant trouve des jours heureux tant que son péché n'a point mûri ; mais, à travers les diverses existences, le temps vient où son péché a mûri et où il ne trouve que des jours malheureux. Même l'homme de bien trouve des jours malheureux, tant que sa bonne action n'a point mûri ; mais quand sa bonne action a mûri, à travers les diverses existences, il trouve des jours heureux. »

Dans le monde chinois, où le bouddhisme a fait tant de conquêtes, il n'y a pas de religion d'État ; et la rapide transfiguration du Japon a témoigné combien il s'en fallait que la race jaune fût fermée au progrès. L'antique système d'habitudes garde ses dehors de force imposante ; mais il a perdu une bonne part de sa puissance motrice. Sur un fond de traditions indéracinables se développent des semences de réforme morale et sociale. Confucius, le Socrate des Chinois, fut, à sa manière, un apôtre de la religion philosophique ; et elle trouvera parmi les lettrés des adeptes tout préparés, quand se sera accentuée l'infiltration lente mais sensible des idées modernes.

Chez toutes les nations qui nous paraissent barbares parce que leur civilisation fut autre que la nôtre, il se manifeste une usure considérable de la religion primitive, par cela même que les peuples sont devenus moins isolés les uns des autres et que la suppression des distances amène à s'entre-croiser des sociétés dont le développement a été tout différent. Des doutes se glissent peu à peu dans l'âme de chaque peuple sur la valeur de croyances et de pratiques ignorées ou réprouvées par d'autres qui l'égalent ou le dépassent.

Bien plus prompte serait la marche en avant, si les nations qui se posent en protectrices de races soi-disant inférieures, avaient plus à cœur les intérêts moraux, au lieu de s'absorber dans la poursuite d'intérêts matériels ; si elles se faisaient vraiment éducatrices par l'enseignement et surtout par l'exemple. La colonisation se réduit trop souvent à l'importation d'habitudes d'intempérance, de cupidité et de mensonge. Opprimer et corrompre, c'est ce qu'on appelle civiliser.

Quant au zèle des missionnaires chrétiens, il n'a d'égal que leur impuissance, dès qu'ils cessent de moraliser et se mettent à dogmatiser. Ils font bien des conquêtes, le plus souvent intéressées, parmi quelques milliers de pauvres gens ; mais les élites demeurent réfractaires. Si les indigènes de l'Afrique, de l'Asie, de l'Océanie, venaient chez nous entreprendre de nous convertir et nous contaient leurs histoires de l'autre monde, leur serions-nous bien accueillants ? Pourquoi voudrait-on qu'eux-mêmes se laissent persuader, quand des étrangers viennent leur enseigner le culte d'un Dieu qui est trois personnes et qui pourtant demeure unique, ou le culte d'une vierge devenue mère sans avoir été femme ;

quand ces étrangers ajoutent que le fils de cette vierge était homme en même temps que Dieu, et qu'il mourut pour nous sauver, comme si la volonté seule du Tout-Puissant ne pouvait suffire à assurer notre salut; quand enfin ils déclarent qu'il faut s'agenouiller pour dire nos fautes à un homme notre semblable, si on veut être absous et exempté de l'enfer, et qu'un peu de pain azyme, consacré par un prêtre, devient la substance de Dieu même, introduit en nous corps et âme?

Au lieu de gâter nos relations avec les peuples lointains par ces tentatives d'intrusion de dogmes de plus en plus discrédités chez nous et si absolument différents des cultes accrédités chez eux, ne conviendrait-il pas de s'appliquer davantage à nous les assimiler sur les points où ils offrent le plus de prise? La science et le droit, voilà les deux forces conquérantes. L'initiation aux vérités démontrées et aux découvertes faites, la pratique des principes d'équité mettant un terme aux inégalités et aux souffrances séculaires, voilà les deux meilleurs leviers pour mouvoir et élever les consciences. Leur progrès sera d'autant plus grand qu'on s'interdira toute violence sur elles. Il n'y a rien à attendre du particularisme dogmatique; mais que ne peut-on bâtir sur le fond universel de la raison et de la justice?

Il appartient à l'Europe de faire pénétrer dans les autres parties du monde une sorte d'éducation non confessionnelle, en harmonie avec la civilisation moderne, qui, par delà les divergences religieuses, leur fasse une raison commune. Participant de la même lumière, les religions exotiques s'épureront. Des peuples encore très arriérés réaliseront un progrès analogue à celui qui se produisit lorsque les fêtes toutes sensuelles du culte païen firent place à ces réunions du culte chrétien où il était sans cesse question de réprimer ses convoitises et de se sacrifier à ses devoirs. Élevés par des rapprochements et des enseignements féconds à une morale plus haute, ils feront de cette morale l'âme de leurs croyances. Ce qui prédominera, c'est cette religion raisonnable et toute d'action, que j'ai appelée la religion philosophique et en laquelle communient tant d'âmes religieuses qui sont en dehors de toute Église.

Combien nombreux déjà les pays où la religion traditionnelle a de moins en moins l'influence maîtresse ! La part du surnaturel est de plus en plus réduite ; des courants d'idéalisme incrédule émergent des centres cultivés ; une sourde fermentation des âmes prépare la ruine des formules confessionnelles, et celles-ci ne constituent plus l'unité nationale.

D'audacieux intellectuels ouvriront la voie ; mais ce sont des sociétés d'humbles, de faibles, de déshérités, qui collaboreront le plus efficacement au nouvel ordre de choses ; car chez eux prévalent ces puissances de foi, de désintéressement, de dévouement, qui, plus fortes que l'or, le pouvoir, la science, réalisent les révolutions fécondes, à toutes les étapes décisives de l'histoire du monde.

Le progrès des communications internationales, de l'instruction populaire, des institutions démocratiques, accélérera la grande crise qui est partout commencée, parce que partout les vieilles religions ont épuisé leur sève de vie ; et dans chaque race le mouvement s'accentuera selon la mesure où elle sera ouverte à la culture moderne. Sans doute il restera des couches de vieux dévots continuant à croupir dans les routines du passé ;

mais la vie se sera retirée du milieu d'eux pour se porter ailleurs.

Le triomphe de cette religion philosophique, où on renoncera à se damner les uns les autres et où on fraternisera par la justice les uns avec les autres, n'implique pas une future unité des idées et des pratiques, évidemment irréalisable. Elle s'accommodera de la diversité des croyances individuelles; elle permettra à chacun d'avoir des préférences métaphysiques et d'ajouter foi à de chères légendes; il suffira qu'avec des emblèmes variés ses adeptes vivent en parfaite communion morale.

Trêve à cet exclusivisme qui fait qu'on sourit dans l'Inde quand un bouddhiste fait l'apothéose de Jésus, et dans l'Europe quand un chrétien fait l'apothéose de Bouddha! Les âmes supérieures appartiennent-elles seulement aux régions où elles ont vécu, agi, souffert? Non. Elles sont de tous les lieux, comme de tous les temps. Aux points de vue locaux doit se substituer le point de vue mondial. Les grands initiateurs tels que Jésus et Bouddha, Socrate et Confucius, Moïse, saint Paul et Luther; les grands types de beauté morale tels que Jeanne d'Arc et saint Vincent de Paul, Marc-Aurèle et Washington, rayonnent dans une commune auréole de sainteté et méritent d'être partout unis dans le culte des cœurs. On vénérera à jamais l'étincelle divine qui fut en eux, et qui demeure prête à s'allumer en d'autres, au souffle de l'esprit.

Par cela même que les vérités senties par le cœur sont plus profondément enracinées que celles qui ne sont qu'établies par le raisonnement, tout concept a besoin, dans l'ordre moral, de devenir sensible pour se rendre puissant sur le commun des âmes. Chez certains la religion peut rester toute spirituelle ; mais il est utile aux simples qu'elle s'incorpore dans un culte. De même que les images servent à fixer les idées, le culte sert à fixer les sentiments ; et il les vivifie. Si le cœur reste froid, l'homme n'est pas conquis.

L'histoire des diverses religions démontre que l'élément durable des cultes est l'élément esthétique. La suprême force du catholicisme tient à ce qu'il s'est incorporé tous les prestiges du polythéisme. Les solennités confessionnelles ont été jusqu'à ce jour la seule forme sous laquelle l'art se soit révélé aux humbles. Dans les campagnes les cérémonies religieuses sont l'occasion de rencontres collectives et de plaisirs artistiques, en même temps qu'elles constituent l'unique débouché ouvert à ce goût du mystère, à ce besoin d'idéal qui est au fond de toute âme humaine.

Le charme des cérémonies traditionnelles resterait donc le plus fort, si rien ne le remplaçait. Mais l'heure est proche où les grandes dates de la vie humaine, de la nature, de l'histoire, deviendront l'objet de commémorations à la fois poétiques et moralisatrices. La religion philosophique aura ses réunions qui parleront aux imaginations et exciteront des émotions fécondes.

Quel chemin parcouru depuis le temps de ces formes rudimentaires de la religion où on vénérait les pierres, les montagnes, les eaux, les plantes, les arbres, les animaux, les phénomènes atmosphériques, le feu, les corps célestes, le soleil, la terre ; où étaient accrédités les mythes les plus invraisemblables, les rites les plus étranges, les sacrifices les plus cruels ; où la conjuration des maléfices, les exorcismes, la divination, la sorcellerie, l'idolâtrie, le fétichisme entraient dans l'économie du culte; où le sacerdoce fondait sa toute-puissance sur de perpétuels démentis donnés à la science et à la morale !

Dans les temps nouveaux, chez la majorité des êtres pensants, le culte de la vérité et de l'humanité s'associera à la foi en une puissance supérieure qui nous fait citoyens de l'Éternité et avec qui nous coopérons par nos vertus. L'affirmation du divin et du bien reliera entre eux les membres de la famille humaine, sans qu'il s'y mêle les scories des dogmatismes étroits, de l'esprit de secte et de l'intolérance. Les révélations de la nature et de la science supplanteront les oracles et les visions du passé. Sans doute un résidu des vieux dogmes et des vieilles fables survivra ici et là. On doit prévoir qu'à côté des intelligences actives qui vont de l'avant, il y aura toujours des intelligences inertes ayant besoin de se faire remorquer. En tout temps il se trouvera des hommes rebelles au raisonnement, avides de soumission, cherchant la sécurité dans l'abdication de leur sens propre. Qu'importent ces dissonances inévitables ? Elles resteront d'ordre privé. L'union générale des consciences n'en entravera nulle part la liberté. Que chacun ait ses rêves, ses espérances, sans qu'il en résulte des contraintes malfaisantes créant des haines et des persécutions : tel est l'aboutissement naturel de la religion, du moment où elle cesse d'être une institution surnaturelle qui se prétend préposée au gouvernement des esprits et n'est plus qu'une source d'énergie et de consolations ouverte aux âmes que tourne vers l'infini le mystère de nos destinées.

L'auteur des *Entretiens sur le gouvernement temporel*

de la Providence, Joseph de Maistre, prévoyait, en l'entendant d'ailleurs tout autrement, *la grande unité vers laquelle nous marchons :* « Il faut nous tenir prêts pour un événement immense... Il n'y a peut-être pas un homme véritablement religieux en Europe qui n'attende quelque chose d'extraordinaire... N'est-ce rien que ce cri général qui annonce de grandes choses?... Les illuminés ont-ils si grand tort d'envisager comme plus ou moins prochaine une troisième explosion de la toute-puissante bonté en faveur du genre humain?... Ne blâmez pas les gens qui voient dans la Révélation même des raisons de prévoir une révélation de la révélation... Ne condamnez pas ceux qui saluent de loin cette grande unité vers laquelle nous marchons à grands pas... L'Hébreu qui accomplissait la loi n'était-il pas en sûreté de conscience ? Je vous citerais, s'il le fallait, je ne sais combien de passages de la Bible qui promettent aux sacrifices judaïques et au trône de David une durée égale à celle du soleil. Le Juif qui s'en tenait à l'écorce avait toute raison, jusqu'à l'événement, de croire au règne temporel du Messie. Il se trompait néanmoins, comme on le vit depuis. Mais savons-nous ce qui nous attend nous-mêmes? Dieu ne s'est pas interdit toute manifestation nouvelle... Une nouvelle effusion de l'esprit saint est désormais au rang de choses les plus raisonnablement attendues [1]. »

Libres croyants, approprions-nous la vieille invocation dont retentirent tant de fois les voûtes des églises : « Envoyez votre esprit, Seigneur; et une nouvelle créa-

---

[1] Joseph de Maistre met ces curieuses paroles dans la bouche d'un interlocuteur. Mais il y donne son adhésion sans réserve : « Vous « attendez un grand événement. Vous savez que, sur ce point, je suis « totalement de votre avis... Je vous remercie de vos réflexions sur « ce grand sujet. »

tion se produira ; et la face de la terre sera renouvelée ; et tout sera refait à neuf ; et il y aura de nouveaux cieux et une nouvelle terre. » Viennent les temps nouveaux ! Vienne *le monde de la promesse!*

Luther, en opposant le protestantisme au catholicisme, avait opposé une orthodoxie à une autre ; mais par l'affirmation du droit d'examen, sur lequel fut fondée la Réforme, il donna l'essor à toute la rénovation religieuse dont je viens de tenter une esquisse.

LIVRE DEUXIÈME

LA RÉNOVATION PHILOSOPHIQUE ET SCIENTIFIQUE

RENAISSANCE ITALIENNE

Ressusciter le christianisme apostolique en opposition au paganisme pontifical : telle était la mission que s'attribuait Luther. Essentiellement avocat de la foi, il combattit la scolastique au nom du mysticisme, et il accabla de ses mépris ces *disputeurs littéraux et subtils* qui dissertent sans comprendre. Mais en même temps, moins humaniste que les Mélanchton et les Zwingle, il vit d'un mauvais œil ce mouvement littéraire et artistique dont le centre était alors en Italie et qu'on a spécialement appelé la Renaissance. Pourtant la Renaissance a secondé la Réforme et porté le coup de mort à la scolastique.

Autant les empires savent détruire, autant savent créer les républiques. Ce sont les républiques italiennes qui eurent l'honneur de sonner le réveil du génie européen, et c'est au foyer des anciennes républiques de la Grèce et de Rome que fut ravivé par elles le flambeau longtemps obscurci de la civilisation. Les croisades d'abord, puis le concile de Florence où vinrent des hommes tels que Pléthon et Bessarion, délégués par l'Église grecque pour discuter la réconciliation avec l'Église latine, enfin l'émigration des savants grecs à la suite de la prise de Constantinople en 1453, mirent l'Occident en rapport avec l'Orient hellénique. Dans celui-ci, sous la rouille épaisse du pédantisme, les traditions anciennes jetaient encore un dernier éclat. Les Byzantins avaient conservé les écrits des maîtres de la pensée grecque et multiplié les savants commentaires. Tour à tour on vit briller parmi eux l'historien Agathias, le polygraphe Procope, le philosophe Jean Damascène, Photius, Léon le Sage, Suidas, Anne Comnène, Nicétas, Cantacuzène.

Au contact des Orientaux, la patrie de Dante devient au XVe et au XVIe siècle une nouvelle Grèce, et Florence est une seconde Athènes, à la fois cité d'industriels et de commerçants, d'artistes et de penseurs. Tandis que Pétrarque, Guarini, le Trissin, le Tasse, l'Arioste, Boccace, Guichardin, Machiavel, élèvent la poésie et la prose au plus haut point de perfection, l'art italien, avec Ghiberthi, Michel-Ange, Brunelleschi, Bramante, Pérugin, Raphaël, Mantegna, Léonard de Vinci, Véronèse, Titien, le Corrège, Cellini et tant d'autres, crée ses édifices, ses statues, ses tableaux, immortelles merveilles; fait rayonner la beauté dans tous les produits de l'industrie humaine, et commence cette grande lignée de chefs-d'œuvre qui illustreront et l'Espagne avec les Vélasquez et les Murillo, et les Pays-Bas avec les Rubens, les Rembrandt et les Ruysdaël, et l'Allemagne avec son Albert Dürer, et surtout la France, seconde héritière de la Grèce par l'universalité et la variété de ses génies, avec les Goujon, les Pierre Lescot, les Germain Pilon, les Lesueur, les Poussin, les Claude Lorrain, les Perrault, les Puget, les David, les Prudhon, les Géricault, les Rude, les Flandrin, les Ingres, les Delacroix.

Le réveil littéraire et artistique fut particulièrement encouragé par les papes Jules II et Léon X. Ce n'était plus le temps où un Grégoire le Grand se glorifiait de son ignorance, appelait les études non théologiques *les impures délices des pervers*, et faisait main basse sur les monuments les plus sacrés de l'antiquité. Léon X qualifie d'*animadversion honteuse contre les anciens* la conduite de ces prêtres qui avaient décidé les empereurs d'Orient à anéantir divers ouvrages, entre autres les poésies lyriques de Sapho, de Corinne et d'Alcée, et les comédies de Ménandre ; il professe un pieux respect pour les moindres vestiges du passé ; il encourage les études philologiques qui, appliquées d'abord au grec et à l'hébreu, et plus tard généralisées, devaient rectifier tant de textes et par suite tant d'opinions ; il protège enfin, outre les artistes et les poètes, les humanistes.

Mis en rapport avec la Grèce vivante, tous ces beaux esprits de la Renaissance n'avaient pas assez de termes méprisants pour flétrir la logique stérile et le jargon aride de l'école. Sous leur influence, on s'habitua à lire le texte littéral des maîtres de la philosophie ancienne, au lieu de ne lire que les commentateurs qui obscurcissent ce qu'ils prétendent éclaircir et imaginent volontiers les mille subtilités de la scolastique là où il y a la vie de la nature. Gennadios, Théodore de Gaza, Georges de Trébizonde, Hermolao Barbaro mirent en lumière, mieux qu'on ne l'avait fait jusqu'alors, le véritable Aristote. Néanmoins la superstition des vieux commentaires ne disparut pas tout à coup, et, jusqu'au xviie siècle, on la vit se prolonger, plus ou moins vivace, dans les écoles de Bologne, de Ferrare, de Venise et de Padoue, où divers péripatéticiens arabes combattaient les péripatéticiens hellénistes et préféraient les interprétations d'Averroès aux interprétations plus exactes d'Alexandre d'Aphrodisée.

POMPONAT

A la tête des philosophes qui opposèrent l'aristotélisme réel à cet aristotélisme tout artificiel du moyen âge, qui étudiait Aristote ailleurs que dans Aristote, figure Pomponat de Mantoue, professeur de philosophie et de médecine à Bologne.

Les dominicains avaient fait endosser au philosophe grec une robe de théologien. Lorsqu'il apparut dépouillé de son déguisement, il devint le chef de la guerre contre l'orthodoxie. Ainsi Pomponat conclut contre le surnaturel chrétien au nom même de cet Aristote qu'on avait voulu faire le patron du christianisme.

Il s'autorise également d'Aristote pour nier l'immortalité de l'âme.

Ceux qui l'affirment se prévalent de la croyance générale. Mais n'arrive-t-il pas que des foules d'hommes s'accordent à être dupes d'un même préjugé ?

On allègue la nécessité de récompenses et de châtiments éternels. Mais la vertu n'est-elle pas à elle-même son prix, et ne cesse-t-elle pas d'être, dès qu'elle cherche une rémunération au dehors, dans ces hochets d'outre-tombe dont on amuse l'imagination enfantine du peuple ?

La foi en une vie future est une invention des oppresseurs pour dresser les opprimés à la résignation. Aristote a dit que l'âme est la *forme* du corps ; donc, pas d'âme sans le corps. Par la mort, le corps est dissous ; l'âme, détruite.

Parlant du judaïsme, du mahométisme et du christianisme, Pomponat disait : Si les trois religions sont fausses, tout le monde est trompé. Que si, sur les trois, il y en a une de vraie, les autres sont fausses et par conséquent la majorité est toujours trompée.
 Au fond sa pensée était que la religion est la pâture des simples et que l'univers s'explique uniquement par l'action des causes naturelles.
 C'étaient là des idées qui avaient cours dans les cercles mondains ; mais il y avait du danger à les soutenir publiquement. Aussi Pomponat mêle-t-il toutes sortes d'atténuations à sa doctrine et a-t-il soin d'affirmer comme théologien ce qu'il nie comme philosophe.

CRÉMONINI ET VANINI

Parmi les professeurs de Padoue qui continuèrent Pomponat, deux des plus célèbres furent Zabarella et Crémonini. Contrairement à Pomponat, ils abusèrent des formes pédantesques de l'école ; comme lui, ils mêlèrent les insinuations hardies et les prudentes réserves. « Remarquez bien que je ne vous dis pas mon propre sentiment, disait Crémonini. Mon sentiment ne peut être que celui de notre sainte mère l'Église. » On contredisait l'orthodoxie ; mais on professait toujours pour elle une profonde vénération, et, au milieu des plus grandes hardiesses, on déclarait faire abstraction de la foi.
 Qu'est-ce que cela, sinon pure hypocrisie ? Si réel-

lement on croit que toute la vérité est comprise dans certains textes, pourquoi chercher ailleurs? Va-t-on recourir aux pâles lueurs d'une lampe quand on a la lumière du soleil?

Du moins, ces distinctions foncièrement équivoques entre la vérité théologique et la vérité philosophique avaient alors une grande excuse. Il s'agissait d'éviter le bûcher.

Encore arrivait-il qu'on n'y échappât point. C'est le cas de Vanini, le disciple le plus intelligent de Pomponat. Il intitule un de ses ouvrages : *Amphithéâtre de la divine Providence* ; il se déclare l'adversaire des épicuriens, des athées, de tout le bataillon irréligieux des anciens philosophes, et il réfute gravement les doctrines qui nient l'immortalité de l'âme ou la Providence. Seulement ses réfutations sont vides et sans force, tandis que l'exposé qu'il fait des doctrines attaquées est plein et solide. Ceux qui parlent ainsi, dit-il, sont des misérables ; mais il n'y a qu'eux qui parlent bien dans ses livres. Il les accable d'anathèmes ; mais en même temps il avoue que la raison n'a rien à leur opposer. Au surplus, est-ce donc un si bel avantage d'être simplement un homme raisonnable ? Vanini déclare qu'il préfère demeurer un sujet soumis de la *sacro-sainte* Église romaine.

Vaines protestations. Le parlement de Toulouse condamna Vanini comme impie et athée. Il devait avoir la langue coupée et puis être brûlé. On lui ordonna de présenter sa langue ; il la refusa, et le bourreau ne put l'avoir qu'avec des tenailles. Quand on la lui arracha, le malheureux poussa un cri horrible, pareil, disent les témoins oculaires, au beuglement d'un bœuf qu'on assomme. Ensuite son corps fut jeté au feu, et ses cendres au vent. Cela se passait, il y a moins de trois siècles, en 1639.

Tous ces péripatéticiens qui enseignaient à Ferrare, à Bologne, à Venise et à Padoue, étaient des laïques. Avec eux on s'habitua à distinguer de la science religieuse, qui s'offre généralement sous la robe du prêtre ou du moine, la science libre ; et ainsi s'accentua la séparation entre la philosophie et la théologie. A partir de cette époque les philosophes sont de plus en plus indépendants, les théologiens le sont de moins en moins. Le temps est passé des grandes écoles franciscaine et dominicaine arborant chacune leurs drapeaux. De jour en jour va se resserrer le cercle des doctrines hors desquelles le catholique ne pourra faire un pas sans être accusé de déserter le sanctuaire de la foi.

FICIN, RAMUS ET PATRIZZI

Tandis que dans le nord de l'Italie on restaurait Aristote, à Florence on renouvelait la philosophie de Platon. Dès 1440, y fut fondée une académie platonicienne qu'illustrèrent tour à tour Pléthon, Bessarion et surtout Marsile Ficin. Ce dernier, préoccupé d'opposer aux incrédules des doctrines où il voyait la clef du christianisme, traduisit en latin, outre divers ouvrages de Porphyre, de Jamblique et de Proclus, Platon et Plotin. C'était là un travail d'une portée capitale. Combien la lecture de Platon, ainsi rendue accessible à tous, ne dût-elle pas contribuer à affranchir les intelligences du pédantisme de l'école! Platon est un libre esprit qui rêve autant qu'il pense, qui raconte, raisonne, imagine, se joue avec les traditions, emprunte aux mythes leurs voiles poétiques, ouvre à la pensée les horizons les plus divers, a toujours un même courant de haute inspiration spiritualiste plutôt qu'une doctrine fixe, et, comme tout génie, mais plus que tout autre génie, répugne à être enfermé dans l'étau d'un système.

Parmi les esprits qu'émancipa Platon, l'un des plus brillants fut Pierre la Ramée, dit Ramus, qui se fit domestique d'un écolier pour pouvoir étudier lui-même et devint professeur au collège de France. L'étude des dialogues de Platon le dégoûta d'Aristote ; il se demanda s'il ne lui serait pas bon de *socratiser* à son tour, et c'est ce qu'il entreprit. Il accabla de ses invectives ces esprits serviles qui ne cessaient de jurer sur la parole du maître ; il accumula les critiques contre la logique régnante ; il harcela Quintilien autant qu'Aristote ; il débarrassa ses leçons publiques de cet aride formalisme qu'avait consacré la routine ; il s'appliqua à populariser la philosophie, et, à une époque où on ne philosophait encore qu'en latin, il publia une dialectique écrite en français. Au reste, il montra plus de passion que d'invention et fut plutôt rhéteur que philosophe.

Mais la grande impulsion était donnée. Les bons esprits des temps modernes communieront désormais avec les bons esprits de l'antiquité, qui du fond des âges semblent leur dire : « Nous nous sommes posé consciencieusement toutes les questions qui sollicitent l'homme en présence des énigmes de l'univers et de la société. Sur le monde, l'âme et Dieu, sur les gouvernements et les lois, sur les vrais biens, sur le sens et le prix de la vie, nous avons procédé à de libres recherches et discuté avec la plus entière indépendance. Philosophez comme nous, en dehors de toute discipline d'école ou d'église ! Osez user de votre raison et la suivre ! »

Ramus fut en France l'apôtre de cette révolution intellectuelle, et il eut l'honneur d'en être le martyr, le jour des massacres de la Saint-Barthélemy.

En Italie, l'émule de Ramus dans la haine contre l'aristotélisme fut François Patrizzi. Il se fit le porte-voix des néo-platoniciens qui se plaisaient à abaisser Aristote et ne voyaient en lui qu'un tyran des intelligences dont la plume avait fait autant de mal que l'épée d'Alexandre ; il souleva toutes sortes de doutes sur l'authenticité des ouvrages de l'illustre philosophe, et, en même temps qu'à ses doctrines, il s'attaqua à ses mœurs.

Détruire ne suffit pas; il faut édifier. Patrizzi le comprit, et il esquissa une *philosophie nouvelle* qui au fond n'était que la vieille philosophie des Alexandrins, rajeunie par des emprunts faits à Télésio.

TÉLÉSIO ET CAMPANELLA

Télésio, contemporain de Patrizzi, était né vingt et un ans avant lui, en 1508. Hostile à l'aristotélisme, il combattit particulièrement la physique péripatéticienne, et y substitua une cosmologie de sa façon. Dans cette cosmologie la multiplicité des phénomènes est ramenée à la lutte d'un principe chaud et lumineux avec un principe froid et ténébreux. Il est évident que Télésio s'inspira trop des conceptions de l'ancienne école d'Ionie, et, comme le lui reproche François Bacon, regarda en lui-même plutôt que dans la nature. Du moins eut-il un vif sentiment de la nécessité d'une réforme philosophique.

Campanella remania, en y ajoutant beaucoup, les mêmes idées que Télésio, et montra encore plus d'acharnement que lui à critiquer l'aristotélisme. Dominicain et profondément religieux, Campanella reproche vivement à Aristote d'attribuer au monde l'éternité, de supprimer en Dieu la providence, d'autoriser toutes sortes d'hérésies; il énumère les hardiesses *impies* qu'a suggérées à Pomponat, à Zabarella, à Crémonini l'interprétation exacte des œuvres d'Aristote, et il conclut qu'il faut proscrire le péripatétisme pour fonder une *philosophie chrétienne*.

Comment fonder cette philosophie ? En prenant comme point de départ la discussion des divers arguments du scepticisme. Précurseur des philosophes modernes, Campanella veut qu'à la base de tout système il y ait une critique approfondie de la connaissance. Après avoir discuté le problème du doute, il reconnaît deux sources de la vérité : le témoignage qui lui sert à établir son dogmatisme religieux, et l'observation sensible. Il appuie la légitimité de celle-ci sur le sens intime qui, nous révélant à la fois notre existence et ses limites, implique le monde extérieur.

A ses yeux, la science de la nature a pour préambule la *philosophie première* où, au lieu de l'expérience, dominent les spéculations de la raison. La raison reconnaît que tous les êtres ont nécessairement une origine commune, et elle conçoit que par là même ils ont tous une nature analogue et reflètent du plus au moins le pouvoir, le savoir et le vouloir inhérents à Dieu. Pas d'être qui ne vive, pense et aime. Tout ce qui est procède de l'Être absolu et tend à y retourner. Cette tendance est le fond même de la religion, fait universel. L'athéisme n'est qu'insanité. Le catholicisme est vérité. Il faut que sa domination s'établisse et que Dieu règne universellement en la personne du Pape.

Le zèle pieux de Campanella fut mal reconnu par l'Église : on l'accusa de nouveautés suspectes ; il fut tour à tour emprisonné et exilé. « Moi qui ai composé un livre contre les hérétiques de notre temps, écrivait ce malheureux, on m'a accusé d'hérésie et de rébellion. J'ai été renfermé, pendant vingt-sept ans, dans cinquante prisons, et soumis sept fois à la torture la plus dure. La dernière fois, la torture a duré quarante heures. Garrotté avec des cordes très serrées et qui me déchiraient les os, suspendu, les mains derrière le dos, au-dessus d'une pointe de bois aigu qui m'a déchiré la seizième partie de ma chair et tiré dix livres de sang, guéri par miracle après six mois de maladie, j'ai été plongé dans une fosse. » Il mourut à Paris, l'an 1639.

GIORDANO BRUNO, DISCIPLE DE NICOLAS DE CUSA

Un compatriote de Campanella, le napolitain Giordano Bruno, est la plus illustre personnification de cette renaissance philosophique où l'érudition et l'imagination tenaient plus de place que la réflexion et où se mêlaient en un magnifique chaos les réminiscences du passé et les pressentiments de l'avenir. Bruno avait étudié les écrits de Télésio et de Raymond Lulle ; mais il s'était surtout nourri des idés du cardinal Nicolas de Cusa, l'un des grands esprits qu'a produits l'Allemagne.

Nicolas de Cusa, qui vivait au commencement du
xve siècle, c'est-à-dire cent cinquante ans avant Bruno,
avait enseigné que Dieu, l'Unité infinie, est essentiellement *inabordable* et *incompréhensible*, parce que
l'homme ne peut connaître que ce qui, comme lui, est
fini et a un caractère de multiplicité. « La vérité, disait-il, ne comporte ni le plus ni le moins ; elle est indivisible et ne peut être mesurée que par la vérité, comme
le cercle par le cercle. Ainsi l'essence des choses est
inaccessible dans sa pureté, et tous les philosophes l'ont
cherchée en vain. Plus nous serons savants en cette ignorance, plus nous approcherons de la véritable science. »
A ses yeux, l'essence suprême c'est Dieu. Dieu est en
tout et a tout en lui. Pas de bornes au monde. Il imite
dans le temps et dans l'espace l'infinité de Dieu. En
Dieu se concilient les oppositions qui passent notre
entendement ; et la diversité s'y résout en identités.

Nicolas expliquait la Trinité et l'Incarnation catholique, ainsi que l'existence du monde, où tout conspire vers
le meilleur, par l'expansion nécessaire de l'unité dans la
pluralité. En même temps, comme le fera Descartes, il
fondait sur la foi en Dieu cette foi en notre raison qui
fait que « nous ne doutons pas qu'une chose ne soit parfaitement vraie, lorsqu'aucun entendement sain ne peut
s'empêcher de la reconnaître telle » et que, « dans toute
investigation, nous comparons ce qui est certain avec
ce qui est incertain et, par la proportion, jugeons du
dernier. »

Cette philosophie, où aux idées des Alexandrins était
associé le symbolisme mathématique de Pythagore, fut
poétiquement vivifiée par Bruno. Profitant des décou-

vertes de la science, il brisa les sphères d'Aristote, et, à la place du monde fini des Grecs, il montra sous mille faces l'univers infini, avec ses myriades de soleils et de terres, où par delà les mondes on trouve encore des mondes.

L'univers étant infini, l'existence d'un Dieu infini étant nécessaire, et la coexistence de deux infinis étant contradictoire vu qu'ils se limiteraient l'un l'autre, il faut admettre que l'univers et Dieu ne font qu'un. Cela n'empêche pas de distinguer de la totalité des phénomènes le principe éternel qui les produit et est l'âme du Cosmos. Dieu est la cause suprême où se confondent le grand et le petit, ou s'identifient les contradictions, et d'où la vie et le mouvement s'étendent indéfiniment en largeur et en profondeur ; il est la substance infinie qui, agisssant du dedans au dehors, organise chaque chose et est aussi présente dans le moindre grain de sable que dans l'astre le plus grand ; il est la « monades des monades », l'unité des unités, que reproduit et reflète à sa façon toute unité vivante. Chaque unité vivante, à l'état d'expansion, est corps ; à l'état de concentration, est âme ; et ce qui au dehors est matière, au dedans est pensée. La mort n'est que le passage de la vie à la vie. L'être se transforme ; il ne saurait périr : on peut le figurer par une sphère qui tantôt sort du centre et s'élargit, tantôt se rétrécit et se résout dans le centre. Rien ne vient du néant; rien ne va au néant. Tout vient de l'infini; tout va à l'infini.

Giordano Bruno, malgré ce génie de poète et de penseur qui fait de ses écrits *sur la cause, sur l'univers infini et les mondes, sur la monade, sur le nombre et la figure*, la préface des œuvres de Spinoza, de Leibniz et des métaphysiciens allemands du xixᵉ siècle, n'échappa point à la persécution. Il s'était fait dominicain. Le catholicisme ne le satisfaisant plus, il quitta son ordre; se rendit à Genève où il ne put s'entendre avec Théodore de Bèze et Calvin dont l'orthodoxie lui paraissait trop étroite; parcourut tour à tour la France, l'Angleterre et l'Allemagne; enfin, revint en Italie et là fut arrêté par l'inquisition de Venise. Il était accusé d'avoir enseigné, entre autres doctrines damnables, que les étoiles sont des systèmes planétaires semblables au nôtre : « doctrine contraire à la teneur des Écritures et répugnant à la religion révélée, surtout en ce qui concerne la rédemption. »

Bientôt l'inquisition de Venise le livre au Saint-Office de Rome. On lui fait subir deux ans de captivité dans d'horribles cachots ; ensuite, ses juges ecclésiastiques, considérant, selon la formule traditionnelle, qu'il convient que cet impie soit puni *le plus doucement possible et sans effusion de sang,* le livrent au bûcher. Voilà ce qui s'appelle procéder *suaviter et fortiter,* c'est-à-dire mêler ensemble tout le miel de l'hypocrisie et tout le fiel de l'intolérance. Pauvres philosophes! On les condamnait à être brûlés éternellement dans l'autre monde, et par provision on les faisait brûler vifs dans celui-ci. En vérité quand elle châtiait ainsi des divergences de doctrine, la chrétienté se montrait bien peu chrétienne.

LA DÉCADENCE DU GÉNIE ITALIEN

C'est à l'époque où périt Giordano Bruno, au commencement du xviiᵉ siècle, que se manifeste la décadence du génie italien dont Galilée sera la dernière grande personnification. Il agonise, il meurt, d'abord sous les coups de l'Inquisition, de plus en plus maîtresse à mesure que s'efface toute velléité de Réforme et que s'accentue la restauration catholique, puis, sous les coups de la domination étrangère qui, à la fécondité des agitations civiles, fait succéder l'inertie stérile de la servitude.

Le mauvais goût envahit l'art et la poésie; au lieu de faire grand on fait petit, ou on extravague; l'affectation, les pointes, les concetti remplacent les conceptions pleines et simples de la bonne époque; la pensée n'est plus qu'un écho timide des voix du dehors; c'est Marini qui règne.

Au xviiie siècle les chefs-d'œuvre français provoqueront un demi-réveil. Métastase sera le Racine de l'Italie, Alfiéri son Corneille, Goldoni son Molière; et à côté du grand Vico formulant en maître ses vues originales sur l'histoire qui se recommence toujours et toujours se renouvelle, apparaîtra Beccaria, apôtre de l'équité et de la mansuétude dans les pénalités, s'inspirant avec largeur de nos philosophes qui, dit-il, d'un fanatique qu'il était firent un homme.

Suivra une nouvelle léthargie, jusqu'au xixe siècle où, près de Pellico, de Léopardi, de Monti, de Manzoni, se sont montrés d'une part les deux rationalistes chrétiens, Rosmini et Gioberti, d'autre part le célèbre Mazzini qui, en même temps qu'un grand agitateur, a été un penseur éminemment spiritualiste. Aujourd'hui cette vieille école de beauté et de gloire, de plus en plus soustraite à la férule papale, tend à ressusciter ses anciennes grandeurs.

De même que l'Italie, l'Espagne, mine d'hommes non moins riche ni moins féconde, aurait mérité d'être un des foyers philosophiques de l'Europe. S'il n'en a point été ainsi, la principale cause est encore le défaut de liberté. La liberté est aux intelligences ce que le soleil est aux plantes. Un même pays ne saurait être à la fois la terre des Torquemada et des Socrate.

Depuis la Renaissance où l'Italie tint le sceptre, c'est la France, l'Angleterre et l'Allemagne qui ont acquis et conservé la primauté dans le domaine de la philosophie, des sciences et des lettres.

LES THÉOSOPHES EN ITALIE, EN ALLEMAGNE ET EN FRANCE

A l'influence du néo-platonisme, brillamment illustré par Bruno, s'ajouta l'influence de la kabbale. On vit des mystiques, à la fois néoplatoniciens et kabbalistes, mêlant les sublimités et les insanités, aboutir, comme autrefois les Alexandrins, à la théurgie et à la magie.

C'est Raymond Lulle qui le premier divulgua les secrets de la kabbale et prépara ainsi dans la théologie et la philosophie, dans les sciences naturelles et la médecine, le mouvement que représentent Pic de la Mirandole, Reuchlin, Cornélius Agrippa, Paracelse, Weigel, Cardan, Fludd, Van-Helmont, Jacob Bœhm et la société des *Rose-Croix*, si célèbre au xviie siècle, à laquelle n'ont été étrangers ni Descartes, ni Leibniz. Tous ces hommes, chercheurs ou rêveurs, visaient à la possession d'une science universelle qui nous mît à même de tout transformer et de tout prévoir à notre gré, et pour cela nous révélât l'intime essence de Dieu, l'universel principe. De là leur nom de *Théosophes* : les savants en Dieu.

Pic de la Mirandole, génie précoce qui se dévora lui-même comme plus tard Pascal, était né en 1463 et mourut à l'âge de trente et un ans. Il avait dix-neuf ans quand il publia ses neuf cents thèses sur toutes sortes de questions scientifiques ou philosophiques. Instruit par Ficin à aimer le platonisme, il entreprit de concilier Aristote avec Platon et de ramener Platon à Moïse en commentant la Genèse selon la méthode des kabbalistes.

L'Allemand Jean Reuchlin, que Pic avait initié à la kabbale, introduisit l'étude de celle-ci en Allemagne ; enseigna que toute philosophie religieuse, en Grèce ou en Orient, a son origine dans les livres juifs ; propagea la connaissance de l'hébreu qui permettait de lire la Bible dans l'original et de corriger le texte de la Vulgate consacré par l'Église, et fit une rude guerre à la scolastique.

A cette guerre s'associèrent ses deux contemporains et compatriotes Agrippa et Paracelse, également appliqués aux sciences occultes. Cornélius Agrippa écrivit un ouvrage sur *l'incertitude et la vanité des sciences* ; étudia la kabbale à laquelle il rattachait le dogmatisme des gnostiques chrétiens ; et exagéra le mysticisme jusqu'à faire l'apologie de l'astrologie et de la magie. Paracelse, le plus fameux médecin de son siècle, entreprit d'écrire « l'évangile de la nature » ; peupla l'univers d'esprits, non moins présents parmi les pierres et les plantes que parmi les animaux ; enseigna l'harmonie universelle des choses, convertibles les unes dans les autres à cause de leur commune essence ; vit partout des mystères successivement développés et originairement renfermés dans le grand mystère dont le sceau reste fermé ; prétendit s'entretenir avec les morts, et se proclama le *théologien inspiré*. Ses divers écrits sur les secrets de la nature révèlent en lui le plus curieux mélange de finesse et de folie.

De même que Paracelse, l'Italien Cardan fut un grand médecin et mérita d'être pris pour un grand fou. Il prétendait tomber en extase à volonté, évoquer devant ses yeux qui il voulait, et prévoir sa destinée soit d'après ses songes, soit d'après certaines marques formées dans ses ongles. Inutile d'ajouter que lui aussi voyait des esprits partout. C'est cependant le même homme qui se montrait mathématicien supérieur, et c'est peut-être à lui, non à Tartaglia, que revient l'honneur d'avoir découvert la règle qui sert à résoudre les équations du troisième degré.

A l'exemple de Cardan et de Paracelse, le médecin anglais Robert Fludd, né vers la fin du xvie siècle, se livra à des spéculations physiques et métaphysiques sur *le grand et le petit monde*. Il consacra un ouvrage à la philosophie mosaïque, et, en bon protestant, il fit de la Genèse la base de sa cosmologie.

VAN-HELMONT ET GLISSON

En même temps que Fludd, vivait Jean-Baptiste Van-Helmont, autre médecin, que devait continuer son fils, l'illuministe Mercurius Van-Helmont, ami de Leibniz. Van-Helmont donna une nouvelle précision à la théorie de Giordano Bruno sur les unités vivantes, virtuellement infinies, (*atomes non de masse, mais de nature*), auxquelles tout se réduit ; et il ménagea la transition entre la théosophie néoplatonicienne et la monadologie leibnizienne.

Cette monadologie n'est au fond que l'admirable mise en œuvre des germes féconds déposés par Bruno et par les mystiques de la Renaissance. Dès la fin du xvi⁰ siècle naissait l'homme qui en est l'auteur après Bruno et avant Leibniz, et dont Leibniz a dû s'inspirer, le médecin anglais François Glisson.

Dans son traité sur la *nature essentiellement active de la substance*, Glisson, avec Bruno, Campanella, Cardan, Van-Helmont, voit la *vie* partout présente ; associe à la vie la *perception* également inhérente à toute chose ; distingue, outre la *force perceptive*, la *force appétitive* et la *force motrice* ; montre les unités vivantes ou monades tirant de leur propre fonds toutes leurs modifications, et cela par une énergie intrinsèque qui fait qu'elles se suffisent chacune à soi-même, sans exercer aucune action les unes sur les autres ; insiste, après Bruno et bien plus nettement que lui, sur le caractère purement phénoménal de la divisibilité et de l'étendue, de façon à faire comprendre que, quoique tout se fasse mécaniquement dans la matière, les lois de la nature tirent leur origine de principes supérieurs à la matière ; combine Platon avec Aristote ; enfin enseigne un vitalisme d'où se dégage l'harmonie universelle des choses, toutes foncièrement les mêmes et toutes réellement différentes par leurs degrés de perfection.

BOEHM ET MOLINOS

Parmi les mystiques il y en eut qui se rattachèrent plus spécialement au mouvement de la Réforme. L'un d'eux, Jacob Bœhm, né à Gœrlitz en 1675, compte parmi les principaux précurseurs des métaphysiciens allemands.

Bœhm, pauvre ouvrier cordonnier, s'était nourri de la Bible et des écrits du pasteur Weigel, théologien enthousiaste dont le mysticisme s'inspira des opinions kabbalistes sur l'âme universelle. L'ambition de Bœhm était de pénétrer, au delà des apparences visibles, la réalité invisible ; de « plonger le regard jusqu'au cœur de tous les êtres » ; de connaître enfin le centre intime de la mystérieuse nature. Ses amis le décidèrent à divulguer les révélations dont il se croyait favorisé, et il publia une série d'ouvrages écrits non en latin, dans la langue des savants, mais, chose nouvelle, en allemand, dans la langue du peuple.

Parmi ces livres on remarque *l'Aube naissante ; la Description des trois principes de l'essence divine ; la Triple vie de l'homme ; le Grand mystère*. Martinez Pasqualis et Claude de Saint-Martin ont commenté la théosophie qui y est enseignée, mélange de traditions anciennes et d'inspirations originales, où s'allient à la théologie des lambeaux de toutes les sciences.

D'après Bœhm on ne peut véritablement savoir que si on est illuminé. Notre âme est identique à Dieu quant à l'essence, et n'en diffère que par les formes qui la déterminent. Éclairée par l'Esprit Saint, elle soulève tous les voiles de la nature qui est *le corps de Dieu ;* elle démêle le dualisme partout existant de l'amour et de la haine, de la douceur et de l'amertume, du bien et du mal ; elle explique la Trinité et la Création, sans lesquelles l'être serait une essence sans intelligence et sans vie, un centre sans circonférence, un soleil sans rayon, une nuit sans étoiles, un néant ; elle voit enfin dans l'Esprit l'union du Père avec le Fils, et reconnaît dans celui-ci l'incarnation vivante de la nature qui sent, souffre, se développe, meurt et renaît sous mille formes indéfiniment variées.

De même que le protestantisme, le catholicisme devait avoir ses hardis mystiques. Au xviie siècle, l'Espagnol Molinos, à qui il faut rattacher l'ardente Jeanne de Guyon et l'imaginatif Fénelon, va être le patriarche du *quiétisme* : ce qui lui vaudra la prison perpétuelle.

Aux yeux des quiétistes, le vouloir divin constitue le devoir, et le devoir a pour mobile essentiel l'amour. Celui-ci est servile, quand l'impulsion vient de la crainte d'un châtiment ; mercenaire quand il obéit à l'espoir d'une récompense ; pur quand il est tout à fait désintéressé. Arrivée à l'amour pur, l'âme humaine n'a plus à prendre souci des sens. Qu'importent les actes de la partie inférieure ? La partie supérieure, où résident l'intelligence et la volonté, est désormais élevée au-dessus des régions de la piété et de la moralité vulgaire. Dans une quiétude parfaite, elle contemple Dieu, à qui elle est unie ou plutôt qui est devenu tout en elle.

LA POUSSÉE RÉVOLUTIONNAIRE DANS LE CATHOLICISME

Les différentes doctrines des mystiques avaient cela de commun qu'elles favorisaient l'individualisme et ébranlaient l'autorité dans l'ordre religieux. Mais c'est surtout à l'ordre social que s'appliqua le libre examen. Un caractère propre du xvie siècle est le développement des doctrines insurrectionnelles. Catholiques et protestants les adoptent et les propagent.

Dès le moyen âge, le pape Grégoire VII animait d'un souffle de révolte démocratique ses revendications en faveur de l'autorité de l'Église vis-à-vis de l'État. « Qui ne sait, disait-il, que les princes ont dû à l'origine leur pouvoir à des hommes ennemis de Dieu, qui, par l'orgueil, les rapines, la perfidie, l'homicide et tous les crimes, et comme entraînés par le diable, prince du monde, ont voulu, avec une passion aveugle et une insupportable présomption, dominer sur leurs égaux, c'est-à-dire sur des hommes ? » Aussi vif que Grégoire, l'archevêque Thomas Becket, dans sa lutte contre la puissance royale, se glorifiait d'être un parvenu : « Oui certes, je ne suis pas né d'une longue suite de rois, et vous avez raison de dire que je me suis élevé de bas. Cependant j'aime mieux être ce que je suis qu'être l'un de ceux qui laissent dégénérer en eux la noblesse des ancêtres. Pierre était pêcheur avant d'être fait prince de l'Église. Nous sommes les successeurs de Pierre et non d'Auguste. » L'an 1170, des assassins firent expier à cet intrépide prélat son zèle inflexible pour la cause de l'Église où il voyait la cause de Dieu.

A cette époque l'Église, s'arrogeant le droit de déposer les rois, enseignait qu'un prince excommunié est déchu de son trône et que ses sujets sont autorisés à la révolte. De là à la justification du régicide il n'y avait pas loin. D'après Jean de Salisbury, disciple d'Abailard, c'est chose convenable et juste de tuer le souverain qui se fait oppresseur. La perfidie elle-même est ici de mise, et il est permis de flatter le tyran pour mieux venir à bout de lui. Pourquoi tous les droits ne s'armeraient-ils pas contre celui qui désarme les lois ? Pourquoi la puissance publique ne se tournerait-elle pas contre tout chef devenu l'ennemi du bien public ? Jean de Salisbury fait toutefois une exception en faveur des tyrans qui seraient des prêtres. Il ne faut pas toucher aux oints du Seigneur.

A son tour, Thomas d'Aquin s'éleva avec force contre la tyrannie. A ses yeux, le propre de celle-ci c'est que le gouvernement y est ordonné non pour le bien de tous, mais pour le bien de celui qui gouverne. C'est donc un pouvoir essentiellement injuste. La destruction d'un pouvoir injuste est légitime, dès qu'elle est possible. Par suite, renverser la tyrannie n'est pas acte de séditieux. Il n'y a de séditieux que le tyran.

Au XVIᵉ siècle, le jésuite espagnol Suarez, continuant saint Thomas, professa comme une doctrine reconnue par la majorité des scolastiques, grâce sans doute aux traditions du droit romain et du droit germanique, que la souveraineté ne réside dans aucun homme, mais appartient au peuple réuni : ce qui ne l'empêchait pas d'admettre comme légitime l'absolutisme royal et au-dessus la théocratie ecclésiastique.

Les doctrinaires de la Ligue mirent en œuvre les mêmes principes démocratiques ; mais, au lieu de patronner à la fois la royauté et l'Église, ils se portèrent à tous les excès contre celle-là au nom de celle-ci. Ils reprirent en particulier et étendirent la théorie du tyrannicide, que le concile de Constance amnistia dans la personne du cordelier Jean Petit. Boucher, l'un de ces curés de Paris qui dirigèrent le mouvement mystico-démagogique des Ligueurs, enseigna, en s'appuyant d'autorités sacrées et profanes, que, lorsque la cité a proclamé le tyran ennemi public, chacun a le droit de le tuer comme une bête féroce.

Peu après, à la fin du xvi° siècle, le jésuite Mariana écrivit son abominable traité *Du Roi*. Il y subordonne la monarchie au pouvoir populaire ; fait lui aussi l'apologie du tyrannicide, et, à côté des Harmodius et des Aristogiton, ose placer, comme éternellement digne d'éloges, le moine Jacques Clément, assassin d'Henri III.

Toutefois, le droit à l'assassinat du souverain a sa casuistique. Il y faut, d'après Mariana, la décision d'hommes graves et sages, à défaut de la voix publique. Que si, pour tuer, tous les moyens sont bons, il convient d'en excepter ceux qui compliquent l'homicide d'un suicide. Ainsi, vous pouvez tuer par le fer, mais non par le poison, parce qu'il serait trop cruel de forcer un homme à commettre le grave péché de se donner à lui-même la mort en avalant le poison préparé. Mais il ne le sait pas, direz-vous. Qu'importe ? Vous, vous le savez. Vous encourez par suite la culpabilité du suicide, quoique le meurtre demeure exempt de culpabilité. Ingéniez-vous donc, si vous n'avez pas d'autre ressource que le poison, à en trouver un qui puisse être administré moralement, qui, par exemple, en s'imprégnant dans les habits, s'imprègne dans le corps sans que la victime y soit pour rien. Alors le bon père Mariana vous déclarera innocent.

LA POUSSÉE RÉVOLUTIONNAIRE DANS LE PROTESTANTISME

Si maintenant nous considérons les protestants, nous remarquons d'abord que Luther et Calvin sont loin de conseiller la résistance à la tyrannie. Luther en particulier prêche la soumission aux puissances supérieures et veut qu'on provoque pacifiquement les réformes nécessaires, sans recourir à la force. « L'insurrection, dit-il, n'amène jamais l'amélioration qu'on cherche par elle ; elle est sans discernement et fait encore plus de victimes parmi les innocents que parmi les coupables. Quand se lève le seigneur Tout-le-monde, il ne sait point faire la distinction entre les bons et les mauvais ; il frappe au hasard dans le tas, et il ne peut rien accomplir sans y mêler les plus grandes iniquités. Ainsi, aussi juste que soit son motif, l'insurrection n'est jamais juste en soi. » A l'exemple de Luther, Kant rejettera absolument le droit d'insurrection.

En ce qui concerne les droits de la pensée, les chefs de la Réforme, comme on l'a vu, se montrèrent fidèles à cet esprit des sectaires religieux qui, faibles, revendiquent la liberté de conscience, et, forts, la sacrifient. Ainsi Calvin, estimant que l'organisation civile a pour objet le salut des âmes aussi bien que la protection des propriétés et des personnes, adopta à Genève les odieux procédés de l'inquisition. Son disciple Théodore de Bèze allégua en faveur de la persécution la nécessité d'établir le règne de Dieu, et soutint que le glaive est donné aux magistrats pour frapper les hérétiques qui troublent et déshonorent le troupeau du Seigneur. Lui-même le doux Mélanchton admit qu'il fût sévi contre les hérétiques et que le pouvoir civil édictât des supplices contre eux. Combien plus sage, parmi les adversaires du protestantisme, le chancelier Michel de L'Hôpital qui, partageant les généreuses idées des Pasquier, des Pithou, des Lanoue, des Duplessis-Mornay, et prêchant la tolérance à la majorité catholique dont il faisait partie, professait que la liberté religieuse est la plus respectable des libertés, étant la liberté de l'esprit en ce qu'il a de plus divin, la piété ; et conseillait de laisser en paix les consciences comme ne pouvant être ployées par le fer et par la flamme, mais seulement par la raison qui domine les âmes. « La bonne vie, disait-il, persuade plus que l'oraison. Point ne vaut le fer contre l'esprit. Douceur profitera plus que rigueur. Otons ces mots diaboliques, noms de partis, factions et séditions, *luthériens*, *huguenots*, *papistes*. Tenons-nous au nom de *chrétiens*. »

Néanmoins, le principe de la liberté civile, non moins que le principe de la liberté religieuse, était impliqué par la Réforme, insurrection du droit individuel contre l'autorité consacrée. Aussi un grand nombre de publicistes protestants se posèrent en avocats des libertés publiques et adoptèrent le principe de la responsabilité des rois et des ministres, principe qu'au xiv° siècle avait implicitement formulé Wicleff dans cette maxime condamnée par le concile de Constance : « Les chefs du peuple sont justiciables du peuple. »

La tendance des réformés, partout où ils avaient le dessus, était de tempérer fortement le pouvoir monarchique, ou d'installer l'état populaire, « à la ruine des princes et des gentilshommes. »

LANGUET, HOTMANN ET JURIEU

Parmi les organes de la politique protestante, le plus remarquable au xvi° siècle fut Hubert Languet, ou l'auteur quel qu'il soit du livre intitulé : *Revendications de Junius Brutus contre les tyrans, concernant le pouvoir légitime du prince sur le peuple et du peuple sur le prince*. Aux théories qui ne voient dans la souveraineté qu'une émanation soit du pouvoir ecclésiastique, soit du pouvoir divin, Languet oppose l'idée d'un contrat où le peuple intervient à côté de Dieu et du roi. Le roi est engagé à la fois envers Dieu et envers le peuple. Les magistrats qui l'entourent, protecteurs naturels du pacte fondamental, peuvent résister au roi et soulever contre lui la force publique, soit quand il viole la loi divine, soit quand il viole les droits populaires.

Dira-t-on, avec les jurisconsultes de l'empire romain, que le peuple, par le fait d'une cession originaire du pouvoir, a complètement abdiqué sa souveraineté et qu'ainsi à ses revendications on pourrait opposer la prescription? Mais il n'y a pas de prescription contre le peuple. Les rois meurent; le peuple ne meurt pas. Les années écoulées ajoutent au tort du roi, mais n'ôtent rien au droit du peuple.

C'est en vue d'assurer son plus grand bien que le peuple s'est volontairement soumis à une autorité de son choix. Il s'agissait de garantir le corps social de toute atteinte, soit de chacun contre chacun, soit des étrangers contre tous. Dans ce but on a institué un pouvoir chargé de rendre la justice et de repousser la force par la force. Le roi n'est donc qu'un fonctionnaire établi comme tuteur des pauvres, gardien du droit, défenseur de l'ordre, exécuteur de la volonté nationale. Réunis, ses sujets sont ses souverains; séparés, ils demeurent ses frères.

La loi ne dépend pas du roi; mais le roi, de la loi. Celle-ci est la raison commune des sages. Qui lui obéit obéit à Dieu. Une chose n'est pas juste parce que le pouvoir l'ordonne, et il n'a qualité pour ordonner qu'autant que ce qu'il ordonne est juste.

Le jurisconsulte protestant, François Hotmann, dans un livre fameux intitulé *Gaule et France*, mit l'érudition historique au service de la même thèse que Languet avait appuyée de toutes sortes de souvenirs bibliques. Hotmann remonte aux sources de notre droit public plus ou moins dénaturé, pour montrer que l'origine de la monarchie est élective et que sa mission est démocratique. Il représente la noblesse comme l'intermédiaire naturel entre le roi et le peuple ; mais c'est à une assemblée nationale, où évidemment dominera l'élément populaire, qu'il veut que demeurent subordonnés, avec la royauté, tous les pouvoirs publics.

Les idées des Languet et des Hotmann, destinées à produire dans la suite de si grands résultats, eurent leur application pratique dès le xvie siècle, lorsque les Pays-Bas se constituèrent en république indépendante. Dans leur édit de 1581, les États généraux des sept provinces-unies s'autorisèrent à proclamer la déchéance du roi d'Espagne en invoquant ce principe : « Les sujets ne sont pas créés de Dieu pour le prince, afin de lui obéir en tout ce qu'il lui plaît de commander ; mais plutôt le prince est créé pour les sujets, sans lesquels il ne peut être prince, afin de les gouverner selon le droit et la raison. »

Au xviie siècle, tandis que Fénelon, doucereusement autoritaire et minutieusement chimérique, mêlera au rêve de quelques grandes réformes le goût de toutes sortes de petites oppressions ; tandis que l'impérieux Bossuet, conduit par sa théologie aux résultats où le matérialisme a mené Hobbes, tirera de l'Ecriture Sainte la politique du despotisme, les protestants, instruits par la persécution à scruter les fondements du pouvoir, vont développer la doctrine du *Contrat social* que leur empruntera Rousseau. Cette doctrine, jetée dans la circulation à partir du XVI° siècle par Hubert Languet, compta parmi ses apologistes le ministre Jurieu et eut pour principal adversaire Bossuet, qui l'a combattue avec force dans son *Cinquième avertissement aux protestants*.

MACHIAVEL

A côté des politiques essentiellement protestants ou catholiques, il y eut, au XVI° siècle, des politiques essentiellement philosophes, qui dans leurs spéculations se réclamèrent avant tout des anciens, de l'histoire et de la raison. Le plus grand et le premier de tous est Nicolas Machiavel, né à Florence en 1469, mort en 1527.

Les scolastiques, en matière politique, s'étaient généralement bornés à de lourdes et subtiles discussions sur les rapports de la papauté et de l'empire, et quand il leur était arrivé de franchir ce domaine ils n'avaient guère rien dit que n'eût dit Aristote. Machiavel vint qui remplaça les toiles d'araignée de la syllogistique par un tissu solide de raisons prises dans le vif des choses et élargit avec originalité le cercle des investigations relatives aux affaires d'État.

Le traité *Du Prince* et les *Discours* sur les dix premiers livres de l'histoire de Rome composée par Tite-Live sont les deux chefs-d'œuvre de Machiavel. Dans le premier écrit il s'agit d'endoctriner l'égoïsme d'un homme; dans le second il s'agit d'endoctriner l'égoïsme d'un peuple; dans l'un et dans l'autre il s'agit de montrer quels sont en politique les meilleurs moyens d'arriver aux fins voulues, tous les moyens étant bons dès qu'ils sont utiles. Ainsi il n'y a pas lieu d'opposer les *Discours* au traité *Du Prince*. Ces deux livres ne diffèrent que par le sujet ; ils se ressemblent par cette entière subordination de la moralité au succès qu'on a appelée le machiavélisme. Le machiavélisme est à la raison d'État ce que le genre est à l'espèce. La raison d'État consiste dans l'indifférence sur les moyens, étant donnée une fin bonne dont on s'autorise. Le machiavélisme consiste dans l'indifférence complète sur les fins et sur les moyens.

La question se pose ainsi : Individu ou peuple, comment devenir et rester maître ; comment se défendre contre les attaques du dehors et contre les révolutions du dedans? D'abord, il faut se faire craindre. Être craint est plus sûr qu'être aimé. L'amour est désintéressé, la crainte intéressée ; or, de la part des hommes, il y a plus à compter sur l'égoïsme que sur le désintéressement. Il faut, en outre, être artificieux et violent. Qui ne se fait renard est pris dans les filets ; qui ne se fait lion est dévoré par les loups.

Ce n'est pas seulement aux princes, c'est aussi aux républiques que Machiavel conseille de terrifier par de grands massacres, de manquer à leurs engagements, de recourir à la fraude. Trahissez ; tuez ! Qu'importe, si vous réussissez ? Le fait accuse, l'effet excuse.

Par cela même que le vulgaire est toujours dupe des apparences, l'essentiel est non d'être, mais de paraître. Il faut qu'à vous voir et à vous entendre, vous sembliez la clémence, la fidélité, l'intégrité, l'humanité et la religion même. Cette dernière qualité est celle qu'il importe le plus d'afficher. La religion est le meilleur instrument de règne, et rien, autant que l'autel, ne soutient le trône.

Ainsi Machiavel dispense le prince d'être honnête, loyal, bon ; il ne le dispense pas d'aller à la messe et à confesse, parce que « les hommes en général jugent plus par les yeux que par les mains, chacun pouvant voir, mais très peu de personnes sachant toucher ».

Puis il y a certains excès qui pourraient vous perdre et qu'il faut éviter. Si vous rencontrez sur votre chemin le meunier de *Sans-Souci,* laissez-lui son moulin, et consolez-vous en jouissant largement des spoliations que la loi autorise. Si vous rencontrez sur votre chemin une Lucrèce, respectez sa vertu, et, comme il y aura toujours des gens très honorés d'être déshonorés par vous, adressez-vous aux Montespan.

Rousseau a dit : « *Le Prince* de Machiavel est le livre des républicains. » C'est vrai, en ce sens que l'étude des secrets de la tyrannie et la connaissance de ses méfaits devrait profiter aux hommes trop faciles à supporter ou à se faire des maîtres. Mais il ne faudrait pas croire qu'en réalité Machiavel ait voulu diriger contre les tyrans son manuel du tyran. Quelles que fussent ses sympathies secrètes pour la liberté, quelle que fût son intime vénération pour les Brutus et les Caton, Machiavel était avant tout un homme besogneux, esclave de ses convoitises, dédiant son *Prince* aux Médicis pour en obtenir un emploi, et demandant à grands cris que ces seigneurs voulussent bien le prendre à leur service, dussent-ils n'user de lui que pour « rouler des pierres ». Sa plus noble passion fut la haine de l'étranger, et, soit qu'il conseillât les princes, soit qu'il conseillât les peuples, il aboutit toujours à la même conclusion : mettre dehors les *barbares.* « Toute guerre nécessaire est juste, disait-il, et les armes sont miséricordieuses là où il n'y a d'espoir qu'en elles. »

Que si Machiavel fait la part très grande à l'astuce et à la violence, il s'en excuse en expliquant qu'il parle d'après ce qui existe réellement, non d'après ce qu'on imagine : « Il y a si loin de la manière dont on vit à celle dont on devrait vivre, que celui qui laisse ce qui se fait pour ce qu'on devrait faire, apprend à se ruiner plutôt qu'à se préserver. Qui se pique d'être bon au milieu de tant d'autres qui ne le sont pas doit périr tôt ou tard. » Ainsi le principe dont se réclame Machiavel est que les hommes sont malhonnêtes, et que jouer franc jeu avec eux, c'est vouloir sûrement être joué par eux.

Le fait est que le *machiavélisme* existait tout vivant dans les mœurs politiques des contemporains de Machiavel, avant d'être codifié par lui. Le moyen âge avait été une époque de privilèges, où, à défaut du droit méconnu, la générosité, la loyauté, la pitié, la charité introduisaient quelques heureuses compensations. Mais peu à peu, dans cette société où les uns étaient dressés à tout oser, les autres à tout souffrir, les mœurs de la chevalerie se perdirent. Utilisant le progrès intellectuel pour la satisfaction d'appétits égoïstes, on s'habitua à joindre les habiletés de la ruse aux excès de la force et à faire le plus de mal possible avec le moins de danger possible. L'iniquité perdit de sa grandeur : elle se subtilisa, mais elle resta. C'est le premier effet de la civilisation, qui trop souvent se borne là. Elle affine le vice ; elle ne le détruit point.

En même temps, la religion, qui avait maintes fois servi de barrière à l'esprit de domination et d'oppression, fut de plus en plus exploitée par les dominateurs et les oppresseurs. Désormais, soit qu'on s'en détachât, soit qu'on y demeurât attaché, elle ne semblait plus profiter qu'à l'immoralité. S'en détachait-on ? Accoutumé qu'on était à identifier la morale avec le dogme, on renonçait aux devoirs en même temps qu'aux sacrements, et rompre avec toute croyance était rompre avec toute vertu. Y demeurait-on attaché ? Les pratiques se substituaient aux préceptes ; la forme emportait le fond, et, grâce à ces casuistes qui mettaient les hérétiques sur la même ligne que les assassins, on en venait à dénaturer toutes les notions du bien et du mal au point de croire, avec un Louis XI, que les grimaces de la dévotion suffisent à nous purifier de toute infamie. De telles illusions étaient d'autant plus faciles que les pontifes de Rome, vénérés comme les représentants de Dieu sur la terre, paraissaient alors avoir à cœur de personnifier tous les vices, et qu'à la suite d'un Innocent VIII luxurieux et vénal, on pouvait voir un Alexandre VI, revêtu de la tiare et de tous les insignes sacrés, étendre ses mains souillées de boue et de sang pour bénir solennellement la foule prosternée.

C'est précisément un des bâtards de ce pape, César Borgia, assassin sans scrupules, fourbe éhonté, empoisonneur, incestueux, mais scélérat de génie, qui est le héros de Machiavel. Qu'on ne prétende pas qu'il l'ait choisi pour modèle avec une intention ironique. Il connut de près le duc de Valentinois sans jamais manifester la moindre aversion pour ses criminelles pratiques, et, dans sa correspondance, il déclare du ton le plus sincère qu'*il citera toujours l'exemple de cet homme quand il s'agira d'un prince nouveau.*

Quand il ne s'agit plus d'un prince mais d'un peuple,

dans les *Discours sur Tite-Live*, Machiavel laisse éclater en belles paroles son instinct démocratique, et il exalte au-dessus des autres formes de gouvernement, la république.

Avec Montesquieu, il ne la comprend qu'accompagnée de cet esprit de discipline qui subordonne les intérêts privés au bien commun, et il la veut telle qu'elle fut aux beaux jours de Rome, lorsque l'équilibre était bien établi entre la puissance tribunitienne et la puissance sénatoriale.

Selon Machiavel, les républiques ont plus de flexibilité que les monarchies et se plient bien mieux aux changements de temps, par cela même que le personnel de ceux qui gouvernent s'y diversifie selon les circonstances. Puis, le système électif y facilite une succession de grands hommes qu'exclut le système héréditaire aboutissant toujours à des princes faibles ou méchants qui gâtent et empirent tout : « A Rome les empereurs qui ont hérité de l'empire ont été tous mauvais, excepté Titus. Ceux qui l'ont eu par adoption ont été tous bons : témoins les cinq empereurs dont la série finit avec Marc-Aurèle, le père de Commode. Dès que le pouvoir revint à des héritiers tout fut perdu. » En outre, le peuple se trompe peu : d'une part, il est plus clairvoyant que les princes dans la prévision des événements, et ce n'est pas sans raison qu'on a appelé la voix du peuple la voix de Dieu ; d'autre part, il est plus judicieux dans le choix des magistrats : « Parviendra-t-on jamais à persuader au peuple d'élever aux dignités un homme infâme ? Que de moyens aisés de le persuader à un prince ! L'exemple de Rome est admirable. Pendant plusieurs années, parmi tant d'élections de tribuns et de consuls, il n'y eut peut-être pas quatre choix dont on eut à se repentir. » Comparez un peuple et un prince liés par les lois, vous verrez toujours plus de vertus dans le peuple que dans le prince. Si vous les comparez tous les deux affranchis de la contrainte des lois, vous verrez moins d'erreurs, moins de torts, moins d'excès chez le peuple que chez le prince. Dans les rapports avec les autre nations, un prince se laisse aller à violer les traités pour l'intérêt le plus mince ; une république, par cela même que les responsabilités y sont plus partagées, est plus fidèle aux alliances.

D'où vient donc qu'assez généralement on est prévenu en faveur du gouvernement monarchique contre le gouvernement populaire? C'est que tout le monde a la liberté de dire du mal du peuple, même au moment où il domine avec le plus d'empire, au lieu que ce n'est qu'avec la plus grande circonspection et en tremblant qu'on parle d'un monarque. Mais il ne faut pas que la gloire des Césars en impose. « Ceux qui louent César sont des juges corrompus par sa prospérité ou effrayés d'une puissance continuée dans une famille qui ne leur permet pas de s'exprimer librement. Veut-on savoir ce que ces écrivains en eussent dit s'il eussent été libres? Qu'on lise ce qu'ils ont écrit de Catilina. Or César est bien plus digne d'exécration, vu que celui qui exécute le mal est plus coupable que celui qui simplement le projette. Qu'on voie aussi les éloges prodigués à Brutus. Ne pouvant flétrir le tyran à cause de sa puissance, on célèbre son ennemi. »

Il y a beaucoup de philosophes politiques qu'on peut mettre au-dessus de Machiavel, dans les questions de principe. Dans les questions de pratique aucun ne le surpasse. C'est un œil profond, pénétrant hommes et choses. Mais ce psychologue, cet observateur, oublie trop volontiers le droit pour ne songer qu'au succès. Prenez-le pour maître, vous n'aurez bientôt ni honnêteté, ni cœur. Or, bien qu'il s'y mêle des faiblesses et des duperies, le cœur en somme est la plus grande force, et l'honnêteté est la plus grande habileté. La perfidie et la violence sont de mauvaises ouvrières, et il est rare que le temps respecte les constructions politiques où manque le ciment de la moralité.

SOCIALISME DE THOMAS MORUS ET DE CAMPANELLA

A côté de la politique du succès à tout prix, il y eut, au xvie siècle, la politique de la moralité à tout prix. Tandis que Fra Paolo, l'organe des inquisiteurs de la République vénitienne, et Gabriel Naudé, le théoricien des coups d'État, continuaient Machiavel, le vertueux Thomas Morus, s'inspirant de la *République* de Platon au profit d'idées démocratiques, construisait son *Utopie*, où au régime de la propriété, favorable aux oisifs, contraire à l'égalité et fertile en discordes, il substitue un régime de communauté, qui est affranchi de toute distinction de classes, est dirigé par un gouvernement électif et a pour base le travail.

C'était un homme de grande science et de grande vertu que ce généreux rêveur qui aurait voulu réaliser une société idéale où disparussent, avec les vices, les infortunes dont ils sont la source. Dans ses fonctions de grand chancelier, il fit admirer sa justice et son désintéressement. Dédaigneux des caprices du sort, il connut tour à tour l'opulence et la pauvreté, les grandeurs et les humiliations, sans se départir jamais de cette jovialité sereine qui est le privilège des âmes toujours en paix avec elles-mêmes.

Quand Henri VIII, s'étant improvisé le chef de l'Église d'Angleterre, demanda à Thomas Morus de reconnaître par serment sa suprématie, Morus opposa un refus que ni promesses ni menaces ne purent ébranler.

Vainement lui fut-il objecté qu'il avait tout le parlement contre lui. « J'ai pour moi ma conscience, » répondit-il. Sa femme le conjurait de céder pour se conserver à ses enfants : « Eh quoi ! s'écria-t-il, pour quelque vingt ans de vie, je me couvrirais d'une honte éternelle ! » Quelques casuistes intervinrent qui lui suggéraient je ne sais quels biais pour concilier sa soumission avec ses scrupules : « Taisez-vous ! leur dit-il, je n'aime pas ces gens qui, au lieu de nous garantir du péché, prétendent nous apprendre jusqu'où nous pouvons nous approcher du péché sans pécher. »

Lorsqu'on le tira de son cachot de la tour de Londres pour l'amener devant ses juges, il leur déclara, avec une ferme intrépidité, qu'il lui était impossible de ne pas persister dans un refus dicté par ses devoirs envers sa religion et envers sa patrie. Le roi, voyant Thomas Morus inflexible, le fit condamner à être pendu, puis écartelé : « Que le roi en use à son bon plaisir ! » dit Morus. On lui apprit pourtant que le roi avait bien voulu modérer l'arrêt et qu'il serait seulement décapité. « Le roi est clément ! dit-il. Mais je prie Dieu de préserver mes amis d'une semblable clémence. » Il monta fièrement sur l'échafaud et mourut en martyr, l'an 1535.

Plus radical que Thomas Morus, le moine Campanella voudra qu'avec les divisions de société disparaissent les divisions de famille. Dans sa *Cité du soleil* il en est des femmes et des enfants comme des biens : personne ne les possède en propre.

Cette *Cité du soleil* est une théocratie régie par un pontife suprême. Celui-ci a sous ses ordres trois grands ministres. L'un d'eux, personnifiant la puissance, surveille et réglemente la défense du pays ; un autre, personnifiant la sagesse, surveille et réglemente les sciences, les arts, l'éducation ; un troisième, personnifiant l'amour, surveille et réglemente les rapports des sexes ainsi que le développement de l'espèce. L'État est discipliné à la façon d'un couvent.

Dans tous les systèmes du genre de celui de Campanella et de Thomas Morus, l'autonomie individuelle se trouve plus ou moins méconnue. Ces rêveurs dangereux visent à façonner la société sur un certain modèle jugé le meilleur. Mais vainement a-t-on les plus belles intentions, vainement se propose-t-on, avec une parfaite sincérité, d'assurer le règne du bien ; c'est consacrer l'usurpation qu'ériger le souverain en tuteur de la moralité des individus, au lieu de limiter son rôle à la sauvegarde des libertés communes. L'unique raison d'être de l'État est la nécessité de garantir les droits de chacun. Or le souverain viole évidemment ces droits quand, pour réaliser soit un idéal philosophique comme Platon ou Thomas Morus, soit un idéal religieux comme Campanella ou les jésuites du Paraguay, soit un idéal social comme Mably ou Saint-Just, il s'autorise à la compression et aux violences au nom de la moralité du but ; s'érige en surveillant des consciences ; s'attribue la censure des mœurs ; enfin se fait inquisiteur ou persécuteur.

BODIN

Le grand jurisconsulte Bodin combattit également les chimères des utopistes et les procédés du machiavélisme. Sa *République*, œuvre savante mais mal digérée, est toute pénétrée des inspirations d'Aristote. Le disciple y prétend corriger le maître ; il ne fait souvent que le gâter.

Bodin n'en a pas moins eu le mérite d'être le précurseur de Montesquieu, soit par la grande part qu'il fait à la science du droit dans ses études politiques, soit par sa théorie des climats. Il se montre convaincu de la nécessité d'accommoder l'État au naturel des citoyens, et les lois à la nature des lieux, des personnes et des temps, sans d'ailleurs sacrifier sous aucune latitude les principes de l'équité naturelle. Les philosophes français du dix-huitième siècle ne feront que reprendre ses revendications, alors toutes nouvelles, contre l'esclavage, que la découverte de l'Amérique avait rendu aussi florissant et plus inhumain qu'autrefois. Je confesserai, dit-il, que la servitude sera naturelle, lorsque l'homme fort, riche et ignorant, obéira au sage, quoique faible et pauvre. N'alléguez pas que c'est une charité louable de garder le prisonnier qu'on peut tuer. C'est là la charité des voleurs et des corsaires qui se glorifient d'avoir donné la vie à ceux qu'ils n'ont pas égorgés. Quant à ce qu'on prétend que la servitude n'eût pas duré si longuement, si elle eût été contre nature, c'est un pur sophisme. On sait assez qu'il n'y a chose plus cruelle ni plus détestable que d'immoler des hommes en sacrifice ; et toutefois il n'y a guère de peuple qui n'ait perpétré les sacrifices humains pendant plusieurs siècles, et tous ont couvert cela d'un voile de piété.

Qui imaginerait qu'un penseur capable de si hautes idées pût ajouter foi aux chimères de la magie et de l'astrologie ? Tel fut cependant le cas de Bodin, tant dans les meilleurs esprits apparaît toujours, par quelque endroit, l'infirmité humaine.

LA BOÉTIE ET LA RÉVOLUTION EN MARCHE

Moins érudit que Bodin mais plus éloquent, Étienne de la Boétie, dont l'amitié a inspiré à Montaigne une page immortelle, écrivait vers le milieu du xvie siècle son discours sur la *Servitude volontaire*. Il s'y mêle quelques déclamations juvéniles ; mais on y sent une âme taillée sur le patron antique.

La Boétie part de ce principe que « Nature nous a tous faits de même forme et à même moule, afin de nous entre-connaître tous comme compagnons ou plutôt frères ». S'il y a des inégalités de corps et d'esprit, c'est pour que la fraternelle affection ait où s'employer, les uns ayant puissance de donner aide, et les autres besoin d'en recevoir. Tous frères, nous sommes tous libres. Il n'y a parmi nous des esclaves que parce qu'il nous plaît d'être esclaves. Celui qui nous maîtrise n'a que deux yeux, n'a que deux mains, n'a qu'un corps ; il n'a rien de plus que nous, sinon l'avantage que nous lui faisons pour nous détruire. Nous sommes *tous contre un*. Soyons résolus de ne servir plus et nous voilà affranchis.

Mais, si le naturel de l'homme est bien d'être libre et de vouloir l'être, c'est aussi son naturel de garder le pli que la nature lui donne. Or les peuples s'habituent si bien à être assujettis qu'on dirait, à les voir, qu'ils ont non pas perdu leur liberté, mais perdu leur servitude.

Les premiers assujettis ont servi contraints et vaincus par la force ; ceux qui leur succèdent, nourris et élevés dans le servage, ne regardent pas plus avant. Ils prennent pour leur nature l'état de leur naissance. Sous prétexte qu'ils ont toujours été sujets, ils se croient tenus d'endurer le mors, et ils fondent la légitimité de la tyrannie sur son ancienneté. Mais, en vérité, les ans ne donnent jamais le droit de mal faire, ils ne font qu'agrandir l'injustice de qui fait mal.

Heureusement, grâce aux livres et à la philosophie, odieuse aux tyrans non sans cause, il y a des hommes qui, quand la liberté serait entièrement perdue et absente du monde, ne laisseraient pas de l'imaginer, et de la sentir en leur esprit, et de la savourer. A ceux-là la servitude répugne toujours, aussi bien qu'on l'accoutre et quelque habileté qu'ait le despotisme à « se mettre la religion devant pour garde-corps. » Parmi eux sont nés les Harmodius, les Aristogiton, les Brutus, vertueux libérateurs avec lesquels il ne faut pas confondre la tourbe de ces conjurés qui prétendirent chasser le tyran et retenir la tyrannie.

Le mal est que le menu peuple, soupçonneux à l'endroit de qui l'aime, confiant envers qui le flatte, se laisse volontiers abêtir par le tyran. Le tyran prend au peuple ses enfants, les fait ministres de ses convoitises, les emploie à ses guerres et les mène à la boucherie ; mais en revanche, il lui prodigue spectacles, jeux, musées, monuments, et toutes sortes de « drogueries », appâts de la servitude, outils du despotisme. Le maître fait largesse et on crie : vive le maître ! Fous, qui ne voient pas qu'ils ne font que recouvrer une part de leur bien et que, ce qu'ils reçoivent, le tyran n'eût pu le leur donner, si auparavant il ne le leur eût ôté à eux-mêmes !

Est-il condition plus misérable que de tenir ainsi d'autrui son aise, sa liberté, son corps, sa vie ? Ne sommes-nous pas hommes et non serfs, sujets uniquement de la raison ? Qu'est-ce qui maintient le tyran ? Cinq ou six personnages qui ont l'oreille du maître et partagent, en le servant, ses pilleries, ses cruautés et ses plaisirs. Ces cinq ou six façonnent si bien leur chef que force lui est d'être méchant, non pas seulement de ses méchancetés, mais encore des leurs. Aux ordres de ces cinq ou six, il en est cinq ou six cents autres qui profitent sous eux, et les empirent, comme ils empirent eux-mêmes le tyran. Ceux-ci, à leur tour, en tiennent sous eux des milliers à qui ils ont fait donner ou le gouvernement des provinces, ou le maniement des deniers publics, tous mange-peuple comme eux, auxiliaires de leur avarice et de leur cruauté, incapables de durer ailleurs que sous leur ombre. Cela se continue indéfiniment, et ils sont des cent mille, ils sont des millions qui, par une même corde, tiennent au tyran. Ainsi le tyran asservit ses sujets les uns par le moyen des autres.

Pourtant, si tous ces valets, contents d'endurer du mal pour en faire, voulaient bien un moment mettre à part leur ambition ou leur avarice et se regarder eux-mêmes, ils verraient clairement que les villageois, les paysans, qu'ils foulent aux pieds et traitent en forçats, aussi malmenés qu'ils soient, sont, auprès d'eux, fortunés et libres. Pour eux, en effet, ce n'est pas tout d'obéir, il faut complaire. Ils doivent se tuer à travailler pour le maître, se faire un plaisir de son plaisir, laisser leur goût pour le sien, prendre garde à ses paroles, à sa voix, à ses moindres signes ; n'avoir ni yeux, ni pieds, ni mains que pour suivre ses volontés. Est-ce là vivre heureusement ? Est-ce vivre ?

Avec la Boétie, Bodin, Hotmann, Longuet, les nobles intelligences du xvi⁰ siècle scrutaient les maximes du passé, s'élevaient contre les conventions établies, et s'efforçaient de restituer à l'humanité ses titres : la Révolution commençait. Elle sera lente en son œuvre, parce que contre elle s'ameuteront des intérêts et des passions de toute sorte ; parce qu'elle aura à souffrir des fautes ou des erreurs de ceux qui se réclameront d'elle ; parce qu'elle sera combattue par de bons esprits, de nobles cœurs, convaincus que changer les bases de l'édifice social c'est le mettre à néant, égarés par la peur du bien comme d'autres par l'amour du mal, recourant aux adoucissements qui conservent les abus quand il faudrait les détruire ; enfin et surtout, parce qu'elle devra compter avec le temps et se créer pacifiquement un courant favorable d'idées et de mœurs, au lieu d'irriter les résistances par la prétention de refouler violemment le torrent de la coutume ; mais, dure enclume, elle usera tous les marteaux qui la frapperont, et elle triomphera, parce que le droit, une fois connu, acquiert de plus en plus dans les consciences une indomptable puissance de vie, qui le met au-dessus des victoires momentanées de la force, et laisse à ceux qui souffrent et meurent pour lui cette certitude consolante que la semence jetée par eux lèvera tôt ou tard sur leurs tombeaux.

MONTAIGNE

Le xvi⁰ siècle étendit à tout l'esprit d'examen.

Ceux qui y exercèrent la plus puissante influence furent quelques grands écrivains qui furent de grands penseurs tels que Rabelais et Montaigne. Ces hommes avaient un vaste savoir et aimaient à l'étaler, selon la mode du temps ; mais à leur érudition ils mêlaient le sentiment profond de la vie ; ils communiquaient directement avec la nature encore plus qu'avec les livres ; et ils s'entendaient à ramasser de-çà et de-là les vérités partout disséminées, sans viser à en fabriquer un système. Ce sont eux qui rompirent définitivement avec la barbarie du moyen âge et qui, faisant sortir les esprits de ces labyrinthes obscurs où la scolastique se plaisait à les égarer, les introduisirent dans le plein jour de la réalité.

Montaigne est une espèce de Platon gaulois : il joue avec toutes les questions et encadre en mille fantaisies les observations les plus fines sur la nature humaine, les réflexions les plus profondes sur nos idées, nos mœurs et nos croyances. Il image tout, mieux qu'aucun poète ; il fait penser, autant qu'aucun philosophe, et il est un psychologue incomparable. Ses *Essais* sont une école de détachement et de paix intérieure. Les inspirations de son scepticisme aimable furent pour les intelligences du xvi⁰ siècle une école de liberté ; elles alimentèrent au xvii⁰ siècle le génie de Pascal, et, au xviii⁰ siècle, elles suggérèrent à Rousseau ses thèses éloquentes sur les sciences, sur la société et sur l'éducation.

Loin de Montaigne le pédantisme des écrivains qui, à grand renfort de termes techniques, se perdent en de hautes spéculations sans intérêt pour la vie! Ce qui le touche c'est le vivant; et il en parle comme un homme du monde, non comme un homme d'école.

Cloîtré dans sa bibliothèque où se coudoient conteurs et penseurs, il va de l'un à l'autre ; il prend texte d'une anecdote de Plutarque ou de Sénèque, de Diogène Laërce ou de Suétone, pour lâcher la bride à sa pensée vagabonde; et le voilà qui multiplie les épisodes et les digressions, les oui et les non, toujours constant dans son inconstance. A son gré « ce n'est pas vivre que de se sentir attaché et obligé par nécessité à un seul train. Les plus belles âmes sont celles qui ont le plus de variété et de souplesse ». Sot qui prétend se couler dans un moule unique et lier d'une solide contexture la suite de ses visions.

Néanmoins, en même temps qu'elle est un recueil des mille va-et-vient d'une pensée toujours ondoyante et diverse, l'œuvre de Montaigne est une encyclopédie de la sagesse et de la vertu antiques. Il prend plaisir à tirer des vieux livres tout le suc de la belle morale qui s'y trouve; et, qu'il s'agisse d'Aristide ou de Timoléon, d'Arria ou de Pœtus, il ressuscite avec un enthousiasme contenu les beaux traits de dignité, d'énergie, de grandeur, de bonté, dont la Grèce et Rome nous ont légué le souvenir. C'est un épicurien qui se complaît dans l'évocation des âmes stoïques. Dès qu'il s'agit des plus hautes formes du devoir, le sceptique se fait dogmatique. Les philosophes de la trempe de Socrate, les héros de la trempe d'Épaminondas font tressaillir d'admiration ce sage qui se pique d'indifférence.

Vainement Montaigne accumule-t-il les contradictions

dans ce livre qui est comme le mémorial d'une pensée fuyante, toujours à l'affut de pistes nouvelles à travers les divers âges d'une existence close à cinquante-neuf ans ; vainement met-il sans cesse en balance le pour et le contre, comme pour donner raison à cet abstentionnisme prudent qui le fit s'enfermer dans une solitude tant soit peu égoïste, loin de la mêlée des affaires humaines ; vainement s'est-il appliqué à établir que notre raison n'est que déraison dès qu'elle veut se hausser au-dessus de la sphère des faits d'expérience pour élaborer ses prétendues démonstrations des vérités philosophiques ou religieuses ; vainement a-t-il conclu qu'il n'y a qu'à suivre la bonne nature sans s'inquiéter de problèmes au-dessus de notre portée ; encore devons-nous reconnaître qu'à côté de l'artiste s'amusant à faire aller sa plume en tous sens, se jouant dans ces évolutions d'idées qui à la fois amorcent le lecteur et le déconcertent, semant les vues hardies qui prendront corps avec les encyclopédistes et la Révolution, il y a en Montaigne un conservateur et un chrétien.

Conservateur, Montaigne condamne les novateurs qui perdent leur pays dans l'espoir de le régénérer, s'attaquent aux lois reçues sans prévoir qu'il s'en suivra plus de mal que de profit, et, pour avoir ébranlé les fondements des États dont ils prétendent guérir les maladies, n'aboutissent qu'à leur donner la mort.

Chrétien, Montaigne dont « le cœur a ses raisons que la raison ne peut comprendre », ouvre la route à Pascal faisant du Pyrrhonisme le vestibule de la foi, et écrit à son père une lettre imprégnée de la piété la plus touchante sur les derniers moments de la Boétie. Il disait à son ami mourant : « Ne vous plaignez pas de ce que vous n'allez plus avoir d'être ; Dieu vous en donnera un meilleur bientôt ; » et lui-même voulut mourir, les mains jointes, au milieu des prières.

Comme Montaigne, mais avec une moindre fécondité de vues et avec plus d'esprit de système, Charron et Sanchez se piquèrent de scepticisme. Le Français Charron, à qui Descartes semble avoir emprunté les règles de sa morale pratique, convertit en théories compassées les libres essais de Montaigne, se fit surtout connaître par son ouvrage sur *la Sagesse*, et esquissa une analyse comparée des religions, où sont devancées les hardiesses du xviiie siècle. Le Portugais Sanchez, en même temps qu'il enseigna que le commencement de la science universelle consiste à savoir qu'on ne sait rien, affirma la possibilité d'une méthode nouvelle propre à asseoir enfin nos connaissances sur des fondements solides.

Cette méthode nouvelle, que Sanchez soupçonnait plutôt qu'il ne savait la concevoir, devait surtout consister à se dégager du pédantisme régnant et à faire pénétrer le sens du réel et de l'humain dans les livres et dans l'enseignement.

Représentons-nous un moment les études telles qu'on les faisait au moyen âge et encore au temps de la Renaissance. Au fond d'un sombre quartier, enfermés par des murs noirs et humides, les écoliers en bonnet rond se pressent autour de leurs maîtres en bonnet carré. Entrez dans les classes de grammaire. Voici le régent solennel, enveloppé de sa longue robe où la crasse et le temps ont gravé leur empreinte. Une ceinture de cuir lui sert de férule et exécute les sentences qu'il prononce d'un ton bref et tranchant. Silence, jeunes gens ! trêve aux lourdes apostrophes latines dont vous vous lardez les uns les autres! Le maître explique gravement le vénérable Despautère, insiste longuement sur mille puérilités, et fait successivement s'accorder et se gourmer toutes les parties du discours.

Passons-nous ailleurs? Nous voici dans les classes d'humanités et de rhétorique. L'élève prend note des catachrèses, des synecdoques, des antonomases, des syllepses, des hyperbates que le maître signale, définit et distingue à perte de vue ; ou bien encore il l'écoute, avec des trépignements passionnés, déclamer majestueusement des harangues où il est tour à tour Fabricius, Pyrrhus, Alexandre, César.

Quittons ces lieux où trône la métaphore, et pénétrons dans le grand domaine des arguments et des causes occultes, dans les classes de logique et de physique. La guerre y est vive entre gens qui ne s'entendent que sur un point : mettre des textes d'Aristote à la place de leur cerveau et accumuler les raisonnements sans souci de la raison. Merveilleux savants qui, après un long et minutieux examen, prononcent que si l'opium fait dormir, c'est parce qu'il a une vertu dormitive, et que, si le plein existe, c'est parce que la nature a horreur du vide. Ces infatigables disputeurs jonglent avec les affirmations et les négations, et, pour en faire le compte, ils ont des fèves dont la proportion décide la lutte. Les problèmes les plus bizarres sont agités. On se demande, entre autres choses, si Dieu n'aurait pas pu s'incarner en une femme : grande question souvent mise en litige même par des conciles, généralement résolue par la négative, et qui inspirait à Gautier de Saint-Victor, docteur bien peu galant, ces dures paroles : « Ce serait justice de broyer à coups de marteaux la bouche infecte de ces blasphémateurs qui imaginent que Dieu aurait pu revêtir le sexe féminin. » Une question également controversée, c'est de savoir si un chien en laisse est conduit par la corde qu'on lui a passée au cou ou par la main qui tient la corde. Là-dessus abondent les arguments pour et contre. On crie, on dispute, on en vient même aux coups de poing. Mais tout est bien, pourvu qu'on ne parle pas français. Vive le latin barbare ! Fi de la langue maternelle et vulgaire ! Un censeur est là qui tance tout écolier pris en flagrant délit de paroles françaises.

C'est contre cette barbarie pédantesque que réagit Montaigne. Il déplore que les lieux où l'instruction est donnée ressemblent à de sombres cachots, au lieu d'être réjouis par les fleurs et la lumière ; il demande qu'on s'ingénie à convertir les études en jeux attrayants au lieu d'en faire un épouvantail ; il n'a garde d'être en admiration devant les *latineurs du collège* ; il abhorre les intelligences purement *livresques* ; enfin il s'attaque à cette éducation qui remplit les têtes au lieu de les forger, développe la mémoire aux dépens du jugement, apprend à argumenter plutôt qu'à penser, et en faveur du bien-dire néglige le bien-faire.

Puis, il veut que la philosophie, non renfrognée, mais souriante et accessible à tous, se mêle à tout, vu que les leçons de la sagesse sont universellement à leur place ; il veut que chacun s'exerce à lire dans ce grand livre qui est l'humanité et s'accoutume à convertir les expériences en préceptes, les préceptes en actes ; il veut qu'on apprenne les langues, qu'on voyage, qu'on frotte et lime sa cervelle contre celle d'autrui ; il veut que, dès l'enfance, on soit rompu à la course, à la lutte, à la chasse, au maniement des chevaux et des armes, parce que l'allégresse de l'esprit tient à l'allégresse du corps ; il veut, en un mot, qu'on s'applique à former un homme complet.

C'est surtout à la routine et au jargon scientifique que Montaigne adresse ses critiques : « Les sciences, dit-il, traitent les choses trop finement, d'une mode artificielle et différente de la commune et naturelle. Je ne reconnais point chez Aristote la plupart de mes mouvements ordinaires. On les a couverts et revêtus d'une autre robe pour l'usage de l'école. Si j'étais du métier, je naturaliserais l'art autant comme ils artialisent la nature. »

RABELAIS

C'est aussi à la nature qu'en appelait Rabelais, traçant les voies à Montaigne. Notre Homère aristophanesque, dont les joyeusetés cachent des idées de si grand sens, et qui a été le père nourricier des La Fontaine, des Molière, des Sévigné, des Voltaire, des Diderot, des Beaumarchais, des Courrier, criblait de traits satiriques cette science qui n'est que *béterie* ou futilité ; il désirait que l'enfant, à l'abri des dangereuses contraintes d'un internat, acquît, en se jouant, un savoir substantiel ; il abhorrait les *rapetasseurs de vieilles ferrailles latines ;* il plaçait au-dessus de l'école des livres l'école des choses ; il engageait son élève dans toutes sortes d'exercices mettant en jeu tour à tour la force, l'agilité, la mémoire, l'imagination, le cœur, l'observation, le bon sens et le raisonnement ; et il enseignait que « science sans conscience n'est que ruine de l'âme ».

Sus au fanatisme des *papimanes* et des *papefigues*, les uns catholiques serfs du pape, les autres hérétiques qui font la figue au pape ! Sus aux saintes *Décrétales* qui permettent à l'Église de drainer avec de doctes billevesées l'argent du pauvre monde ! Sus aux abus des magistrats et du Parlement, des *chats-fourrés* et des *Grippeminaud*, déguisant le mensonge, la volerie et l'iniquité sous le masque de la justice ! Sus au parasitisme des *chicanoux*, huissiers et basochiens, qui sont la valetaille des juges, se gaussent des plaideurs, font argent de paperasses et s'engraissent dans l'enfer de la chicane ! Sus aux exactions des grugeurs du fisc, qui « tireraient de l'huile d'un mur », entassent impôts sur impôts et écrasent le pauvre peuple sous l'effroyable pressoir de leur avidité. Sus aux rêveries des abstracteurs de la quinte essence, acoquinés à des chimères ! Sus enfin à la *Scolastique*, dont les ridicules sont étalés dans cette harangue caricaturale où maître Janotus réclame à Gargantua les cloches de Notre-Dame !

Avec quelle désinvolture Rabelais déshabille la majesté royale, et sous le monarque montre le gueux, mieux fait pour être crieur de sauce verte que pour gouverner un empire ! Combien nombreux dans l'histoire ont été les Pichrocole, partant en guerre pour des riens, sous l'influence de plats courtisans qui leur promettaient de magnifiques conquêtes ; organisant tueries et pillages ; aboutissant à la défaite et finissant par trainer la patte sous la risée de leurs vainqueurs ! Combien rares les Grandgousier qui ne décident la guerre qu'après avoir épuisé tous les moyens de paix ; qui ne se résignent à combattre que quand la brutale insolence d'un envahisseur les y contraint ; qui ont pitié de leurs sujets qu'il va falloir mener à la boucherie pour la défense de leurs foyers ; qui dans la lutte tâchent qu'il y ait la moindre effusion de sang possible ; qui vainqueurs sont doux aux vaincus et libèrent les prisonniers avec force largesses !

Comme Ulrich de Hutten, Rabelais appelle de ses vœux la paix, l'union des peuples, la fraternité universelle. Dieu, raison, humanité, tout condamne les chercheurs de conquêtes. Ils ont fait leur temps... Qu'ils disparaissent !

« J'ai soif ! j'ai soif ! » répètent les héros de Rabelais. Mais ils n'ont pas seulement soif de vin. Ils ont soif de vérité, d'équité, de liberté, de joie ; et, parmi leurs *folâtreries*, rêvent d'une cité nouvelle fondée sur « la foi profonde » où l'entr'aide fera de la terre une vaste abbaye de Thélème.

De même qu'à la puissance royale, l'auteur de Pantagruel s'attaque à la puissance cléricale. Il ne se gêne pas pour damner maints papes et montrer « de par là-bas à tous les diables » Jules II et Boniface VIII réduits l'un à vendre des petits pâtés, l'autre à écumer des marmites.

Contre le parasitisme des moines sa verve est intarissable. Selon lui, c'est raison qu'on les harcelle comme on harcellerait un singe. Le singe ne garde pas la maison comme le chien ; il ne tire pas la charrue comme le bœuf ; il ne produit ni lait ni laine comme la brebis. Tel le moine. Il ne laboure pas comme le paysan ; il ne garde pas le pays comme l'homme de guerre ; il ne guérit pas comme le médecin. Objectera-t-on qu'il prie pour nous ? Pas du tout. Les moines se bornent à molester le voisinage à force de *trinqueballer leurs cloches* ; ils marmottent des latinades auxquelles ils n'entendent rien. Appelez cela se moquer de Dieu et non faire oraison. Au reste, ils ne font semblant de prier que parce qu'ils

ont peur de perdre leurs miches et leurs soupes grasses.
— Rabelais, c'est déjà Voltaire.

Mais s'il veut bien être un précurseur, il n'a aucune envie de devenir un martyr ; et il dissimule la hardiesse de ses censures sous les débauches de son imagination. C'est merveille de voir le grand frondeur aller son chemin dans le monde de la fantaisie avec un âpre sens de la réalité. Les militants du siècle de l'encyclopédie sauront rompre l'os et en sucer la *substantifique moelle* : ils tireront du livre de Rabelais leurs meilleurs traits contre les institutions politiques et religieuses. Il s'agit de briser les vieilles idoles, de secouer les préjugés, de laisser là les philtres empoisonnés de ces mille superstitions dont a été abreuvée la sottise humaine et de se désaltérer aux sources vives de la science. Elle est l'eau pure dont est pleine la *dive bouteille*.

Le père Garasse aura bien raison d'accuser Rabelais d'avoir plus fait contre le catholicisme par ses bouffonneries que Calvin par ses nouveautés. Son rêve est un avenir où il y aura moins de religiosité et plus d'humanité. A ses yeux comme aux yeux de Montaigne, entre toutes les opinions humaines touchant la religion, la plus vraisemblable et la plus bienfaisante est celle qui reconnaît en Dieu une puissance incompréhensible, créatrice et conservatrice de toutes choses, recevant et prenant en bonne part la révérence que les humains lui rendent, sous quelque visage, sous quelque nom, en quelque manière que ce soit, et attendant d'eux seulement qu'ils montrent justice et bonté.

En même temps qu'il fut le précurseur de Montaigne, de Locke, de Rousseau, de Bernardin de Saint-Pierre et de Pestalozzi par ses fécondes idées sur le développement naturel et rationnel de tout l'homme, Rabelais préluda au mouvement du xviiiᵉ siècle par ses audacieuses attaques contre la société telle que l'avaient faite les lois, les croyances et les coutumes du passé. Pessimiste pour le présent, il est optimiste pour les temps futurs, et au Dieu farouche des persécuteurs il oppose le bon Dieu, *souverain donateur de tout bien*.

On regrette ses charges ordurières ; et il faudrait les lui reprocher vivement s'il n'eût vécu en un temps où il était utile d'attacher à la raison les grelots de la folie pour la soustraire au bûcher.

ÉRASME ET LES HUMANISTES

Comme Rabelais, le Hollandais Érasme fut moine et médit des moines ainsi que de tout le corps sacerdotal. Non content de renouveler les plaintes qu'au ivᵉ siècle un saint Ephraïm et un saint Augustin adressaient aux religieux dont la dévotion hypocrite prélève sur la crédulité des sots la dîme qui nourrit leur paresse, il alla jusqu'à dire : « Les prêtres qui se nomment séculiers comme s'ils étaient voués au monde et non au Christ, rejettent le fardeau sur les réguliers ; les réguliers sur les moines ; les moines plus relâchés sur les moines dont la règle est plus étroite ; ceux-ci sur les mendiants ; les mendiants sur les chartreux, les seuls chez qui la piété demeure cachée, mais si bien cachée qu'il est presque impossible de l'apercevoir. » Par ces attaques, et aussi par ses idées sur la Bible qu'il voulait traduite en toutes les langues et lue par les laboureurs, les ouvriers, et les moindres artisans, Érasme seconda la Réforme. Néanmoins il ne l'approuvait pas. Il proclamait bien la nécessité de ramener les croyances au christianisme de saint Paul ; mais il voulait que cela se fît sans procédés révolutionnaires. Ce qui lui déplaisait dans le protestantisme, ce n'était pas la matière, c'était la forme, ainsi que l'a remarqué Leibniz. Spéculatif et non homme d'action, il était de ces esprits politiques qui aiment, selon le mot de Luther, à « siéger tranquilles sur le trône de l'amphilologie ».

La vie d'Érasme fut un miracle d'équilibre ; et l'ironie le sauva des coups de la sottise. Au fond ses convictions l'auraient porté plus loin que n'alla Luther. Tandis que, parmi les anciens docteurs, le préféré de Luther était saint Augustin, le préféré d'Érasme était Origène : « Une page d'Origène, disait-il, m'apprend plus de philosophie que dix pages de saint Augustin. »

Une des maladies de la Renaissance fut ce culte de la phrase qui produisit les cicéroniens, tels que Bembo et Sadolet, et qui fit qu'au règne de la théologie succéda, dans les Universités, le règne de la rhétorique, au détriment de l'esprit de recherche et de critique. Érasme lutta contre. Humaniste vraiment sérieux, il exalta la science ; il travailla à la réforme de l'éducation ; il fut un des fondateurs de l'exégèse biblique.

A l'érudit et ingénieux Érasme se rattachent de doctes lettrés, qui, eux aussi, combattirent les procédés de la scolastique en s'inspirant de l'antiquité, et furent de ceux sous lesquels l'esprit public fit ses humanités. Tels l'Italien Valla, l'Espagnol Vivès, l'Allemand Agricola. Sturm, élève d'Agricola, vint à Paris, et eut Ramus pour disciple. « La logique que je veux dans les écoles, s'écriait Ramus, à sa suite, c'est la logique de Virgile et de Cicéron, d'Homère et de Démosthène, celle des mathématiciens, celle que tous les hommes emploient dans le conseil et dans le jugement, et non pas une logique rêvée par Aristote ou par Ramus ! Consultons Ptolémée et Copernic pour les choses célestes ; consultons Aristote, Hippocrate, Théophraste, pour les animaux et les plantes, je le veux bien ; mais songeons que c'est *devant nos yeux surtout* que nous trouverons une matière physique abondante et certaine. » Lorsque Ramus rapproche ainsi la méthode mathématique et la logique naturelle, il ne fait que devancer Descartes qui enseignera que l'homme le moins habitué à raisonner est apte à bien déduire, et que l'analyse géométrique ou algébrique n'est au fond qu'un fruit spontané de cette méthode naturelle que de tout temps quelques grands esprits ont su démêler.

A l'emploi de cette méthode est due la renaissance scientifique dont je vais parler. La renaissance philosophique et la renaissance scientifique se secondèrent et se complétèrent l'une l'autre. Dans l'ordre réel des choses elles sont inséparables et ont un fond identique.

LA SCIENCE ET L'ÉGLISE

Non moins que la renaissance philosophique, la renaissance scientifique, par cela même qu'elle tendait à ouvrir une ère nouvelle, devait avoir pour adversaires ceux qui auraient voulu immobiliser l'esprit humain dans les limbes du moyen âge. Durant deux cents ans, l'Inquisition maudit, excommunie et brûle ; la science cherche, vérifie et prouve ; et malgré l'effort des persécuteurs, la vérité fait encore plus de conquêtes que les bûchers ne font de victimes.

Grâce à la résurrection de l'antiquité due aux lettres et aux arts, la pensée s'étendait au delà des horizons du catholicisme, devant le spectacle des civilisations riches et variées dont l'humanité actuelle est l'héritière. Les découvertes de la science aboutirent à un résultat analogue, en apprenant à l'homme, par la révélation de l'infinité des mondes, à ne pas se figurer qu'il est le point de mire de la création et que tout existe pour lui. Cependant l'Église avait enseigné, avec l'appui des livres sacrés, que la terre est le centre immobile de l'univers et a pour tributaires le soleil, la lune et les étoiles. Les savants qui dirent le contraire encouraient ses pénalités. Tout d'abord elle parut fermer les yeux. Nicolas de Cusa, qui rejetait le système de Ptolémée, ne laissa pas d'être cardinal, et Copernic, qui en démontrait l'erreur, fit agréer la dédicace de son livre au pape Paul III. Mais, avec Galilée, l'antagonisme éclata en toute sa force. Plus le grand Florentin se préoccupait de concilier avec les textes des Écritures les intuitions de son génie, plus devenait manifeste le désaccord entre la Révélation et la Science. Copernic fut condamné, et le nouvel apôtre des idées coperniciennes dut opter, dès 1616, entre le bâillon et la prison.

Pendant plusieurs années Galilée se tut. Puis la conscience fut plus forte que la peur. Il consigna toute sa pensée dans son *Dialogue sur les deux grands systèmes du monde*. Ordre fut donné à Galilée par l'inquisiteur de Florence, au nom du pape Urbain VIII, d'avoir à aller comparaître devant le Saint-Office. Le malheureux était cloué dans son lit par la maladie. Il sollicita un répit. En vain trois médecins de Florence signèrent un certificat qui déclarait ce répit nécessaire et où il était constaté que le savant Florentin ne pouvait se mettre en route pour Rome, sans risquer de partir pour l'autre monde. Le pape dépêcha les gens de l'Inquisition avec ordre de l'arrêter et de le traîner devant ses juges. Parmi ceux-ci était un illuminé, le jésuite Inchofer, qui publiait des lettres soi-disant écrites par la sainte Vierge et adressées aux habitants de Messine!

Les juges conclurent que Galilée était rebelle et relaps. Le cœur se serre quand on lit, dans le dossier authentique du procès, la défense que formula le pauvre homme. Il la termine en rappelant qu'il est vieux, infirme, malade; et il implore la pitié. Pas de pitié! Le 16 juin 1633, le pape Urbain VIII promulgua le décret prescrivant l'examen sur l'intention, puis la torture si le patient pouvait l'endurer, l'abjuration, la condamnation au cachot, vu que le grand homme professait une opinion *sotte et absurde en philosophie, et formellement hérétique de par son expresse contradiction avec les textes qui se trouvent en plusieurs endroits de l'Écriture Sainte*. Il importait de frapper ce chercheur indiscret, pour pouvoir toujours enseigner que Josué arrêta le soleil.

Le 21 juin, au cours d'un dernier interrogatoire, on arracha à la faiblesse de Galilée la promesse de rester fidèle à l'opinion de Ptolémée. « Je suis ici pour obéir » disait le vieillard, et il consentait à confesser que deux et deux font cinq.

L'un des commissaires du Saint-Office, le dominicain Macolano, que son fanatisme n'empêchait pas d'avoir du cœur, sauva Galilée des violences qu'il aurait dû réglementairement subir. Mais, ô le pire des supplices ! il fallut que, les mains jointes, à genoux, tête nue, il lût cette abjuration solennelle :

« Moi, Galileo Galilei, fils de feu Vincent Galilei, Florentin, âgé de soixante-dix ans, accusé présent, agenouillé devant vous, éminentissimes et révérendissimes seigneurs cardinaux de l'universelle Église chrétienne, inquisiteurs généraux contre la perversité hérétique, ayant devant les yeux les sacro-saints évangiles, que je touche de mes propres mains, je jure que j'ai toujours cru, crois encore à présent et avec l'aide de Dieu croirai à l'avenir ce que croit, proclame et enseigne la sainte Église catholique, apostolique et romaine. Je reconnais avoir manqué à la défense que le Saint-Office m'avait faite de persister dans mon erreur sur l'immobilité du soleil et le mouvement de la terre... D'un cœur et d'une foi sincère, j'abjure, maudis et déteste lesdites erreurs et hérésies, et en général toute erreur et secte contraire à la sainte Église; je jure que désormais, ni par discours, ni par écrits, je ne donnerai lieu à aucun soupçon, et que, si je viens à connaître quelque hérétique ou suspect d'hérésie, je le dénoncerai à ce Saint-Office, ou à l'Inquisiteur, ou à l'ordinaire du lieu où je me trouverai. Je jure en outre et promets que je remplirai et observerai intégralement toutes les pénitences qui m'ont été imposées ou me seront imposées par ce Saint-Office.

« Moi, Galileo Galilei, j'ai abjuré, juré, promis et me suis engagé comme je viens de le déclarer ; en foi de quoi j'ai signé de ma propre main le présent acte d'abjuration écrit par moi et je l'ai lu mot pour mot. — Rome, au couvent de la Minerve, ce jourd'hui 22 juin de l'an 1633.

« En témoignage de mon abjuration je signe de ma propre main : Galileo Galilei. »

Laissons dire ceux qui trouveraient banale l'évocation de cette scène qui s'est passée il y a 274 ans. Contre les retours offensifs de l'esprit théocratique, rien ne nous fait plus forts que le souvenir de Galilée mis en accusation à cause de la découverte qui le rend immortel, parce que cette découverte contredit les traditions bibliques ; traité en criminel pour avoir donné son labeur, ses veilles, sa vie à la science ; forcé d'opter entre les affres du bûcher et la honte d'un reniement ; humiliant en sa personne la vérité et mentant à sa conscience, aux pieds des éminentissimes hommes d'église, pour se faire absoudre d'avoir illustré sa patrie et ouvert un immense horizon à l'humanité.

On a conté à tort que Galilée subit la torture, qu'il abjura en chemise et qu'on lui creva les yeux. L'Inquisition eut pour lui une clémence dont elle n'était pas coutumière. Il fut condamné simplement à être prisonnier sur parole et à réciter, une fois par semaine, les psaumes de la pénitence pendant trois ans.

Il arrivait en effet que le Saint-Office avait des indulgences. De ces indulgences bénéficia, entre autres, ce jésuite portugais Bartolomeo de Gusmao, qui avait passé sa vie à chercher comment il pourrait assurer aux hommes les moyens de voler dans les airs comme les oiseaux. Au commencement du XVIIIe siècle il expérimenta à Lisbonne, devant une foule immense et en présence du roi Jean V, l'appareil qu'il avait inventé ; parcourut un grand espace, et effectua la descente sans accident. Mais l'Inquisition veillait. Il fut accusé de magie et jeté dans un cachot. Le crédit de la compagnie de Jésus fut assez grand pour assurer son évasion. Il ne put toutefois se consoler d'une persécution si injuste, et il mourut de chagrin à Séville où lui avait été ménagé un refuge.

Les jésuites n'eurent garde de s'entremettre de même en faveur d'une autre victime à jamais célèbre, l'imprimeur Étienne Dolet ; et voici le spectacle qui fut donné aux Parisiens le 3 août 1546. Sur la place Maubert se dressait un bûcher et au-dessus une potence. L'homme qu'on y mena était âgé de trente-sept ans. Il s'avança d'un pas tranquille. Qu'avait-il fait ? Sa vie était irréprochable. Mais il avait osé imprimer des propositions contraires aux doctrines de l'Église. C'était là une chose que les théologiens ne pardonnaient pas. Ils l'avaient livré au bras séculier pour être pendu et brûlé. Les cendres d'Étienne Dolet furent mêlées aux cendres de ses livres, entassés par les bourreaux autour du bûcher.

LA DÉCOUVERTE DU NOUVEAU MONDE

Comme les savants, Christophe Colomb eut à vaincre les obstacles que lui suscitèrent les théologiens. Ceux-ci déclaraient, avec les pères de l'Église, que croire à la sphéricité de la terre et à l'existence d'antipodes c'était ébranler l'autorité du dogme chrétien. En dépit des textes, sur la foi d'une idée, Christophe Colomb partit, et il découvrit l'Amérique. Puis vint Vasco de Gama, qui doubla le cap de Bonne-Espérance. Ensuite viendra Magellan, qui fera le tour du monde. C'est seulement lorsque Magellan, naviguant toujours à l'Ouest, sera revenu à son point de départ, que les avocats de la Bible commenceront enfin à admettre qu'on puisse considérer la terre comme un globe flottant dans l'espace.

Combien la découverte de plus en plus complète des régions étrangères ne devait-elle pas élargir nos idées en nous faisant connaître tant de peuples tout différents de religion et de mœurs, et en nous permettant de comparer les unes aux autres mille ébauches diverses de l'humanité : les Hottentots crasseux, entassés dans des huttes grossières, laissant mourir de faim les vieillards incapables de travailler, et admettant qu'arrivé à la puberté l'enfant bâtonne sa mère; les Esquimaux, mangeurs de graisse, se vautrant dans d'ignobles orgies, enterrant par charité les personnes âgées toutes vives; les Indiens de certaines tribus, traitant leurs femmes comme des chiens qu'on chasse à son gré, reconnaissant à chacun le droit de s'approprier les épouses de tout homme plus faible que lui, et semblant tout à fait ignorer ce que c'est qu'aimer; les Taïtiens, admettant une vie future sans croire que les actions de la vie actuelle y exercent aucune influence, ne manifestant aucun sentiment de décence, et considérant l'infanticide comme une chose toute naturelle; les Guarannys, impuissants à compter au delà de 4, se mariant ou se séparant selon la fantaisie du moment; les Tasmaniens, complètement fermés aux conceptions abstraites; les peuplades d'Afrique, dont le fétichisme, adorant les objets les plus grossiers, matérialise la divinité et lui fait des sacrifices humains; les Australiens, bornant leur religion à une certaine croyance aux esprits qui leur fait imaginer que nul de nous ne meurt de mort naturelle; les Vitiens, cérémonieux, raffinés, amis de la danse, de la poésie et de la musique, traitant leurs femmes comme des propriétés qu'on achète et qu'on vend, enterrant leurs parents tout vifs après de solennels adieux, se livrant à l'anthropophagie avec une telle passion que pour eux le suprême éloge d'un mets consiste à dire : « Il est tendre comme de l'homme mort »; enfin, les habitants de la Terre de Feu, espèces de brutes, couverts de peaux puantes, mangeant de la chair pourrie.

Il est malheureusement arrivé que par les usurpations, les brutalités, les pilleries, les attentats auxquels ils se sont autorisés en alléguant la supériorité de civilisation et de race, les Européens se sont abaissés au niveau de ces peuplades les plus barbares. Qui ne connaît les méfaits des Cortez et des Pizarre abritant leur œuvre de brigands à l'ombre de la croix? A force de massacres, on fit de l'Amérique un vaste désert qu'on peupla et exploita en faisant de l'Afrique un grand marché d'esclaves. Les crimes de la colonisation se sont perpétués sous mille masques hypocrites; l'asservissement a pris le nom de protection; on a semé la misère, la désolation, la haine et la mort, là où on prétendait apporter le progrès; la race blanche s'est imposée comme éducatrice des races rouge, jaune et noire, en se faisant leur exterminatrice; et l'infatuation des peuples chrétiens leur a fait oublier qu'ils furent jadis des peuplades aussi inférieures que celles en qui ils méconnaissent l'humanité.

LA DÉCOUVERTE DE L'IMPRIMERIE

Cinquante ans avant la découverte du Nouveau Monde, avait lieu une découverte encore plus importante. L'an 1436, Gutenberg inventait les caractères mobiles. Avec l'imprimerie, le soleil de la pensée se lève pour tous.

Une sorte *d'électricité sociale* met en communication toutes les intelligences d'un bout de la terre à l'autre. Désormais, quoi qu'entreprennent les despotismes de toute sorte pour faire la nuit ici où là, il demeurera impossible de voiler complètement le jour, de supprimer la lumière.

Lorsque, au xve siècle, Guillaume Caxton introduisit l'imprimerie en Angleterre, la nouvelle découverte provoqua dans le clergé les plus vives rumeurs; et l'évêque de Londres, présidant une assemblée de prélats, ne put s'empêcher de s'écrier : « Voilà une funeste invention ! Si nous ne parvenons pas à la détruire, elle nous détruira. »

Pourtant, c'est la pensée religieuse qui bénéficia tout d'abord de la prodigieuse puissance d'impulsion donnée aux idées par la grande découverte. Avant que finît le xvie siècle, il parut cent éditions de la Bible traduite d'après la Vulgate; l'Imitation de Jésus-Christ fut l'objet de cinquante-neuf reproductions en diverses langues; les récits édifiants, les livres de dévotion, les catéchismes se multiplièrent à l'infini.

Comme il convenait, c'est la patrie de Gutenberg qui apporta la plus ample contribution au développement des ouvrages imprimés. Janssen constate que, dès la période des incunables, il se trouvait 5 ateliers de typographie à Mayence; 6 à Ulm; 16 à Bâle; 20 à Augsbourg; 21 à Cologne, cette Rome allemande, où l'on comptait 100 églises, 22 monastères, 11 collégiales, 12 hôpitaux ecclésiastiques, 76 congrégations, et où les prêtres abondaient à tel point qu'il y était célébré un millier de messes par jour. Avant que commençât le xvie siècle, il s'était établi en Italie cent imprimeries allemandes, et une trentaine en Espagne. De tous ces foyers les pieux enseignements rayonnaient, et le docte Wimpheling, qui mérita le surnom *d'instituteur de l'Allemagne*, pouvait écrire en 1507 : « Nous autres Allemands, nous sommes les maîtres du marché intellectuel de l'Europe civilisée ; mais aussi nous n'offrons au public que de nobles productions, qui ne tendent qu'à la gloire de Dieu, au salut des âmes et à l'instruction du peuple. »

En Allemagne, au xvi siècle, on répétait couramment ce mot : « Les imprimeurs sont les hérauts de l'Évangile. » Au xvii siècle Lope de Véga dira : « Les imprimeurs sont les armuriers de la civilisation. »

GALILÉE ET LES AUTRES GRANDS PROMOTEURS DE LA RENAISSANCE SCIENTIFIQUE

L'invention de l'imprimerie fut le digne prélude du mouvement scientifique. L'an 1543, le Polonais Copernic, plus hardi que ne le sera Tycho-Brahé, publie son livre *Des révolutions célestes*, où, à l'exemple de Nicolas de Cusa, il ressuscite la cosmogonie pythagoricienne depuis longtemps oubliée, et dont les Assyriens avaient eu la première idée ; reprend l'hypothèse antique d'Archimède de Syracuse, d'Aristarque de Samos et de Séleucus ; affirme le double mouvement de la terre, et dévoile l'immensité de l'univers. Vers le commencement du xvii siècle, le Souabe Képler décrit l'orbite des planètes, formule les lois de leurs mouvements et, précurseur du grand Newton, entrevoit l'attraction universelle. A la même époque, le Florentin Galilée multiple les observations astronomiques, explore les sinuosités de la lune et les taches du soleil, confirme et vulgarise le système de Copernic, invente à nouveau le télescope déjà découvert en Hollande, et ébauche le microscope, ouvrant ainsi aux regards de l'homme la perspective de l'infiniment grand et de l'infiniment petit.

Ce n'est pas seulement dans l'astronomie, c'est en tout sens que s'étendent les découvertes de la science à partir du xvie siècle. Galilée apprend à mesurer le temps au moyen des oscillations d'un pendule, découvre les lois de la chute des corps, et arrive aux déductions les plus profondes en appliquant les mathématiques à la physique; le compatriote de Galilée, Léonard de Vinci, déploie dans des travaux originaux sur la mécanique, l'optique, l'hydraulique et l'art des fortifications, le même génie qui a fait la Cène et la Joconde; le Français Salomon de Caux conçoit l'application de la vapeur à la mécanique; un autre Français, Viète, conçoit l'application de l'algèbre à la géométrie; l'Anglais Neper invente les logarithmes; un autre Anglais, Gilbert, découvre le magnétisme terrestre; un autre Anglais, Harvey, découvre la circulation du sang, pressentie par Michel Servet et par Césalpini, professeur de l'école de Padoue, qui, non content d'être un des plus solides interprètes du panthéisme averroïste, fut un naturaliste remarquable; enfin, le Belge Vésale fait faire un pas énorme à l'anatomie et écrit son traité sur l'*architecture du corps humain*. Bientôt vont être imaginés le thermomètre, le baromètre, la machine pneumatique; en même temps aura lieu la découverte de l'électricité, acheminant à la construction du paratonnerre et des appareils télégraphiques, œuvre du xviiie siècle, comme les aérostats et les bateaux à vapeur.

La philosophie présida, comme il convenait, à la

renaissance scientifique. N'est-ce pas, en effet, de son esprit que s'inspirèrent les Képler, les Léonard de Vinci, les Galilée? Et Copernic, leur prédécesseur, quand il développait cette théorie des révolutions célestes qui a inauguré l'ère moderne, que faisait-il, sinon se conformer au principe philosophique si bien mis en lumière par les derniers nominalistes : *la nature dans tout ce qu'elle accomplit suit les voies les plus courtes?* Ptolémée avait représenté la terre comme immobile au centre du monde, et les astres comme mis en branle autour d'elle. Évidemment ce système s'accordait mieux que tout autre avec les apparences. Mais que de complications et d'irrégularités n'impliquait-il pas? La terre n'est, par rapport à l'ensemble des astres, qu'un point dans l'infini ; et parce qu'on habite sur ce petit point l'on voudra que toute la masse des corps célestes soit en mouvement autour de lui! Quelle rapidité ne faudra-t-il pas à ces corps si éloignés pour qu'ils décrivent en si peu de temps un si vaste tour? Et comment expliquer le concert de leurs révolutions, avec des distances si infiniment différentes? N'est-il pas plus naturel que la terre se meuve autour de son axe, et soit, dans cet océan de l'espace, comme un bateau qu'on croirait immobile, tandis que le rivage paraît en mouvement? Et le soleil? Lui qui est un million de fois plus gros que la terre, il en serait donc l'humble satellite? Ce serait donc la fonction de ce globe immense de rouler sans cesse autour de notre globe chétif avec tout son cortège de planètes? Mais, ces planètes, qui tournent certainement autour de lui, ne sont-elles pas opaques comme la terre? Ne sont-elles pas d'un volume assez semblable à celui de la terre? Quelles frappantes analogies de constitution !

N'est-il donc pas plus simple, n'est-il pas plus conforme à la grandeur et à l'harmonie de la nature, de concevoir que la terre est, elle aussi, une planète qui tourne, à l'exemple des autres, autour du soleil, en même temps qu'elle tourne autour de son axe? C'est parce que cette dernière hypothèse formait, comme on le voit, un système bien moins péniblement concerté et plus naturel, que Copernic la conçut et l'adopta, à l'encontre de l'hypothèse de Ptolémée qui semblait élevée au-dessus de tout doute par les illusions des sens, par la consécration des siècles et par l'appui de l'autorité religieuse, mais qu'il fallait sans cesse surcharger de suppositions nouvelles pour y faire rentrer les données successives de l'observation.

A son tour, Képler, génie tout imprégné de platonisme, fut acheminé à la découverte du mouvement elliptique des planètes par ce sentiment profond des harmonies naturelles que suggère aux grands hommes l'intuition des relations constantes et uniformes d'où dépend l'ordre universel. Nul plus que lui ne comprit la nécessité des hypothèses, auxquelles la science ne saurait renoncer tout à fait sans s'immobiliser. Nul plus que lui ne se complut dans cette région des principes où se ramènent à l'unité les effets les plus divers. Il était avant tout un théoricien; mais, comme tous les vrais théoriciens, il reconnaissait le prix de l'expérience et en appelait à son contrôle.

De même que Képler, Léonard de Vinci fut théoricien; mais bien plus que lui il fit la part grande aux recherches expérimentales. L'un des premiers, en Italie, il réclama au nom de la nature et de la vie contre l'abus du raisonnement et de l'abstraction. En appelant de la divination à l'observation, il opposa au *bavardage menteur* de la scolastique la réalité des choses qui, elles, ne savent pas mentir. « L'expérience, disait-il, est seule l'interprète de la nature. Il faut donc la consulter toujours et la varier de mille manières jusqu'à ce qu'on en ait tiré les lois universelles, qu'elle seule peut nous donner. » Tout en enseignant ainsi à aller droit au fait, Léonard de Vinci ne laissait pas de voir à l'origine du fait l'idée, et il disait avec profondeur : « Force nous est d'aller de l'expérience à la raison ; mais la nature va de la raison à l'expérience. »

Mais le véritable père de la méthode expérimentale telle qu'elle doit être, c'est-à-dire unie à la théorie et vivifiée par elle, fut Galilée, grand physicien, grand mathématicien, grand penseur, observant tout, appliquant à tout le calcul et la mesure, et réglant sa marche d'après les vues que lui suggérait la réflexion philosophique. Il s'applaudissait d'avoir consacré « plus d'années à la philosophie que de mois aux mathématiques ». Or, cette philosophie dont il parlait n'était pas la philosophie morte des scolastiques ; c'était cette philosophie vivante des esprits qui se mettent à l'école de la nature. Il fut le rénovateur de la science ; et s'il n'eut pas le courage d'en être le martyr, il en demeura l'apôtre. Il faiblit devant les inquisiteurs ; mais il n'a pas faibli dans ses écrits immortels.

Écoutez ses grandes paroles. « Il me semble, dit Galilée, que dans la discussion des problèmes naturels, on ne devrait pas prendre pour point de départ l'autorité des textes de l'Écriture, mais les expériences sensibles et les démonstrations nécessaires. Qui donc voudrait poser des bornes au génie de l'homme ? Qui oserait affirmer qu'on a déjà vu et su tout ce qu'il y a au monde de visible et d'intelligible ? Dans les sciences démonstratives on n'est pas maître de changer d'opinion à volonté, et on ne commande pas la conviction à un mathématicien et à un philosophe sur les phénomènes de la nature et du ciel, comme à un marchand et à un légiste sur ce qui est licite dans un échange ou dans un contrat. »

Galilée proteste contre ces théologiens qui s'arrogent le droit de rendre des décrets relatifs à des sciences qu'ils n'ont ni pratiquées ni étudiées. « C'est, dit-il, comme si un prince absolu, sachant qu'il peut se faire obéir à son gré, voulait, sans être médecin ou architecte, qu'on se soignât et qu'on bâtît à sa guise, au grand péril de la vie pour les pauvres malades, et d'une ruine imminente pour les édifices. Il n'est au pouvoir d'aucune créature de faire que des propositions soient vraies ou fausses et de les rendre différentes de ce qu'elles sont par leur nature et en fait. N'est-il donc pas plus sage de s'assurer de la vérité nécessaire et immuable du fait, vérité sur laquelle personne n'a d'empire, que de se laisser aller, sans cette assurance, à condamner une des opinions en présence et de se dépouiller ainsi du droit de choisir entre elles, avec pleine connaissance de cause ? »

LA RÉVÉLATION DES MONDES

S'il y a un événement qui compte dans l'histoire, c'est la découverte qui a eu pour effet de révéler à l'humanité le rien qu'elle est dans l'interminable hiérarchie des êtres, alors que jusque-là elle s'était faite le centre de tout.

Tâchons de nous faire une idée de l'état d'esprit des hommes du moyen âge. Ils faisaient remonter à six mille ans l'existence de l'univers, quand aujourd'hui il nous est devenu manifeste que la terre, traversant diverses époques dont la géologie découvre les vives traces, existe depuis des millions et des millions d'années, et que sa formation n'a été qu'un accident dans la suite des existences de mondes et de mondes sans nombre antérieurement formés. Sous leurs pieds, enfoncé dans les profondes entrailles de la terre carrée sur sa base, ils se représentaient l'enfer comme une vaste fournaise où brûlent les damnés ; au-dessus de leurs têtes ils se représentaient le ciel comme une grande voûte où sont suspendues des lampes destinées à consteller nos nuits et où tourne un flambeau mobile destiné à illuminer nos jours ; enfin, par delà cette voûte, ils imaginaient l'empyrée où les anges, joints aux âmes bienheureuses, constituent la cour royale du divin monarque qui régit patriarcalement la terre, prenant parti dans nos querelles et s'accommodant à nos prières. Bien convaincus que la chrétienté, avec les quelques autres poussières humaines dont est peuplée la terre, était l'essentielle raison d'être de l'univers, ils échafaudaient, d'après l'histoire plus ou moins véridique d'un tout petit peuple, une puérile théologie, que nul ne pouvait mettre en doute sans encourir anathèmes et supplices.

Or, voici qu'avec les Bruno, les Copernic, les Galilée, apparaît tout à coup l'immensité des mondes, et que, par un progrès naturel du savoir humain, à cette perspective de l'infinité dans l'espace va s'ajouter la perspective de l'infinité dans le temps. L'astronomie, l'histoire naturelle, la géologie, la cosmologie, mettent en lumière les faussetés dont fourmille ce livre soi-disant révélé qu'une chétive portion de l'humanité prétend opposer victorieusement aux Mahométans, aux Bouddhistes, qui, à leur tour, étant nés sous d'autres latitudes, se réclament d'autres livres soi-disant révélés et tout aussi erronés. N'était-il pas inévitable que les gens qui raisonnaient aboutissent à se dire : Puisque la Bible a formulé de telles erreurs, elle n'est pas un livre révélé ; car où il y a révélation divine, il ne saurait y avoir que vérité.

Qu'est-il advenu du merveilleux verger où donnait ses ordres un Dieu tout paternel, libéralement prodigue de fruits variés, hormis de ceux d'un seul arbre auquel il était défendu de toucher? Avant les enfants d'Israël, les enfants de l'Égypte, de la Chaldée, de la Perse, ont cru à ce paradis terrestre, qui inspira à la Grèce sa conception de l'âge d'or. Mais en quel point de la terre est-il ce bel Éden à la porte duquel se tient l'archange avec son épée flamboyante ? La crédulité populaire l'a placé tour à tour au fond de l'Asie, par delà les régions persiques, au Thibet, dans l'Inde, dans l'Éthiopie. Des barbares sont venus qui, convertis au christianisme, ont porté leurs regards non plus du côté où le soleil se lève, mais du côté où il se couche, et ont imaginé que le pays des divins enchantements, au lieu d'être en Orient, était en Occident, dans quelque île lointaine de l'Atlantique, ou même par delà l'Atlantique. Mais voilà que toute la terre est parcourue, et on a beau en faire le tour, nulle part ne se trouve la terre de Félicité, la terre des Saints, l'île des Bienheureux.

Les mêmes voyages autour de la terre qui ont montré le néant du paradis terrestre ont fait expérimenter l'existence des antipodes. Or le devoir de tout chrétien était de nier les antipodes sous peine d'hérésie. Un des premiers saint Augustin avait précisé ce devoir dans sa

Cité de Dieu : « Quant à cette fable qu'on nous conte qu'il y a des antipodes, c'est-à-dire des hommes dont les pieds sont opposés aux nôtres et qui habitent cette partie de la terre où le soleil se lève quand il se couche pour nous, il est d'obligation de n'en rien croire. L'Écriture ne saurait être soupçonnée de mensonge. »

De fait, à chaque région répond une autre région se trouvant au point diamétralement opposé de la sphère terrestre. Les habitants de la Nouvelle-Zélande vivant aux antipodes de la France vont debout sous nos pieds. La terre est une boule qui, dans son mouvement aussi insensible que rapide, emporte les êtres semés sur sa surface, les eaux, les nuages et l'atmosphère faisant corps avec elle ; et comme cette boule tourne complètement sur elle-même en vingt-quatre heures, ce qui, dans les espaces extra-terrestres, est actuellement le haut pour les Français est le bas pour les Zélandais, tandis qu'à l'inverse, dans douze heures il sera le haut pour eux et le bas pour nous. Ainsi quand il est midi pour les pays que la rotation du globe emporte dans le sens direct des rayons du soleil, il est minuit pour ceux qu'elle emporte à l'opposé.

La terre ne se distingue pas du ciel : elle est un astre comme les autres astres et nage avec eux dans l'océan céleste.

Combien pâlissent toutes les révélations devant la révélation des mondes ! A l'univers fermé du paganisme et du catholicisme succède l'univers illimité de la science. Fi de tous ces tableaux des poètes montrant le char enflammé du soleil qui suit sa course majestueuse des régions de l'aurore à celles du couchant et célébrant l'illumination nocturne qui fait s'allumer des milliers de lustres dans toute l'étendue du plafond d'azur déployé sur nos têtes ! Voici qu'au bout de ces longs télescopes qu'ont imaginés Simon Mayer en Allemagne, Galilée en Italie, la réalité apparaît ; et la réalité passe toute poésie. Hésiode contait que l'enclume de Vulcain, étant tombée du ciel, avait mis neuf jours et neuf nuits pour arriver du ciel à la terre et neuf autres jours ainsi que neuf autres nuits pour descendre de la terre au fond des enfers. Que deviennent ces pauvres conceptions des anciens quand nous voyons tant d'astres, plus grands que la terre des milliards et des milliards de fois, séparés les uns des autres par des milliards et des milliards de lieues ?

A travers les vastes espaces, c'est une perpétuelle éclosion de soleils sortis de nébuleuses et autour desquels gravitent de gigantesques mondes ayant leur enfance, leur apogée et leur déclin. Ici un astre s'allume ; là un astre s'éteint. Telle étoile disparaît dont le dernier rayon, cheminant avec une merveilleuse vitesse dans l'infini des espaces, met des siècles à parvenir jusqu'à la terre, tant est incommensurable son éloignement. A son heure, la terre périra elle aussi, soit consumée par une explosion du feu central vomissant de tous côtés ses laves incandescentes, soit broyée par le choc d'un astre indiscipliné sorti de son orbite. Et quel effet produira la disparition de l'humanité ? Pas même l'effet que produit l'extinction d'une bougie dont un petit souffle tue la flamme.

Comment ne s'entr'aimeraient-ils pas ces atomes conscients, nés dans les mêmes conditions misérables sur cette boule chétive ? Comment ne travailleraient-ils pas à étendre le domaine de la pensée et de la justice qui l'une et l'autre les font si grands dans leur petitesse, à supprimer l'ignorance, la maladie, la misère, le despotisme, la guerre, toutes les tares de la barbarie originelle ? Pourquoi ne s'écrieraient-ils pas, instruits par la majesté de la nature et des mondes : « Fi des viles passions, des vains honneurs, des ambitions mesquines ! Vouons au plus noble idéal notre effort d'un jour ! » Pourquoi aussi n'ajouteraient-ils pas : « Si minuscules soyons-nous, nous sommes des citoyens du ciel. Pour nous, comme pour les innombrables unités dont se compose l'harmonie universelle, mourir n'est que changer. Au-dessus des êtres il y a la divinité, et au delà de la mort il y a l'immortalité. »

Toute vie devient poussière, toute poussière devient vie, et comme les mondes s'échelonnent dans l'immensité, les existences s'échelonnent dans l'éternité.

Nous arrivons péniblement à discerner et à classer les différentes formes de vie et de pensée qui se révèlent à nous sur cette terre ; mais combien sont innombrables les formes de vie et de pensée que nous ne soupçonnons même pas, et qui, dans la multitude des mondes, se diversifient sans fin, selon la diversité des éléments et des milieux ? De même que l'homme ne peut vivre dans l'eau, ni le poisson hors de l'eau, combien d'espèces doivent exister tirant leur vie de conditions variées qui pour nous seraient la mort ! Dans la vie des êtres partout semés que de développements complexes, que de perfections dont nous ne saurions nous faire une idée !

Que le sens de la vue eût été refusé à tous les hommes, nous ne concevrions pas ce que peuvent être la lumière et les couleurs. Combien de sens autres que ceux auxquels nous sommes réduits doivent exister, ménageant aux êtres qui les possèdent des sensations et des perceptions pour nous inimaginables ! Quelle infinité d'êtres vivent, peut-être à nos côtés, qui demeurent pour nous inconnaissables, faute d'une concordance nous mettant par quelque endroit en rapport avec eux et donnant la possibilité de les discerner !

Que penser maintenant des théologiens représentant les pauvres humains qui rampent sur notre chétive sphère comme le grand objectif de l'univers ? Qu'advient-il de ces dogmes qui nous montraient Dieu n'ayant pas d'autres enfants que les hommes, les livrant au châtiment dû à la désobéissance de leurs premiers parents, leur envoyant son fils unique qui, tour à tour, s'incarne, meurt, et ressuscite pour leur salut, et déléguant comme ses représentants les chefs de l'Église ? Ces chefs de l'Église sont par définition la Vérité présente sur la terre, et voilà qu'ils se trouvent être les patrons d'innombrables erreurs rendues manifestes par la science dont les lumières sont plus fortes que la flamme des bûchers.

L'ESPRIT SCIENTIFIQUE

Galilée et les autres grands initiateurs de la renaissance renouaient les anneaux de la chaîne intellectuelle qui, depuis le temps des illustres savants de la Grèce, avait été rompue ; et ils restituaient à la raison humaine le trône dont la théologie et les superstitions l'avaient dépossédée. La magnifique éclosion de l'esprit scientifique qui leur est due n'est autre que l'éclosion de l'esprit moderne.

L'esprit scientifique détruit en l'homme cette servilité mentale qui nous sollicite à croire certaines choses uniquement parce que nous sommes nés à telle époque et en tel pays, parce que nous avons reçu tel enseignement et telle éducation, parce que tels hommes et tels peuples les ont crues avant nous. L'esprit scientifique veut constater avant d'affirmer ; il n'admet pas qu'un pouvoir quelconque prescrive de croire sans discuter ; et là où il se heurte à l'inconnu il exerce un droit illimité d'investigation auquel ne peuvent être mises des entraves que par un attentat sacrilège justifiant toutes les révoltes.

Sous l'influence de l'esprit scientifique, les libres chercheurs, quels que soient le poids des traditions et le caractère sacré qui leur est conféré par la suite des siècles, démêlent le faible des notions et des institutions antiques, critiquent les dogmes figés où les sacerdoces ont entrepris d'emprisonner l'humanité toujours en marche, et suppriment les limites dans lesquelles le passé prétend enfermer l'avenir. En même temps ils sourient des controverses niaises qui jadis armaient en guerre les uns contre les autres des hommes de croyance différente, et ils demandent que chacun puisse penser impunément ce qu'il veut.

Désormais, dans tous les domaines, la science remplace de plus en plus l'empirisme traditionnel par des théories rationnelles tirées des faits et nous apprend à les utiliser pour le bien de l'humanité. Elle est l'œuvre collective des travailleurs de tous les pays, affranchis de préjugés, s'entre-communiquant leurs vues et leurs expériences, progressant avec l'aide les uns des autres, ne reculant devant aucune vérité qui s'impose à leur conviction, n'imaginant jamais être arrivés aux conclusions définitives, et persuadés toujours qu'au delà de ce qu'ils démontrent il reste un monde de choses à découvrir et à démontrer. Devenue la grande ouvrière des richesses, la providence visible de l'humanité, la science fera sortir de ses laboratoires toute une transfiguration de la vie sociale par la mise en œuvre des forces dues à la lumière, au feu, à l'air, à l'eau, au magnétisme, à l'électricité.

Tandis que le prêtre parle en oracle infaillible, le savant se donne pour l'interprète toujours faillible des faits que l'observation et l'expérimentation lui révèlent. Une fois poursuivie dans tous les sens l'étude du plus grand nombre possible de phénomènes, le savant adopte l'hypothèse qui rend le mieux compte de leur ensemble. Mais qu'un fait nouveau apparaisse qui dérange tout l'échafaudage rationnel si laborieusement construit, le savant brûle ce qu'il a adoré et salue avec enthousiasme ce fait nouveau qui lui permet de substituer la vérité à l'erreur. Supposez qu'un jour la preuve fût faite que la terre a le monopole de la vie et de la pensée, et que les autres astres ne sont que d'immenses assemblages de pure matière, la science rejetterait ses inductions actuelles qui demeurent toujours justiciables d'enquêtes librement instituées. Elle n'admet ni bornes pour les recherches, ni contrainte pour l'intelligence, à l'encontre des dogmes qui se refusent aux investigations et qu'il faut subir. Les sacerdoces ont exigé la soumission et se sont faits persécuteurs ; la science n'aspire qu'à l'adhésion née de l'évidence et ne fut jamais persécutrice.

Quand l'orthodoxie prétend murer les esprits dans l'immutabilité de ses *credo*, elle méconnaît la nature et la raison, toutes deux faites pour le progrès. C'est à partir de l'époque où l'humanité a revendiqué le droit de penser et par suite de varier, que les intelligences ont pris leur élan et que mathématiciens, astronomes, physiciens, chimistes, naturalistes, médecins, historiens, économistes, archéologues, philologues, psychologues, sociologues, les savants de tout ordre ont fait, à travers les vieilles ténèbres, des percées lumineuses, renouvelant, au delà de toutes les prévisions, la face des idées et des choses.

Au surplus, si la science donne à l'homme la connaissance et le maniement des forces naturelles, elle ne suffit pas à diriger sa vie ; elle est de soi étrangère à la morale, expliquant sans justifier, enseignant ce qui tue comme ce qui sauve. Honte à qui la renierait. Mais c'est le devoir de la compléter par les affirmations supérieures de la conscience. Les progrès de la recherche scientifique sont mortels aux religions d'autorité qui se réclament du surnaturel pour imposer aux âmes des dogmes et des règles ; mais ils n'ont pas de prise sur le libre esprit religieux qui, respectueux de toutes les données de la science, conçoit, d'après les dictées du sens intime et les aspirations du cœur, un idéal supérieur dont le rayonnement vivifie les sentiments et la volonté.

Parmi les gravures que composait Albert Durer à l'aube de l'ère moderne, il y a deux chefs-d'œuvre significatifs. Dans l'un on voit un guerrier armé de pied en cap qui s'avance avec une calme fierté, loin des routes unies, parmi les rochers escarpés, vers un but lointain. A ses côtés chemine la Mort dont la tête grimaçante est ceinte de serpents entrelacés et qui, entre ses mains de squelette, montre au soldat du devoir un sablier où est rendue visible la fuite des heures nous enlevant sans cesse une parcelle de notre vie. Spectre encore plus hideux, un démon est là qui de sa griffe crochue menace le bon chevalier. Mais lui n'a peur ni de la mort ni du démon.

Sa vertu, tout imprégnée de foi en l'au-delà, revêt son visage d'une inébranlable sérénité.

L'autre chef-d'œuvre, dit *Mélancolie*, pourrait être appelé *la Science*. Une femme de taille gigantesque, aux grandes ailes d'ange, s'y tient assise tout près d'un vaste Océan dont il semble qu'elle se désole de ne pouvoir sonder ni les profondeurs ni les limites. Le regard fixé au loin, une sombre méditation l'absorbe ; et, accoudée au genou, elle appuie sur son poing fermé sa tête couronnée de lauriers. Les doigts de sa main droite tiennent un compas et s'appuient sur un livre. A ses pieds est couché un maigre lévrier, qui semble brisé par les fatigues d'une chasse éperdue. Autour d'elle sont épars les symboles divers des sciences et de l'industrie humaine. Non loin d'elle un petit génie, symbole du travail consciencieux, s'évertue, un burin à la main. Cependant tout en haut apparaît la pâle clarté d'un soleil qui de plus en plus perce les nues, et là-bas, sur l'immense mer, s'étend un arc-en-ciel aux mille couleurs, brillante image des espérances qui s'offrent au labeur inquiet du savant, et de la paix où doivent finalement aboutir les orages de la pensée. Juste au milieu des rayons du soleil vole et s'enfuit une chauve-souris. Elle tient dans ses pattes l'inscription « melancolia », et figure la nuit des anciens âges chassée par les splendeurs triomphales du jour nouveau.

FRANÇOIS BACON

Galilée avait fondé enfin une école de vrais savants, éliminant les forces occultes et les affirmations anticipées au moyen desquelles la scolastique supprimait ou tranchait les problèmes ; n'admettant d'autorité que celle du fait ; ordonnant avec choix des séries d'observations et d'expérimentations; soumettant la réalité sensible à toutes les vérifications possibles de nombre, de poids et de mesure. Un penseur anglais, François Bacon, se fit le porte-voix des idées nouvelles que l'initiateur italien mettait en œuvre.

C'est à tort qu'on a vu dans Bacon le promoteur de la renaissance scientifique ; il n'en fut que le plus éloquent organe. Bacon n'a pas fait de grandes découvertes comme Galilée qui donnait l'incomparable enseignement de l'exemple ; il s'est rangé du côté de ceux qui, au nom de la Bible et de la tradition, rejetaient la cosmologie de Copernic et de Galilée ; il a méconnu la portée des mathématiques que Galilée sentait si bien ; en même temps que toute métaphysique, il a généralement dédaigné la théorie pure pour n'envisager que le côté pratique de la science, en tant que ses progrès mesurent les progrès de l'industrie humaine ; il a mis enfin un visible charlatanisme à se poser en révélateur qu apparaît au milieu des ténèbres, alors que de grands inventeurs appliquaient avec génie l'analyse expérimentale et inductive dont il a formulé la théorie. Génial comme littérateur, il fut médiocre comme philosophe et nul comme savant. Néanmoins, son retentissant manifeste demeure le beau couronnement de la réforme intellectuelle du xvie siècle ; et, ancêtre des positivistes, il a exercé sur la marche de l'esprit humain une influence qu'on a pu exagérer, mais qu'on ne peut contester.

Le chancelier François Bacon, né à Londres en 1561, mourut en 1626. S'il était permis de lui emprunter une de ces métaphores ampoulées où il se plaisait à condenser beaucoup d'idées, on pourrait dire que son génie avait fait de lui un aigle qui plane, et que sa cupidité en fit un serpent qui rampe. Il se couvrit de gloire et encore plus de honte. Ce grand malhonnête homme aurait eu raison de souhaiter que la postérité connût seulement ses ouvrages. Ne parlons que d'eux.

A mon gré il faut considérer comme son plus beau livre les *Essais moraux*, très populaires chez les Anglais, trop ignorés en France. Ce Sénèque d'Outre-Manche y a consigné ses réflexions, toujours ingénieuses, quelquefois profondes, sur les mœurs et les devoirs des hommes.

Comme les *Essais* de Montaigne qu'il lisait et admirait, le livre de Bacon est une suite d'études qu'aucun lien ne relie les unes aux autres. Elles constituent en quelque sorte une politique de la vie privée et publique.

Soit qu'il s'interroge sur la vérité, la foi en Dieu, l'athéisme, la superstition, l'unité religieuse; soit qu'il considère l'homme aux prises avec l'universelle vicissitude des choses, l'adversité, la mort; soit qu'il analyse les effets, les causes et les remèdes des différentes passions, telles que l'amour, l'ambition, la colère, la vengeance, l'esprit de soupçon, l'envie, la vanité; soit qu'il recherche comment nuisent ou profitent la finesse, la ruse, les feintes, la dissimulation; soit qu'il enseigne à s'enrichir, à régler ses dépenses, à se donner de bonnes habitudes, à mettre en œuvre par l'éducation les dons de la nature; soit qu'il étudie les avantages comparés du mariage et du célibat, les rapports des parents et des enfants, les bons ou mauvais côtés de la jeunesse et de la vieillesse, de la beauté et de la laideur; soit qu'il donne des préceptes pour le sage emploi des études, pour la conduite de la conversation, pour l'aménagement des maisons familiales, des jardins et des palais nationaux ; soit qu'il philosophe sur le rôle social de l'usure, l'influence des bonnes manières, les dignités, la noblesse, les grandes places, les conseils d'État, la lente ou prompte expédition des affaires, l'affectation de prudence et le manège des formalités, les obligations des juges, le danger des innovations, les moyens d'obvier aux troubles et aux séditions, la vraie grandeur des États, l'art de commander, l'art de négocier, l'art de coloniser, l'art de voyager, l'art de parvenir, l'art de conserver sa santé, l'art de soigner sa réputation, l'art de louer, la façon de procéder avec les amis, les clients, les solliciteurs, les partis et les factions, Bacon se montre grand observateur et force à admirer son sens pratique. Il a écrit un manuel parfait, dont le seul tort est d'être trop exclusivement le manuel de l'égoïste.

Pour donner une idée de la manière de Bacon, je vais résumer ses principales vues sur deux des questions où il se montre le moins terre à terre, la famille et la religion.

Avoir femme et enfants, c'est donner des otages à la fortune. Les plus grandes entreprises eurent pour auteurs des célibataires qui avaient pour ainsi dire épousé le bien public. Ceux-là s'occupent le plus de la postérité qui n'ont pas eux-mêmes de postérité.

Au jeune homme il faut une amoureuse, à l'homme faut une compagne, au vieillard une infirmière, de sorte qu'on ne manque jamais de prétexte pour prendre femme. C'était pourtant un sage aux yeux des anciens celui qui,

interrogé sur l'âge de se marier, fit cette réponse :
« Quand on est jeune, il n'est pas encore temps ; et quand on est vieux, il n'est plus temps. »

Le principal motif qui porte au célibat, c'est l'amour de l'indépendance. C'est parmi les célibataires qu'on trouve ordinairement les meilleurs amis, les meilleurs maîtres et les meilleurs domestiques ; mais non pas les plus dociles sujets. Le célibat convient aux gens d'Église, particulièrement voués aux bonnes œuvres. Lorsqu'on a chez soi un étang à remplir, on répugne à laisser l'eau aller au voisin : et lorsque la charité a fort à faire pour toute une famille, elle ne peut se répandre au dehors. Quant aux magistrats et aux soldats, pas de mal à ce qu'ils soient mariés. Si un juge est facile à corrompre, soyez sûr qu'il aura à son service quelque domestique plus avide que ne le serait une épouse. D'autre part, l'histoire nous montre les grands guerriers de jadis pères de famille ; et c'est en leur parlant de leurs foyers, de leurs femmes et de leurs enfants, que les généraux les animaient au combat.

Une femme et des enfants sont une école perpétuelle d'humanité ; et, quoique les célibataires priment les gens mariés en matière de philanthropie, parce qu'ils sont plus à même de dépenser et de se dépenser, ils ne laissent pas d'être plus revêches, plus durs, plus cruels ; il leur manque une atmosphère de tendresse.

Le mariage est la vraie loi de nature. Chose curieuse, les pires maris ont les meilleures femmes, soit qu'elles se fassent un point d'honneur d'être patientes, soit plutôt que le caractère habituellement difficile de l'époux donne plus de prix aux complaisances et aux bons procédés qu'il a de temps en temps pour son épouse.

Les pères et les mères éprouvent des joies d'une douceur infinie en voyant leurs enfants, ou rien qu'en pensant à eux. Cette joie reste tout intérieure, parce qu'elle est indicible. En même temps les parents ont de vives craintes pour leurs enfants. Mais de même qu'ils ne peuvent exprimer leurs jouissances, ils ne veulent pas toujours découvrir leurs peines.

Le plaisir de travailler pour ses enfants rend les travaux plus aisés, mais aussi il rend les disgrâces plus amères. Les pères et les mères qui ont un grand nombre d'enfants ont rarement une égale tendresse pour tous. Il y a toujours quelque prédilection, souvent mal placée. On observe dans une nombreuse famille que le père et la mère ont plus d'égards pour les aînés et que tels des plus jeunes font leurs délices, au lieu que ceux qui sont au milieu sont comme oubliés. D'ordinaire ce sont les cadets qui deviennent les meilleurs sujets.

Une coutume très imprudente des pères et des mères c'est de faire naître et d'entretenir entre les frères une certaine émulation qui dégénère en discorde lorsqu'ils sont dans un âge plus avancé.

On ne saurait trop s'appliquer à diriger de très bonne heure tout le plan de l'éducation vers l'état ou le genre de vie auquel on destine les enfants. Ils sont plus souples et plus dociles dans un âge tendre. A coup sûr, lorsqu'on voit dans un enfant une aptitude extraordinaire pour un certain genre d'études et de travaux, il faut suivre ces indications au lieu de contrarier la nature. Mais, dans les cas ordinaires, le plus judicieux précepte est celui-ci : « Choisissez toujours le meilleur ; puis l'habitude le rendra agréable et facile. » L'homme garde le pli pris par l'enfant. Le point est que ce pli soit bon. Peut-on mettre en doute la puissance de l'habitude, quand on voit tant de personnes, après les plus grandes protestations, refaire précisément ce qu'elles ont déjà fait, en purs automates ?

La coutume donnait aux veuves indiennes la force de se disputer l'honneur d'être brûlées avec leurs époux défunts, et aux enfants de Sparte celle de se laisser fouetter jusqu'au sang sans pousser un seul cri. L'exemple instruit et dirige ; la société soutient et fortifie ; l'émulation éveille et aiguillonne. La multiplication des vertus est l'effet d'une sage discipline, et elle est fort secondée par le sentiment religieux.

Voyez comme un chien a du courage quand il se sent soutenu de son maître qui lui tient lieu d'une divinité. Il n'aurait pas un tel élan sans cette confiance que lui inspire la présence et l'appui d'une nature meilleure que la sienne. C'est ainsi que l'homme, confiant en la protection de la divinité, tire de ce sentiment une vigueur à laquelle il ne saurait atteindre, abandonné à ses propres forces. Le pire effet de l'athéisme c'est qu'il prive l'humanité du plus puissant moyen qu'elle ait de se dépasser elle-même.

La science mal digérée fait des disputeurs, des frondeurs, des novateurs dangereux. Les demi-savants sont pires que les parfaits ignorants. Esprits faux gâtés par le plus sot orgueil, c'est une race de mécontents et de réfractaires. *Le sentiment religieux est l'arome nécessaire qui empêche la science de se corrompre.*

Une philosophie superficielle fait incliner vers l'athéisme ; mais une philosophie plus profonde ramène à Dieu. Tant que l'homme n'envisage que les causes secondes, beaucoup d'incohérences l'offusquent; et il peut s'y arrêter sans être tenté de s'élever plus haut. Mais, s'il se met à considérer la chaîne indissoluble qui lie toutes ces causes et leur étroite « confédération », il s'élève à la connaissance du Grand Être qui, étant lui-même le vrai lien de toutes les parties de l'univers, a formé ce vaste système et le maintient par sa providence. « Pour moi, dit expressément Bacon, j'aimerais mieux accepter toutes les fables des vieilles légendes que de croire que cette grande machine du monde, où je vois un ordre si constant, marche toute seule sans qu'une intelligence y préside. »

Une preuve que l'athéisme est plus sur les lèvres qu'au fond du cœur, c'est de voir que les athées aiment tant à parler de leurs opinions, comme s'ils cherchaient à s'appuyer de l'approbation des autres pour s'y fortifier. Il y a un phénomène qui ne peut que les frapper, c'est que les plus rustres des sauvages s'accordent avec les plus profonds des philosophes dans l'affirmation de la divinité.

De fait, beaucoup passent pour athées qui ne le sont aucunement. Sitôt que quelqu'un combat les superstitions reçues, on l'accuse d'athéisme. Les vrais athées sont les hypocrites qui trafiquent des choses saintes et méprisent au fond du cœur la religion dont ils font parade et profit.

Mieux vaut au reste n'avoir aucune idée de Dieu que d'en avoir une indigne de lui. L'un n'est qu'ignorance ou incrédulité; l'autre est outrage et impiété. La superstition est plus injurieuse à Dieu que l'irréligion. Elle est aussi plus dangereuse pour l'homme. L'athéisme laisse encore à l'homme beaucoup de puissants mobiles, tels que la philosophie, les sentiments de tendresse qu'inspire la nature même, les lois, l'amour de la gloire, le désir d'une bonne réputation ; au lieu que la superstition renverse ces appuis et établit dans les âmes un funeste despotisme. Elle a amené des périodes de trouble et de bouleversement dans plusieurs États, tandis que les temps les plus enclins à l'athéisme, tels que celui d'Auguste, ont été des temps de paix et de tranquillité.

Les causes les plus ordinaires de la superstition sont les rites et les cérémonies avec leurs attraits purement sensibles ; l'affectation de sainteté tout extérieure ; la vénération excessive pour les traditions ; les manèges du sacerdoce, toujours jaloux d'augmenter ses prérogatives ; la manie d'attribuer à la Divinité les faiblesses et les passions humaines.

Il en est de la ressemblance de la superstition avec la religion comme de la ressemblance du singe avec l'homme ; sa laideur naturelle est par là rendue plus hideuse. De même que les viandes les plus saines, lorsqu'elles se corrompent, se chargent de vermine, les coutumes les plus respectables, sous l'influence de la superstition, se changent en momeries et en observances puériles. Toutefois en voulant épurer la religion, il faut éviter avec soin d'emporter le bon avec le mauvais.

Les dissensions et les schismes en matière de religion étaient un fléau inconnu aux païens. Le paganisme ne comportait que des cérémonies sans dogmes positifs ni croyance fixe. Rien de plus large et de plus libre que cette foi des païens, dont l'Église n'avait pour docteurs et pour apôtres que des poètes. Le Panthéon antique était ouvert à tous les dieux. Mais le Dieu de l'Écriture Sainte est un Dieu jaloux. Il ne souffre ni mélange, ni alliage.

Il en est du corps spirituel de l'Église comme du corps humain où une blessure, créant des solutions de continuité, est souvent un mal pire que la corruption des humeurs. Le schisme et les hérésies compromettent l'Église encore plus que la dépravation des mœurs. Rien ne scandalise comme le fracas des controverses sur la religion. Les incrédules en tirent parti et la ridiculisent.

La paix dans l'unité est un bien qui renferme une infinité de biens. Elle affermit la foi ; allume la charité et distille une sereine joie dans les consciences. L'essentiel est de séparer et de bien distinguer les points fondamentaux de la religion d'avec ceux qui ne doivent être regardés que comme des opinions vraisemblables. Que de matières frivoles sur lesquelles on s'échauffe à tort et où la dispute n'a pour motif que l'esprit de contradiction !

L'unité ne saurait impliquer l'uniformité. Dieu, qui scrute les cœurs, voit souvent une même opinion dans deux assertions où notre faible jugement croit voir deux opinions différentes. C'est le travers des hommes de se créer des sujets de dispute là où il n'y en a point.

On doit toutefois reconnaître qu'il y a deux fausses unités. L'une est celle qui a pour fondement l'ignorance ; car toutes les couleurs se confondent dans les ténèbres. L'autre est celle qui a pour base l'assentiment positif à des opinions contradictoires sur les points essentiels ; car, pas plus que le fer et l'argile, le oui et le non ne peuvent être incorporés ensemble.

Au surplus, qu'il s'agisse d'établir ou de maintenir l'unité, on doit bien prendre garde de manquer aux préceptes de la charité ou de violer les lois fondamentales de la société humaine. Il ne faut jamais propager la religion par le glaive, ni violenter les consciences. Tous ces attentats que le fanatisme commet au nom de Dieu dégradent la cause de la religion et sont autant de blasphèmes qui font Dieu semblable au prince des ténèbres. Croyants, législateurs, philosophes, tous les honnêtes gens devraient se concerter pour répudier à jamais les actes d'intolérance et toute doctrine tendant à les justifier.

La *Nouvelle méthode*, œuvre inachevée, est une série d'aphorismes énergiques, où chaque idée saillante est figurée par des symboles qui la gravent dans l'esprit.

Bacon oppose la philosophie expérimentale, d'où sortira la transfiguration de l'univers et de l'humanité, à la philosophie spéculative qui tourne toujours dans le même cercle, aboutit à d'inutiles conflits de doctrines et ne produit que des amas de livres se copiant les uns les autres. Il caractérise les illusions d'optique intellectuelle, communes à tous les hommes parce que l'esprit humain est pareil à un miroir qui défigurerait son objet; les préjugés individuels, enfermant chacun de nous dans *la caverne* des illusions nées de sa constitution propre; les équivoques engendrées par le langage; les sophismes nés de l'esprit de système. Ce sont là autant *d'idoles* de la pensée auxquelles, depuis les Grecs, on a pris l'habitude de prostituer le culte dû à la vérité. Arrière le sot respect de l'antiquité, dans laquelle nous devrions ne voir que l'enfance de l'humanité ! Arrière le culte aveugle de l'autorité, qui nous fait jurer sur la parole d'un maître ! Arrière l'esprit de dispute, qui subtilise sur les mots et s'enquiert peu des choses ! Bacon met en évidence la stérilité des procédés syllogistiques dont le moyen âge eut la superstition; il rejette la recherche des causes finales qui *ne peut rien enfanter, comme la vierge consacrée au Seigneur ;* il montre qu'au lieu de prétendre deviner la nature, il faut l'interpréter, et pour cela l'interroger par des expériences nombreuses et variées ; il conclut en expliquant à quelles conditions on pourra bien observer et bien induire.

Les expérimentations doivent être renouvelées dans les circonstances les plus diverses, appliquées avec le plus d'extension possible, et faites tantôt par un procédé, tantôt par un procédé contraire. Pour chaque phénomène on dressera des tables de présence, d'absence et de degrés ; on exclura toute circonstance qui n'accompagne pas toujours le fait observé, qui se manifeste là où il n'est pas, qui croît là où il décroît, qui décroît là où il augmente ; on notera les concordances, les différences, les variations simultanées ; enfin, attachant à l'esprit du plomb et non des ailes, on arrivera graduellement à démêler du groupe des circonstances qui précèdent ou suivent le fait celles auxquelles il est lié par une loi invariable. Parmi les faits soumis à notre expérience, il en est que certaines prérogatives rendent plus propres que d'autres à nous engager sur la piste de la vérité. Bacon insiste sur ces faits dont c'est le privilège de mettre en branle l'imagination des savants, et il caractérise cette espèce de flair scientifique qui pressent les rapports des choses avant de les connaître.

Par cela même que la méthode est foncièrement une et que raisonner c'est toujours tirer des conséquences, toute induction se ramène à une déduction : déduction plus ou moins conjecturale, selon le nombre et la portée des expériences sur lesquelles elle s'appuie. L'induction est un procédé naturel à l'homme. Partout et toujours notre esprit tend à dégager des faits particuliers ce qu'ils ont de général et à l'ériger en loi pour tous les temps et pour tous les lieux. Bacon n'a donc pas inventé l'induction ; il l'a seulement codifiée et exaltée avec plus d'éclat que personne. Dans l'antiquité, Aristote avait esquissé la théorie de l'induction. Au moyen âge, Roger Bacon, non content de l'enseigner, avait su la pratiquer ; et Duns Scot avait dit : « Quoique l'expérience n'embrasse pas tous les cas particuliers et ce qui arrive toujours, mais seulement un certain nombre de cas et ce qui arrive le plus souvent, elle ne laisse pas de nous enseigner de science certaine que le même phénomène qui se produit se produira partout et toujours en vertu de ce principe présent à notre esprit . Ce qui résulte en certains cas constants d'une cause non libre est un effet naturellement lié à cette cause. »

Dans le *Traité sur la dignité et l'avancement des sciences*, complété par la *Nouvelle Atlantide*, Bacon distingue les diverses branches du savoir humain et fait voir comment sa méthode expérimentale ouvrira au progrès des horizons sans limite.

Il divise le domaine de la pensée en trois grandes régions : celle de l'histoire, où domine la mémoire ; celle de la poésie, où domine l'imagination ; celle de la philosophie, où domine la raison. De là un triple ordre de sciences dont Bacon esquisse la classification, classification plus tard adoptée par d'Alembert et Diderot dans l'*Encyclopédie*.

En même temps, François Bacon trace le tableau de cette conquête universelle de la nature que doit assurer aux hommes le bon emploi de l'induction ; et, de même que Roger Bacon, il décrit d'avance, entre autres merveilles, la plupart des découvertes que nous devons à la science.

A force de recueillir des expériences et d'en analyser les résultats avec lenteur et minutie, rejetant tout ce qui est pur accident pour ne laisser au fond du creuset que l'essentiel, on finira par démêler ce qui fait qu'un corps est tel ou tel. Cette connaissance nous amènera à pénétrer par quels moyens il est possible d'ôter à une chose ses attributs pour lui incorporer ceux d'une autre ; et on sera mis en possession du pouvoir de transformer tous les corps. Avec n'importe quoi on pourra faire n'importe quoi, et par exemple, en plein désert, avec du sable et de l'air, on pourra faire du pain et de l'eau.

Que la nouvelle méthode, productrice de puissance et de bien-être, remplace donc l'ancienne méthode qui n'aboutissait qu'à des bavardages stériles ! Que, par elle, l'homme éternise sa vie terrestre et la dote de toutes les commodités, de tous les embellissements !

Tels sont les vœux, telles sont les espérances que le génie utilitaire de Bacon fonde sur le bon usage de l'induction. Il voit déjà l'humanité mise à même d'étendre à l'infini l'art des inventions ; et il salue dans la science la rédemptrice de tous nos maux.

Le *Traité sur l'avancement des sciences* et la *Nouvelle méthode* ne sont que deux parties d'un ouvrage qui devait en compter six. Cet ouvrage resté inachevé, Bacon l'intitulait la *Grande Rénovation* : titre orgueilleux, moins applicable à l'œuvre étroite de Bacon qu'à l'œuvre immense de Descartes, le Socrate de l'ère moderne.

LIVRE TROISIÈME

DESCARTES

DESCARTES, MAITRE DE LA MÉTHODE EXPÉRIMENTALE

Descartes a fait autant que Galilée et plus que Bacon pour la méthode expérimentale. Dans ses écrits, il s'élève contre ces philosophes qui, négligeant l'expérience, croient que la vérité sortira de leur cerveau comme Minerve du front de Jupiter ; il oppose à la science stérile des écoles cette science pratique par laquelle, « connaissant la force et les actions du feu, de l'air et de tous les corps, aussi distinctement que nous connaissons les divers métiers de nos artisans, nous pourrions les employer en même façon à tous les usages auxquels ils sont propres et ainsi nous rendre maîtres et possesseurs de la nature » ; il vise en particulier à tirer de la connaissance de la nature des règles assurées pour la médecine, l'esprit dépendant si fort du tempérament et de la disposition des organes qu'on peut considérer la santé comme « le premier des biens et la condition de tous les autres » ; il dit qu'on peut bien, par la raison seule, trouver quelques principes généraux, mais que, pour « descendre aux choses plus particulières », il est indispensable « d'aller au-devant des causes par les effets », et qu'après être parti de simples observations on doit multiplier de plus en plus les expériences étudiées et graduellement combinées, lesquelles « sont d'autant plus nécessaires qu'on est plus avancé en connaissance »; il insiste sur l'emploi de l'induction, raisonnement auquel servent de base l'énumération des faits et la supputation de leur valeur respective ; il demande que chacun, selon son inclination et son pouvoir, contribue aux expériences qu'il faudra faire ; qu'il communique ensuite les choses qu'il aura apprises, afin que les derniers commencent où les précédents auront achevé, et qu'ainsi, joignant les vies et les travaux de plusieurs, on aille tous ensemble beaucoup plus loin que chacun en particulier ne saurait faire.

En même temps, Descartes, bien autrement profond que Bacon, enseigne à trouver ces *idées directrices* qui épargnent aux chercheurs les expériences fausses ou superflues ; il pense que toutes les choses qui peuvent tomber sous la connaissance des hommes s'entresuivent en même façon que ces longues chaînes de raisons toutes simples et faciles dont se servent les géomètres, et il entreprend d'exposer les résultats de ses recherches avec un tel ordre que les effets et les causes s'y démontrent réciproquement, les causes expliquant les effets, et les effets qui prouvent les causes étant eux-mêmes prouvés par l'expérience.

Voilà comment s'allient dans Descartes l'expérimentateur et le mathématicien.

Plusieurs n'ont vu en lui que le géomètre et ont méconnu le physiologiste qui avait pour tous livres des pièces de dissection, le physicien qui, non content de diversifier sans fin ses propres observations, a fécondé les observations de ses successeurs par ce grand principe que tous les mouvements de la terre et des astres sont soumis aux mêmes lois générales aboutissant, selon les cas, à la formation d'un monde ou à la formation d'un embryon humain.

D'autres n'ont pas même vu en lui le géomètre et n'y ont vu que le psychologue, qui oppose si nettement la pensée à l'étendue.

A vrai dire, Descartes, dans ses préceptes et dans ses procédés, a fait la part aussi grande à l'expérience externe qu'à l'expérience interne, et, de plus, il a généralisé la méthode mathématique, marquant toutes ses spéculations de ces caractères d'unité, de simplicité logique, d'ordre déductif, de *rationalité*, qui sont comme l'empreinte commune des œuvres de la science, de la littérature et de l'art, durant ce xviie siècle dont il est le véritable roi.

DESCARTES, MAITRE DE LA RÉFLEXION PHILOSOPHIQUE

Descartes, né à la Haye, en Touraine, l'an 1596, fit ses études avec succès au collège de la Flèche. Sachant tout ce qu'on enseignait en son temps, il réfléchit sur ce prétendu savoir et découvrit qu'il ne savait rien. Alors, il laissa là les livres de l'école et se mit à étudier dans « le grand livre du monde ». Le monde ne lui apprit rien, sinon la contradiction et la vanité des mœurs humaines.

Cela décida Descartes à prendre le parti de s'étudier lui-même, et voici ce qu'il lut dans ce livre toujours ouvert pour chacun de nous et qui est notre âme. On peut bien tout mettre en doute ; mais on ne peut mettre en doute son doute même, ni par suite sa pensée. Moi qui doute, je pense ; moi qui pense je suis. Ainsi, je puis bien suspecter mes sens, et supposer que le monde extérieur et mon corps n'existent pas; mais je ne puis suspecter ma conscience qui me dit que j'existe.

La conscience me dit, de plus, que moi qui pense je suis un être simple et un. Cela peut être démontré, mais surtout cela se sent. L'âme, se touchant pour ainsi dire elle-même, connaît directement sa spiritualité. Substance spirituelle dont l'essence est de penser, mais substance imparfaite et finie, l'âme voit bien qu'elle ne se suffit pas à elle-même; et elle reconnaît l'existence d'un être infini et parfait, dont la réalité fait la sienne. Cet être, qui existe par lui-même et par lequel tout existe, c'est Dieu.

Voilà le point de vue intérieur auquel il faut se placer pour constituer la philosophie; et quel esprit doit-on apporter dans cette étude? L'esprit de libre recherche. Voulez-vous arriver à savoir? Affranchissez votre pensée de toute autorité, débarrassez-la de tout préjugé, et doutez non pour douter, mais pour connaître; pleinement sincère avec vous-même et avec les autres, ne vous déterminez jamais à juger que d'après des idées nettes et distinctes, ne déclarant vrai que ce qui est évident et n'acceptant aucune opinion avant de l'avoir ajustée au niveau de la raison; analysez toute réalité; divisez toute difficulté; procédez graduellement du connu à l'inconnu, du simple au composé; enfin revenez souvent sur vos pas et faites des revisions exactes pour vous assurer que vous n'avez rien omis.

Descartes, ayant ainsi donné les règles et l'exemple de la réflexion philosophique, est doublement l'initiateur de la pensée moderne.

LA MORALE SELON DESCARTES

Descartes ne tend pas, comme Bacon, à borner la sphère de ses recherches. Dieu, l'homme et l'univers y sont compris. C'est l'homme, avec ses imperfections et sa triple notion du nécessaire, de l'infini et du parfait, qui lui rend Dieu intelligible; c'est Dieu, avec ses perfections, qui lui rend intelligible l'univers. Il représente la philosophie comme un arbre dont les racines sont la métaphysique; le tronc, la physique; et les branches, sortant de ce tronc, la mécanique, la médecine et la morale. Ainsi la science des principes doit prendre corps dans la science des lois de la nature, astres, éléments, plantes, animaux, hommes; et la science des lois de la nature donne naissance à trois sciences pratiques nous apprenant les moyens de modifier, pour notre plus grand bien, les conditions du mouvement, de la vie et de la moralité.

Aux yeux de Descartes, et c'est ce que professe après lui l'école positive, la plus haute et la plus parfaite morale présuppose une entière connaissance des autres sciences. Il y a là une vue profonde. En effet, à côté d'un élément *formel* consistant dans l'obligation invariable et universelle d'éclairer et de suivre partout et toujours sa conscience avec une entière bonne volonté, la morale ne renferme-t-elle pas un élément en quelque sorte *matériel*, consistant dans l'accroissement variable et plus ou moins progressif des lumières scientifiquement acquises sur les véritables relations des choses auxquelles correspondent le bien et le mal?

Toutefois, Descartes estime qu'alors même qu'on est

en doute sur toutes les sciences, il faut se faire une morale, au moins à titre provisoire, par cela même que les exigences de la vie ne comportent pas de délai, et que, si on peut se dispenser de juger, on ne peut se dispenser d'agir. Cette préoccupation relative à l'urgence impérieuse du problème moral est un caractère commun aux trois têtes de la philosophie : Socrate, Descartes et Kant. Kant, acheminé par la raison pure à un scepticisme spéculatif, s'élèvera à un dogmatisme moral devant les dictées de la raison pratique. Descartes, au moment où il doute de tout, s'impose l'adoption de règles morales que, dans sa conduite, il traitera comme certaines.

La plus importante de ces règles est toute stoïcienne. Elle consiste à bien nous persuader que, nos pensées étant seules en notre pouvoir, mieux vaut changer nos désirs que prétendre changer l'ordre du monde, si bien qu'après avoir fait de notre mieux touchant les choses extérieures, tout ce qui manque de nous réussir soit considéré par nous comme absolument impossible.

Une seconde règle, assez conforme au précepte aristotélique du juste milieu, consiste à gouverner nos mœurs suivant les opinions les moins excessives que manifestent dans la pratique les gens les plus sensés avec lesquels nous avons à vivre.

Descartes veut que le libre arbitre, qu'il ramène, non à une prétendue liberté d'indifférence, mais au pouvoir de maîtriser nos jugements, et par nos jugements nos sentiments et nos actes, s'emploie à rechercher science, vertu, joie intérieure; s'étudie à séparer les plaisirs des vices; apprivoise les passions en créant des courants d'idées qui les tournent au bien ; et s'inspire de cette conviction que, chacun étant partie d'un tout, famille, patrie, humanité, *c'est proprement ne rien valoir que n'être utile à personne.*

La volonté s'étend au delà de toutes limites : elle est infinie. Le mérite consiste à l'assujettir aux préceptes de la raison. On se procure ainsi ce souverain contentement qui tient à une résolution ferme et persévérante de faire en toute circonstance ce qui nous apparaît le meilleur.

De fait, Descartes n'a pas écrit une *Morale*. C'était à ses yeux une œuvre très délicate, qui aurait peut-être couronné ses travaux s'il ne fût mort prématurément à cinquante-trois ans. Mais sa morale ressort des principaux traits de sa vie et des vues éparses soit dans son *Traité des passions de l'âme*, soit dans sa correspondance.

En prenant du service comme volontaire, tour à tour en Hollande et en Allemagne, Descartes se ménagea l'avantage de curieuses pérégrinations dans les pays les plus divers et apprit à se guérir des préjugés par le contact d'hommes de mœurs différentes. Les parades et les batailles auxquelles il assista ne lui inculquèrent pas d'ailleurs la superstition de l'esprit militaire. Tout en ayant par dessus tout le culte du courage et l'horreur de la lâcheté, il déplorait que, de son temps, l'*oisiveté* et le *libertinage* fussent les deux principaux motifs portant au métier de la guerre la plupart de ceux qui s'y livraient.

Après avoir beaucoup voyagé, à l'exemple de Thalès, de Solon et de Pythagore, Descartes se demanda un moment s'il ne prendrait pas un état. Il décida de garder son indépendance et de se donner tout entier à la recherche de la vérité. Avant Pascal, il s'était dit : « Travaillons à bien penser : voilà le principe de la morale. »

Selon Descartes, vivre sans philosopher, c'est avoir les yeux fermés sans tâcher de les ouvrir. Un grand pas sera fait le jour où, cessant d'être emprisonné dans son ignorance et ses préjugés, le commun des hommes s'élèvera à cette sagesse dont la philosophie est l'étude. Les nations sont d'autant plus civilisées et policées que les hommes y philosophent mieux. « Le plus grand bien qui puisse être dans un État, c'est d'y posséder de vrais philosophes. »

Pour lui, il se reconnaît philosophe par le mépris qu'il éprouve pour la plupart des choses qui sont ordinairement estimées. Ni richesses, ni emplois, ni honneurs, ni réputation, ne le tentent. Ce sont là des riens auxquels ne perd pas le temps l'homme qui envisage l'éternité. La méditation solitaire est sa passion ; et il est offusqué par tout ce qui pourrait troubler la tranquillité de son âme en quête du vrai.

La ville d'Amsterdam, où affluaient toutes les commodités des cités populeuses, se transforma pour Descartes en un désert où personne ne l'importunait. Il écrit à Balzac en 1631 : « Je me vais promener tous les jours, parmi la confusion d'un grand peuple, avec autant de liberté et de repos que vous pouvez le faire dans vos allées. Il en est des hommes que j'y vois comme des arbres qui se rencontrent dans vos forêts ou des animaux qui paissent dans vos prairies. » Le bruit des foules n'interrompt pas plus ses rêveries que ne ferait le murmure de quelque ruisseau. Tout entier à ses pensées, il ne voit dans les allants et les venants que des gens dont le travail sert à embellir le lieu de sa demeure et à faire qu'il n'y manque d'aucune chose.

En 1648, Descartes quitta la Hollande pour faire un

séjour en France. Sa renommée était grande et toutes les sociétés se le disputaient. Mais il n'eut garde de se prêter à ces exhibitions mondaines dont tant de personnages célèbres s'accommodent. Il s'était aperçu que ceux qui l'attiraient n'étaient guère soucieux de profiter de ses lumières. Ils avaient simplement le désir de connaître sa figure et de pouvoir dire : « Descartes est venu chez nous. » Lui-même compare tous ces gens, qui auraient été bien aises de l'avoir à dîner, aux maniaques curieux de posséder dans leur ménagerie un éléphant, une panthère, ou quelques autres animaux rares.

Descartes retourna vite dans sa solitude où c'était son bonheur de n'être troublé par aucune passion et de demeurer dans une petite chambre, avec tout loisir de s'entretenir de ses pensées. N'imaginons pas qu'il y eût là une sorte d'égoïsme. Si Descartes philosophait, c'était, comme il le déclare, pour *procurer, autant qu'il était en lui, le bien de ses semblables*.

Tant s'en faut que la pure métaphysique l'absorbât. Il trouvait nécessaire d'avoir bien compris une fois en sa vie les principes de la métaphysique, parce que « ce sont eux qui nous donnent la connaissance de Dieu et de notre âme » ; mais, cela fait, il estimait bon d'employer le reste du temps aux « pensées où l'entendement agit avec l'imagination et les sens ». Ses efforts s'employaient à recueillir les éléments d'une *science universelle* qui pût *élever notre nature au plus haut point de perfection* et à bien expliquer ses idées de telle sorte que ceux mêmes qui n'ont point étudié pussent l'entendre.

Que si Descartes fuyait le monde, à cause de la quantité d'impertinents et d'importuns qu'on y rencontre, il ne laissait pas de penser que le plus grand bien de la vie est de jouir de la conversation des personnes que l'on estime : « Je me plains, disait-il, de ce que la terre est trop grande, à raison du peu d'honnêtes gens qui s'y trouvent ; je voudrais qu'ils fussent tous assemblés en une ville, et alors je serais bien aise de quitter mon ermitage pour aller vivre avec eux, s'ils me voulaient recevoir en leur compagnie. »

Les témoins de sa vie nous montrent Descartes doux et bon avec les humbles. Ils constatent particulièrement que ses domestiques trouvaient toujours en lui un père tendre et généreux. Un d'eux, à qui il venait de rendre un service important, se jeta à ses genoux dans l'effusion de sa joie : « Qu'est cela ? dit Descartes. Vous êtes mon égal ; et je n'ai fait qu'acquitter une dette. » Dans une de ses lettres, il implore la grâce d'un paysan de son voisinage devenu meurtrier sous le coup d'une grande colère ; et, fidèle à sa coutume de *philosopher sur tout ce qui se présente*, il explique que cette colère a été avivée par la profonde tristesse que causait à ce malheureux la mort récente d'un de ses enfants.

Tandis que la plupart des hommes attendent qu'on réponde à leurs bienfaits par la reconnaissance, Descartes, de son propre aveu, croyait devoir de la reconnaissance à ceux qui lui offraient l'occasion de les servir.

Sa magnanimité le mettait au-dessus de tous les outrages : « Quand on me fait une offense, disait-il, je tâche d'élever mon âme si haut que l'offense ne parvienne pas jusqu'à moi. » Toujours placide, toujours méditatif, il semblait pareil, pour employer une comparaison de Bossuet, à « ces hautes montagnes dont la cime, au-dessus des nues et des tempêtes, trouve la sérénité dans sa hauteur et ne perd aucun rayon de la lumière qui l'environne ».

Ce n'est pas qu'il n'eût ses moments de fierté. Le recteur Isaac Beckmann allait disant que l'auteur du *Discours de la méthode* lui était très redevable et avait appris de lui bien des choses. Descartes lui écrivit deux lettres cinglantes, qu'on me saura gré de résumer, car elles ne sont guère connues :

« Prenez garde que vos vanteries ne vous nuisent auprès de ceux qui me connaissent. Il n'y en a pas un qui ne sache que tout me sert d'instruction, même les fourmis et les vermisseaux.

« Il ne sied pas de s'amuser à distinguer dans la possession des sciences ce qui est à nous de ce qui n'est pas à nous, comme s'il s'agissait de la possession d'une terre ou de quelque somme d'argent. Votre maladie ressemble à celle de cet homme qui croyait que tous les vaisseaux qui abordaient dans le port de sa ville lui appartenaient.

« Il est vrai qu'en même temps vous publiez que vous avez appris beaucoup de choses par moi. Mais je n'en demeure pas d'accord. Au surplus, si j'ai quelques connaissances, et c'est très peu, servez-vous-en si vous pouvez ; mais quittez ce soin jaloux du *tien* et du *mien* en matière de sciences.

« Les idées dont vous revendiquez la propriété sont-elles au fond d'un prix si considérable ? Il me semble voir un aveugle affolé par l'avarice au point de passer des journées entières à chercher des pierres précieuses dans les ordures de la maison de son voisin et se croyant bien enrichi quand il a trouvé quelques pierrettes ou quelques morceaux de verre, si bien qu'il fait parade de son prétendu trésor et appréhende sans cesse que des voleurs n'en usurpent la possession.

« Vous vous plaignez de ce que, ayant maintes fois reçu de vous des louanges, je ne vous ai pas rendu la pareille. Mais, sachez-le, ce n'était pas me traiter en ami que de me louer comme vous l'avez fait. Ne vous ai-je pas souvent supplié de ne faire aucune mention de moi ? Et la façon dont j'ai toujours vécu ne montre-t-elle pas que je suis ennemi des éloges ? Ce n'est point insensibilité ; mais j'estime que c'est un plus grand bien de jouir de la tranquillité de la vie et d'un honnête loisir que d'acquérir beaucoup de renommée. Au reste, pourquoi m'avez-vous loué, sinon afin d'élever d'autant plus haut le trône de votre vanité, vous vantant d'avoir appris au prochain cela même que vous ne savez pas encore ? M'avez-vous jamais ouï vanter d'avoir rien appris à personne ? Me suis-je jamais, je ne dis pas préféré, mais comparé à qui que ce soit ? N'est-ce pas ma coutume de m'estimer le plus ignorant des hommes ?

« Je vous écris tout ceci en ami. Un ennemi n'a à cœur que de blesser celui qu'il reprend ; et moi je ne tâche qu'à vous remettre dans votre bon sens par une douce réprimande. Si vous prenez ma lettre en bonne part, comme vous le devez, je n'appellerai le passé qu'une erreur et non pas une faute. »

Non moins que fier, Descartes se montrait hardi et brave, quand s'offrait l'occasion. Au cours de ses voyages, comme il était seul passager sur une embarcation et venait de quitter le port de Embden dans le Hanovre, les rustres qui menaient le bateau se mirent en tête de le tuer, de le voler et de le jeter à la mer. Descartes, toujours silencieux, mais grand observateur, s'avisa du complot, malgré toutes leurs précautions. Tout à coup, l'épée à la main, menaçant, terrible, il fond sur eux. Les matelots surpris ne songent pas qu'ils ont tout l'avantage. Ce Français leur apparaît comme un Dieu qui les foudroie. Ils demandent grâce et retournent à la manœuvre.

A ses habitudes de réflexion, Descartes joignait cette généreuse puissance d'enthousiasme qui semble le propre des âmes les plus grandes et qui fait croire au vulgaire qu'en elles le génie confine à la folie. De même que Socrate se croyait assisté par un bon génie aux heures difficiles de sa vie, de même que Pascal fixait sur un papier, qu'il porta toujours comme une amulette sous la doublure de ses vêtements, le souvenir ému du moment où, parmi des pleurs de joie, il se fit en son âme comme une inondation de lumière, Descartes, quand il conçut, à vingt-trois ans, la mathématique universelle, interpréta ses pensées comme des révélations de l'Esprit divin, et, dans son exaltation reconnaissante, il se promit d'aller en pèlerinage au sanctuaire le plus vénéré de son temps, à Notre-Dame de Lorette.

Un autre trait curieux chez Descartes, c'est la préférence qu'il donnait sur les hommes aux femmes vraiment supérieures, à cause de la fraîcheur de leurs impressions, de leur finesse intuitive, et de l'ingénuité que garde en elles la raison quand de sots préjugés n'en ont pas occupé toutes les avenues. La princesse Élisabeth, fille du roi de Bohême, qui, toute jeune, se fit son élève, était à ses yeux la personne qui avait le plus profondément compris sa doctrine. Il eut avec elle un commerce de lettres assidu. Sur la fin de sa vie il se prit aussi de sympathie pour la reine Christine. Celle-ci l'attira à Stockolm, malgré ses vives répugnances pour un si lointain exil.

Le climat de ce « pays des ours, où l'on vit entre des rochers et des glaces », fut funeste à Descartes qui, pour complaire à la reine, allait la retrouver tous les matins à cinq heures et s'entretenait avec elle de philosophie. Les médecins suédois essayèrent de calmer sa fièvre par des saignées. Il s'y prêta à contre-cœur. « Messieurs, leur criait-il, épargnez le sang français ! » La maladie fut la plus forte, et il sentit venir la mort : « Allons, mon âme, dit-il, voici l'heure où tu dois sortir de ta prison. Quitte ce corps avec joie et courage. »

La devise de Descartes, empruntée à Ovide, était : « Vivre caché c'est vivre heureux ». *Bene qui latuit, bene vixit.* Il répétait aussi souvent une phrase de Sénèque où il est dit : « Malheureux en mourant qui, trop connu des autres, meurt sans se connaître lui-même. »

Que si nous examinons maintenant les traités et la correspondance de Descartes, en particulier son écrit sur les passions et ses lettres à la princesse Élisabeth et à l'ambassadeur de France Chanut, nous verrons qu'il avait esquissé une doctrine de la vie où est exalté l'idéal des grands héros de l'antiquité, des chevaliers sans reproche du moyen âge et des nobles âmes de tous les temps. Il fut, comme Corneille son contemporain, le glorificateur de la raison et de la volonté.

Descartes veut que chacun s'efforce de tirer de soi l'homme supérieur qu'il peut être, en même façon que le statuaire travaille à tirer une Minerve d'un bloc de marbre qui est informe. Par la volonté on se fera vertueux, et l'œuvre de la volonté sera consolidée par l'habitude, qui finit toujours par rendre faciles et supportables les choses les plus pénibles.

Il y a à se tenir toujours en garde contre cette langueur qui nous empêche de mettre à exécution les desseins que notre jugement a approuvés. L'homme faible qui manque de résolution procède comme s'il n'avait pas l'usage de son libre arbitre et ne peut s'empêcher d'accomplir des actes dont il sait devoir se repentir. Emporté par des impulsions contraires les unes aux autres, tiraillé dans tous les sens, il est en perpétuel désaccord avec lui-même. C'est pitié d'être ainsi sans volonté.

Les déterminations de l'âme qui tendent à nous acquérir ou à procurer au prochain quelques perfections sont vertueuses. Être vertueux c'est avoir un ferme vouloir d'exécuter tout ce que nous jugerons être le meilleur et employer toute la force de notre entendement à en bien juger.

Le commencement de la vertu est de ne pas précipiter nos jugements et de multiplier les efforts d'attention qui nous amèneront à bien comprendre, et par suite à bien faire. Il n'y a pas d'esprits si grossiers qui ne puissent être acheminés à de bons sentiments par la raison naturelle, s'ils sont instruits comme il faut.

Chacun doit scruter ses imperfections et leurs causes, pour y porter remède quand c'est possible. Il doit aussi se faire justice en reconnaissant ses qualités. Si la bienséance empêche qu'on les publie, elle n'empêche pas qu'on en ait conscience. Au reste, plus un homme a de grandeur, plus il est frappé de tout ce qui lui manque. C'est le propre des petites âmes de s'en faire accroire. Elles ressemblent à ces vases minuscules que trois gouttes d'eau peuvent remplir.

Faute de lumière, la volonté de bien faire peut nous porter à des choses mauvaises que nous croyons bonnes.

D'où la nécessité d'acquérir par l'étude le droit usage de la raison qui donne une vraie connaissance du bien, prévient les égarements d'une volonté droite mais mal éclairée, et accorde la vertu avec les plaisirs licites. Il n'est que trop fréquent de donner son assentiment à des notions confuses, au lieu de le retenir. On entrevoit que ce qu'on fait est mauvais ; mais on le fait quand même.

Au lieu de craindre la lumière, efforçons-nous de voir clair en nous et dans les choses. Les vertus sont des habitudes de l'âme qui la disposent à des pensées justes et que réciproquement les pensées justes produisent.

Il ne suffit pas de connaître la vérité ; il faut s'en pénétrer par l'accoutumance. Que de longues et fréquentes méditations nous l'impriment dans l'esprit, si bien qu'elle s'incorpore à notre nature ! Rien de fait, si la connaissance théorique n'aboutit à la conviction pratique.

Le plus souvent la volonté est débile, mais non annulée ; et l'homme, au lieu d'être constamment passif, forme des jugements déterminés suivant lesquels il règle une partie de ses actions. Les caractères ont plus ou moins de force selon qu'on est capable de suivre ces jugements.

En se représentant les choses favorables aux passions qu'elles veulent avoir et, contraires aux passions qu'elles veulent rejeter, les âmes s'inoculent insensiblement les unes et se libèrent des autres. Il y a une conversation intérieure de nous-mêmes avec nous-mêmes, qui, bien réglée, peut modifier complètement nos dispositions. Par les idées et les images qu'elle évoque, on provoque tels ou tels mouvements intérieurs qui orientent soit vers le bien, soit vers le mal. La personne est créatrice de son individualité morale.

Sans doute nos passions ne peuvent pas être allumées ou éteintes par l'action immédiate de la volonté. Mais l'âme agit sur elles indirectement. On se sert de certaines passions pour résister à d'autres, et on s'excite aux bons sentiments par une adroite conduite de son imagination. Il faut surtout, du moment où la volonté est viciée, la combattre avec ses propres armes, c'est-à-dire avec des jugements fermes touchant le bien et le mal, dont on se déterminera à faire la règle de ses actions.

Ce n'est pas tout d'un coup qu'on deviendra maître de soi. De même que l'âme, en se rendant fort attentive à quelque chose, peut s'empêcher d'ouïr un petit bruit ou de sentir une petite douleur, mais ne peut également s'empêcher d'ouïr le tonnerre ou de sentir le fer qui broie notre main, ainsi elle peut aisément surmonter les moindres passions, mais non pas les plus violentes, sinon après que l'émotion du sang est apaisée. Le plus que la volonté puisse faire, pendant que cette émotion est en sa force, c'est de ne pas consentir à ses effets. Ainsi la colère fait lever la main pour frapper, mais la volonté la retient ; la peur incite les jambes à fuir, mais la volonté les arrête.

Aux liaisons créées en nous entre tels mouvements et telles pensées par la nature, il est toujours possible d'en substituer d'autres par l'habitude ; et de même que le chien, naturellement porté à courir vers une perdrix quand il la voit, et à s'enfuir quand il entend un coup de fusil, est dressé à s'arrêter dès qu'il voit une perdrix et à courir sur elle au bruit du fusil, les hommes peuvent, avec un peu d'industrie, modifier les mouvements de leur cerveau, si bien qu'ils surmontent leur faiblesse d'âme et prennent empire sur les mauvais penchants.

On ne saurait assez appliquer ses soins à faire l'éducation de sa volonté. Par des suggestions appropriées on excite ou réprime en soi une passion. Veut-on par exemple se donner de la hardiesse, on s'appliquera à considérer les raisons et les exemples qui persuadent que le péril n'est pas grand, que lutter est plus sûr que fuir, qu'il y aura gloire et joie à vaincre, au lieu qu'à se laisser vaincre on n'encourrait que honte et regrets.

Si on se représente fréquemment combien sont grands les avantages qui viennent de ce qu'on a une ferme résolution de bien user du libre arbitre, et, d'un autre côté, combien sont vains et pernicieux les soins qui travaillent les ambitieux, les débauchés, les cupides, les envieux, on développera en soi la passion du bien.

Qui a la passion du bien aime à aimer, et ne sait pas haïr. La haine resserre le cœur, tandis que l'amour l'agrandit; elle ne se propose que le mal et rend méchants les meilleurs, tandis que l'amour a toujours le bien pour objet. Mais, si le vrai est d'aimer, encore faut-il savoir aimer, pour ne pas dépenser de manière vaine ou malfaisante toutes ces énergies que suscite l'amour. L'amour mal entendu nous emporte aux plus grands excès ; il n'épargne rien pour sa satisfaction ; il fait ou laisse faire les pires choses pour le seul plaisir de l'objet aimé. La morale est un art d'aimer, en même temps qu'un art de juger et de vouloir.

Par l'amour l'âme se joint à un objet qui lui est un bien ; et elle se considère comme un tout dont il est une partie et elle l'autre. L'amour n'est pas le désir, et il n'est pas rare de voir un désir fort violent fondé sur un amour qui est faible.

Pascal dira : « Qui doute si nous sommes au monde pour autre chose que pour aimer ? On aime toujours. Il n'est pas possible que l'homme puisse vivre un moment sans cela. » Descartes pense de même.

La nature de l'amour est qu'on ne fasse qu'un avec l'être aimé. Quand deux hommes s'entr'aiment, la charité veut que chacun d'eux estime son ami plus que soi-même. Leur amitié n'est point parfaite si chacun n'est prêt à dire en faveur de l'autre : « Le coupable c'est moi ! C'est moi qu'il faut frapper ! »

De même, le citoyen ne se doit considérer que comme une fort petite part du tout qu'il compose avec sa patrie. Pour la servir, il ne craindra pas d'aller à une mort assurée, pas plus qu'on ne craint de tirer un peu de sang de son bras pour faire que le reste du corps se porte mieux. Ceux qui vont ainsi à la mort, conduits par une forte affection, sont heureux jusqu'au dernier moment de leur vie.

Il existe un autre amour éminemment utile et doux, l'amour de Dieu. Si nous songeons que notre âme est une émanation de Dieu, si nous nous le représentons comme la source éternelle de toutes les perfections et de tous les biens, si nous envisageons le néant de tout ce qui n'est pas cet être infini, notre amour envers Dieu sera le plus grand et le plus parfait de tous. Confiants en lui, nous ne redouterons ni de souffrir ni de mourir.

La vertu maîtresse, qui est la clef de toutes les autres, est la générosité. Elle réside dans cette noblesse de pensées, de sentiments et d'actions, qui révèle une âme libre et libérale. L'homme généreux estime que la volonté le fait indépendant des choses et maître de soi ; il use d'elle pour le bien ou la gloire de ceux qu'il aime ; et, autant il trouverait lâche de se tourmenter à propos des disgrâces que la fortune lui envoie, autant il trouve naturel d'avoir pitié des moindres afflictions qu'ont les autres. Il n'est pas de ceux qui estiment que les larmes n'appartiennent qu'aux femmes, et que, pour paraître homme de cœur, on doit avoir toujours les yeux secs. Mais, s'il est sensible, cette sensibilité ne sert qu'à le faire fort, dévoué, désintéressé. De plus en plus il se purge des tares de l'égoïsme et se donne au bien général jusqu'à l'entière immolation de soi-même.

La générosité d'âme mène à être en tout sincère et vrai, malgré cette dépravation qui fait que les hommes se trompent les uns les autres, et qu'on rougit de ne pas participer à l'hypocrisie universelle, en même façon qu'un jeune homme, mêlé à une troupe de débauchés, a honte d'être chaste et tempérant.

Les hommes qui ont l'âme généreuse sont modestes et humbles ; ils gardent la même humeur dans la prospérité que dans l'adversité, toujours doux et toujours dignes. Les hommes qui ont l'âme basse sont arrogants et superbes ; ils s'enflent dans la prospérité et se font rampants dans l'adversité ; on les voit tour à tour honteusement abaissés devant ceux dont ils attendent quelque profit ou redoutent quelque mal, et insolemment orgueilleux devant ceux dont ils n'ont rien à espérer ni à craindre.

Les âmes généreuses n'admettent pas qu'il soit au pouvoir de quelqu'un de les offenser ; et cela n'empêche pas qu'elles soient sensibles à la gloire ; car voir qu'on est estimé par les autres est un motif de mieux faire encore. Les âmes basses en viennent à ne mesurer le bien et le mal que par les commodités du corps, et s'accommodent de l'infamie qui les décharge de plusieurs contraintes auxquelles l'honneur les obligeait.

Les âmes généreuses font du bien même à qui leur a fait du mal; et en elles la reconnaissance ne s'épuise jamais. Les âmes basses ont le cœur rongé d'une sourde colère contre leurs bienfaiteurs ; elles se trouvent humiliées par les bons offices d'autrui ; elles imaginent volontiers que tout le monde est mercenaire comme elles, et qu'on ne fait aucun bien qu'avec l'espérance d'être récompensé ; elles ne pardonnent pas à ceux dont la bonté leur a imposé le fardeau d'une dette qu'elles n'ont pas le pouvoir ou la volonté d'acquitter.

Tandis que les âmes généreuses ne répugnent ni aux hommages, ni aux respects, ni aux sacrifices dûs à autrui, rendent à chacun ce qui lui appartient, abondent en bienveillance pour les personnes et n'ont de mépris que pour les vices, les âmes basses et faibles ont de sots dédains et de sottes admirations ; se jouent insolemment de ce qui mérite d'être révéré ; sont tour à tour impies et superstitieuses ; se plaisent à médire, comme si montrer les autres moins estimables était un moyen de se faire plus estimer ; et, toujours malveillantes, dès qu'elles voient qu'un même effet peut dépendre d'une bonne ou d'une mauvaise cause, ne manquent jamais de le rapporter à celle qui est mauvaise.

Ceux qui ont l'âme noble ne se livrent point à la moquerie. Ils pourront bien se permettre de ces railleries inoffensives où apparaît une humeur gaie et une conscience tranquille ; ils pourront bien reprendre utilement les vices en les faisant paraître ridicules, sans ombre de méchanceté à l'égard des personnes. Mais loin d'eux cet esprit de dérision, où se trahit une joie mêlée de haine provoquée par les défauts d'autrui. Ils en laissent la spécialité à ces disgrâciés de la nature, à ces rebuts de la société, qui, pour prendre leur revanche d'infirmités natives ou d'affronts subis, voudraient tout rapetisser et avilir. Faisant réflexion sur l'infirmité de la nature humaine, sur les fautes qu'ils ont autrefois commises ou sont capables de commettre, ils ne se préfèrent à personne. Ils pensent que l'homme vaut l'homme, parce qu'en chacun de nous existe le même libre arbitre. S'ils voient tels ou tels commettre des fautes qui font paraître leur faiblesse, ils sont plus enclins à les excuser qu'à les blâmer, et ils croient qu'il y a plutôt manque de connaissance que manque de bonne volonté. Au reste, qu'ils surpassent les autres ou que les autres les surpassent en richesses, en crédit, en honneurs, en savoir, en esprit, en beauté, c'est pour eux peu de chose. Ils ne prisent que la bonne volonté, qu'ils supposent être aussi ou du moins pouvoir être en chacun. Persuadés qu'ils n'y a qui leur appartienne que la libre disposition de leur vouloir et que seul son bon usage mérite d'être loué, ils nourrissent en leur âme une ferme et constante résolution d'en bien user, c'est-à-dire de ne manquer jamais de volonté pour entreprendre et exécuter toutes les choses qu'ils jugeront être les meilleures. Or là réside la vertu. Et quiconque a vécu de telle sorte que sa conscience ne lui peut reprocher d'avoir manqué à faire tout ce qu'il a jugé être le meilleur, éprouve une satisfaction si profonde que les plus violents efforts des passions n'ont jamais assez de force pour troubler la tranquillité de son âme. Et voilà comme la générosité est une sorte de remède général contre les dérèglements des passions.

L'usage naturel des passions telles que l'amour, la haine, le désir, la joie, la tristesse, serait qu'elles ne servissent qu'à rejeter ce qui peut nous nuire et à acquérir ce qui peut nous apporter quelque perfection. Mais il arrive qu'elles nous donnent de l'attrait pour le nuisible et de l'aversion pour l'utile. De plus, elles font paraître presque toujours les biens et les maux comme beaucoup plus importants qu'ils ne sont, si bien qu'elles nous excitent à rechercher les uns et à fuir les autres avec plus de soin qu'il n'est convenable. Pareils aux bêtes trompées par des appâts, beaucoup d'hommes n'évitent de petits maux que pour se précipiter dans de plus grands. A l'expérience et à la raison de discerner le bien et le mal, de démêler la juste valeur de l'un et de l'autre, et de faire que nous ne nous portions à rien avec excès.

On ne pèche guère par excès dans le désir des choses bonnes et nécessaires à la vie ; c'est quand il s'agit de posséder celles qui sont mauvaises ou superflues que les désirs ont besoin d'être réprimés ou réglés.

La maxime qu'il faut être modéré en tout est bonne dans la plupart des cas ; mais encore sied-il de ne pas être modérément vertueux et de bien distinguer deux sortes d'excès, l'un qui change la nature d'une chose et de bonne la rend mauvaise, l'autre qui ne fait que la rendre de bonne meilleure. Ainsi la hardiesse si grande qu'elle devient témérité est blâmable ; mais la hardiesse si grande qu'elle exclut toute irrésolution et toute crainte est excellente.

Telle est l'étroitesse des liens sociaux entre les hommes, que nous profitons au prochain par nos vertus, tout comme nous lui nuisons par nos vices. C'est se tromper que de dire : Je ne fais de mal qu'à moi-même.

Mais de ce que par cela seul qu'on se gouverne bien on contribue à l'utilité publique, il ne s'ensuit pas qu'on ne doive aussi s'occuper directement du bien commun. Quelques qualités qu'on possède, il n'y a qu'un faux semblant de vertu là où manque le dévouement à l'humanité.

C'est le devoir de rendre à chacun ce qui lui est dû, et de ne jamais nuire à personne. Que si, involontairement, on a fait offense ou tort à quelqu'un, il faut l'en dédommager et aller au-devant de toutes les réparations désirables. Les hommes qui ont véritablement de la vertu et de l'honneur ne manquent pas d'obéir à ces prescriptions de la raison et de la justice. Au contraire, les hommes dont la nature est sotte, basse, lâche, dès qu'ils ont fait du mal à quelqu'un, peut-être sans y penser, continuent ensuite de lui nuire le plus qu'ils peuvent, par cela seul qu'ils croient avoir mérité d'en être haïs, ou bien parce que, s'étant une fois mépris, ils auraient honte de ne pas maintenir ce qu'ils ont fait, bien qu'en eux-mêmes ils le désapprouvent.

Comme c'est une chose plus haute et plus glorieuse de faire du bien aux autres que de s'en procurer à soi-même, nous constatons que les plus grandes âmes sont celles qui y ont le plus d'inclination et qui font le moins de cas des biens qu'elles possèdent. Elles ne reçoivent que pour donner.

Dans les États le mal le plus ordinaire est le discrédit de la vraie vertu et l'idolâtrie de la fausse gloire.

Il n'y a qu'une chose qui nous fasse estimables, c'est l'empire que nous avons sur nos volontés et le bon usage du libre arbitre en vue de notre perfectionnement et du bien commun. Tous ceux qui conçoivent bonne opinion d'eux-mêmes pour quelque autre cause sont des orgueilleux ; et leur orgueil est d'autant plus vicieux que le motif pour lequel ils s'estiment est plus injuste. Est-il rien de plus mal fondé que cet orgueil qui ne repose sur aucun mérite réel, mais sur l'usurpation d'une gloire dont on croit que ceux qui s'en attribuent le plus en ont le plus ? On se prévaut sottement de choses non dignes de louanges, ou même dignes de blâme ; on tâche d'abaisser les autres hommes pour se faire valoir ; et ainsi il arrive que les orgueilleux ont l'âme constamment agitée de haine, d'envie, de jalousie et de colère. L'orgueil est la grande source des méchancetés et des crimes.

Parmi tous les genres d'orgueil, l'orgueil du pouvoir est le plus malfaisant.

Dans le livre où il se fait le docteur des princes, Machiavel les montre exposés à tant de périls, obligés à tant de perfidies et de férocités, que les particuliers qui le lisent ont moins sujet d'envier leur condition que de la plaindre.

L'admirateur de César Borgia absout les plus grandes cruautés pourvu qu'on procède par masses et d'un seul coup, de manière à mater les âmes par la terreur ; il admet qu'on ruine tout un pays afin d'en demeurer le maître ; il recommande de dissimuler, de trahir, et de ne tenir sa parole qu'autant que ce sera utile ; il veut enfin que, pour régner, on se dépouille de toute humanité. De tels préceptes scandalisent Descartes, et il pense qu'ils ne sauraient assurer la sécurité qu'on en attend ; car enfin les princes demeurent à la merci du premier qui sera prêt à sacrifier sa vie pour leur ôter la leur. Mais cela même ne fait qu'empirer la pernicieuse doctrine de Machiavel ; car de ce fait que les petits attentats suffisent pour donner la volonté de se venger, il conclut qu'on ne doit pas reculer devant les grands attentats qui en ôtent le pouvoir.

Le tort fondamental de Machiavel est d'étendre à des princes qui ont acquis leurs États par des voies justes, des préceptes uniquement applicables aux princes qui se sont établis par l'usurpation. L'illégitimité de leurs commencements engage ceux-ci dans une perpétuelle continuation d'actes illégitimes ; les crimes appellent les crimes. Mais les chefs d'État restés vertueux peuvent toujours se soutenir et s'agrandir sur les bases de la vertu.

Les souverains doivent distinguer entre les sujets et les amis ou alliés d'une part, et les ennemis d'autre part. Vis-à-vis de ceux-ci, il peut être bon d'accoupler le renard avec le lion et de joindre l'artifice avec la force. Encore ne sied-il pas de feindre d'être l'ami de ceux qu'on veut perdre, afin de les mieux surprendre. L'amitié est une chose trop sainte pour en abuser de la sorte ; et celui qui aura pu feindre d'aimer quelqu'un pour le trahir mérite que ceux qu'il voudra aimer dans la suite n'en croient rien et le haïssent. A l'égard de ses alliés un prince doit tenir exactement sa parole, même quand cela lui est préjudiciable, d'autant que rien ne lui est plus précieux que le renom d'homme ne manquant jamais de faire ce qu'il a promis.

Lorsque Machiavel dit que, vu la corruption du monde, il est inévitable qu'un chef d'État se perde s'il veut être homme de bien, c'est un pur paradoxe. Entend-il par homme de bien un homme superstitieux et simple, qui, par exemple, n'osera pas livrer bataille le jour consacré au Seigneur? Alors on ne peut le contredire. Mais, par homme de bien, désigne-t-il, comme il faut l'entendre, un homme qui fait toujours ce que lui dicte la vraie raison? Alors il est certain que, quoi qu'en dise Machiavel, le meilleur est de rester toujours homme de bien.

Le chef d'État sera sévère sans rigueur et clément sans débonnaireté; il abaissera les grands qui peuvent former des partis contre lui; il se gardera également de l'injustice, de l'arrogance et du manque de dignité, qui lui attireraient la haine et le mépris du peuple; enfin il s'entourera de conseils; mais, toutes les raisons une fois bien entendues, il sera inflexible touchant les choses qu'il aura décidées, encore même qu'elles lui soient nuisibles, car elles lui porteront toujours un moindre préjudice que ne le ferait la réputation d'être léger et variable.

Les États populaires réuniraient les plus grands avantages si on avait soin de n'y élever aux hautes places que le talent, la probité et la vertu. Mais il arrive que ceux qui sont les plus effrontés, et qui savent crier le plus haut, y ont le plus de pouvoir, encore qu'ils aient le moins de raison.

En même temps qu'elle est l'art de juger, de vouloir, d'aimer et d'agir, la morale est l'art d'être heureux.

Il n'y a personne qui ne désire se rendre heureux; mais plusieurs n'en savent pas le moyen. Ils sont dupes d'une perpétuelle illusion. C'est le propre des passions de nous présenter comme beaucoup plus considérables qu'ils ne sont véritablement, les biens à la recherche desquels elles nous sollicitent. Chacune nous montre son objet comme souverainement désirable; puis, quand nous avons pris beaucoup de peine à l'acquérir, la jouissance nous en fait connaître les défauts. De là viennent les dédains, les regrets, les repentirs. C'est ainsi que maints plaisirs du corps sont trompeurs. Autant ils paraissent grands quand on les espère, autant ils se révèlent petits quand on les possède.

Ces faux plaisirs dont c'est le propre d'être accompagnés ou suivis d'inquiétudes et d'ennuis, nous déçoivent par leurs apparences et nous en font négliger d'autres beaucoup plus solides, mais dont l'attente ne touche pas tant : tels sont ordinairement les plaisirs de l'esprit seul.

La grande différence entre les plaisirs du corps et les plaisirs de l'esprit consiste en ce que, le corps étant sujet à un changement perpétuel, tous les plaisirs qui le regardent ne durent guère. Ils procèdent en effet de l'acquisition de telle ou telle chose qui est utile au corps au moment où on la reçoit; mais, sitôt qu'elle cesse de lui être utile, ils cessent d'être, et d'où venait la joie vient le dégoût. Au contraire tout plaisir de l'âme, pris dans le vrai, peut être immortel comme elle.

L'office de la raison est d'examiner la juste valeur des biens dont la jouissance semble dépendre en quelque façon de notre conduite, afin que nous ne manquions jamais d'employer tous nos soins à tâcher de nous procurer ceux qui sont en effet les plus désirables, en quoi, si la fortune s'oppose à nos desseins et les empêche de réussir, nous aurons au moins la satisfaction de n'avoir rien perdu par notre faute et ne laisserons pas de jouir de toute la béatitude naturelle dont l'acquisition aura été en notre pouvoir.

Donc, pour bien nous conduire dans la voie du bonheur, nous n'avons qu'à examiner avec calme la valeur de toutes les perfections tant du corps que de l'esprit qui peuvent être acquises par notre industrie. Nous serons sans doute obligés de nous priver de quelques-unes pour avoir les autres. Mais nous choisirons les meilleures. Quoique celles du corps soient d'ordre inférieur et qu'on puisse dire généralement que sans elles il y a moyen de se rendre heureux, nous nous garderons pourtant de les mépriser absolument. Nous ne croirons pas non plus devoir nous exempter d'avoir des passions : ce qui serait une entreprise à la fois folle et funeste. Il suffira d'éviter leur mauvais usage et leur excès, en les rendant sujettes à la raison.

Qui vise à la vertu est heureux par surcroît.

Contre les coups du sort qui nous frappe dans nos espérances et dans nos affections, accoutumons-nous à regarder les choses du biais qui peut nous les rendre agréables et faisons que notre principal contentement ne dépende que de nous seuls.

Lorsqu'on a encore occasion de craindre et d'espérer, l'agitation se comprend. Mais dès qu'un mal est sans remède, le désir doit être étouffé. Il faut se soumettre à la nécessité et n'être pas de ces esprits faibles qui s'imaginent que ce qui a autrefois été peut toujours être, et que Dieu est comme obligé de faire pour l'amour d'eux tout ce qu'ils veulent.

De fait, nos afflictions tiennent au trouble que la nature excite en nous. Lorsque cette émotion est apaisée, encore que toutes les raisons que nous avions auparavant demeurent les mêmes, nous ne nous sentons plus affligés. Il convient donc d'employer toutes les forces de sa résolution à apaiser l'agitation intérieure qu'on sent. On évitera d'entretenir et prolonger son mal par ses pensées; on tâchera de l'adoucir peu à peu en ne regardant ce qui est arrivé que sous le jour qui peut le faire paraître le plus supportable ; on s'en divertira par des occupations bien choisies.

L'homme est le plus souvent l'artisan de ses peines.

Tout en reconnaissant les maux de l'existence humaine, Descartes professe un doux optimisme. Il enseigne que, même parmi les plus tristes accidents et les plus pressantes douleurs, on peut toujours être content pourvu qu'on sache user de sa raison ; il croit qu'à tout bien considérer, nous avons plus de biens que de maux en cette vie, et que notre tort est de ne pas savoir en sentir le prix, comme il arrive pour la santé, ce grand bien dont nous ne nous apercevons que quand nous en sommes privés.

L'état d'âme du commun des hommes témoigne qu'ils pensent avoir ici-bas plus de contentements que de peines et qu'ils sont peu disposés à laisser le certain pour l'incertain. En général ils craignent la mort, et ceux-là même qui ne la craignent pas ne sont pas portés à la rechercher. C'est que, lorsque, dans l'existence humaine, on met d'un côté tout ce dont on peut avoir de la commodité, de l'autre côté tout ce dont on peut recevoir de l'incommodité, on en vient à conclure qu'en somme le bien domine.

Cette conclusion s'impose surtout si on songe au peu d'état qu'il faut faire des choses qui ne dépendent pas de notre libre arbitre par rapport à celles qui en dépendent. Celles-ci, nous pouvons toujours les rendre bonnes, si nous savons bien vouloir. Pour ce qui est des autres, il faut tellement se tenir hors de l'empire de la fortune que, tout en ne perdant pas les occasions de retenir les avantages qu'elle peut donner, on ne pense pas toutefois être malheureux lorsqu'elle les refuse. Dans la plupart des affaires du monde, il y a quantité de raisons pour et contre. Eh bien, qu'on s'arrête principalement à considérer celles qui servent à faire qu'on approuve les choses qu'on voit arriver ! Un homme vraiment philosophe devrait aboutir à empêcher que tous les maux qui lui viennent du dehors, si grands soient-ils, n'entrent plus avant dans son âme que ne fait la tristesse qu'excitent les comédiens quand ils représentent devant nous quelques actions très funestes.

Au surplus, ne semble-t-il pas que ceux-là même qui se laissent emporter à leurs passions jugent pour la plupart en leur for intérieur, sans pourtant se l'avouer, qu'il y a plus de biens que de maux en cette vie ? Il leur arrive d'appeler la mort à leur secours quand ils sentent de grandes douleurs. Mais, s'ils la voyaient apparaître, ils imiteraient le bûcheron de la fable et la prieraient de les aider à porter leur fardeau. Tels entreprennent de se tuer qui, sauvés du trépas, s'épargnent ensuite et témoignent ainsi que ce n'est pas par un jugement bien raisonné qu'ils voulaient perdre la vie.

Pas plus qu'il n'y a à se dégoûter de la vie, il n'y a à craindre la mort ni à tant s'attrister pour la perte de ceux qui meurent.

Le plus grand motif de ne pas redouter la mort et d'accepter celle des êtres les plus aimés consiste dans la considération de la nature de nos âmes, visiblement faites pour durer après cette vie et destinées à des félicités beaucoup plus grandes que celles dont nous jouissons ici-bas, pourvu que, par nos dérèglements, nous ne nous en rendions point indignes. Ceux qui meurent passent dans une vie plus douce que la nôtre ; et nous les irons trouver quelque jour, même avec la souvenance du passé ; car il y a en nous une *mémoire intellectuelle* qui est assurément indépendante du corps.

La santé et la joie sont, après la vertu, les deux principaux biens qu'on puisse avoir en cette vie.

En un certain sens il est permis de dire que la santé est le fondement de tous les biens et que l'art de la conserver est une partie de la sagesse.

Descartes fit toujours dans ses travaux une part importante à la médecine, qu'il ne séparait pas de la morale, pas plus qu'il ne séparait la physiologie de la psychologie : et on sait qu'il disait, en montrant les pièces anatomiques auxquelles s'appliquaient ses expériences : « Voilà ma bibliothèque ». Selon lui, l'esprit dépend si fort du tempérament et des organes du corps que, s'il est quelque moyen de rendre communément les hommes plus sages et plus habiles qu'ils n'ont été jusqu'ici, il croit que c'est dans la médecine qu'on doit le chercher.

En attendant que la médecine réalise les immenses progrès dont doivent la doter des recherches bien conduites, il faut pratiquer une bonne hygiène, l'exercice, la vie simple, et utiliser les plantes, aussi bienfaisantes que sont malfaisants ces poisons chimiques dont une science à courtes vues fait des médicaments. Les meilleurs remèdes sont ceux de l'âme, qui a tant d'influence sur le corps. Rien n'est plus propre à la conservation et au rétablissement de la santé que cet optimisme qui fait qu'on se persuade ou qu'on ne tombera pas malade, ou qu'on pourra aisément se remettre. Beaucoup meurent de la crainte de mourir.

Non seulement la joie intérieure sert à faire que le corps se porte mieux ; mais encore il y a en elle une secrète force propre à nous rendre la fortune favorable. Les choses que nous faisons avec un cœur gai et sans aucune répugnance intérieure ont coutume de nous succéder heureusement.

Dans les circonstances importantes de la vie, lorsque les chances sont si douteuses que la prudence ne peut enseigner ce qu'on doit faire, on a grande raison de suivre le conseil de son génie, et il est utile d'avoir une forte persuasion que ce qu'on entreprend avec cette aisance d'allure qui accompagne d'ordinaire la joie, ne manquera pas de bien réussir.

Descartes devance Emerson exaltant sa confiance en soi.

Toutefois, comme le vrai bien réside dans l'acquisition et la jouissance de toutes les perfections dont la possession dépend de notre libre arbitre, et, comme de connaître la vérité, même désavantageuse pour nous, est une plus grande perfection que de l'ignorer, il ne faudra jamais craindre de démêler ce qui est, au risque de se sentir moins joyeux. La joie n'est pas un tel bien qu'il faille se rendre gai à quelque prix que ce soit : on devrait alors approuver la brutalité de ceux qui noient leurs déplaisirs dans le vin. Puis, ce n'est pas lorsqu'on a le plus de gaieté qu'on a l'esprit le plus satisfait. Les grandes joies sont ordinairement muettes et sérieuses ; il n'y a que les médiocres et passagères qui soient accompagnées de cris et de rires.

Que gagne-t-on à se tromper en se repaissant de fausses imaginations ? Sous le plaisir superficiel qu'on éprouve se cache une amertume intérieure, qui vient de ce que l'âme entrevoit que c'est là un faux plaisir. Néanmoins, dans les cas où existent diverses considérations également vraies, dont les unes nous portent à être contents tandis que les autres nous en détournent, la sagesse veut que nous nous arrêtions principalement à celles qui nous donnent de la satisfaction. Maintes choses mauvaises sont telles que, vues par un côté, elles paraissent bonnes. Il faut s'ingénier à les regarder du biais qui les montre à notre avantage.

Être bon pour autrui c'est l'être pour soi-même.

La seule prudence nous enseigne à travailler pour les autres et à faire plaisir au prochain autant qu'il est en notre pouvoir. Ne voit-on pas que ceux qui sont estimés, officieux et prompts à obliger reçoivent aussi quantité de bons offices, même de ceux à qui ils n'ont jamais rendu service ? N'est-il pas manifeste que les peines qu'ils se donnent pour faire plaisir ne sont pas si grandes que les avantages que leur procure l'amitié de quiconque les connaît ? Il est vrai que quelquefois on perd sa peine en bien faisant et qu'au contraire on gagne à mal faire. Mais ce ne sont là que des exceptions à la règle générale. Même si on n'envisage que son intérêt, la bonne façon de conduire sa vie est de suivre le grand chemin et de croire que la meilleure finesse est de ne point vouloir du tout user de finesse. L'expérience montre tous les jours que les voies justes et honnêtes sont les plus utiles et les plus sûres.

A quoi tendent les lois communes de la société, sinon à ce que les hommes se fassent mutuellement du bien, ou du moins ne se fassent pas du mal ? Qui les suit franchement, sans dissimulation ni artifice, mène une vie plus heureuse que les gens qui cherchent leur utilité par d'autres routes. Que ceux-ci réussissent maintes fois, soit par la sottise des autres hommes, soit par un caprice du sort, c'est incontestable ; mais il arrive le plus souvent que, pensant s'établir, ils se ruinent.

Pas de félicité stable pour les âmes vulgaires se laissant aller à leurs passions ; elles ne sont heureuses ou malheureuses que selon que les choses qui surviennent sont agréables ou déplaisantes. Les âmes vertueuses au contraire se basent sur des raisonnements si forts et si puissants, que, bien qu'elles aient aussi des passions, souvent plus violentes que celles du commun, leur raison demeure néanmoins toujours la maîtresse et fait que les maux même leur servent et contribuent à la félicité continue dont elles jouissent. Elles font bien tout ce qui est en leur pouvoir pour se rendre la fortune favorable ; mais elles estiment si peu cette vie, au regard de l'éternité, qu'elles en considèrent les événements à peu près comme ceux des comédies. Ressentent-elles une douleur corporelle ? Elles s'exercent à la supporter patiemment, et il y a quelque chose qui leur agrée dans cette épreuve qu'elles font de leur force. Voient-elles leurs amis en grande affliction ? Elles compatissent à leur mal ; en même temps, elles ne négligent rien, sacrifient tout, affrontent tout, pour les en délivrer : et dès lors il arrive que le sentiment qu'elles ont d'accomplir des actions louables les rend plus heureuses que toute la tristesse née de la compassion ne les afflige.

Vivre pour autrui aide à notre bonheur. Si nous ne pensions qu'à nous seuls, nous ne pourrions jouir que des biens nous concernant, au lieu que, si nous pensons aux autres, nous jouirons des biens qui leur sont communs en même temps que des biens qui nous sont propres. On objectera que, par contre, nous souffrirons aussi des maux d'autrui. Sans doute. Mais, lorsque nous nous attristons à cause de quelque mal survenu à nos amis, nous ne participons pas pour cela à la privation d'où résulte leur mal ; de plus, notre peine est encore moins grande que la satisfaction intérieure qui accompagne nos actes de pure affection et de vraie charité.

L'exemple des hommes très charitables témoigne que, même en pleurant et en prenant beaucoup de peine pour le prochain, on a encore plus de plaisir que si on vivait dans le repos et les ris. Ni l'aise du corps, ni la gaieté ne sont indispensables pour la béatitude de l'âme. Les tragédies ne nous plaisent-elles pas d'autant plus qu'elles excitent en nous plus de tristesse ? Les exercices, tels que la chasse et le jeu de paume, ne sont-ils pas pleins d'agrément, aussi pénibles qu'ils soient ? La fatigue et la peine ne font qu'ajouter au plaisir.

Ainsi ceux qui vivent selon la raison éprouvent de douces joies chaque fois qu'ils viennent de faire quelque action qu'ils jugent bonne ; et l'habitude de la vertu les établit dans une paisible satisfaction de conscience qui est l'état le plus souhaitable. Tout autre est cette satisfaction de soi-même, cette arrogance ridicule qu'on remarque en ceux qui, croyant être dévots, sont seulement bigots et superstitieux. Sous prétexte qu'ils vont souvent à l'église, récitent force prières, jeûnent et font l'aumône, ils s'imaginent qu'ils sont si grands amis de Dieu qu'ils ne sauraient rien faire qui lui déplaise. Tout ce que la passion leur dicte est soi-disant l'effet d'un beau zèle, bien qu'elle leur dicte quelquefois les pires crimes, comme de tuer des princes, d'exterminer des peuples entiers, pour cela seul qu'ils ne suivent pas leurs opinions.

Le souverain bien consiste dans la ferme volonté de bien faire et dans le contentement qu'elle produit. Il est au pouvoir d'un chacun et ne dépend ni des faveurs de la nature, ni des caprices de la fortune. Quoi d'aussi noble que le libre arbitre qui, nous faisant maîtres de nous-mêmes, nous rend pareils à Dieu? Quoi d'aussi désirable que son bon usage? Le repos d'esprit et la satisfaction intérieure que ressentent ceux qui ont la conscience de faire toujours le mieux possible, soit pour connaître le bien, soit pour le réaliser, est un plaisir sans comparaison plus doux, plus solide et plus durable que ceux qui viennent d'ailleurs.

Ce parfait contentement d'esprit où réside la béatitude n'est pas ordinairement le lot des favoris de la fortune ; et les sages l'acquièrent sans elle. Vus de près, les heureux du monde sont des malheureux plus dignes de pitié que d'envie. Les satisfactions dont ils abondent, leur étant ordinaires, ne leur donnent pas autant de joie que leur donnent de peine les moindres traverses. L'atteinte qu'ils éprouvent des afflictions qui leur viennent, lorsqu'ils s'y attendent le moins et y sont le moins préparés, doit servir de consolation à ceux que le sort a accoutumés à ses disgrâces. « En France, écrivait Descartes à la princesse Elisabeth, je n'ai vu personne dont il m'ait semblé que la condition fût enviable, et ceux qui y font figure avec le plus d'éclat m'ont paru les plus à plaindre. J'apprécie plus que jamais la félicité de la vie tranquille et la richesse des plus médiocres fortunes. » Il disait aussi : « Je ne voudrais pas d'un emploi m'ôtant le loisir de cultiver mon esprit, encore qu'il me rapportât grand crédit et grand profit. Je tâche d'avancer dans la recherche de la vérité; et c'est en cela que consiste mon principal bien en cette vie. »

Descartes insistait sur la nécessité de fortifier en nous le bon sens. C'est un bien tel que, quand on le possède, il n'y a aucun mal dont on ne puisse tirer quelque avantage. Le bon sens nous apprendra l'art de nous résigner aux maux inévitables et de nous prêter aux jouissances inoffensives que l'existence humaine comporte. Le sage n'est pas si sévère que de refuser à ses sens rien qu'un philosophe puisse leur permettre sans blesser sa conscience.

Faisant toujours ce que nous dicte notre raison, nous n'aurons jamais aucun sujet de nous repentir, même quand les événements nous révéleraient plus tard que nous nous sommes trompés, vu qu'il n'y aura pas eu de notre faute.

Ce qui fait que nous ne désirons pas d'avoir par exemple plus de bras ou plus d'yeux que nous n'en avons, mais que nous désirons bien avoir plus de santé ou plus de richesse, c'est que nous nous imaginons que celles-ci pourraient être acquises par notre conduite, tandis qu'il n'en est pas de même des autres. Rectifions nos jugements. Du moment où on a suivi les conseils de sa raison et qu'on n'a rien omis de ce qui était en son pouvoir, on doit, si le succès échappe, se persuader que ce succès était impossible, et faire de nécessité vertu. Que notre raison se soit trompée, il n'importe. C'est assez que notre conscience nous atteste que nous n'avons pas manqué de résolution pour exécuter les choses qui nous ont apparu comme les meilleures.

Il arrive à beaucoup de gens des biens qu'ils n'ont pas conquis par leurs mérites, de sorte qu'on peut dire qu'ils sont plus heureux que sages. Mais la béatitude consiste en un parfait contentement d'esprit que les sages acquièrent sans qu'il leur soit besoin d'être les privilégiés de la fortune. Incontestablement un homme bien doué, qui n'est point malade, qui ne manque de rien, et qui avec cela est aussi sage et aussi vertueux qu'un autre qui est contrefait, infirme et pauvre, peut jouir d'un contentement plus parfait. Toutefois, comme un petit vase peut être aussi plein qu'un grand, encore qu'il contienne moins de liqueur, il n'est pas douteux que les plus disgrâciés de la fortune et de la nature ne puissent être entièrement satisfaits aussi bien que les autres, encore qu'ils ne jouissent pas de tant de biens.

Bref, chacun peut de soi-même se rendre content, sans rien attendre d'ailleurs, si d'abord il tâche toujours de se servir le mieux possible de son esprit pour connaître ce qu'il doit faire ou ne pas faire en toutes les occurrences de la vie ; si, en second lieu, il a une ferme et constante résolution d'exécuter tout ce que sa raison lui conseillera sans que ses passions ou ses appétits l'en détournent, ce qui est proprement la vertu ; si, en troisième lieu, pendant qu'il se conduit ainsi selon la raison, il considère tous les biens qu'il ne possède pas comme étant entièrement hors de son pouvoir : grand moyen de se sauver des désirs, des regrets et des repentirs, qui nous empêchent d'être contents.

L'homme est fortifié dans la vertu par la connaissance qu'il acquiert de la bonté de Dieu, de l'immortalité des âmes et de la grandeur de l'univers. Celui qui imagine les cieux faits pour la terre et la terre faite pour l'homme, est enclin à penser que la terre est notre principale demeure ; mais celui qui envisage l'immensité des mondes s'élève à l'idée d'une vie plus haute que celle d'ici-bas. Il considère que l'âme est par sa nature capable de jouir d'une infinité de contentements qui ne se trouvent point en cette vie ; et, loin de craindre la mort, il détache si bien son affection des choses terrestres, qu'il ne regarde qu'avec mépris tout ce qui est au pouvoir de la fortune. Convaincu de l'existence d'un Dieu de qui tout dépend, et dont les perfections sont infinies, il apprend à l'aimer et à recevoir en bonne part tout ce qui arrive.

Une autre chose qui fortifie l'homme dans la vertu, c'est le sentiment de la solidarité universelle. Bien que chacun de nous soit une personne séparée des autres hommes et dont par conséquent les intérêts sont en quelque sorte distincts de ceux du reste du monde, il n'en est pas moins vrai qu'on ne saurait subsister seul et qu'on est une partie de cette humanité, de cette nation, de cette société, de cette famille, auxquelles on est joint par sa demeure, par sa naissance, par les bienfaits reçus et par les engagements pris. Il faut beaucoup penser à cela et préférer les intérêts du tout dont on fait partie à ceux de sa personne en particulier. Si on rapporte tout à soi, on ne craindra pas de nuire beaucoup aux autres dès qu'on croira en retirer quelque profit ; et ainsi on n'aura ni vraie amitié, ni vraie fidélité, ni vraie vertu. Si au contraire on se considère comme une partie du public, on sera heureux de faire plaisir à tout le monde, et même on ne craindra pas d'exposer sa vie à l'occasion pour le service d'autrui. Cette considération a été en tout temps la source des actions les plus héroïques. L'homme qui souffre quelque mal afin qu'il en revienne du bien aux autres, l'homme qui expose sa vie par dévouement à l'intérêt commun, se procure par là des satisfactions d'esprit incomparablement supérieures à toutes les petites joies passagères qui dépendent des sens.

Leibniz a parlé dédaigneusement de la morale de Descartes où il ne voyait qu'un amalgame à la Sénèque des sentiments de l'école épicurienne et de l'école stoïcienne. D'autres, tel Brunetière, ont dit après Leibniz : « Il n'y a pas de morale cartésienne. » Je viens de montrer, à l'encontre de ces détracteurs du maître de la pensée moderne, que de l'œuvre de Descartes, dont il est convenu de ne connaître que la physique et la métaphysique, on peut dégager une morale. Cette morale est originale et toute fondée sur les lumières naturelles. Le jour où Descartes l'aurait condensée en un corps de doctrine, elle lui aurait sûrement attiré, comme il le prévoyait, l'animosité des *régents* et des *théologiens*.

L'EXISTENCE DE DIEU, SELON DESCARTES

C'est par la volonté, principe de la moralité, que l'homme, selon Descartes, ressemble le mieux à Dieu. Dieu est l'être parfait, qu'on ne peut concevoir que comme existant, par cela même qu'en soi son existence est absolument nécessaire ; car, si à un moment rien n'était, éternellement rien ne serait. Dieu est au fond de tout, non comme une matière dont tout serait fait ; mais comme la cause première d'où tout procède.

Le contingent présuppose le nécessaire ; le relatif présuppose l'absolu ; le bon présuppose le meilleur ; l'imparfait présuppose le parfait ; l'homme et l'univers présupposent Dieu.

Le progrès des êtres vers des perfections de plus en plus élevées ne se comprend que par la préexistence de l'être en qui résident toutes les perfections. Le même principe qui veut que du néant rien ne puisse naître nous fait une loi d'expliquer finalement non le supérieur par l'inférieur, mais l'inférieur par le supérieur.

Quoi qu'en disent les matérialistes, les formes les plus hautes de la vie, de la conscience et de la pensée, ne peuvent émerger graduellement du chaos primitif de la matière, sans qu'un principe dominant provoque cette évolution du simple au compliqué et du moins au plus. Dès l'antiquité, Aristote enseignait justement qu'il faut mettre à l'origine non l'œuf avec sa masse informe, mais l'être adulte en pleine possession de la vie à laquelle parvient par degrés l'embryon contenu dans l'œuf.

LA TOUTE-PUISSANCE DE DIEU, SELON DESCARTES

Procédant en mathématicien qui va du contenant d'une idée à son contenu, Descartes analyse la notion du parfait et en déduit, entre autres attributs, l'indépendance absolue de Dieu. A ses yeux, la liberté divine ne comporte aucune limitation, à moins qu'on ne veuille faire de Dieu « un Jupiter ou un Saturne entièrement soumis aux destinées ». Ainsi, ne disons pas qu'il est impossible à Dieu de faire qu'une montagne puisse subsister sans une vallée ; disons seulement que cela implique contradiction dans notre pensée telle que Dieu nous l'a faite.

Nous avons raison de juger que Dieu peut faire ce que nous pouvons comprendre ; nous avons tort de prononcer qu'il ne peut faire ce que nous ne pouvons comprendre. Est nécessaire ce que Dieu a voulu tel ; mais Dieu n'était pas nécessité à le vouloir. Ce qui nous apparaît comme impossible, il aurait pu le rendre possible et nous en rendre intelligible la possibilité, de même qu'il nous en suggère actuellement l'impossibilité.

Lorsque Descartes interprétait ainsi ce principe que Dieu ne peut avoir aucune borne, il ne faisait qu'introduire dans sa doctrine les idées que lui avaient inculquées sur le Tout-Puissant les théologiens de la compagnie de Jésus, ses maîtres au collège de la Flèche. Ces idées, renouvelées de Tertullien tout autant que de Scot, devaient être particulièrement reprises par Schelling, dans sa *Philosophie chrétienne*, et, après Schelling, être enseignées d'abord en Suisse, puis en France, comme propres à fonder la métaphysique.

Toutefois, Descartes gardait certains tempéraments trop peu remarqués. Secrétan, le philosophe de Lausanne, disciple de Schelling, dira que Dieu est parce qu'il veut être, et se fait ce qu'il veut être. Descartes dit : « Il répugne que Dieu se puisse priver de sa propre existence, » et, se défendant de subordonner l'être de Dieu à son vouloir, il ajoute : « Être la cause de soi-même, être par soi, c'est n'avoir pas d'autre cause de soi-même que sa propre essence. » Secrétan dira que la liberté absolue n'est pas soumise à la raison parce qu'elle est le principe de la raison, et il esquissera une espèce de genèse de l'intelligence par la volonté. Descartes dit : « C'est en Dieu une même chose de vouloir, d'entendre et de créer, sans que l'un précède l'autre. » Il pense que nous ne saurions vouloir une chose sans la concevoir en même temps, tandis qu'il nous arrive, rarement il est vrai, de concevoir sans vouloir en même temps quelque chose. Enfin, non content d'enseigner qu'à la rigueur l'intelligence pourrait se passer de la volonté, mais non la volonté de l'intelligence, il affirme nettement qu'il ne faut pas imaginer de priorité entre la volonté et l'entendement de Dieu, car « l'idée que nous en avons nous apprend qu'il n'y a en lui qu'une seule action toute simple ».

Cette théorie de la liberté absolue de Dieu, en faveur de laquelle des théologiens protestants et catholiques invoquent, avec Scot, les intérêts de la pensée religieuse, est éminemment favorable à la conception d'un Dieu à l'orientale, qui damne et sauve qui il lui plaît. Elle s'accommode du miracle et de la grâce ; elle se concilie avec les deux dogmes du péché originel et de la rédemption ; mais elle compromet toute science et toute morale, en subordonnant au vouloir divin le principe de contradiction d'où dépend la liaison logique des idées ; elle méconnaît que puissance et amour, bien loin d'engendrer *librement* la sagesse, doivent être originairement éclairées par elle, sous peine d'être la force la plus brute, le caprice le plus aveugle ; elle ne se soutient que par des équivoques ou des contradictions, par cela même qu'il est impossible de vouloir sans une représentation préalable de quelque chose susceptible d'être voulu, et qu'il est impossible d'aimer sans une certaine conception de l'objet aimé.

Ne plaçons à l'origine des êtres ni une pure liberté qui serait l'indétermination absolue et équivaudrait au hasard, ni une nécessité pure qui serait la détermination absolue et équivaudrait au *fatum* ; voyons-y le vivant qui simultanément est et se fait.

C'est à une conception de cette sorte que semble finalement se ramener la doctrine de Descartes. Il admet bien le surnaturel, si on entend par là la réalité d'une existence supérieure aux conditions physiques; mais il nie ce surnaturel qui consiste dans la suspension arbitraire du cours des lois naturelles.

LA VÉRACITÉ DIVINE, FONDEMENT DU SAVOIR HUMAIN, SELON DESCARTES

Dieu, selon Descartes, ne fait pas seulement l'être des choses ; il fonde aussi l'évidence des idées ; et, comme il est le principe de toute essence, il est le principe de toute connaissance.

Il est bien vrai qu'avant même de nous être interrogés sur Dieu, nous sommes convaincus de la vérité des choses que nous concevons fort clairement et fort distinctement; mais c'est la *véracité divine*, impliquée par la notion de l'être parfait, qui justifie définitivement cette conviction et nous autorise à juger que ce que nous connaissons comme certain l'est en effet.

Comprenons bien la marche de Descartes si souvent dénaturée. Voulant douter de tout, Descartes ne peut douter de son doute, de sa pensée, de son être, parce que douter de soi c'est encore s'affirmer; il se dit donc qu'il existe, que c'est évident, qu'il en est certain ; et, en même temps, il fait cette remarque que l'évidence est le signe dont la présence fait qu'*il s'assure qu'il dit la vérité*. Toutefois, il n'est encore en possession que d'une certitude subjective n'ayant de valeur absolue qu'autant qu'elle lui garantit son existence personnelle, parce que dans le moi le sujet et l'objet de la connaissance ne font qu'un. Mais voici que dans le concept de l'existence personnelle est compris le concept de l'existence de Dieu, et que dans le concept de Dieu est compris le concept de la véracité divine. Dès lors, la certitude subjective est convertie en certitude objective par notre juste confiance en la véracité divine. La perfection de Dieu, être souverainement véridique, nous assure l'harmonie des lois de notre pensée avec les lois de la réalité; nous sauve de l'idéalisme, et légitime notre naturelle croyance à l'existence du monde extérieur jusqu'ici tenue pour suspecte.

LE DÉTERMINISME SCIENTIFIQUE

Une fois reconnue la véracité divine, la science est fondée. En effet, les vérités sur lesquelles la science repose sont dès lors reconnues immuables, non par le fait d'une nécessité inhérente à leur nature ou à la nature de Dieu, mais par suite du libre choix de la volonté divine qui ne nous les ferait pas comprendre comme immuables si elle ne les avait faites immuables.

De cette façon, Descartes échappe à la théorie de la contingence universelle; il condamne ceux qui espèrent follement que Dieu changera pour eux l'ordre du monde, au lieu de s'en tenir à lui demander de rendre leurs dispositions conformes aux effets qui, d'après ses décrets éternels, doivent suivre leurs prières; et il aboutit au déterminisme scientifique, qu'il ne sépare pas d'ailleurs du concours volontaire, mais constant, de la divinité.

Selon lui, Dieu conserve le monde en continuant l'acte

créateur par lequel il l'a produit. « Conserver, dit-il, c'est créer derechef. » Rien n'existe que soutenu par la puissance de Dieu; et, la substance étant ce qui n'a pas besoin d'autre chose pour exister, « Dieu seul est substance au sens propre du mot. » Malebranche et Spinosa développeront les semences renfermées dans cette formule.

LE SYSTÈME DU MONDE SELON DESCARTES

A l'immutabilité de Dieu se rattache l'immutabilité foncière des corps dont c'est la loi que chacun demeure en l'état où il est, tant qu'une cause étrangère ne vient pas modifier cet état. De cette loi dérive une seconde loi : « Tout corps qui se meut tend à continuer son mouvement en ligne droite, » vu que ce mouvement, étant le plus simple, est le plus en harmonie avec les perfections divines, et qu'il n'y a pas de raison pour qu'une fois commencé et laissé à lui-même il soit suspendu ou dévié. Ajoutez une troisième loi dérivée également de la première : « Un corps qui en rencontre un autre lui enlève sa détermination, mais non son mouvement. » Ainsi, la même quantité de mouvement se conserve toujours dans le monde, et ce qui se perd d'un côté se retrouve de l'autre. Pour qu'il en fût autrement, il faudrait des miracles auxquels Descartes ne croit pas, parce qu'il croit à l'immutabilité divine.

Une fois en possession des lois du mouvement, Descartes conçoit magnifiquement l'évolution universelle dans le monde physique, avec lequel il n'a garde de confondre le monde moral. Il nous invite à supposer qu'il n'y ait à l'origine ni ordre, ni proportion, et il enseigne que les lois du mouvement suffisent pour faire que les parties du chaos se démêlent d'elles-mêmes et que *toutes les choses purement matérielles s'y rendent, avec le temps, telles que nous les voyons à présent ;* il ajoute que « la nature des choses est bien plus aisée à concevoir lorsqu'on les voit naître peu à peu en cette sorte que lorsqu'on les considère toutes faites; » enfin, il fait explicitement une large part à ce qu'on a appelé depuis la sélection naturelle, et il observe qu' « il n'est pas étonnant que presque tous les animaux engendrent, puisque ceux qui ne peuvent engendrer à leur tour ne sont plus engendrés, et dès lors ils ne se retrouvent plus dans le monde. »

Descartes ne va pas jusqu'à assurer qu'il y ait des créatures intelligentes dans les étoiles ; mais il déclare ne voir aucune raison par laquelle on puisse prouver qu'il n'y en a point, et il oppose à la petitesse de cette boule où nous végétons l'immensité de l'univers.

Il appartenait au même homme qui, secouant la torpeur des esprits, avait dit qu'au lieu de répéter la leçon d'un maître il fallait penser par soi-même, et avait hardiment procédé dans ses recherches comme si avant lui il n'avait existé aucun être pensant, d'achever de réduire en poussière toutes ces forces occultes dont s'entretenait l'ignorance du moyen âge ; de substituer à la considération des qualités spécifiques, qui dispensaient de rien expliquer, le simple concept de la pure *quantité des géomètres* n'ayant rien de commun avec ces formes dont on disputait dans les écoles ; de démêler, sinon la lettre, du moins l'esprit du système de l'univers, en montrant soit dans la formation des diverses réalités sensibles, soit dans les révolutions des planètes « tournant en rond ainsi qu'un tourbillon qui aurait pour centre le soleil », soit dans la propagation de la lumière et dans tous les autres faits physiques d'une complexité si variée, les résultats de divisions, de dispositions, de mouvements introduits dans les masses matérielles à la suite de groupements moléculaires antérieurs, qui sont rigoureusement liés à d'autres et puis à d'autres, d'après un petit nombre de lois susceptibles d'être réduites à une formule unique.

Selon Descartes, partout où nous concevons l'espace, est la matière, identique à l'étendue, indéfiniment divisible, figurée, impénétrable et mobile. Pas de vide ; tout est plein. De la continuité absolue des particules matérielles il résulte que rien ne peut se mouvoir sans que tout se meuve. Ainsi, dès la première impulsion donnée par Dieu, le mouvement imprimé à quelques parties de la matière a été communiqué à toutes. Les masses matérielles se faisant obstacle les unes aux autres, et aucune molécule ne pouvant se déplacer sans qu'aussitôt une autre prenne sa place, le mouvement naturel en ligne droite s'est trouvé transformé en mouvement curviligne, comme il arrive pour l'eau dans un vase que l'on agite violemment. Et le hardi philosophe, réunissant en un même faisceau toutes les sciences, qu'il faut bien distinguer mais qu'il ne faut pas séparer, entreprend d'expliquer comment les innombrables tourbillons de matière, différents de grosseur et de forme, ont dû, d'après les lois de l'impulsion et du choc, produire tout le système céleste, tous les éléments, tous les corps, et engendrer tous les phénomènes physiques, entre autres les mille combinaisons de la vie.

N'admettant pas d'intermédiaire entre l'âme humaine

et la matière brute, Descartes ne voit dans la physiologie qu'une mécanique profondément compliquée ; ne reconnaît dans les bêtes rien de plus que de l'étendue soumise aux lois du mouvement, et développe son hypothèse de l'*animal-machine,* à laquelle les La Fontaine et les Sévigné opposèrent les protestations du sens commun.

Quelle agitation intellectuelle ne produisit-il point « ce mortel dont on eût fait un dieu chez les païens » ? Ses audacieux paradoxes rendirent presque autant de services que les grandes découvertes qu'il faisait, soit quand il établissait géométriquement les lois de la réfraction, soit quand il esquissait cette théorie des ondulations lumineuses que l'optique moderne a si heureusement substituée à la théorie de l'émission patronnée par Newton, soit quand il montrait l'unité des méthodes dans les mathématiques et agrandissait merveilleusement leur domaine par l'application de l'algèbre à la géométrie.

Que si Descartes fait prédominer dans ses spéculations scientifiques l'idée du mécanisme universel et y proscrit le recours aux causes finales, il ne faut pas l'en blâmer avec Leibniz ; il faut l'en louer. Pour être positive, la science doit s'affranchir des idées présomptueuses de finalité qui ont si longtemps entravé ses progrès ; elle doit tendre en même temps à réduire la qualité à la quantité, et à rendre mesurable ce qui nous apparaît plus ou moins indéterminé. Les découvertes les plus récentes sur la conservation des forces, sur leur transformation et sur les équivalents mécaniques, sont et le produit et la justification de cet esprit cartésien qui, cherchant l'unité dans la diversité considérée au point de vue de l'espace et du temps, ramenait à l'étendue la matière, et au mouvement l'action.

Regrettons seulement qu'il soit arrivé à Descartes, tout en faisant appel à l'expérience, de trop restreindre et de trop abréger ses observations, et de négliger la génération réelle des faits pour suivre uniquement la corrélation logique des idées. Il ne suffit pas de dire et de montrer qu'en somme tout se fait par figure et mouvement ; il faut prolonger l'examen scrupuleux des phénomènes pour arriver à préciser et à calculer en quoi consistent exactement les mouvements et les figures déterminant les diverses évolutions de la matière. Descartes s'engagea hâtivement dans des constructions conjecturales que domine l'hypothèse des tourbillons, pure erreur, mais erreur féconde qui acheminera Newton à la vérité.

LA PRIMAUTÉ PHILOSOPHIQUE DE DESCARTES

Les philosophes éminents sont des conquérants qui *livrent de grandes batailles* enrichissant de nouveaux territoires l'empire de l'esprit humain. Parmi ces conquérants, c'est à notre Descartes qu'appartient le premier rang. Hegel le reconnaissait lorsqu'il disait : « L'action de cet homme sur les temps nouveaux est si grande qu'on ne saurait jamais l'exagérer. C'est le héros de la philosophie. »

Quand il élimine la double superstition des entités scolastiques et des causes finales ; quand il entrevoit les larges horizons de l'évolution « développant tous les possibles », à la place des cadres étroits du genre et de l'espèce ; quand il conçoit la mathématique universelle ; quand il prélude au calcul des infinis ; quand il ramène la physiologie, la chimie et la physique à la mécanique ; quand il nous fait pénétrer le monde invisible où tout est pensée, par delà le monde visible où tout est étendue, Descartes est le promoteur des doctrines qui seront les plus fécondes en progrès de toute espèce.

En même temps, c'est de Descartes que date la méthode positive qui éclairera tous les chemins de l'avenir.

Elle enseigne d'abord à douter de tout ce qu'on n'a pas profondément examiné et à n'affirmer que ce qu'on a reconnu évident.

Elle enseigne, en second lieu, à remonter graduellement des faits à des lois de plus en plus générales, au moyen d'observations et d'expérimentations dans lesquelles on aura soumis les objets à la double épreuve de l'analyse et de la synthèse, divisant toutes les difficultés en autant de parcelles qu'il se peut et conduisant par ordre ses pensées du simple au composé.

Elle enseigne, en troisième lieu, à ne pas nous prononcer sur ce qui échappe aux précisions du savoir humain, réserve faite toutefois du domaine de la pratique, où il faut à l'occasion prendre parti sur de simples probabilités et de pures conjectures.

Les positivistes, par une déplorable mutilation de la philosophie, ne voudront voir que de l'inconnaissable au delà de la sphère des nombres et des phénomènes. Mais Descartes laisse ouvert à nos investigations le monde intelligible, non moins que le monde sensible. Il n'a pas peur de la pensée.

Kant lui-même reconnaîtra que « les sciences n'ont rien à perdre à s'inspirer de la vraie métaphysique ». De fait, au fond des plus fameuses hypothèses par lesquelles

les grands génies ont fait avancer les sciences, on retrouve toujours cette intuition de l'universelle rationalité, de l'universelle harmonie, qui est l'âme du cartésianisme.

Ces règles de la méthode positive, que Descartes a eu l'honneur de proclamer le premier, sont, pour la philosophie et les sciences, ce que sont les vérités de la Révolution pour la politique et la sociologie. En dehors d'elles, on ne peut bâtir rien de solide.

1637, époque où parut le *Discours sur la méthode*, est la date de l'avènement de la raison dans la philosophie moderne, de même que 1789 est la date de l'avènement du droit dans les affaires publiques. Le libre examen s'étendit graduellement des idées aux croyances et aux institutions.

Descartes pressentait, tout en la redoutant, cette révolution sociale que préparait la révolution intellectuelle dont il fut l'auteur ; il remarquait de combien de difficultés s'accompagne la réformation des moindres choses qui touchent le public ; et il ajoutait : « Jamais mon dessein ne s'est étendu plus avant que de tâcher à réformer mes propres pensées et de bâtir dans un fonds qui est tout à moi. »

Les philosophes du xviii° siècle, à leur tour, frappés des vices de l'ancien édifice politique et religieux, entreprirent de bâtir dans un fonds tout à eux, et, ce faisant, ils suivirent l'impulsion de Descartes, plus forte que ses conseils de prudence. Le mépris de la tradition fut à la fois leur force et leur faiblesse.

LIVRE QUATRIÈME

PASCAL

LE GÉNIE ET L'ŒUVRE DE PASCAL

C'est aux spéculations hardies de Descartes que s'adressait la fameuse boutade de Pascal : « Nous ne pensons pas que toute la philosophie vaille une heure de peine. »

De fait, Pascal a philosophé toute sa vie. Mais tandis que Descartes abordait la question de la destinée humaine sans aucun parti pris et n'y appliquait que son intelligence, Pascal aborda cette question avec les angoisses du criminel dont on va prononcer la sentence, et, en même temps qu'il s'y intéressa de toutes les forces de son âme si tourmentée et si belle, il y apporta les étroites préoccupations du catholicisme janséniste.

Tout le monde connaît les fragments immortels du monument que Pascal s'était proposé d'élever à la doctrine catholique sur les débris de tous les systèmes. Nourri de la Bible, d'Épictète et de Montaigne, alliant au suprême degré l'esprit de finesse et l'esprit géométrique, merveilleusement habile à donner aux idées l'ordre vivant qui produit la persuasion, cet écrivain à qui il n'est jamais échappé une ligne banale, cet anatomiste du cœur humain, ce scrutateur des principes de l'ordre social et juridique, ce calculateur hardi des probabilités morales, ce rigoureux adepte de la prédestination, ce pyrrhonien, ce logicien, ce chrétien, apparaît grand à côté de Descartes, comme le cœur à côté de la raison.

Après avoir tâché d'établir la nécessité et l'impossibilité du doute universel, Pascal montre à l'homme, perdu entre deux infinis, dupe des sens et de l'imagination, assujetti à la machine, idolâtre de lui-même et insupportable à lui-même, accablé de préjugés, d'incertitudes et de misères, mais grand par la pensée, une grandeur mille fois plus haute que celle de la pensée, la grandeur de la charité, à laquelle il appartient de nous faire converser avec Dieu. A ce dernier point est consacrée une page qui est certainement ce qui a été écrit de plus beau dans la langue française. Qu'on la relise et qu'on la médite !

« La distance infinie des corps aux esprits figure la distance infiniment plus infinie des esprits à la charité, car elle est surnaturelle.

« Tout l'éclat des grandeurs n'a point de lustre pour les gens qui sont dans les recherches de l'esprit. La grandeur des gens d'esprit est invisible aux riches, aux capitaines, à tous ces grands de chair. La grandeur de la Sagesse, qui n'est nulle part sinon en Dieu, est invisible aux charnels et aux gens d'esprit. Ce sont trois ordres différents en genre.

« Les grands génies ont leur empire, leur éclat, leur grandeur, leur victoire et leur lustre, et n'ont nul besoin des grandeurs charnelles, où elles n'ont pas de rapport. Ils sont vus, non des yeux, mais des esprits ; c'est assez. Les saints ont leur empire, leur éclat, leur victoire, leur lustre, et n'ont nul besoin des grandeurs charnelles ou spirituelles, où elles n'ont nul rapport, car elles n'y ajoutent ni ôtent. Ils sont vus de Dieu, et non des corps, ni des esprits curieux. Dieu leur suffit.

« Archimède, sans éclat, serait en même vénération. Il n'a pas donné des batailles pour les yeux, mais il a fourni à tous les esprits ses inventions. Oh! qu'il a éclaté aux esprits! Jésus-Christ, sans bien et sans aucune production au dehors de science, est dans son ordre de sainteté. Il n'a point donné d'invention, il n'a point régné ; mais il a été humble, patient, saint, saint, saint à Dieu, terrible aux démons, sans aucun péché. Oh! qu'il est venu en grande pompe et en une prodigieuse magnificence, aux yeux du cœur, et qui voient la Sagesse !

« Il eût été inutile à Archimède de faire le prince dans ses livres de géométrie, quoiqu'il le fût. Il eût été inutile à notre Seigneur Jésus-Christ, pour éclater dans son règne de sainteté, de venir en roi : mais il est bien venu avec l'éclat de son ordre.

« Mais il y en a qui ne peuvent admirer que les grandeurs charnelles, comme s'il n'y en avait pas de spirituelles ; et d'autres qui n'admirent que les spirituelles, comme s'il n'y en avait pas d'infiniment plus hautes dans la Sagesse.

« Tous les corps, le firmament, les étoiles, la terre et ses royaumes, ne valent pas le moindre des esprits ; car il connaît tout cela, et soi ; et les corps, rien. Tous les corps ensemble, et tous les esprits ensemble, et toutes leurs productions, ne valent pas le moindre mouvement de charité ; cela est d'un ordre infiniment plus élevé.

« De tous les corps ensemble on ne saurait en faire réussir une petite pensée : cela est impossible et d'un autre ordre. De tous les corps et esprits, on n'en saurait tirer un mouvement de vraie charité ; cela est impossible et d'un autre ordre, surnaturel. »

Déjà, dans l'antiquité, les stoïciens s'étaient élevés à des conceptions analogues, sur la triple hiérarchie de l'ordre physique, de l'ordre intellectuel et de l'ordre moral. L'un d'entre eux en particulier, homme encore plus admirable que le grand Épictète si admiré de Pascal, Marc-Aurèle, ce vivant chef-d'œuvre de la sagesse antique, avait senti et dit combien la grandeur de l'esprit, qui est un infini à côté de la grandeur de la matière, est un rien à côté de la grandeur de la charité.

Tour à tour doctrinaire profond, démolisseur impitoyable, rêveur mélancolique, Pascal appartient à la fois au XVIIᵉ, au XVIIIᵉ et au XIXᵉ siècle. Il a toutes les audaces, dans les affirmations, dans les critiques, dans les pressentiments [1].

Songeons qu'il n'avait que trente-neuf ans quand il mourut. Quels chefs-d'œuvres emportés par cette mort précoce ! C'est l'honneur de la France d'avoir produit un tel homme, phénomène unique parmi l'élite des génies dont est fière l'humanité.

LE CARTÉSIANISME DE PASCAL

Il y a en Pascal un cartésien qui n'est pas purement cartésien ; un pyrrhonien qui n'est pas purement pyrrhonien ; un pessimiste qui n'est pas purement pessimiste ;

---

[1] Je reviens à Pascal, considéré comme précurseur du mouvement révolutionnaire, dans l'ouvrage intitulé : LES PÈRES DE LA RÉVOLUTION, de Bayle à Condorcet. On le retrouvera encore, ainsi que Descartes et Spinosa, dans LA PENSÉE NOUVELLE, de Kant à Tolstoï. C'est le propre des génies supérieurs de rendre tout l'avenir tributaire de leur pensée.

un janséniste qui n'est pas purement janséniste ; un géomètre qui n'est pas purement géomètre ; un mystique qui n'est pas purement mystique. Ces six personnages se modifient, se corrigent, se complètent l'un l'autre et font comprendre cette prodigieuse personnalité.

C'est à tort qu'on représente Pascal comme tout à fait hostile à Descartes. A vingt-quatre ans, Pascal avait avec Descartes deux entrevues mémorables où ils agitèrent des questions de physique et de mathématiques et où Descartes lui donna amicalement des conseils pour sa santé déjà chancelante.

L'an d'après, Pascal, continuateur de Galilée et de Torricelli, institua sa fameuse expérience du Puy-du-Dôme sur la pression de l'air. Cette expérience vérifiait les vues de Descartes, déjà consignées dans une de ses lettres de 1631, époque où Pascal n'avait que huit ans. Descartes déclara que, lors de leur double entrevue de 1647, il avait suggéré à Pascal son expérience, et c'est là une chose dont Pascal ne voulut pas convenir. Le malentendu est regrettable. Il tient sans doute à ce qu'il n'y eut, de fait, que pure rencontre entre ces deux grands esprits, quoique l'un pût croire qu'il avait influencé l'autre. Cela n'empêcha point Pascal de continuer à priser fort Descartes. On en a un témoignage dans cette lettre où le chevalier de Méré lui dit : « Descartes que vous estimez tant... »

La sœur aînée de Pascal, Gilberte Périer, nous apprend que son frère partageait les sentiments de Descartes sur l'automatisme des bêtes. Lui aussi leur concédait le mouvement des esprits animaux qui est d'ordre purement matériel ; mais leur refusait la pensée.

Pascal adhérait également à la doctrine cartésienne du *plein* impliquant l'universelle solidarité des mouvements : « Le moindre mouvement, disait-il, importe à toute la nature ; la mer entière change pour une pierre. » De quoi il conclut que tout en nous est de grande portée à cause de ses suites. Combien ne serait-on pas retenu si, en chaque action, on avait soin de considérer tous les contre-coups qui doivent s'ensuivre, de par la liaison des choses ?

Pascal en voulait à Descartes de trop approfondir les sciences et de prétendre découvrir le détail du mécanisme de l'univers ; mais il était d'accord avec lui pour l'essentiel : « Il faut dire en gros : cela se fait par figure et mouvement ; car cela est vrai. Quant à dire quels et composer la machine, cela est ridicule ; car cela est inutile et incertain et pénible. »

Pour la méthode, à l'exemple de Descartes, Pascal reproche à saint Thomas de n'avoir pas gardé l'ordre qui convient, vu qu'il part de la notion de Dieu. Lui aussi veut que, dans l'exposition de la vérité, on marche par les mêmes chemins que suit l'intelligence pour y arriver, et il a à cœur d'établir des séries de raisons qui s'entre-suivent, de telle sorte que, comme les dernières sont démontrées par les premières qui sont leurs causes, les premières le soient réciproquement par les dernières qui sont leurs effets. Pascal remarque qu'on écrit souvent des choses qu'on ne prouve qu'en obligeant tout le monde à réfléchir sur soi-même et à trouver la vérité de ce qui est dit. C'est en cela que consiste la puissance démonstrative de ses pensées et aussi des pensées de Descartes sur les faits psychologiques et moraux.

Pascal, comme Descartes, — et tous deux ont prêché

d'exemple, — voulait que les philosophes prissent l'habitude de parler la langue de tout le monde. C'est le propre des pédants de rechercher les termes techniques, pour déguiser leur ignorance et leur sottise sous une forme qui en impose au vulgaire, facile à admirer ce qu'il ne comprend pas. Un penseur ne se donne jamais assez de peine pour en épargner à ceux qui le lisent. L'esprit de netteté est une qualité de premier ordre, et pas commune.

Non moins que Descartes, Pascal est tout le contraire d'un érudit, fait fi de l'histoire et abhorre la science livresque. Il a convenablement appris le latin ; il n'a qu'effleuré le grec ; il ignore les anciens philosophes, sauf Epictète ; il ne connaît de la théologie que ce qui s'en trouve dans les notes qu'Arnauld et Nicole lui fournissent pour qu'il les mette en œuvre dans les polémiques contre les jésuites. Il lit peu, mais il s'incorpore ce qu'il lit et le repense à sa manière. Ses deux livres de chevet furent les *Essais de Montaigne* qu'il possédait à fond, et la Bible qu'il savait par cœur.

Descartes et Pascal ont encore cela de commun qu'ils furent de bonne heure passionnés pour les mathématiques à cause de la certitude qui s'y trouve, et en portèrent au plus haut point le génie. Tous deux se firent une loi de cette parfaite rigueur géométrique qui consiste à tout définir et à tout prouver.

On peut dire que Pascal continua Descartes, non seulement par ses entreprises scientifiques, mais aussi par ses vues sur les progrès de la science, et par sa campagne contre l'autorité des anciens, en faveur de l'évidence, marque de la vérité.

Dans une lettre à Le Pailleur, Pascal précise que la découverte de la vérité tient à la constante application de cette double maxime : Ne se prononcer que sur des choses évidentes ; s'interdire d'assurer ou de nier celles qui ne le sont pas. Dans une autre lettre, adressée au père Noël, il parle d'une règle universelle qui s'applique à tous les sujets particuliers où il s'agit de connaître la vérité ; et cette règle consiste dans le parti pris de n'adhérer qu'à l'évidence immédiate ou médiate. Selon lui, on ne doit jamais rien affirmer qu'à condition que ce qu'on affirme ou bien paraisse si clairement, si distinctement, de soi-même, aux sens ou à la raison, que l'esprit n'ait aucun moyen de douter de sa certitude, ou bien qu'il se déduise, par des conséquences infaillibles et nécessaires, d'axiomes ou principes incontestables. En dehors de ces conditions, tout demeure indécis ; il n'y a que vision, caprice, fantaisie, opinion individuelle ; et, ne pouvant affirmer sans témérité, nous devons pencher plutôt vers la négative, prêts néanmoins à revenir vers l'affirmative, si un fait évident ou une démonstration sûre nous en révèle la vérité.

Toutefois, comme Descartes, et avec une conviction qu'on ne sent pas chez Descartes, Pascal fait ses réserves au sujet des « mystères de la foi que le Saint-Esprit a lui-même révélés ». L'esprit doit ingénûment s'y soumettre, aussi cachés qu'ils soient aux sens et à la raison.

Pascal ne se borne pas à exprimer, sur les conditions de la légitimité de nos connaissances, des idées qui sont comme des échos du *Discours de la méthode* et des *Règles pour la direction de l'esprit* ; il se fait l'apologiste de la fameuse formule de Descartes : « Je pense, donc je suis », ainsi que de sa doctrine sur l'opposition du monde de l'étendue et du monde de la pensée.

A l'encontre de Descartes, on signalait que saint Augustin avait déjà dit : « Moi qui doute, je suis ». Pascal fait remarquer combien il y a de la différence entre écrire un mot à l'aventure, et apercevoir dans ce mot une suite *admirable* de conséquences pour en faire le principe ferme et soutenu de toute une métaphysique.

Descartes avait analysé, dans son unité et sa simplicité, la pensée, dont chacun a en soi la pleine intuition ; puis, à l'opposite, l'étendue, indéfiniment diffuse et multiple. Pascal distingue à son tour le matériel et le spirituel.

Descartes dit : « Il m'a été nécessaire, pour me considérer simplement tel que je me sais être, de rejeter toutes ces parties ou tous ces membres qui constituent la machine humaine, c'est-à-dire qu'il a fallu que je me considère sans bras, sans jambes, sans tête, en un mot sans un corps. » Pascal dit, avec des termes pareils : « Je puis bien concevoir un homme sans mains, pieds, tête, car ce n'est que l'expérience qui m'apprend que la tête est plus nécessaire que les pieds. Mais je ne puis concevoir l'homme sans pensée, ce serait une pierre ou une brute. » Il attaque en même temps ces philosophes qui parlent des choses corporelles spirituellement et des spirituelles corporellement ; qui disent que les corps tendent en bas, qu'ils fuient leur destruction, et qui, quand il s'agit des esprits, les considèrent comme localisés et leur attribuent le mouvement d'une place à l'autre.

Enfin, à l'envi de Descartes, Pascal exalte la pensée : « Ce n'est point de l'espace que je dois chercher ma dignité, mais du règlement de ma pensée. Je n'aurai pas davantage en possédant des terres. Par l'espace l'univers me comprend et m'engloutit comme un point ; par la pensée, je le comprends. » Et, faisant présent de sa machine arithmétique à Christine de Suède, le jeune inventeur signale hardiment à l'illustre reine la prééminence des grands de la pensée sur les grands de la terre avec qui ils peuvent traiter de souverains à souverains. Primer par les connaissances est plus beau que de primer par la domination. Le pouvoir des rois sur les sujets n'est qu'une image du pouvoir des génies sur le commun des esprits. Au droit de commander qui réside chez ceux-là répond chez ceux-ci le droit de persuader. Leur empire est le plus noble, par cela même que les esprits sont d'un ordre plus élevé que les corps ; il est le plus équitable, par cela même que « cet empire ne peut être départi et conservé que par le mérite, au lieu que l'autre peut l'être par la naissance ou par la fortune ».

En 1624, au moment même où Descartes méditait ses chefs-d'œuvre, paraissait un arrêt du parlement de Paris édictant la peine de mort contre quiconque enseignerait quoi que ce fût de contraire aux auteurs anciens. Or voici que le grand révolutionnaire fait litière de toutes les autorités, et, par son exemple, sollicite les êtres pensants à désobstruer leur intelligence de toutes les opinions jusque-là reçues, pour chercher plus efficacement la vérité.

Pascal, un peu plus tard, développe les mêmes vues : « Tant s'en faut que d'avoir ouï dire une chose soit la règle de votre créance, que vous ne devez rien croire sans vous mettre en l'état comme si vous ne l'aviez jamais cru... Si l'antiquité était la règle de la créance, les anciens étaient donc sans règle ?... C'est le consentement de vous-même à vous-même et la voix de votre raison qui doit vous faire croire... La raison nous commande bien plus impérieusement qu'un maître ; car en désobéissant à l'un on est malheureux et en désobéissant à l'autre on est un sot... Ceux que nous appelons anciens étaient véritablement nouveaux en toutes choses et formaient l'enfance du monde... »

Au lieu de rester les commentateurs des anciens, il s'agit, aux yeux de Pascal, de devenir leurs émules. Le monde s'est fait méfiant et ne croit les choses que quand il les voit. Toutes les puissances auraient beau conjurer leurs efforts, elles ne sauraient changer un point de fait ; car il n'y a rien qui puisse faire que ce qui est ne soit pas. Il faut donc que l'obstination en faveur des opinions reçues cède à l'adhésion due aux vérités évidentes, et que les hommes se détachent hardiment des maximes qu'ils tiennent de l'antiquité, dès qu'ils y sont obligés par des preuves indubitables ; car enfin, aussi vieilles que soient ces maximes, la vérité est plus vieille qu'elles, étant éternelle. Seule la raison est qualifiée pour connaître ce qui tombe sous les sens et sous le raisonnement. Il n'y a pas lieu d'assigner des bornes à l'esprit humain. « Sa fécondité inépuisable produit continuellement, et ses inventions peuvent être tout ensemble sans fin et sans interruption. » L'instinct, chez les animaux, demeure dans un état égal. Ce qu'on admire en eux ils le font toujours, et jamais autrement. Au contraire les effets du raisonnement augmentent sans cesse. *L'homme est créé pour l'infinité.*

Descartes, lui non plus, ne voyait pas de limites au progrès de la science et de l'industrie humaine. Il croyait en outre qu'un de ses principaux effets serait de nous exempter des maladies et même du dépérissement de la vieillesse ; et il s'en réjouissait, non par un sentiment de bas égoïsme, comme l'a supposé Nisard, mais parce qu'il pensait que l'accroissement de la longévité aurait pour corollaire l'accroissement de la moralité.

Pascal et Descartes se ressemblent par la spiritualité de leur vie, toute dégagée des intrigues du monde et vouée à la méditation des vérités éternelles. Chacun d'eux, indépendant et dédaigneux des vanités de la terre, peut dire : « Je n'espère rien du monde ; je n'en appréhende rien ; je n'en veux rien. Je n'ai besoin, par la grâce de Dieu, ni du bien, ni de l'autorité de personne. » Tous deux mettent les questions morales bien au-dessus des questions scientifiques, qui, aux yeux de Descartes, y servent d'acheminement. Tous deux prêchent la subordination au bien général et rêvent la fusion des hommes en un seul corps. Mais le problème moral n'a pas pour Descartes la grandeur pathétique qu'il a pour l'homme qui a dit : « La science des choses extérieures ne me consolera pas de l'ignorance de la morale aux temps d'affliction ; mais la science des mœurs me consolera toujours de l'ignorance des choses extérieures. » Pascal a une ambition plus haute que d'être un Archimède, un Newton, ou même un Aristote, un Descartes ; c'est d'être un saint. Faire cette vie bonne et longue occupe beaucoup Descartes. Pour Pascal, il n'y a que l'éternité qui compte. Il n'envisage qu'elle. Il lui faut un Dieu rédempteur, un Dieu consolateur, un Dieu sauveur.

Dès lors, comment se contenterait-il des démonstrations échafaudées par Descartes ? Il n'en conteste pas la valeur intrinsèque ; il montre à son tour comment chacun de nous, conscient d'avoir pu ne pas être, sent bien qu'il n'est pas un être nécessaire, ni éternel, ni infini, et comprend qu'il existe nécessairement un être cause de soi, éternel, infini. Mais, selon Pascal, « les preuves métaphysiques sont si éloignées du raisonnement des hommes, et si impliquées, qu'elles frappent peu ; et, quand cela servirait à quelques-uns, cela ne leur servirait que pendant l'instant qu'ils voient cette démonstration ; mais, une heure après, ils craignent de s'être trompés ». La belle avance d'ailleurs, pour le salut d'un homme, que cet homme soit persuadé de l'existence d'une première vérité, en qui les autres subsistent et qu'on appelle Dieu !

Quant aux preuves physiques, Pascal n'en fait aucun cas, pas plus que Descartes : « Le ciel et les oiseaux ne prouvent pas Dieu », dit-il, avec une méprisante ironie. Pascal admire la hardiesse de ceux qui, s'adressant aux incrédules, prétendent démontrer la divinité par l'ordre et la beauté du monde. Dire aux incrédules qu'ils n'ont qu'à regarder autour d'eux et qu'ils verront Dieu, est naïf. L'univers ne parle de Dieu qu'à ceux qui croient déjà en lui. Pour les autres, la nature est muette, ou n'offre rien qui ne soit matière de doute et d'inquiétude.

« Que veux-tu donc, nature ?
De quoi parle à mon cœur ton murmure imparfait ?
Ne me dis rien du tout, ou parle tout à fait ! »

En somme, pas de preuves qui puissent convaincre et fixer des athées endurcis. Et puis, qu'est-ce qu'un Dieu à l'état d'abstraction ? La foi en Dieu, s'il n'est aimant et aimé, paraît à Pascal une sorte d'idolâtrie. Il abhorre le déisme, presque autant que l'athéisme.

Pour trouver une lumière qui nous satisfasse, il ne faut pas chercher Dieu hors de Jésus-Christ. En lui seul et par lui seul nous sortirons de cet abîme d'incertitudes où nous plonge la nature livrée à ses propres forces. Otez le Dieu d'amour, vous ne trouverez en l'homme que ténèbres et que maux. Que le Dieu d'amour se rende sensible à votre cœur, vous serez mis en possession de la vérité et de la félicité. Là se résume le plan du grand ouvrage de Pascal.

Comme Descartes, Pascal ne s'arrête pas au doute ; il le traverse. Son doute n'est pas une doctrine ; c'est la méthode qui le mène à sa doctrine.

LE PYRRHONISME DE PASCAL

Descartes avait fait l'hypothèse d'un génie malin qui se rirait de nous ; Pascal se demande si nous ne sommes pas dupes d'un *démon méchant*. Descartes avait dit qu'il est incertain si notre vie n'est pas un rêve ; Pascal dit que personne n'a d'assurance, *hors la foi*, s'il veille ou s'il dort.

La face des choses apparaît à Pascal comme essentiellement mobile, et il montre que nous n'avons pas de prise sur elles, toutes nos facultés étant trompeuses.

A la suite de Montaigne, qu'il appelle l'*incomparable auteur*, Pascal se complaît à voir la raison « froissée par ses propres armes », et à malmener l'homme, cette *ombre* qui ne dure que peu d'instants sans retour, ce *cloaque d'incertitudes et d'erreurs*, ce *raccourci d'atome* perdu sur la terre, elle-même *trait imperceptible dans l'ample sein de la nature*.

Qu'on relise ces paroles de Pascal : « Humiliez-vous, raison impuissante ; taisez-vous, nature imbécile : apprenez que l'homme passe infiniment l'homme, et entendez de votre maître votre condition véritable que vous ignorez. Ecoutez Dieu. » Ne reconnaît-on pas là un écho des propos de Montaigne, fermant à l'homme toute autre issue que celle du doute ou de la foi? « Le moyen que je prends, c'est de froisser et fouler aux pieds l'orgueil et humaine fierté ; leur faire sentir l'inanité, la vanité de l'homme ; leur arracher des poings les chétives armes de la raison ; leur faire baisser la tête et mordre la terre sous l'autorité et révérence de la majesté divine. »

A l'exemple de Montaigne et avec une bien autre vigueur, Pascal s'attaque aux institutions politiques et sociales. « Rien, suivant la seule raison, n'est juste de soi. Qu'est-ce que nos principes naturels, sinon nos principes accoutumés? La coutume fait toute l'équité. Qui la ramène à son principe l'anéantit. »

La justice devrait être partout la même ; elle est partout diverse. Le temps, le lieu, l'imagination en décident. « Il n'y a point de bornes dans les choses ; les lois y en veulent mettre, et l'esprit ne peut les souffrir. Le peuple s'incline devant les lois et prend leur antiquité pour preuve de leur vérité. Mais il est sujet à se révolter, dès qu'on lui montre qu'elles ne valent rien ; et cela peut se faire voir de toutes, en les regardant d'un certain côté. »

La propriété n'est que le déguisement conventionnel d'une suite sans fin d'usurpations. « Sans doute l'égalité des biens est juste. Mais, ne pouvant faire qu'il soit forcé d'obéir à la justice, on a fait qu'il soit juste d'obéir à la force. » Que s'il eût plu au législateur d'ordonner le retour des biens à l'État après la mort des parents, nul n'aurait le droit de s'en plaindre.

Pascal se fait un jeu de montrer les expédients auxquels les hommes ont recours, dans l'impossibilité où ils sont de donner l'empire à la raison. On ne choisit pas pour gouverner un bateau celui des voyageurs qui est de meilleure maison. Pourquoi choisir pour gouverner un État le premier fils d'une reine? Pour éviter toute dispute. « Que l'on a bien fait de distinguer les hommes par les qualités extérieures plutôt que par les qualités intérieures! Qui passera de nous deux? Qui cédera la place à l'autre? Le plus habile? Mais je suis aussi habile que lui. Il faudra se battre sur cela. Il a quatre laquais et je n'en ai qu'un. Cela est visible, il n'y a qu'à compter; et je suis un sot si je conteste. Nous voilà en paix par ce moyen. »

Ainsi rois et grands sont faits tels par une pure fiction; et ils se méconnaissent eux-mêmes quand ils croient que leur être a quelque chose de plus élevé que celui des autres hommes. Ils en sont simplement les égaux et bénéficient de hasards heureux. Leur primauté se maintient par les services qu'ils rendent. Qu'ils n'en rendent plus, ils seront perdus.

Pourquoi la peine de mort? « Faut-il tuer pour empêcher qu'il n'y ait des méchants? C'est en faire deux au lieu d'un. »

Pourquoi la guerre? « Se peut-il rien de plus plaisant qu'un homme ait le droit de me tuer parce qu'il demeure au delà de l'eau et que son prince a querellé contre le mien, quoique je n'en aie aucune avec lui?... Quand il est question de juger si on doit faire la guerre et tuer tant d'hommes, condamner tant d'Espagnols à la mort, c'est un homme seul qui en juge, et encore intéressé. Ce devrait être un tiers indifférent. »

Passons de l'ordre social à l'ordre religieux.

Pascal, précurseur de Kant, affirme l'impossibilité où est l'homme d'atteindre l'absolu, c'est-à-dire toute réalité transcendante placée en dehors des catégories du temps et de l'espace : « Notre âme est jetée dans le corps où elle trouve nombre, temps, dimension ; et raisonne là-dessus et appelle cela nature, nécessité, et ne peut croire autre chose. »

Il devance les antinomies kantiennes. Incompréhensible que Dieu soit, et incompréhensible qu'il ne soit pas. Incompréhensible que nous ayons une âme, et incompréhensible que nous n'ayons pas d'âme. Incompréhensible que le monde soit créé, et incompréhensible qu'il ne le soit pas.

Il formule cette proposition que la nature de Dieu et son existence même nous échappent : « S'il y a un Dieu il est infiniment incompréhensible, puisque, n'ayant ni parties ni bornes, il n'a nul rapport avec nous. Nous sommes donc incapables de connaître ni ce qu'il est, ni s'il est. »

Les croyants ne sauraient rendre raison de leur croyance. C'est la coutume qui fait la plupart des chrétiens, comme elle fait les mahométans ; comme elle faisait les païens. Et Pascal dit expressément : « La religion n'est pas certaine. »

Voilà Pascal de bonne composition avec les incrédules que son livre a pour but de ramener. Il leur accorde que l'obscurité nous environne et qu'en toutes matières notre esprit aboutit à des opinions tour à tour plausibles et inacceptables, selon le point de vue d'où on les envisage. Il a abondé dans leur sens en poussant à bout la raison. Il va maintenant les secouer par de pressants appels à leur égoïsme, pour les tirer de l'assoupissement où se complaît leur indifférence. N'y a-t-il pas en effet une nécessité pratique de prendre parti ? N'est-il pas monstrueux de se bercer paisiblement dans le doute, en une affaire où il s'agit de notre tout ? La quiétude dont se piquent les libertins n'est-elle pas éloignée en toute manière de ce *bon air* qu'ils cherchent ? Parce que la raison impuissante flotte entre le pour et le contre, ils ont conclu qu'il fallait secouer le joug. Pascal entreprend de leur démontrer qu'ils ont raisonné faux, et que, selon l'intérêt bien entendu, ils doivent opter pour la foi.

Il fait du christianisme l'objet d'un pari, se résolvant dans cette alternative : A parier contre, que risquez-vous de perdre ? L'*infini*. A parier pour, que perdez-vous ? *Rien.* Si vous gagnez, vous entrerez en possession d'une éternité de vie et de bonheur. Qu'est-ce, en comparaison, que quelques années données aux succès d'amour-propre, mêlés de tant de déceptions et de sacrifices ? Cela vaut-il qu'on coure la chance de supplices éternels ?

Pascal n'a pas prévu l'incrédule qui lui dirait : « C'est une absurdité de me prétendre placé entre l'anéantissement et la damnation. L'anéantissement me paraît certain. Mais, serait-il incertain, la damnation ne me paraît, en aucun cas, possible. S'il y a un Dieu, il est bon ; et il n'aura point la cruauté de châtier par l'enfer des ignorances ou des erreurs qu'il a faites inévitables. » Pascal prend pour accordée la possibilité de l'enfer traditionnel.

Mais pour les esprits libérés, même s'ils proclament admissible l'existence de Dieu, celle de l'enfer est absolument inadmissible.

L'interlocuteur de Pascal se plaint d'avoir les mains liées et d'être dans l'impossibilité d'avoir la foi à son gré : « On me force à parier; et je ne suis pas en liberté. Je suis fait de telle sorte que je ne puis croire. » La réponse de Pascal est que, s'il se met à mener la vie chrétienne, il finira par avoir la foi chrétienne : « Les passions sont vos grands obstacles. Vous auriez bientôt la foi, si vous aviez quitté les plaisirs. » Et, en catholique résolu, qui se souvient de la pensée de saint Paul : « C'est quand je suis fou que je suis sage », Pascal conclut : « Suivez la manière par où les autres ont commencé. C'est en faisant tout comme s'ils croyaient, en prenant de l'eau bénite, en faisant dire des messes, etc. ; naturellement cela vous fera croire et vous *abêtira*. — Mais c'est ce que je crains. — Et pourquoi ? Qu'avez-vous à perdre ? »

Ce qu'il peut y avoir là d'hypocrisie ne vient pas même à l'esprit de Pascal. Le point est de plier la machine; car *l'homme est automate autant qu'esprit*. « Il faut avoir recours à l'habitude quand une fois l'esprit a vu où est la vérité, afin de nous abreuver et nous teindre de cette créance... Qui s'accoutume à la foi, la croit et ne peut plus ne pas craindre l'enfer, et ne croit autre chose. » Se mettre à genoux et tout attendre de là serait superstition; mais s'y refuser serait orgueil.

La méthode d'auto-suggestion, recommandée par Pascal, doit d'autant plus aboutir qu'on aura commencé par se représenter la raison comme *ployable en tous sens*.

Pour lui, au fond, les pratiques cultuelles sont la sauvegarde des pratiques morales, et les pratiques morales sont la sauvegarde de la foi. Qui se livre aux humiliations s'ouvre aux inspirations. La parole évangélique se vérifie : « Bienheureux ceux qui ont le cœur pur, parce qu'ils verront Dieu. » Tandis que, dans l'ordre humain, les vérités arrivent au cœur par l'esprit, dans l'ordre religieux les vérités arrivent à l'esprit par le cœur. Il faut les aimer pour les connaître. *On n'entre dans la vérité que par la charité*.

Pascal représente son interlocuteur ravi qu'il ait si bien conduit ce jeu des probabilités dont l'enjeu était Dieu. Et aussitôt le mathématicien, qui tout à l'heure disait : « Prenez croix que Dieu est », s'efface devant le chrétien : « Si ce discours vous plaît et vous semble fort, sachez qu'il est fait par un homme qui s'est mis à genoux auparavant et après, pour supplier cet Être infini et sans parties, auquel il soumet tout le sien, de se soumettre aussi le vôtre pour votre bien propre et pour sa gloire ; et qu'ainsi la force s'accorde avec cette bassesse. »

Comment a-t-on pu imaginer que l'homme qui parle ainsi était vraiment un sceptique ?

Il faut en finir avec le Pascal conventionnel, harcelé par le doute et jeté par le désespoir dans la foi. Les éditions les plus répandues des œuvres de Pascal ont favorisé cette opinion, grâce au savant triage qu'avait fait l'abbé Bossut des propositions pyrrhoniennes, groupées à part des affirmations chrétiennes. D'un côté on lisait des pensées toutes profanes, de l'autre des pensées toutes pieuses. Il y avait donc eu d'abord un Pascal philosophe, puis un Pascal chrétien ; il y avait donc lieu d'imaginer dans sa vie deux périodes, la période militante du doute, puis la période triomphante de la foi. Mais, dans la réalité, Pascal associe les pensées dogmatiques et les pensées sceptiques, comme en témoigne la suite de ses notes, telles qu'il les jetait pêle-mêle sur des chiffons de papier, durant ses nuits d'insomnie.

Aussi outrancier qu'il fût, son doute n'a jamais été que provisoire, et a différé profondément du doute absolu, sable mouvant sur lequel on ne peut rien bâtir.

Est-ce à dire qu'il y ait de l'artifice dans les réquisitoires de Pascal contre la raison, la philosophie, la nature, la société ? Non. Il y eut toujours en lui le raisonneur et le croyant. Il a pensé et senti ce qu'il dit avec tant de force. Tels sont ses accents, que ses amis, dans l'édition posthume des *Pensées*, éprouvèrent le besoin de multiplier les correctifs et les suppressions, par crainte du scandale, comme s'ils pressentaient que leur grand homme serait l'étude de prédilection des libres-penseurs, depuis Voltaire et Condorcet, jusqu'à Sainte-Beuve, Havet et Sully-Prudhomme. Ils étaient effrayés de tant de concessions, susceptibles de désarmer les croyants dans leur lutte éternelle contre les incrédules. De fait, on ne peut qu'être frappé des pointes hardies de Pascal, pour peu qu'on le lise dans le texte vrai, et non pas dans le texte qu'en donnèrent ces bons messieurs de Port-Royal, qui, sous prétexte d'atténuer ses audaces et de corriger ses négligences, ne firent que l'émasculer et l'affadir.

Faisant son point de départ des doutes soulevés par Montaigne et par les libres-penseurs venus à sa suite, Pascal leur a donné la formule la plus saisissante et la mieux ordonnée. Mais ceux qui le travestissent en une sorte d'athée, oublient trop volontiers que nous possédons simplement les ébauches de l'ouvrage sur la Religion.

De son propre aveu, Pascal ne voulait pas s'y enfermer dans la forme didactique; il devait prendre tour à tour la forme épistolaire et la forme dialoguée. Il s'ensuit que les lecteurs du recueil de ses notes, qui est le livre des *Pensées*, courent le risque de lui prêter des paroles qu'il a voulu mettre dans la bouche d'un contradicteur, en se réservant d'y répondre ailleurs. Par exemple, voici en quels termes il répond à l'objection que Dieu est incompréhensible et sans proportion avec nous : « Je voudrais savoir d'où cet animal, qui se reconnaît si faible, a le droit de mesurer la miséricorde de Dieu, et d'y mettre les bornes que sa fantaisie lui suggère... Je voudrais lui demander si Dieu demande autre chose de lui, sinon qu'il l'aime en le connaissant; et pourquoi il croit que Dieu ne peut se rendre connaissable et aimable à lui, puisqu'il est capable d'amour et de connaissance. Il y a une présomption insupportable dans ces sortes de raisonnements, quoiqu'ils paraissent fondés sur une humilité apparente... »

Au fait, où prend-on que Pascal fut jamais un incrédule ? Ce qu'on a appelé sa conversion fut une évolution, non de l'incrédulité à la foi, mais de la foi simplement correcte, attiédie par les mondanités et par les lectures profanes, à la foi ardente, nourrie par les austérités et par les lectures saintes. Suivons les étapes de sa vie.

Sa naissance, son éducation, toutes les influences ambiantes fixèrent Pascal dans le catholicisme.

Le père de Pascal, magistrat estimé, avait la réputation d'être un habile géomètre. On vantait son savoir et sa puissance de raisonnement. C'était un très ferme catholique. Il ne se contentait pas d'avoir foi aux prêtres;

un détail de sa vie nous le montre ayant foi aux sorciers. Sa petite-fille, Marguerite Périer, raconte longuement comme quoi il se laissa persuader qu'une sorcière avait jeté un sort sur son fils, et un sort mortel. Comment détourner ce sort ? En le transportant, si bien que quelqu'un d'autre mourût à la place de Blaise Pascal. « Faire mourir une autre personne ! Jamais ! s'écria le brave Etienne Pascal. Je préfère que mon fils meure ! » La sorcière fit remarquer qu'une bête pourrait être la victime expiatoire. Un chat fut exécuté, avec toutes les invocations nécessaires pour détourner le sort sur lui. Et tout finit par s'arranger.

Pascal avait hérité de cette crédulité. Né en un temps où on brûlait encore des gens pour cause de sorcellerie, il crut lui aussi aux sorciers. Pourquoi n'y aurait-il pas des divinations par songes et sortilèges, de même qu'il y a eu des prophéties et des miracles? Selon lui, on aurait tort de conclure qu'il n'y a pas de vrais prodiges parce qu'il y en a tant de faux. Il admet qu'il se trouve des personnes qui « guérissent par l'invocation du diable ». Il veut seulement qu'à leur sujet on ne parle pas de miracle, vu que « cela n'excède pas la force naturelle du diable », et que le propre du miracle est d'être « un effet qui excède la force naturelle des moyens qu'on y emploie ».

Le père de Pascal s'était occupé seul de son éducation, au lieu de le confier à une école ou à des précepteurs. Ses soins furent « plus que paternels », d'après ce que nous apprend Pascal, dans une lettre à Le Pailleur. Une maxime capitale du pieux magistrat était que « tout ce qui est l'objet de la foi ne saurait l'être de la raison ». En conséquence, dès son tout jeune âge, malgré sa tendance à ne jamais se prononcer que sur des choses évidentes, Pascal se fit une règle de mettre toujours à part les choses révélées, qui « relèvent de l'Écriture et des décisions de l'Église », et, au lieu d'imiter ces théologiens qui s'évertuent à expliquer les mystères, il s'imposa de les considérer toujours comme étant à la fois indubitables et incompréhensibles. De l'aveu de sa sœur, Mme Périer, il ne cessa jamais de montrer la docilité d'un enfant dans les questions religieuses.

C'est en 1646, à Rouen, que Pascal, ainsi que les siens, s'initie au jansénisme et lit les livres de Jansénius, Saint-Cyran, Arnauld, sur la grâce.

L'amour de la perfection chrétienne s'enflamme tellement chez ce jeune homme de vingt-trois ans qu'il exerce une sorte d'apostolat autour de lui. Son père redouble d'exactitude dans l'accomplissement de ses devoirs religieux, et sa sœur cadette, Jacqueline, touchée de ses discours, renonce aux riantes promesses de la vie du monde, dans le dessein de se consacrer à Dieu.

C'est surtout dans ses lettres de cette époque, adressées à Gilberte Périer, que Pascal manifeste son ardeur de néophyte pour le jansénisme. Il se réjouit de ce que Dieu, qui les avait faits parents par la chair dans le monde de la matière, vient de les faire tous également parents par l'esprit dans le monde de la grâce. Retirés du péché par un don gratuit de la miséricorde divine, ils ne doivent pas mettre de limite à leur pureté et à leurs vertus. C'est une erreur de se persuader qu'il y ait un certain degré de perfection dans lequel on se trouve en assurance, et qu'il ne soit pas nécessaire de dépasser. Il n'y en a point qui ne comporte un danger, si on s'y arrête. *On n'évite de tomber qu'en montant toujours plus haut*. Et, comme sa sœur le remercie en disciple qui rend grâce à son maître, Pascal se récrie : « Je suis disciple comme toi, lui dit-il. Oublie la personne qui t'a signalé une vérité, pour ne te ressouvenir que de Dieu qui peut seul te l'avoir véritablement enseignée. » Après quoi, il expose que la justice des fidèles n'est explicable que par l'infusion continue de la grâce ; qu'on ne peut conserver la grâce ancienne que par l'acquisition d'une nouvelle grâce, et qu'autrement on perdra celle qu'on croira retenir, « comme ceux qui, voulant renfermer la lumière, n'enferment que les ténèbres ».

Chose curieuse, Pascal avait dès lors l'idée d'un livre sur la religion, pareil à celui qu'il entreprit plus tard. Dans une lettre à Jacqueline, il se représente disant à un affilié de Port-Royal que l'on pourrait, suivant les principes mêmes du sens commun, justifier beaucoup de choses dont les adversaires de la religion tirent parti contre elle. Il se fait fort de prouver que le *raisonnement bien conduit porte à les croire, quoiqu'il les faille croire sans l'aide du raisonnement*. Mais l'interlocuteur de Pascal se scandalise et réprimande le jeune géomètre. A son gré, un tel discours procède d'un principe de vanité et témoigne d'un excès de confiance dans le raisonnement.

Un petit fait permettra de juger le zèle de Pascal pour l'orthodoxie. Au cours de l'année 1647, il se scandalise de l'enseignement du frère Saint-Ange qui, sur des points de foi, aboutissait à des conséquences contraires à celles de l'Église. Il lui fait quelques avertissements. Le moine demeure ferme dans ses idées. Alors Pascal lui notifie que, s'il ne cesse d'enseigner des hérésies, avis en sera donné à qui de droit. Et en effet une dénonciation est adressée par Pascal à l'autorité épiscopale. Le frère Saint-Ange est obligé de comparaître et n'est acquitté qu'après avoir formulé une rétractation en règle.

En 1648, Pascal, dont le corps débile est en proie à de perpétuelles souffrances, compose une prière toute janséniste, pour demander à Dieu le bon usage des maladies : « Mon Dieu, dit-il, je vous loue et je vous bénirai tous les jours de ma vie de ce qu'il vous a plu de me réduire dans l'incapacité de jouir des douceurs de la santé et des plaisirs du monde. Je vous rends grâces des bons mouvements que vous me donnez, et de celui que vous me donnez de vous en rendre grâces. »

Pourtant sa santé réclame des distractions. A partir de 1649, Pascal se résigne à fréquenter le monde; et, sans y mener une vie déréglée, il prend goût à vivre dans les frivolités et l'amusement. Nous le voyons, en Auvergne, parmi les beaux esprits qui font une cour assidue à certaine demoiselle renommée pour être la Sapho du pays. A Paris, il fréquente, outre le duc de Roannez, Miton et Méré, deux émancipés se piquant d'être avant tout d'honnêtes gens. Il fait marcher de front les divertissements mondains et les travaux scientifiques qui révèlent en lui un brillant émule de Fermat et un second créateur de la théorie des probabilités. Son ambition est d'exceller en tout. Il écrit plusieurs traités, entr'autres le *Traité du triangle arithmétique* et le *Traité des ordres numériques*, qu'il adresse à « la très célèbre société des savants » qui s'assemblaient chez le père Mersenne et d'où l'Académie des sciences tira son origine. On vante partout la portée de ses découvertes mathématiques. Il est le savant à la mode. Il songe à suivre le train commun, c'est-à-dire à prendre une charge et à se marier.

C'est dans cette période de son existence que Pascal écrivit sa grande œuvre mondaine, le discours sur les Passions de l'amour. Il y trace le programme de la vie des mondains : d'abord l'amour; puis l'ambition. « Tant que l'on a du feu, l'on est aimable; mais ce feu s'éteint, il se perd. Alors que la place est belle et grande pour l'ambition !... La vie tumultueuse est agréable aux grands esprits. Mais ceux qui sont médiocres n'y ont aucun plaisir ; ils sont machines partout... Quand l'amour et l'ambition se rencontrent ensemble, elles ne sont grandes que de la moitié de ce quelles seraient s'il n'y avait que l'une ou l'autre ».

A coup sûr Pascal aima, et la personne aimée lut peut-être ces lignes inoubliables : « L'amour est naturel à l'homme... Il semble que nous ayons une place à remplir dans nos cœurs... En amour on oublie sa fortune, ses parents, ses amis. Il y a une plénitude de passion; il ne saurait y avoir un commencement de réflexion... Cet attachement à ce que l'on aime fait naître des qualités qu'on n'avait pas auparavant... On s'élève et on devient toute grandeur... Les gens de cour sont mieux reçus en amour que ceux qui mènent une vie dont l'uniformité n'a rien qui frappe. La vie de tempête surprend, frappe et pénètre... L'amour donne de l'esprit. Il faut plaire ; et l'on plaît... Tant plus le chemin est long en amour, tant plus un esprit délicat sent de plaisir. Il faut quelquefois ne pas penser que l'on aime ; ce n'est pas commettre d'infidélité, car on n'en aime pas d'autre; c'est reprendre des forces pour mieux aimer... Le premier effet de l'amour c'est d'inspirer un grand respect... Le plaisir d'aimer, sans l'oser dire, a ses peines, mais aussi il a ses douceurs... Les yeux s'allument et s'éteignent dans un même moment ; et, quoique l'on ne voie pas manifestement que celle qui cause tout ce désordre y prenne garde, l'on a néanmoins la satisfaction de sentir tous ces remuements pour une personne qui le mérite si bien... Les grandes âmes ne sont pas celles qui aiment le plus souvent ; c'est d'un amour violent que je parle ; il faut une inondation de passion pour les ébranler et pour les remplir. Mais quand elles commencent à aimer, elles aiment beaucoup mieux... En amour un silence vaut mieux que des paroles. Qu'un amant persuade bien quand il est interdit et que d'ailleurs il a de l'esprit !... Il arrive qu'on décline misérablement. Néanmoins un rayon d'espérance, si bas que l'on soit, relève aussi haut qu'on était auparavant. C'est quelquefois un jeu auquel les dames se plaisent ; mais quelquefois, en faisant semblant d'avoir compassion, elles l'ont tout de bon. Que l'on est heureux, quand cela arrive ! »

Donc, que Pascal ait été amoureux, cela ne fait pas doute ; mais cela ne prouve pas qu'il ait été jamais un incrédule. Cela implique tout au plus un ralentissement dans sa piété, à l'heure de l'inondation d'amour.

Le discours sur les passions de l'amour dut être composé peu de temps après 1651, qui est l'année où Pascal perdit son père. Or, à l'occasion de cette mort, il écrivit une lettre qui révèle toute la force de sa foi religieuse, et même nous déconcerte par la sérénité de son stoïcisme chrétien.

En 1654, Pascal, qui a décidément renoncé à prendre une charge et à se marier, consomme son grand dessein de se convertir, c'est-à-dire de se renouveler de telle sorte qu'il aboutisse, par un don complet de soi-même à Dieu, au parfait renoncement. Il ne s'agit pas de superposer la vie religieuse à la vie mondaine. C'est là un accouplement contre nature de la vie avec la mort. Tourner totalement le dos au monde et se vouer tout à Dieu : voilà la véritable conversion. Depuis longtemps sa sœur Jacqueline essayait d'attirer Pascal dans cette retraite de Port-Royal, où il l'avait poussée et d'où pourtant il aurait voulu l'éloigner pour la retenir près de lui. En janvier 1655, il prend place entre les solitaires.

Désormais Pascal entend demeurer détaché de tout objet autre que Dieu. De 1655 jusqu'à sa mort, survenue en 1662, il va se fortifiant dans l'ascétisme; et c'est précisément durant cette époque qu'il crayonne son chef-d'œuvre.

L'an 1657 nous le voyons témoigner d'un fanatisme farouche. Il était question de marier sa nièce Marguerite Périer, alors âgée de quinze ans. C'est pour lui une horrible perspective que l'union éventuelle de cette jeune fille avec un de ces maris qui, peu zélés dans la foi, n'ont que « la vaine sagesse du monde ». S'autorisant de l'avis de deux des plus notables jansénistes de Port-Royal, Singlin et de Sacy, Pascal écrit à sa sœur que marier Marguerite serait *commettre une sorte d'homicide et comme un déicide* en sa personne.

L'année d'avant, Pascal avait exalté avec une foi ardente le *miracle de la sainte épine*. A l'encontre des jésuites, il représente Port-Royal devenu le sanctuaire des grâces divines : « On dit qu'il en faut ôter les enfants ; Dieu les y guérit. » Et il formule sur les miracles une série de réflexions, où apparaît, en même temps que toute la force de son génie, toute l'étendue de l'abîme intellectuel qui sépare nos contemporains des hommes même les plus grands du xviie siècle.

C'est ainsi que la vie de Pascal nous révèle un catholique crédule, au lieu de l'incrédule romantique qu'on a imaginé.

D'ailleurs les textes seuls suffisent à rendre manifeste que Pascal, pas plus que Descartes, n'a garde de s'égarer dans le doute absolu, qui ne laisse aucune ouverture pour arriver à une conclusion quelconque. Oui, pour la raison, le *pyrrhonisme est le vrai.* Mais, si nous avons une impuissance de prouver invincible à tout le dogmatisme, nous avons une idée de la vérité invincible à tout le pyrrhonisme, et, autant *la raison confond les dogmatistes,* autant *la nature confond les pyrrhoniens.* L'homme doutera-t-il de tout? Doutera-t-il s'il veille? Doutera-t-il s'il brûle? Doutera-t-il s'il doute? Doutera-t-il s'il est? *On n'en peut venir là.* Nous savons que nous ne rêvons point, aussi impuissants que nous soyons à le prouver par raison. « Cette impuissance ne conclut autre chose que la faiblesse de notre raison, mais non pas l'incertitude de toutes nos connaissances, comme les pyrrhoniens le prétendent. Car la connaissance des premiers principes, comme qu'il y a *espace, temps, mouvement,* est aussi ferme qu'aucune de celles que nos raisonnements nous donnent, et c'est sur ces connaissances de l'instinct qu'il faut que la raison s'appuie, et qu'elle y fonde tout son discours. Les principes se sentent, les propositions se concluent; et le tout avec certitude, quoique par différentes voies. » Que la raison ne fasse point la fière ! Regrettons d'avoir tant besoin d'elle et de ne pas connaître toutes choses par instinct et par sentiment! Mais n'allons pas nous perdre dans l'abîme sans fin du scepticisme! Pascal reconnaît expressément que ce serait une *extravagance :* « Jamais il n'y eût de pyrrhonien effectif et parfait. La nature soutient la raison impuissante et l'empêche d'*extravaguer* jusqu'à ce point. »

De même que Descartes, Pascal juge qu'en dernière analyse il faut placer dans l'existence de Dieu le fondement de la vérité. Seulement il s'agit pour lui de Dieu senti par le cœur et vu à travers Jésus-Christ. Oui, la raison, livrée à sa propre corruption, va droit au pyrrhonisme. Mais convient-il de s'en accommoder et de décider avec Montaigne que l'incuriosité et le doute sont un mol oreiller pour une tête bien faite? Non. Le devoir de l'homme est de regarder du côté de Dieu, comme le veut Épictète. Aux rayons de sa grâce tout s'éclaircit. Nous apprenons à douter où il faut, à assurer où il faut, à *nous soumettre* où il faut.

LE PESSIMISME DE PASCAL

Après l'incertitude de nos connaissances, la seconde base de l'apologétique de Pascal c'est la misère humaine. Il en trace d'effrayants tableaux. Nul n'a mieux montré l'inanité de cette course au bonheur où s'épuisent nos continuels efforts.

Chacun le cherche hors de soi; et sa source ne peut être qu'en nous. Chacun se fuit; et il faudrait pouvoir jouir de soi-même. « La seule chose qui nous console de nos misères est le *divertissement*, et cependant c'est la plus grande de nos misères. »

Être heureux voilà *le motif de toutes les actions de*

tous les hommes. Or tous se plaignent, princes, sujets ; nobles, roturiers ; vieux, jeunes ; forts, faibles ; savants, ignorants ; sains, malades ; de tous pays et de tous siècles ; de tous âges et de toutes conditions. Malgré cette universelle expérience, chacun se flatte qu'il fera exception. Vainement son attente est-elle déçue. « Le présent ne nous satisfaisant jamais, l'espérance nous pipe, et, de malheur en malheur, nous mène jusqu'à la mort qui en est un comble éternel. »

C'est surtout en parlant de notre petitesse et de nos maux que Pascal a cet accent original qui fait de lui la plus puissante individualité de la littérature française : « C'est une chose horrible de sentir s'écouler tout ce qu'on possède... Combien de royaumes nous ignorent !... Condition de l'homme : inconstance, ennui, inquiétude... Le silence éternel de ces espaces infinis m'effraye... Le dernier acte est sanglant, quelque belle que soit la comédie en tout le reste. On jette enfin de la terre sur la tête, et en voilà pour jamais... En voyant l'aveuglement et la misère de l'homme, en regardant tout l'univers muet, et l'homme sans lumière, abandonné à lui-même, et comme égaré dans ce recoin de l'univers, sans savoir qui l'y a mis, ce qu'il est venu faire, ce qu'il deviendra en mourant, incapable de toute connaissance, j'entre en effroi comme un homme qu'on aurait porté endormi dans une île déserte et effroyable, et qui s'éveillerait sans connaître où il est, et sans moyen d'en sortir. Et sur cela j'admire comment on n'entre pas en désespoir d'un si misérable état. Je vois d'autres personnes auprès de moi, d'une semblable nature, je leur demande s'ils sont mieux instruits que moi ; ils me disent que non ; et sur cela, ces misérables égarés, ayant regardé autour d'eux, et ayant vu quelques objets plaisants, s'y sont donnés et s'y sont attachés. Pour moi, je n'ai pu y prendre d'attache, et, considérant combien il y a plus d'apparence qu'il y a autre chose que ce que je vois, j'ai recherché si ce Dieu n'aurait point laissé quelque marque de soi. »

A l'universelle infortune s'ajoute la dépravation universelle, seconde forme de la misère humaine.

Combien est dépassé par Pascal le pessimisme de La Rochefoucauld ! L'homme ici n'est que déguisement, mensonge, hypocrisie; son cœur est creux et plein d'ordure. Tous nous nous haïssons les uns les autres. La vie n'est qu'une illusion perpétuelle. On ne fait que s'entreflatter; et l'union qui est entre les hommes n'est fondée que sur cette mutuelle tromperie. On utilise la concupiscence pour la faire servir au bien public; mais au fond ce n'est que feinte et une fausse image de la charité. Nous ne nous soutenons pas dans la vertu par notre propre force, mais par le contrepoids de deux vices opposés, comme nous demeurons debout entre deux vents contraires. Otez un de ces vices, nous tombons dans l'autre.

Conclurons-nous que tout est désespéré ? Non. Erreur chez les stoïciens, qui méconnaissent la misère de l'homme; erreur chez les épicuriens qui méconnaissent sa grandeur. Les uns ont voulu renoncer aux passions et devenir dieux; les autres ont voulu renoncer à la raison et devenir bêtes brutes. De fait, l'homme n'est *ni ange ni bête*. Ni on ne peut renoncer aux passions, ni on ne peut renoncer à la raison. Savoir combien nous sommes misérables fait que nous le sommes moins, et le bonheur perce à travers les nuages de la vie, dès que nous la voyons à la lumière de l'éternité. « Malgré la vue de toutes nos misères, qui nous tiennent à la gorge, nous avons un instinct que nous ne pouvons réprimer, qui nous élève... Toutes ces misères-là même prouvent la grandeur de l'homme. Ce sont misères d'un roi dépossédé. »

A l'incertitude et à la misère de l'homme sans Dieu, Pascal va opposer l'assurance et la félicité de l'homme avec Dieu. Le jansénisme donnera le mot de la monstrueuse énigme qu'est l'homme, affamé de vérité et de bonheur au milieu de cet océan d'erreurs et de maux.

LE JANSÉNISME DE PASCAL

Pascal s'applaudissait d'avoir été initié, dès l'âge de vingt-trois ans, au jansénisme, et n'hésitait pas à dire que sans cela il se serait *perdu*. Pour lui le jansénisme était le catholicisme intégral. Les belles âmes de Port-Royal le pénétraient d'admiration. Il remarque quelque part que saint Athanase, sainte Thérèse, nous apparaissent aujourd'hui environnés de gloire et pareils à des dieux ; mais qu'au temps où on les persécutait, ce grand saint était un homme qui s'appelait Athanase, cette grande sainte était une fille qui s'appelait Thérèse ; et il voit se dessiner dans l'avenir la même auréole de sainteté pour le docteur Arnauld et la mère Angélique.

Si vénérables fussent-ils, il faut bien reconnaître qu'il y a des sécheresses et des lourdeurs dans les ouvrages, d'ailleurs judicieux et bien ordonnés, des illustres solitaires. Ce n'est pas sans raison que de Maistre a dit d'Arnauld, Nicole, Hamon, Sacy, Lancelot, Tillemont et les autres : « Deux choses leur manquent éminemment : l'éloquence et l'émotion. » A Pascal le mérite d'avoir mis leur doctrine en son meilleur jour et de l'avoir marquée d'une empreinte éternelle.

Toute l'ambition humaine doit tendre à la possession de la grâce divine. Mais il n'y a ni prières ni actes qui puissent obliger Dieu à nous l'accorder. Elle demeure un don gratuit, et pourtant ne va pas sans notre coopération. Pascal anime la grâce et lui fait dire : « Ceux qui aiment Dieu de tout leur cœur, je leur montrerai qu'il y a un Dieu pour eux; je ne le ferai pas voir aux autres. »

Dieu donne sa grâce aux prédestinés à qui il l'a réservée de toute éternité. Pourquoi veut-il donc qu'ils la demandent, puisqu'ils l'ont déjà? Pascal répond : « Pour communiquer à ses créatures la dignité de causalité; pour nous apprendre de qui nous tenons toute vertu. » Au fond, nul ne tient de soi ni la vertu objet de ses prières, ni les prières qui l'avancent en vertu. Vertu et prière sont des dons de Dieu. Si le salut dépendait de nous, à quoi bon le sacrifice de la croix?

Si l'on y regarde bien, le jansénisme est un succédané du calvinisme ; et les jansénistes sont une sorte de protestants en communion avec l'Église de Rome. Les protestants ont été d'autant plus haïs d'eux qu'ils étaient plus près d'eux.

Pascal ne recule pas devant l'atrocité de ce dogmatisme impitoyable qui damne ceux qui n'ont pas la grâce, tout en la montrant indépendante de nos mérites. Il est en plein accord avec Nicole proclamant que Dieu a caché la véritable religion dans la multitude des fausses religions, les véritables prophéties dans la multitude des fausses prophéties, les véritables miracles dans la multitude des faux miracles, la véritable piété dans la multitude des fausses piétés, la voie du ciel dans la multitude des voies qui conduisent en enfer.

N'allez pas dire : Quoi donc ! Dieu tendrait des pièges à l'homme ! Dieu aurait fait tant de gens pour les damner ! Pascal répondra que ce sont là de sots discours. « Pyrrhonisme est remède à ce mal et rabattra cette vanité. » Ainsi le pyrrhonisme sert la religion. Être janséniste est une raison d'être pyrrhonien.

Nous sommes incapables d'ignorer absolument et de savoir absolument ; nous avons une idée du bonheur et ne pouvons y arriver. Ce double fait est pour Pascal la preuve manifeste que l'humanité a été dans un haut degré de perfection dont l'a fait déchoir le péché d'Adam. Si l'homme n'avait jamais été corrompu, il jouirait et de la vérité et de la béatitude. Si l'homme n'avait jamais été que corrompu, il n'aurait aucune idée ni de la vérité ni de la béatitude.

Tandis qu'avec les stoïciens, on apprend à démêler qu'il n'y a qu'erreurs et douleurs en dehors de Dieu, avec les pyrrhoniens on apprend à bien se convaincre des ténèbres de la raison et de ses égarements, de sorte qu'on finit par ne plus trouver de répugnance dans les mystères. L'esprit est si battu de toutes sortes de contradictions, qu'il est bien éloigné de vouloir juger si les mystères sont ou non possibles, du moment où la grâce commence son œuvre.

Les pyrrhoniens mettent l'homme trop bas ; les stoïciens le mettent trop haut. Le christianisme apprend à l'homme à s'égaler sans abjection aux vers de la terre et à se considérer sans orgueil comme semblable à Dieu.

Les pyrrhoniens croient la nature irréparablement

réduite à flotter dans un océan d'erreurs et de maux : d'où la paresse et le désespoir. Les stoïciens traitent la nature comme saine et sans besoin de réparation : d'où la présomption et l'orgueil. Le christianisme accorde les contrariétés, doute et certitude, misère et grandeur. Il montre que tout ce qu'il y a en nous d'infirme appartient à notre nature corrompue, et que tout ce qu'il y a de puissant appartient à la grâce. A la corruption, dérivée de la faute du premier homme dont le péché nous fit tous pécheurs, il oppose l'incarnation, accomplie en l'Homme-Dieu dont la Passion nous rachète.

Ainsi Adam pécheur et Jésus-Christ rédempteur, voilà le catholicisme. Le péché originel explique tout; et sans lui tout reste inexplicable.

Il est vrai, rien ne choque plus notre raison que la transmission du péché d'Adam à toutes les générations humaines. « Cet écoulement, dit Pascal, ne nous paraît pas seulement impossible ; il nous semble même très injuste ; car qu'y a-t-il de plus contraire aux règles de notre misérable justice que de damner un enfant incapable de volonté, pour un péché où il a si peu de part qu'il est commis six mille ans avant qu'il fût en être ? Certainement rien ne nous heurte plus rudement que cette doctrine ; et cependant, sans ce mystère le plus incompréhensible de tous, nous sommes incompréhensibles à nous-mêmes. Le nœud de notre condition prend ses replis et ses tours dans cet abîme ; de sorte que l'homme est plus inconcevable sans ce mystère que ce mystère n'est inconcevable à l'homme. »

Donc, que le péché originel soit une folie, c'est incontestable ; mais cette folie est plus sage que toute la sagesse de l'homme.

Oui, c'est là une doctrine sans raison, Pascal le reconnaît ; mais il triomphe de cela même. N'est-ce pas le point d'où tout dépend ? Et comment l'homme s'en fût-il aperçu par sa raison, puisque c'est contre la raison ? Reste qu'il y ait dans la conception du péché originel quelque chose de divin.

Pascal ne craint pas de dire : « Notre religion est une religion contre nature, contre le sens commun, contre nos plaisirs. » Il croit pourtant qu'elle s'impose de plus en plus, à mesure qu'on l'étudie ; et il en trouve les preuves dans l'histoire de l'établissement du christianisme ; dans la sainteté, la hauteur et l'humilité d'une âme chrétienne ; dans les merveilles de l'Écriture; dans Jésus-Christ ; dans les apôtres ; dans Moïse ; dans le peuple juif ; dans les prophètes ; dans les miracles ; dans la perpétuité de de la foi ; dans la sainteté des préceptes ; dans la perfection de la doctrine, qui rend raison de toute la nature de l'homme et de tout le train du monde.

L'objection que Dieu ne se manifeste pas aux hommes avec toute évidence porte, à ses yeux, contre le théisme philosophique ; elle ne porte pas contre le théisme catholique ; car la doctrine du péché originel et de la rédemption nous enseigne ensemble ces deux vérités, et qu'il y a un Dieu dont les hommes sont capables, et qu'il y a une corruption dans la nature qui les en rend indignes. Connaître Dieu et non leur misère a fait l'orgueil des philosophes ; connaître leur misère sans connaître le rédempteur a fait le désespoir des athées. Seule la foi chrétienne explique tous nos maux et y apporte remède.

Reste à conclure : « Voyez ce que sont l'humanité, la science et la vie ; voyez d'autre part ce que c'est que cette religion. Y a-t-il vraiment lieu de se moquer de ceux qui la suivent? Ne serait-il pas insensé et coupable de résister à l'inclination de la suivre, si elle vous vient dans le cœur? »

Au fond, Pascal fait de la foi une question de morale, étant donné que, selon lui, *toute la morale consiste en la concupiscence et en la grâce.*

Sans doute, « les preuves de la religion ne sont pas absolument convaincantes » ; mais on ne peut prétendre que ce soit être sans raison que de les croire. Clarté et obscurité s'y mêlent : « Il y a assez d'évidence pour condamner, pas assez pour convaincre, afin qu'il paraisse qu'en ceux qui la suivent, c'est la *grâce* et non la raison qui fait suivre, et qu'en ceux qui la fuient, c'est la *concupiscence* et non la raison qui fait fuir. »

De là il résulte que, pour convertir les incrédules à la religion, il faut les intéresser à elle, la leur faire aimer. On ne vient à bout d'un sentiment que par un autre sentiment, non par des idées pures. Le point est de dompter la *malice du cœur* et de faire prévaloir sur l'amour de soi l'amour de Dieu. Encore faut-il la grâce.

Otez la grâce, c'est le règne des ténèbres. Avec elle tout s'éclaire. Mais ni l'avoir ni même la demander ne dépend de nous. Elle est un don gratuit. Depuis la corruption de la nature, suite du péché d'Adam, Dieu, auparavant manifeste à tous, est devenu un Dieu caché qui ne se révèle qu'à ceux que Jésus-Christ tire de leur aveuglement. Les personnes destituées de la grâce ne trouvent partout qu'obscurités.

Si Dieu eût voulu surmonter l'obstination des plus endurcis, il l'eût pu, en se découvrant si visiblement à eux qu'il leur eût été impossible de mettre en doute son existence et sa nature. Mais le péché originel s'y oppose.

Au fond il y a assez de lumière pour ceux qu'anime le pur désir de voir, et assez d'obscurité pour ceux qui ont une disposition contraire ; assez de clarté pour éclairer les élus, assez de ténèbres pour aveugler les réprouvés. La grâce nécessitante fait de la même parole aux uns un pain qui nourrit, aux autres un poison qui tue.

Que de tués !

En vérité, n'est-il pas cruel et déraisonnable de damner quiconque n'a pas la grâce et de professer qu'elle ne dépend point de nos mérites ? On conçoit que l'abbé de Saint-Cyran lui-même entre en frayeur, quand il considère que « les chrétiens ne sont pour ainsi dire qu'une poignée de gens en comparaison des autres hommes répandus dans toutes les nations du monde et dont il se perd un nombre infini hors de l'Église » et que « parmi ce peu d'hommes qui sont entrés par une vocation divine dans la maison de Dieu pour y faire leur salut, il y en a une faible quantité qui se sauvent ».

Mais tant s'en faut que Pascal soit scandalisé par la multitude des damnés. Sa logique est la plus forte. Il écrit : « *La justice envers les réprouvés* (cette justice qui les plonge dans un enfer éternel !) *est moins énorme et doit moins choquer que la miséricorde envers les élus.* »

Le grand réveil chrétien de Port-Royal avait fait de ses fidèles des outranciers de l'esprit évangélique. Ils poussaient la haine du moi jusqu'à se complaire aux souffrances et à les aggraver volontairement pour être agréables à Dieu, aimé uniquement et sans partage.

Sur son lit de douleur, Pascal se fait reproche d'avoir estimé la santé un bien et s'excuse auprès de Dieu d'avoir envié ceux qu'épargnait la maladie. D'après lui *la maladie est l'état naturel des chrétiens.* Expiatrice et bienfaisante, elle procède à la fois de la justice de Dieu et de sa miséricorde. Acceptons donc la souffrance et faisons-en le canal de la grâce ! Que les mêmes maux qui sont notre trait d'union avec le rédempteur soient aussi notre sanctification ! Et Pascal, torturé de souffrances, supplie Dieu de lui inspirer le repentir de ses fautes, si bien que les douleurs de son corps soient l'occasion de cette douleur de l'âme qui la purifie. Qu'importent tous les maux, s'il lui est donné d'aimer Dieu de cet amour pur et élevé qui ne déshonore pas son objet ?

Même alliage de dureté et de noblesse dans la docte dissertation où il console sa sœur, Mme Périer, de la mort de leur père. Il enseigne que la grâce verse dans l'âme des consolations qui font taire les sentiments de la nature corrompue, et que le chrétien doit avoir horreur de la mort spirituelle, non de la mort corporelle ; il mentionne ces milliers d'hérésiarques « punis dans l'autre vie des péchés auxquels ils ont engagé leurs sectateurs » ; il fait remarquer qu'Étienne Pascal, mort saintement dans la foi orthodoxe, a laissé aux siens toutes les raisons nécessaires de compter sur son salut ; et il conclut que ses enfants ont lieu de considérer la grandeur de leur bien dans la grandeur de leur mal. « Que l'excès de notre douleur soit la mesure de notre joie ! » Pascal ajoute que la meilleure charité envers les morts est de faire ce qu'ils voudraient que nous fassions s'ils étaient encore de ce monde, et de nous mettre pour eux dans l'état où ils nous souhaitent. « Par cette pratique nous les faisons revivre en nous. » Il conclut, avec une délicatesse touchante, que l'amour des enfants pour leur père ne doit pas être perdu, mais qu'ils doivent *en faire une réfusion sur eux-mêmes,* si bien qu'ils aient les uns pour les autres plus de tendresse que jamais.

Il faut voir avec quelle impérieuse hauteur, mêlée d'une intime tendresse, Pascal fait violence à Charlotte de Roannez, demandée en mariage et balançant entre le monde et le cloître.

Elle veut s'interroger sur sa vraie vocation. — Consulte-t-on pour savoir si on est appelé à sortir d'une « maison pestiférée » ? Or tel est le monde.

Elle souffre ; elle hésite à rompre de doux liens familiaux. — Que ne voit-elle là la lutte inévitable entre la concupiscence et la grâce ? Le combat contre nos penchants ne va pas sans souffrir. Mais la victoire est au bout ; et la paix viendra avec elle.

Elle redoute des peines prochaines pour elle et pour autrui. — C'est une faute de s'engager dans ces prévoyances. Il faut se ramasser en soi-même et ne songer qu'au devoir présent, au lieu de « se dissiper en des pensées inutiles de l'avenir ». Ces pensées, auxquelles Pascal ne voulait pas s'arrêter ni qu'elle s'arrêtât, c'était la perspective du désespoir d'une mère et d'un fiancé, des fureurs d'une grande famille, de l'appui que prêteraient aux réclamations de Mme de Roannez l'opinion publique et la puissance royale.

Enfin elle a peur de mal faire en voulant faire bien. — Pour dompter ses scrupules, Pascal ne recule pas devant cette thèse souverainement dangereuse : « La raison pour laquelle les péchés sont péchés c'est seulement parce qu'ils sont contraires à la volonté de Dieu ; et ainsi, l'essence du péché consistant à avoir une volonté opposée à celle que nous connaissons en Dieu, il est visible, ce me semble, que, quand il nous découvre sa volonté par les événements, ce serait un péché de ne s'y pas accommoder. »

Pascal ne peut souffrir la pensée que Charlotte de Roannez perde la couronne que Dieu lui a offerte ; il s'effraie à l'idée de la voir dans un état éternel de misère, après l'avoir imaginée « dans un de ces trônes où ceux qui auront tout quitté jugeront le monde avec Jésus-Christ » ; il supplie Dieu de ne pas abandonner la faible créature qu'il s'est acquise.

La forme impersonnelle que Pascal donne à son langage ne fait que rendre plus saisissante l'émotion forte que sa délicatesse dissimule. On sent que son âme s'est attachée à l'âme de cette jeune fille, sœur de son ami le duc de Roannez, et qu'il est possédé du désir de lui ménager la vie éternelle.

Subjuguée, Charlotte de Roannez s'échappa de chez sa mère et entra à Port-Royal, où elle fut reçue comme novice. On cria au détournement, et le scandale fut grand. Mlle de Roannez avait vingt-trois ans ; Pascal, trente-trois ans.

L'apôtre avait dit : « Usez du monde, comme n'en usant point. » La fougue janséniste de Pascal ne veut pas qu'on en use du tout. Pas de mélange des intérêts temporels avec les intérêts spirituels, du monde avec Dieu ! De par le péché originel, notre nature est foncièrement corrompue. L'homme doit passer de la mort à la vie.

Pascal appelle le mariage « la plus périlleuse et la plus basse des conditions du christianisme ». Il renonce à tous les plaisirs ; il prend en haine toutes les superfluités; il ne veut point qu'on le serve; il fait lui-même son lit; il se tient sans feu dans sa chambre aux murs nus.

Jamais esclave de ses goûts et de ses dégoûts, il rejette telle nourriture qui lui agrée et recherche telle nourriture qui lui répugne. Quiconque savoure un mets ou en fait l'éloge le scandalise. S'il prend plaisir à une viande, il se le reproche : c'est de la sensualité.

Son souci excessif de la pureté lui fait trouver à redire aux discours et aux gestes les plus innocents, au point de blâmer l'éloge de la beauté d'une femme fait devant des jeunes gens et de ne pas souffrir que sa sœur se plaise à recevoir les caresses de ses enfants. Il aime tous ses proches; mais il s'interdit avec eux toute familiarité, en digne fidèle de ce monastère de Port-Royal où deux amis, aussi chers qu'ils fussent l'un à l'autre, ne manquaient jamais de s'appeler *monsieur*.

De fait, si Pascal se fait un scrupule de donner aux siens des témoignages sensibles de la tendresse qu'il a au cœur, c'est qu'il craint de les induire à trop l'aimer. Il ne veut pas que sa sœur Gilberte Périer s'attache à lui; et cela par dédain de soi, par pitié pour elle, parce qu'il n'y a que ce qui est stable qui mérite de nous fixer. « Il est injuste qu'on s'attache à moi, lui écrit-il. Si j'en fais naître le désir chez quelqu'un, je le trompe. Je ne suis la fin de personne; je n'ai pas de quoi satisfaire personne. Ne suis-je pas prêt à mourir? » Il ne faut s'attacher qu'à l'être qui ne meurt point, à Dieu.

Sa jeune sœur Jacqueline est la personne qu'il aima le plus au monde. Il lui prodiguait, comme à tous les siens d'ailleurs, un dévouement plein de délicatesse et de sollicitude; mais, même avec elle, il s'imposait la plus rigoureuse réserve. Quand elle mourut, il blâma, comme trop humaines, les lamentations de Mme Périer; et il se contenta de dire : « Dieu nous fasse la grâce de si bien mourir! » C'est ainsi que sa recherche des mortifications aboutissait au retranchement des plaintes les plus naturelles comme des joies les plus innocentes.

Mais Pascal fit mieux que de gémir sur la mort de sa sœur Jacqueline; il s'inspira de son exemple. En 1631, ces messieurs de Port-Royal avaient été mis en demeure de signer un formulaire où étaient condamnées les propositions de Jansénius. Pascal et ses amis ne dirent pas non, croyant trouver dans ce texte de légères ambiguités propres à contenter les deux partis. Mais Jacqueline déclara qu'elle n'admettait point qu'on entrât dans aucune composition sur ce qui regarde la foi — Signez donc ce texte libérateur! — Fi! Il n'y a que la vérité qui délivre. — Mais on vous retranchera de l'Eglise. — Non. On ne peut être retranché de l'Eglise malgré soi. C'est l'esprit du Christ qui est le lien de l'union. On jouira de cette union, tant qu'on conservera l'esprit du Christ, tout charité. — Mais il y a des mandements d'évêques. — Ces mandements ont été arrachés à leur faiblesse. *Puisque les évêques ont des courages de filles, les filles doivent avoir des courages d'évêques.* Il nous appartient de défendre la vérité envers et contre tous, et, s'il le faut, de mourir pour elle.

Pourtant les principaux de Port-Royal, Arnauld en tête, sont pour la concession demandée. Pascal se joint à eux. Tous signent. Jacqueline se résigne à signer; mais elle ne se console pas d'une telle défaillance : elle en meurt trois mois après, âgée de trente-six ans.

Au lendemain de cette mort, une nouvelle signature

fut demandée. Il s'agissait d'une adhésion encore plus catégorique au formulaire. Cette fois Pascal se prononça pour le refus ; et, quand il vit que ces messieurs de Port-Royal, préoccupés de conserver leur pieuse maison, se décidaient à signer, il tomba sans connaissance. Peu s'en fallut qu'il ne mourût du coup. On eût dit que sa sœur était ressuscitée en lui.

Voilà comme, à la fin de sa vie, Pascal se montre janséniste plus ardent que jamais. Il lance, en style lapidaire, d'immortels anathèmes à ces deux « fléaux » du catholicisme, la Société des jésuites et l'Inquisition, mise à leur service.

Entendez-le proclamer l'impuissance des persécutions : « Vouloir mettre la religion dans l'esprit et dans le cœur par la force et par les menaces, ce n'est pas y mettre la religion, mais la terreur... Le monde ordinaire a le pouvoir de ne pas songer. Mais il y en a qui n'ont pas le pouvoir de s'empêcher ainsi de songer, et qui songent d'autant plus qu'on l'aura défendu... Contre la vérité tout ce qu'il y a de grand sur la terre s'unit. Les uns écrivent, les autres condamnent, les autres tuent, et néanmoins la vérité triomphe. »

Il s'attaque à l'esprit de superstition : « Ce n'est pas une chose rare qu'il faille reprendre le monde de trop de docilité. C'est un vice naturel comme l'incrédulité, et aussi pernicieux. »

Il montre l'inanité des décisions papales méconnaissant la vérité. Si des observations constantes prouvent que c'est la terre qui tourne autour du soleil, évêques et papes « ne l'empêcheront pas de tourner et ne s'empêcheront pas de tourner avec elle ». De même, les lettres du pape Zacharie pour l'excommunication de l'évêque Virgile qui tenait qu'il y avait des antipodes, n'ont pas anéanti le nouveau monde; et, encore qu'un pape eût déclaré que cette opinion était une erreur dangereuse, « on s'est bien trouvé d'en avoir plutôt cru Christophe Colomb ».

Qu'importe à Pascal que les *Lettres provinciales* soient condamnées à Rome, si elles ne le sont pas dans le ciel? Il dit à la Papauté : « Vous-même êtes corruptible. » Et d'elle il en appelle à Dieu : « J'en appelle, Seigneur, à votre tribunal. » Il faut crier d'autant plus haut qu'on est censuré plus injustement : « Mieux vaut obéir à Dieu qu'aux hommes. » N'est-il pas arrivé d'autres fois que les papes se sont laissé engager artificieusement à « persécuter la vérité de la foi, en pensant persécuter des hérésies ? » Pascal ose dire : « Le pape hait et craint les savants qui ne lui sont pas soumis par vœux. » Sa doctrine est que le pape n'a d'autorité qu'autant qu'il prononce d'accord avec l'Eglise; car, si la multitude qui ne se réduit pas à l'unité est confusion, *l'unité qui ne dépend pas de la multitude est tyrannie.*

Tant s'en faut, d'ailleurs, que Pascal admette une rupture avec Rome. Il s'en explique très catégoriquement dans une lettre de 1656 à Charlotte de Roannez : « Nous savons que toutes les vertus, le martyre, les austérités et toutes les bonnes œuvres sont inutiles hors de l'Eglise et de la communion du chef de l'Eglise qui est le pape. Je ne me séparerai jamais de sa communion ; au moins je prie Dieu de m'en faire la grâce, sans quoi je serais perdu pour jamais. »

Cela n'empêche qu'il regrette le christianisme primitif. Il constate qu'autrefois on n'entrait dans l'Église du Christ que très instruits des choses religieuses, tandis qu'on y entre aujourd'hui dans une ignorance complète. On n'y était admis qu'après un sérieux examen ; on y est reçu maintenant avant qu'on soit en état d'être examiné. Bref, il fallait sortir du monde pour être reçu dans l'Église ; aujourd'hui on entre dans l'Église en même temps que dans le monde.

Alors l'Église et le monde étaient opposés l'un à l'autre. On les considérait comme deux ennemis irréconciliables. Il s'agissait d'abandonner les errements de l'un pour embrasser les maximes de l'autre. Aujourd'hui une espèce d'accord s'est fait entre Christ et Bélial.

Pascal examine en particulier le recrutement des prêtres tel qu'il avait lieu au siècle du cardinal de Retz qu'allait suivre le siècle du cardinal Dubois : « Est fait prêtre qui veut l'être. C'est une chose horrible qu'on nous propose la discipline de l'Église d'aujourd'hui pour tellement bonne qu'on fait un crime de la vouloir changer! Il a bien été permis de changer la coutume de ne faire des prêtres qu'avec tant de circonspection qu'il n'y en avait presque point qui en fussent dignes ; et il ne sera pas permis de se plaindre de la coutume qui en fait tant d'indignes ! »

A voir les audaces de Pascal résolu de ne pas franchir les bornes de l'orthodoxie, on peut juger de ce qu'aurait été la hardiesse de sa pensée s'il se fut libéré du joug romain. Supposez-le instruit à ne pas s'interdire l'examen des matières de foi, mieux initié à la connaissance des temps et des peuples, mis au courant des circonstances où ont été écrits les livres prétendus sacrés, approfondissant les évolutions des dogmes et des Églises, comparant à bon escient les différentes religions dont il parle si superficiellement, enfin appliquant à la critique son étonnante puissance de pénétration, n'aurait-il pas tout vu sous un angle différent ?

C'est au siècle suivant que l'exégèse devait réaliser ses progrès décisifs, discuter l'authenticité et la chronologie des livres bibliques, établir que telles prophéties sont postérieures aux événements qu'on leur fait annoncer, contrôler les témoignages attribués aux évangélistes et aux apôtres, étudier les éléments de la légende de Jésus faite en grande partie avec des réminiscences de l'Ancien Testament.

Il y a des continents, il y a des îles de l'Océan où on ne trouverait pas un seul homme qui ait seulement entendu parler de Jésus-Christ en qui Pascal fait résider le salut. Telle la nationalité, telle la croyance. Le hasard de la naissance en décide. Pascal, né dans le Thibet, aurait sans doute fait au profit du bouddhisme les mêmes prodiges de dialectique qu'il fait au profit du catholicisme.

Le monde a subsisté des siècles et des siècles sans que fussent agitées les questions du péché originel, de l'incarnation et de la grâce, où Pascal met le mot de l'énigme des choses. Ces questions, toutes brûlantes au xvie et au xviie siècle, sont bien mortes aujourd'hui. Et il y avait des justes avant Jansénius, avant Calvin, avant saint Augustin. Et il y a encore des justes.

L'ESPRIT GÉOMÉTRIQUE DE PASCAL

Le jansénisme de Pascal fut porté à l'extrême par son esprit géométrique et tempéré par son mysticisme.

Pascal a dit que « le moi est haïssable » ; et pourtant,

au temps de ses premiers travaux, son amour-propre de savant eut des crises furieuses que trahit l'âpreté de ses revendications en faveur des découvertes scientifiques dont le mérite lui fut disputé. Depuis, il avait délaissé la physique et les mathématiques pour la morale et la religion. Or voici qu'au fort même de sa ferveur religieuse, il s'avise de lancer un orgueilleux défi aux savants du monde entier. C'est quatre ans avant sa mort, en 1658, que Pascal envoie dans les divers États de l'Europe l'énoncé des problèmes de la cycloïde et en demande la solution à tous les géomètres de l'univers, offrant à chacun de ceux qui l'auront trouvée un prix de soixante pièces d'or, non comme rémunération de leurs efforts, mais comme hommage public rendu à leur mérite.

Les concurrents devaient avoir trois mois et demi pour leurs recherches, du 15 juin au 1er octobre. Pascal déclarait que, le 1er octobre venu, publication serait faite des solutions qu'il avait lui-même trouvées et déposées. « Nous laisserons ensuite à chacun, disait-il, le droit de s'en servir pour arriver à des résultats plus importants. Peut-être la postérité nous saura-t-elle quelque gré de les faire connaître. »

En même temps, Pascal rappelait que des questions identiques avaient été posées en 1615 par le père Mersenne aux hommes les plus capables de l'Europe, entre autres à Galilée, mais qu'aucun ne put aboutir. « Tous en désespérèrent. »

Il advint de l'appel de Pascal ce qui était advenu de l'appel du père Mersenne. Aucun savant ne fut de force. Les prix qu'il avait mis en dépôt n'ayant été gagnés par personne, Pascal en employa le montant à divulguer ses solutions. Il accompagna cet exposé de mémoires où était lancé très vivement quiconque se vanterait d'avoir trouvé ce que seul il avait su trouver. On n'imagine pas avec quelle savante cruauté il rabroue un des concurrents, le père Lallouère, qui, quoique jésuite, osait prétendre à la réputation de bon géomètre, que ne lui ont d'ailleurs refusée ni Leibniz ni Montucla.

Voilà comme le vieil homme reparaissait dans le grand Pascal. Ne le regrettons pas. L'exposé des méthodes dont il s'était servi fut un trait de lumière pour Leibniz qui en fait lui-même l'aveu : *subito lucem hausi*, si bien qu'il y a lieu d'associer le nom de Pascal à celui de Descartes, de Newton et de Leibniz, dans la découverte du calcul infinitésimal.

Pascal avait pour contemporain un admirable géomètre, Fermat, qu'il appelait « le premier homme du monde », et à qui il disait : « Plus je vous connais, plus je vous admire et vous honore. » C'est à lui que, dans une lettre de 1660, deux ans après l'affaire de la cycloïde, il marque le fort et le faible de la géométrie, en ces termes : « Je trouve que la géométrie est le plus haut exercice de l'esprit; mais en même temps je la connais pour si inutile que je fais peu de différence entre un homme qui n'est que géomètre et un habile artisan. J'appelle la géométrie le plus beau métier du monde; mais enfin ce n'est qu'un métier; et j'ai dit souvent qu'elle est bonne pour faire l'essai, mais non pas l'emploi de notre force. »

L'emploi de sa force était désormais absorbé par le livre sur la religion. Il lui consacrait toutes les minutes de relâche que lui laissait la maladie; et il y apportait toute la rigueur de son esprit géométrique.

Pascal possédait au plus haut degré ces habitudes de méthode et de netteté dont les mathématiques sont le meilleur apprentissage. Il n'importe qu'on soit très intelligent; la lacune est grande à ses yeux si on n'est pas géomètre.

Ne nous étonnons pas si ce passionné de la logique fut absolu dans sa foi. Né catholique, il se fait dévot; devenu dévot, il se fait sectaire. Ceux-là se méprennent qui, à côté de l'homme de foi, ne reconnaissent pas l'homme de parti chez l'auteur des *Provinciales*.

L'esprit géométrique avait fait de Pascal un raisonneur. C'est en lui le talent principal qui règle tous les autres. Aussi émue que soit sa sensibilité, il précise, définit, et démontre. Même quand il prie, il argumente. Ses prières ne sont pas de simples effusions de l'âme; il y aligne, dans une suite de déductions serrées, des raisonnements pathétiques développant les lois providentielles où il cherche son espoir et sa consolation. Mêmes procédés dans ses lettres. Avec quelle hauteur il courbe sous la férule de sa logique janséniste cette pauvre Charlotte de Roannez, qui se laisse pousser dans le cloître, d'où, lui mort, elle sortira!

Ce raisonneur était volontiers extrême. C'est le caractère de sa pensée de pousser un principe jusqu'à ses dernières conséquences et de ne point craindre de heurter le sens commun.

Il était inévitable que les catholiques vissent un apologiste compromettant dans le dialecticien qui parle des *sots contes* de la Bible; qui traite de *ridicule* l'idée que le peuple de Dieu se faisait de la morale et de ses sanctions; qui reconnaît que les Écritures semblent autoriser des opinions *extravagantes* et contiennent des obscurités aussi *bizarres* que celles du Coran.

Pascal part de cette idée : Pour Dieu, il n'y a qu'un but, la charité. D'où la conclusion : Dans les livres saints, tout ce qui ne va pas à la charité est figure ; autrement ce serait *sottise*. Il ne conteste pas au reste qu'il y ait des figures *un peu tirées par les cheveux*, qui ne font preuve que pour ceux qui sont persuadés d'ailleurs.

A ceux qui font consister la religion juive dans la paternité d'Abraham, la circoncision, les sacrifices, les cérémonies, l'arche, le temple, la loi, l'alliance, Pascal ne se contente pas de répondre que la religion des Juifs ne consistait en aucune de ces choses, mais seulement en l'amour de Dieu. Il ajoute que « Dieu réprouvait toutes les autres choses ». Et le voilà qui emprunte des textes aux divers prophètes pour soutenir que Dieu ne préfère point un peuple aux autres et ne fait point acception de personnes ; que la circoncision charnelle était le symbole de la circoncision du cœur, seule voulue de Dieu ; que les fêtes des Juifs, leurs cérémonies et leurs sacrifices déplaisaient à Dieu ; que l'arche devait être oubliée, le temple rejeté, l'alliance annulée. Il trouve dans les prophètes l'entier désaveu de la loi. Que si les prophètes semblent se contredire, il a toujours moyen de les ramener à son sens par ses raisonnements subtils sur leurs dires. Il écrit par exemple : « Pour montrer que l'Ancien Testament n'est que figuratif et que les prophètes entendaient par les biens temporels d'autres biens, il faut remarquer que leurs discours expriment très clairement la promesse de biens temporels, et qu'ils disent néanmoins que leurs discours sont obscurs et que leur sens ne sera point entendu. » Du moment où le sens vrai des prophéties n'est point celui qu'elles expriment à découvert, quand vous lisez biens temporels, il vous faut lire biens spirituels ; et, de même, quand vous entendez parler d'un libérateur triomphant par les armes, il vous faut interpréter qu'il s'agit du libérateur triomphant par la croix. Autrement il vous faudra admettre que David n'aurait eu qu'à dire qu'il était le Messie, pour être cru tel; car « les prophéties étaient plus claires de lui que de Jésus-Christ » ; et il vous faudra conclure que la glorification des justes doit consister à posséder ces bonnes terres grasses dont la promesse revient sans cesse.

Les juifs charnels, n'ayant au cœur que des affections païennes, ont pris à la lettre la parole de Dieu. De là leur perdition. Mais il y a eu des saints, tels qu'Abraham, Isaac, Jacob, qui ont été les chrétiens du judaïsme, tout comme les jésuites, dispensant l'homme d'aimer Dieu pourvu qu'il recoure aux sacrements, sont, selon Pascal, les païens du christianisme.

Il fallait que, sous le régime de la loi, il y eût un certain nombre de vrais justes, assez clairvoyants pour n'être pas dupes des formes consacrées, assez humbles pour ne pas en affecter le dédain, et pour qui, dans les Écritures, tout revînt à dire : « Aimez Dieu et lui obéissez, car Dieu c'est la vie. » Mais il fallait aussi qu'il y eût toute cette foule d'injustes, arrêtés aux pensées terrestres ainsi qu'aux pratiques établies, et, dans le nombre, ceux qui ont méconnu Jésus-Christ parce qu'il n'est pas venu dans l'éclat attendu. Pascal dit avec une dureté brutale : « Ces misérables qui suivaient la synagogue sont d'admirables témoins de ces prophéties où leur misère et leur aveuglement même est prédit. » Et ailleurs : « Ce peuple est visiblement fait pour servir de témoin au

Messie. Il porte les livres, et les aime, et ne les entend point. » Et pourquoi ne les entend-il pas ? Parce que ces livres ont un *sens spirituel* caché sous le *sens charnel* dont ce peuple est l'ami.

En vérité, c'était bien la peine de tonner si fort contre la doctrine de l'équivoque chez les jésuites, pour finir par faire d'elle le grand procédé de Dieu même ! Telles sont les violences de raisonnement où l'esprit géométrique entraîne Pascal.

L'impitoyable Calvin disait, à propos de ceux qui ne sont pas du nombre des élus, que Dieu tourne à leur perte et sa parole, et sa lumière, et ses remèdes : « *Vocem ad eos dirigit, sed ut magis obsurdescant ; lumen accendit sed ut reddantur cæciores ; remedium adhibet, sed ne sanentur.* » Étranges aberrations !

Pascal fait écho à Calvin, quand il formule cette pensée : « On n'entend rien aux œuvres de Dieu, si on ne prend pour principe qu'il a *voulu* aveugler les uns et éclairer les autres, » pensée sans cesse renouvelée, qui a pour corollaires des considérations telles que celles-ci : « Les prophéties, citées dans l'Évangile, vous croyez qu'elles sont rapportées pour faire croire. Non, c'est pour vous éloigner de croire... Sans les obscurités on ne serait pas aheurté à Jésus-Christ ; et c'est un des desseins formels des prophètes. » Selon Pascal, tout est concerté pour que les réprouvés, en voyant, ne voient point, et, en entendant, n'entendent point. Et il rappelle ces paroles d'Isaïe : « Aveugle le cœur de ce peuple, assourdis ses oreilles, enténèbre ses yeux, de peur que ses yeux ne voient, que ses oreilles n'entendent, que son cœur ne comprenne. Qu'il ne se convertisse point et ne soit point guéri ! »

Du moins faut-il reconnaître que les tours de force de sa logique établissent Pascal dans une sorte de forteresse imprenable. Grâce à l'emploi facultatif du sens littéral et du sens figuratif, il explique tout. Par cette doctrine qu'il y a de quoi aveugler et de quoi éclairer, il a réponse à tout.

Cela est *littéralement* faux, dites-vous. — Eh bien, renoncez au sens littéral. Quand la parole de Dieu est fausse littéralement, elle est vraie spirituellement.

Dieu, dites-vous, déclare dans l'Écriture qu'il fera telle chose, et une telle chose ne peut que nous choquer. — Comprenez donc mieux : cela signifie simplement que Dieu aura la même intention qu'un homme qui ferait cette chose.

Pourquoi, dites-vous, un pareil manque de clarté ? — Ne nous reprochez pas le manque de clarté, puisque nous en faisons profession. Dieu n'a-t-il pas déclaré son dessein d'aveugler et d'éclairer ? Tout sert un de ces deux desseins ; et voilà ruinés tous vos raisonnements.

Mais pourquoi, chez Dieu, ce parti pris d'*aveugler* en même temps qu'il éclaire ? — Pour que l'homme soit humble, et qu'il apprenne sa corruption avant d'en espérer le remède. « Il est non seulement juste, mais utile que Dieu soit caché en partie et découvert en partie, parce qu'il est également dangereux à l'homme de connaître Dieu sans connaître sa misère et de connaître sa misère sans connaître Dieu. »

N'empêche, dites-vous, que la religion semble bien incertaine. — Connaissez-en donc la vérité précisément dans le peu de lumière que nous en avons ! C'est le propre des chrétiens de professer que leur religion est une religion dont ils ne peuvent rendre raison. « Ils déclarent, en l'exposant au monde, que c'est une sottise; et puis vous vous plaignez de ce qu'ils ne la prouvent pas ! S'ils la prouvaient, ils ne tiendraient pas parole. C'est en manquant de preuves qu'ils ne manquent pas de sens. » Et Pascal conclut : « Notre religion est sage et folle. Sage, parce qu'elle est la plus savante et la plus fondée en prophéties, en miracles (qui montrent Dieu comme un éclair). Folle, parce que ce n'est point tout cela qui fait qu'on en est. *Cela fait bien condamner ceux qui n'en sont pas, mais non pas croire ceux qui en sont. Ce qui les fait croire, c'est la croix.* » Il s'agit, selon la parole de saint Paul, de ne pas rendre vaine la croix du Christ... « Rien ne peut vous changer et vous rendre capables de connaître et aimer Dieu, que *la vertu de la folie de la croix.*» Pascal en revient toujours à Adam péchant, et à Jésus-Christ expirant, qui, du haut de la croix, châtie et pardonne, « juste envers ceux qu'il damne, miséricordieux envers ceux qu'il sauve ».

LE MYSTICISME DE PASCAL

Une originalité de Pascal, c'est d'être de la famille des François d'Assise, en même temps que de la famille des Newton. On le méconnaît quand on néglige le grand mystique, pour ne voir que le grand géomètre.

Le monde des abstractions ne compte pas devant le monde de l'amour. Pascal s'est détaché de l'étude des sciences abstraites pour passer à la science de l'homme; il se détache de la science de l'homme et ne connaît plus que la science de la croix.

La raison est lente, et la multiplicité de ses vues la paralyse. Le sentiment est toujours en éveil, toujours agissant. L'amour fait qu'on connaît plus parfaitement ce qu'on connaissait déjà ; et il apporte des connaissances dont on serait incapable sans lui. « Le cœur a ses raisons que la raison ne comprend pas... Il faut que Dieu incline le cœur... La religion, c'est Dieu sensible au cœur. »

L'âme, touchée de Dieu, considère les choses et soi-même de façon toute nouvelle. Quoique captivée encore par le visible, elle en sent la vanité et ne reconnaît de solidité que dans l'invisible. Quoi donc ! Elle s'était attachée à tant de riens, qui nous échappent continuellement ! Terre et cieux, esprits et corps, biens et honneurs, prospérité et indigence, peines et maux, ignominies et mépris, amis et ennemis, qu'est-ce que tout cela qui n'est que d'un jour ? Le véritable bien, le bien qu'il lui faut, doit durer autant qu'elle et ne pouvoir lui être ôté que de son consentement.

Où est ce bien ? Ni en nous, ni au dehors ; mais au-dessus de nous, en Dieu. En Dieu est le bien souverainement aimable ; et le désirer, c'est déjà le posséder. Que nous sommes petits ! Qu'il est grand ! Et combien il est bon de « manifester son infinie majesté à de si chétifs vermisseaux » ! Est-il possible d'avoir préféré tant de vanités à ce divin père ?

Et l'âme prie Dieu que, comme il lui a plu de se découvrir à elle, il lui plaise de l'attirer à lui. De plus en plus elle s'humilie, se mortifie, se purifie ; et de plus en plus la grâce descend sur elle.

La voilà bien détachée du monde. Pourtant elle se sent encore mal attachée à Dieu. D'où ce grand cri de Pascal : « Qu'il y a loin de la connaissance de Dieu à l'aimer ! » Mais le travail intérieur se continue ; l'effort de transfiguration, d'abord pénible, devient joyeux. Un jour arrive où les obscurités font place à une claire vision ; où l'âme, dans une sorte d'interruption momentanée de la vie temporelle, s'identifie avec l'objet de sa pensée et de son amour. C'est l'heure brève de l'extase.

Pascal eut son extase. C'était en 1654, l'année de la crise où Pascal était plus que jamais dégoûté de ces servitudes de la vie mondaine qui font qu'on se rend malheureux pour se rendre aimable aux autres, et rêvait de conquérir la liberté des vrais enfants de Dieu. Depuis longtemps, il expérimentait en lui-même cette déplorable tendance qu'a l'homme à être dupe de son imagination et à croire être renouvelé parce qu'il pense à se renouveler.

Le 23 novembre, pendant la veillée, Pascal méditait sur son état et priait, lorsque, vers dix heures et demie, il entra dans une sorte de ravissement qui dura jusqu'à minuit et demi.

Dieu lui apparaissait dans une lumineuse auréole de certitude. Il le sentait présent, et la joie et la paix descendaient en son cœur. Ce n'était pas le Dieu abstrait, grand géomètre et grand architecte, devant lequel s'incline le commun des philosophes et des savants ; ce n'était pas le Dieu mercenaire, grand donateur de biens et d'années, qu'adore le commun des Juifs ; c'était le Dieu des chrétiens, « un Dieu d'amour, et de consolation ; un Dieu qui remplit l'âme et le cœur de ceux qu'il possède ; un Dieu qui leur fait sentir intérieurement leur misère et sa miséricorde infinie ; qui s'unit au fond de leur âme, qui la remplit d'humilité, de joie, de confiance, d'amour, qui les rend incapables d'autre fin que de lui-même ». C'était le Dieu d'Abraham, d'Isaac et de Jacob, ces saints du judaïsme ; c'était le Dieu de Jésus-Christ.

Et tout son être criait au Christ : *Ton Dieu sera mon Dieu*. J'oublierai tout, hormis Dieu. L'évangile sera ma voie et ma vie. O combien grande est l'âme humaine que Dieu a faite capable de le connaître ! Et combien je suis heureux d'être du nombre des élus qui adorent celui que tant de réprouvés méconnaissent !

Sa joie était grande, si grande qu'elle le faisait fondre en larmes. Et il songeait combien c'était mal de s'être si longtemps tenu éloigné de la source d'eau vive. Et il frissonnait à la seule pensée d'une nouvelle infidélité qui le séparerait de son Dieu.

Fi d'un savant amalgame de la raison et de la foi ! Pascal s'offre tout entier à la lumière venue d'en haut, lumière toute rayonnante dans les pages de l'Évangile, lumière qui découvre aux plus humbles esprits ce qui se dérobe à la curiosité des plus superbes. Heureux les petits, qui, têtes ignorantes, mais âmes droites, ont la religion par sentiment du cœur ! Leur être a toutes ses pentes vers Dieu, et ils font de lui leurs délices. Combien est grand le christianisme qui n'est ni tout extérieur comme les religions païennes, ni tout intérieur comme une religion purement intellectuelle, mais se proportionne également aux habiles et au peuple ! Jésus-Christ ! Jésus-Christ ! Jésus-Christ ! Il est le médiateur nécessaire par qui l'homme communique avec Dieu ; il est le rédempteur ; il est le modèle divin de la beauté morale. Pascal s'exalte dans sa contemplation. Désormais son repos, son bonheur sera en lui. Il l'entend qui dit dans l'Évangile : « On ne peut servir deux maîtres à la fois,

Dieu et le monde. Celui qui veut être mon disciple, qu'il renonce à soi ; qu'il charge sa croix, et qu'il me suive ! » Oui, Pascal se privera de ce qui l'attirait le plus ; il se résignera à ce qui lui coûtait le plus. La vision de l'éternité le désintéresse des choses du temps ; ce lui est une douceur de tout sacrifier pour Jésus-Christ. Sa ferme résolution est de demeurer totalement soumis au Christ et au prêtre du Christ qu'il adopte pour guide spirituel. Ce guide est M. Singlin, dont les prédications contre les difficultés que comporte l'alliance de la vie du monde avec la piété véritable ont récemment ébranlé son âme. De ce solitaire de Port-Royal, Pascal attend les conseils doux et forts où sa conscience trouvera un remède pour se guérir de ses défaillances ; un préservatif pour éviter les rechutes ; un appui pour se soutenir dans ses bons propos ; un stimulant pour redoubler sans cesse de vigilance. Adieu les vains amusements, les vaines curiosités, les vains triomphes d'amour-propre. Là-bas luit l'aurore de la vie éternelle, où tout est paix, amour et joie. Qu'est-ce qu'une épreuve d'un jour, au prix de ce bonheur qui ne finit jamais ?

Pascal résuma immédiatement sur le papier, avec une ardeur fébrile, ces intuitions de son cœur, ces résolutions de sa volonté, qui faisaient de cette nuit du 23 novembre 1654 la minute décisive de son existence : « Dieu d'Abraham, Dieu d'Isaac, Dieu de Jacob, non des philosophes et des savants ! Certitude, certitude. Sentiment. Joie. Paix. Dieu de Jésus-Christ ! *Ton Dieu sera mon Dieu*. Oubli du monde et de tout, hormis Dieu. Il ne se trouve que par les voies enseignées dans l'Évangile. Grandeur de l'âme humaine. *Père juste, le monde ne t'a point connu ; mais je t'ai connu*. Joie, joie, joie, pleurs de joie. Mon Dieu, me quitterez-vous ? Que je n'en sois pas séparé éternellement ! *Cette vie est la vie éternelle. Qu'ils te connaissent seul vrai Dieu, et celui que tu as envoyé, Jésus-Christ.* Jésus-Christ ! Jésus-Christ ! Je m'en suis séparé ; je l'ai fui, renoncé, crucifié. Que je n'en sois jamais séparé ! Il ne se conserve que par les voies enseignées dans l'Évangile. Renonciation totale et douce. Soumission totale à Jésus-Christ et à mon directeur. Éternellement en joie pour un jour d'excercice sur la terre. *Non, je n'oublierai point vos paroles.* Ainsi soit-il ! »

Ces lignes jetées à la hâte en caractères illisibles, Pascal les transcrivit soigneusement sur un parchemin qu'il portait toujours sur lui cousu à ses habits. C'était le précieux mémorial de sa régénération spirituelle.

Pour certaines gens, il y a là un signe de folie. Ces gens sont condamnés à taxer aussi de folie Socrate, saint Augustin et Jeanne d'Arc.

D'après une anecdote, aujourd'hui contestée, Pascal, en 1654, avait failli être victime d'un grave accident au pont de Neuilly. Ses chevaux, s'étant emportés, se jetèrent dans la Seine, et ce fut par un vrai miracle que le carrosse qui portait Pascal resta suspendu sur le parapet du pont.

On a conté que, depuis cette époque, Pascal fut en proie à une hallucination qui lui faisait voir un abîme à ses côtés, et on l'a montré devenu fou. « N'oubliez pas de dire, écrit Voltaire à Condorcet, que, depuis l'accident de Neuilly, Pascal avait perdu la tête. » Voltaire oublie que tous les chefs-d'œuvre de Pascal ont été composés postérieurement à l'accident de Neuilly. Dans la production des *Provinciales*, des *Pensées* et des *Mémoires sur la cycloïde*, il n'y a rien d'incompatible avec des troubles cérébraux ; mais ce serait folie d'y voir l'œuvre d'un fou.

En 1844, fut publiée pour la première fois, d'après le manuscrit autographe des Pensées, une page où Dieu et l'âme se parlent et se répondent. Il y a là comme une continuation du précieux mémorial, et aussi un écho des mâles tristesses et des tendres effusions du sublime auteur de l'*Imitation de Jésus-Christ*.

Pascal se représente Jésus, aux heures de son agonie, souffrant les tourments que lui font les hommes et ceux qu'il se donne à lui-même, abandonné de ses plus chers amis, « délaissé seul à la colère de Dieu ». Le souvenir lui est resté peut-être de ce mot d'Arnauld disant à ceux qui lui reprochaient de s'user dans ses luttes : « Eh ! n'aurons-nous pas toute l'éternité pour nous reposer ? » Et il s'écrie : « Jésus sera en agonie jusqu'à la fin du monde ; il ne faut pas dormir pendant ce temps-là »

Il prie. Et tout à coup une voix lui parle : « Console-toi ! Tu ne chercherais pas si tu ne m'avais trouvé... Je pensais à toi dans mon agonie ; j'ai versé telles gouttes de sang pour toi... Laisse-toi conduire à mes règles... Veux-tu qu'il m'en coûte toujours du sang de mon humanité, sans que tu donnes des larmes ?... Les médecins ne te guériront pas ; car tu mourras à la fin. Mais c'est moi qui guéris et rends le corps immortel... Je te suis plus ami que tel ou tel... Si tu connaissais tes péchés, tu perdrais cœur. — Je le perdrai donc, Seigneur ; car je crois leur malice sur votre assurance. — Non ; car moi, par qui tu l'apprends, t'en peux guérir. — Seigneur, je vous donne tout. — Je t'aime plus ardemment que tu n'as aimé tes souillures. »

Et, comme il se repent et fait pénitence, il a peur de prendre quelque pensée d'orgueil. Il se représente Jésus lui disant : « Qu'à moi en soit la gloire, et non à toi, ver de terre! » Et il s'enfonce dans ses sentiments d'humilité : « Je vois mon abîme d'orgueil, de curiosité, de concupiscence. » Son indignité le tourmente. Mais Jésus répète : « Tu ne me chercherais pas si tu ne me possédais ; ne t'inquiète donc pas! »

Les bras tendus vers son libérateur, il attendra la mort en paix, dans l'espérance de lui être éternellement uni ; et il vivra avec joie, soit dans les biens s'ils lui arrivent, soit dans les maux que l'exemple du Christ l'a appris à souffrir.

C'est ainsi qu'apparaît dans Pascal un mystique tout pénétré de l'amour de Dieu. Il fait mieux que raisonner sur son Dieu ; il lui donne sa foi, il lui donne son cœur. Une de ses remarques est que le Dieu des chrétiens a cela de propre qu'il veut qu'on l'aime, et par suite prescrit que nos prières lui demandent la double grâce de l'aimer et de le suivre. Pascal voit là une particularité qui n'appartient qu'au christianisme. Il oublie que Socrate et Platon enseignaient à aimer Dieu et plaçaient la forme suprême de l'amour dans l'amour de l'Être souverainement bon et aimable. Mais la pensée de Pascal demeure vraie pour la plupart des anciens. Ils partageaient l'avis d'Aristote qui professe que, quand la distance est grande entre les personnes, *comme de l'homme à Dieu*, l'affection n'est pas possible. De plus, ils estimaient qu'on peut se donner à soi-même les vertus et se faire pareil à la divinité.

Pour expliquer le rôle capital de la volonté dans nos opinions, Pascal dit que « les choses sont vraies ou fausses selon la face par où on les regarde ». Or, quand la volonté est vivifiée par le cœur, c'est-à-dire par ce sens supérieur des affections qui est l'âme même de notre âme, et que, dans le cœur, règne la passion du divin, l'homme se place toujours à ce point de vue supérieur où l'esprit de sacrifice prévaut sur l'idolâtrie de soi-même. De là découlent les vertus.

Il semble que chez Pascal il s'opéra une sorte de renaissance morale, sous l'influence de l'amour de Dieu. Lui-même dit à Gilberte Périer, dans un petit papier écrit de sa main et qu'elle nous a conservé, ce qu'était l'homme nouveau ainsi développé en lui : « Je garde fidélité à tout le monde ; je ne rends pas le mal à ceux qui m'en font, mais je leur souhaite une condition pareille à la mienne, où l'on ne reçoit pas de mal ni de bien de la part des hommes ; j'essaie d'être juste, véritable, sincère ; j'ai une tendresse de cœur pour ceux que Dieu m'a unis plus étroitement ; et, tous les jours de ma vie, je bénis mon rédempteur, qui d'un homme plein de faiblesse, de misère, de concupiscence, d'orgueil et d'ambition, a fait un homme exempt de tous ces maux, par la force de sa grâce à laquelle toute la gloire en est due, n'ayant de moi que la misère et l'erreur. » Il y a là certainement une pointe de pharisaïsme janséniste. Faire passer les vertus par le canal de la grâce n'excuse pas de s'attribuer ainsi des vertus. Mais il faut pardonner à Pascal cette candeur de la conscience, assez semblable à cette candeur du génie qui inspirait à Descartes des saillies d'orgueil telles que celle-ci, tirée d'une ses lettres de l'année 1638 : « J'ai bien pensé que ce que j'ai dit serait incroyable ; car il n'y a que dix ans, je n'eusse pas voulu croire que l'esprit humain eût pu atteindre à de telles connaissances, si quelque autre l'eût écrit. »

Pascal n'ignorait pas ses défauts. Il se savait d'humeur bouillante, volontiers impatient, ironique, enclin à la colère, et toujours guetté par le démon de l'orgueil.

Son grand renom faisait que bien des personnes s'adressaient à lui pour le consulter sur de graves sujets. Il leur répondait avec cette éloquence du cœur qui se moque de l'éloquence des rhéteurs ; car s'il excellait dans l'art de convaincre, il excellait aussi dans cet art d'agréer, qui a ses règles subtiles accommodées aux principes variables du plaisir, dont il s'agit de savoir faire jouer les ressorts avec un naturel où l'art se dissimule. « Tout ce que disait M. Pascal, écrit Nicole, faisait une impression si vive, qu'il n'était pas possible de l'oublier. » Subjuguant à ce point les âmes, Pascal ne pouvait empêcher que son amour-propre ne jouît des triomphes de sa dialectique et n'eût quelque complaisance à entendre les applaudissements de ceux qui l'écoutaient. Mais il rabattait ces élans du *moi haïssable*, et de la passion dominée il faisait une vertu, au moyen d'une ceinture de fer pleine de pointes, placée à nu sur sa chair. Sitôt qu'il sentait en son âme le moindre vilain mouvement, il se donnait des coups de coude qui avivaient la violence des piqûres, et se châtiait ainsi lui-même.

Une des prières les plus habituelles de Pascal était : « Dieu, donnez-moi l'amour de vous et la haine de moi-même ! » On a lieu de critiquer les exagérations, j'oserai dire les niaiseries, de son ascétisme janséniste, si contre nature. Mais s'il y apportait tant de passion, s'il se faisait le bourreau de lui-même à force de scrupules, de détachement et de mortifications, n'était-ce pas à cause même des énergies affectives qu'il sentait en son âme? Il n'avait pas un cœur sec, l'homme qui a donné aux écrivains, aux orateurs, aux artistes, cette règle si haute : « Il faut plaire à ceux qui ont les sentiments humains et tendres. »

Pour beaucoup de croyants, Dieu est en quelque sorte le grand machiniste auquel on ne songe sérieusement que dans les circonstances tragiques. On l'implore bien à des heures fixes ; mais c'est d'une manière tout automatique ; et il ne remplit pas la vie. Pascal, lui, depuis la nuit de 1654, vit constamment en face de Dieu ; et, dans le drame de son existence, la lutte est perpétuelle entre le péché et la grâce.

Il y avait dans sa physionomie je ne sais quoi de tourmenté qui révélait son incessant effort contre lui-même, en vue d'une perfection toujours plus haute. Il avait horreur de la moindre souillure morale ; il aurait voulu s'abîmer dans la sainteté.

Aux jours de sa prime jeunesse, Pascal avait envié le bonheur de ces vies mondaines qui commencent par l'amour et qui finissent par l'ambition. Il adopta une vie solitaire, toute faite d'un amour et d'une ambition qui n'allaient qu'à Dieu. Nous le voyons, à trente-deux ans, habitant une cellule dans le monastère de Port-Royal, levé tous les jours à cinq heures, mâtant sa chair, jeûnant, travaillant, priant, et se répétant sans cesse : « Fais pénitence pour tes péchés, dont tu ne sais ni le nombre ni la malice. » Plus d'alliance de l'esprit du siècle avec l'esprit chrétien. Dieu seul pour principe et pour fin, voilà sa devise.

On sait que sa santé ne fut jamais qu'une intermittence de la maladie ; et que les dernières années de sa vie s'écoulèrent dans les plus atroces souffrances. Il s'était donné pour règle de ne s'attrister de rien et de prendre tout ce qui lui arrivait pour le meilleur. Son âme, fortement trempée dans les eaux du jansénisme, voyait sous les joies temporelles les maux éternels qu'elles causent, et sous les afflictions temporelles les biens éternels où elles conduisent. Volontiers, il aurait poussé le grand cri de sainte Thérèse : *Ou souffrir, ou mourir !*

A l'exemple de saint François d'Assise, Pascal a pour maxime d'aimer la pauvreté parce que Jésus-Christ l'a aimée. Il n'apprécie les biens de la fortune que comme moyens d'assister les misérables. Il prend sur son nécessaire pour être toujours libéral envers les pauvres ; et, quand les siens lui reprochent de trop se dépouiller, il leur répond : « J'ai remarqué qu'aussi pauvre qu'on soit, on laisse toujours quelque chose en mourant. » Lui survient-il un gain imprévu, comme il advint pour son invention des carrosses à cinq sous la place, qui furent les omnibus du xviie siècle, il escompte ce gain pour en disposer au profit des nécessiteux. S'il a besoin d'employer des ouvriers, il s'adresse aux plus besogneux, de préférence aux plus habiles. C'était un de ses étonnements qu'on pût s'octroyer du superflu, lorsque tant d'indigents manquent du nécessaire. Il avait retiré dans sa maison une misérable ménage. La petite vérole s'y étant déclarée, il préféra aller finir ses jours chez sa sœur plutôt que de se résigner à mettre dehors ces pauvres gens. Il regrettait d'avoir eu si peu de bien à donner aux indigents, et il se reprochait de ne leur avoir pas consacré son temps et sa peine. Il ajoutait que, s'il se relevait, comme les médecins lui en donnaient l'assurance, il était résolu à n'avoir pas d'autre emploi, le reste de sa vie, que le service des pauvres.

Une de ses dernières fantaisies fut d'avoir à ses côtés un pauvre malade à qui on rendrait les mêmes soins qu'à lui-même. « Hélas! disait-il tandis que tout abonde pour moi, combien d'autres, plus souffrants, manquent des choses indispensables! » N'ayant pu obtenir satisfaction sur ce point, il supplia sa sœur qu'on le portât à l'hospice des incurables, pour satisfaire à son désir de mourir dans la compagnie des pauvres. Mais les médecins jugèrent qu'il n'était pas transportable. Peu après il mourait.

Tel a été Pascal. Sans vouloir qu'on l'imite en ses rudes excès, il faut bien l'admirer ; car il fut à la fois un martyr et un saint.

LIVRE CINQUIÈME

LES PENSEURS FRANÇAIS DE GASSENDI A MALEBRANCHE

GASSENDI ET BAYLE

Tandis que Pascal, tout en traînant le boulet du jansénisme, donnait ses magnifiques coups d'aile, Geulinx, Clerselier et Rohault se firent modestement les échos de Descartes ; et Bossuet, Fénelon, Arnauld, Nicole, combinant les idées de Descartes avec celles de saint Thomas et de saint Augustin, adaptèrent à la théologie chrétienne un cartésianisme plus ou moins mitigé.

Cependant la philosophie nouvelle fut combattue par Gassendi qui, expliquant tout par des mouvements atomistiques, tenta la restauration de l'Épicurisme sans déserter ostensiblement le christianisme, et à l'exemple d'Épicure vécut en sage.

Gassendi était né près de Digne en 1592. Pendant plusieurs années il voyagea, visitant les bibliothèques et consultant les savants. Il fut en relation avec les plus grands hommes de son temps, Galilée, Képler, Descartes, Pascal. Vers 1646, il devint professeur de mathématiques au collège de France, et, pendant neuf ans, un grand concours d'auditeurs s'empressa autour de sa chaire. Il n'était bruit que du vaste savoir de cet homme, théologien, métaphysicien, physicien, naturaliste, astronome, mathématicien. Il eut pour amis ou disciples des érudits tels que les deux grands pyrrhoniens, Bernier, et La Mothe Le Vayer, hardi panégyriste de la vertu des païens; des médecins tels que Naudé, Guy Patin, Bourdelot, Sorbière; des poètes tels que Molière, La Fontaine, Chapelle, Bachaumont, Hesnault, Antoinette Deshoulières, Vauquelin des Yvetaux, Saint-Pavin, Chaulieu, Lafare; des beaux esprits tels que Saint-Évremond, Desbarreaux, le chevalier de Méré, Miton; des gens de cour tels que le ministre de Lionne, le cardinal de Retz, le grand Condé, la duchesse de Mazarin, la princesse palatine; enfin ces deux familles d'épicuriens qui fréquentaient les uns à l'hôtel de Ninon, les autres au palais de Vendôme, et toute cette nouvelle génération d'émancipés, encore timides, qui couvait sous les dehors réguliers de la société officielle.

Nul ne porta des coups plus rudes à l'autorité d'Aristote. Elle était fort atteinte. Gassendi l'acheva. Ses dissertations contre ce tyran des écoles condensent et fortifient toute l'argumentation des Ramus, des Vivès et des Patrizzi.

Il se donna pour tâche de réhabiliter les doctrines d'Épicure jusque-là mal connues. Les trois grands ouvrages qu'il a consacrés à la vie, aux mœurs et aux opinions du fameux philosophe utilisent, avec la plus sagace érudition, tous les textes des anciens sur le vieux maître. Gassendi fait des réserves à propos des doctrines d'Épicure sur la divinité et sur l'âme; mais il exalte sa physique et justifie sa morale contre les calomnies de l'ignorance.

Le système propre de Gassendi était une sorte de

prudent éclectisme où prédominaient les inspirations épicuriennes. Il combattit, avec une très subtile dialectique, la théorie cartésienne des notions innées, et enseigna que toutes nos idées viennent des sens. Locke ne fera que suivre les traces de Gassendi lorsqu'il soutiendra plus tard que directement ou indirectement toute connaissance procède de cette source unique.

Mais ce qui plaisait chez Gassendi, bien autrement que sa philosophie spéculative, c'était sa philosophie pratique.

« O esprit ! » disait Gassendi à Descartes. « O chair ! » répliquait Descartes à Gassendi. Tout sensualiste qu'il était, le penseur provençal gagnait l'affection de tous par la solidité de son jugement, la délicatesse de son cœur et la dignité de sa vie.

Les visiteurs que sa réputation de philosophe lui attirait trouvaient un homme tout modeste, tout ingénu, qui mêlait l'enjouement à la candeur et étonnait par la variété de ses connaissances. Aux questions qu'on lui posait, il répondait d'abord en homme qui se méfie des bornes de son esprit; puis, une fois engagé, il prodiguait les aperçus lumineux.

Dédaigneux des richesses, se refusant aux libéralités, fermé aux louanges, simple et frugal, bon à tous, Gassendi prisait par dessus tout la liberté de l'âme. Jamais on ne le vit en colère. Aucun événement ne pouvait troubler son humeur toujours égale. Les approches de la mort le trouvèrent calme. Prenant la main d'un de ses amis, il la porta à son cœur : « Encore quelques battements et ce sera fini. Voilà ce que c'est que l'homme ! »

L'Angevin Bernier, cet ancêtre de nos grands explorateurs, qui nous a laissé la relation de ses voyages dans la Mongolie, l'Indoustan et le royaume de Cachemire, fut l'ami de Gassendi et écrivit en sept volumes l'abrégé de sa philosophie.

Le spiritualisme cartésien fut aussi combattu par Bayle, douteur érudit et ingénieux, qui excellait à amasser des difficultés autour de tous les systèmes, qui aimait à se dire protestant parce qu'il protestait contre toutes les religions, et qui fit de son *Dictionnaire historique et critique* un arsenal où les polémistes du xviiie siècle devaient prendre leurs meilleures armes.

Mais ici je coupe court. J'aurai lieu ailleurs d'étudier Bayle, en sa qualité de père des pères de la Révolution.

LES RÉFRACTAIRES DU GRAND SIÈCLE

Gassendi et Bayle sont, en France, les deux principaux anneaux de cette chaîne d'esprits libres qui relie le xvie siècle au xviiie. Autour d'eux se groupe tout un bataillon de réfractaires n'acceptant pas l'idéal du grand siècle, répudiant toutes les équivoques à la mode, réprouvant ces généralités oratoires où l'exactitude des faits est souvent sacrifiée, frondant à plaisir les pieuses fureurs de l'intolérance, essayant de substituer la notion d'un progrès rationnel à ce fatalisme mystique que des déclamateurs déguisaient sous le nom de providence, et opposant à la déification du pouvoir héréditaire la revendication du droit.

L'esprit de réaction poussait plusieurs de ces irréguliers jusqu'aux négations les plus radicales ; mais le concert des voix auxquelles l'autorité donnait le ton empêchait de les entendre. Eux-mêmes n'osaient guère parler haut et franc. L'intolérance rend timide et engendre l'hypocrisie intellectuelle. On ne dit qu'une partie de ce qu'on pense ; ou même on ne pense pas ce qu'on dit. Transportez Lucrèce de Rome à Paris, en plein xviie siècle : aurait-il eu le courage de produire son poème sur la *Nature*, et, s'il l'eût produit, n'aurait-il pas été enfermé à la Bastille, sinon jeté au bûcher ? C'est précisément ce qui faillit arriver, sous Louis XIII, au poète Théophile, auteur de vers hardis tels que ceux-ci :

> Une heure après sa mort, notre âme ensevelie
> Sera ce qu'elle était une heure avant sa vie.

On le poursuivit ; on l'emprisonna ; on le menaça de mort. Alors il protesta vigoureusement de son orthodoxie ; aux intrigues du père Voisin, aux invectives du père Garasse, il opposa d'éloquents mensonges ; il s'avisa même de traduire le *Phédon* pour témoigner qu'il croyait en l'immortalité de l'âme, et ainsi, au prix de sa dignité, il put réussir à ne pas être brûlé vif, de même qu'il avait été brûlé en effigie.

Ambreville, Jean Pontanier, le poète Claude Petit, furent moins heureux. Ils eurent le sort de Bruno et de Vanini. On les brûla comme abominablement impies.

Ce n'est pas que le pouvoir n'eût certains ménagements pour les épicuriens, tant qu'ils ne faisaient pas scandale. Au fond, il abhorrait l'hérésie beaucoup plus que l'entière incrédulité. Ainsi Louis XIV ne voulait pas d'un gentilhomme à la suite du duc d'Orléans, parce qu'on le disait janséniste. — Mais non, il est athée. — Est-ce possible, mon neveu ? — Rien de plus certain. — Alors c'est différent. Je lui permets de vous accompagner.

CYRANO DE BERGERAC

Parmi les disciples de Gassendi se faisait remarquer un Gascon, grand bretteur à allure de matamore, Cyrano de Bergerac.

Dans son *Histoire comique des États et Empires du Soleil*, qu'imitera l'auteur de *Micromégas*, Cyrano montre l'homme soumis au jugement des oiseaux. Une perdrix requiert contre lui et détaille ses prétentions, ses sottises, ses barbaries. Fi de ces animaux de l'espèce humaine qui font les maîtres et ont des natures d'esclaves ! Chez eux les pauvres sont asservis aux riches ; les paysans aux gentilhommes ; les peuples aux monarques. Pour mieux consolider leurs chaînes, ils ont la folie de se forger des dieux.

On est clément dans la république des oiseaux. La colombe qui, vu son humeur douce et pacifique, est investie de l'autorité suprême, veut bien faire grâce à l'homme. « Nous te pardonnons, dit-elle. Va donc en paix, et vis joyeux ! »

Ailleurs Cyrano nous entretient du langage des arbres, que notre ignorance ne soupçonne pas. « N'avez-vous point pris garde à cet air doux et subtil qu'on ne manque jamais de respirer à l'orée des bois? C'est l'haleine des mystérieuses paroles qui s'y font entendre. Le bouleau ne parle pas comme l'érable, ni le hêtre comme le cerisier. »

Ce remueur d'idées fait par moments l'effet d'un petit Diderot. Une de ses fantaisies philosophiques est le

Voyage à la lune. Il prête à un citoyen du monde lunaire des opinions hardies sur l'univers qui est éternel, et sur la matière qui, par ses combinaisons, aboutit à la pensée. Selon lui la matière est pareille à *une excellente comédienne jouant toute sorte de personnages ;* et elle s'est *acheminée un million de fois au dessein de faire un homme, avant d'y réussir.*

Cyrano sent ce qu'il y a d'audacieux dans ses dires. Aussi prend-il ses précautions, tout en marquant bien sa pensée secrète : « Volontiers, dit-il, j'aurais trouvé la philosophie de mon interlocuteur beaucoup plus raisonnable que la nôtre. Mais sitôt que je l'entendis soutenir des rêveries si contraires à ce que la foi nous apprend, je brisai avec lui : dont il ne fit que rire. »

POULAIN DE LA BARRE

Nombreux étaient les philosophes qui, comme Cyrano, formulaient des idées que les contemporains devaient juger singulièrement paradoxales. Je ne citerai que le curé Poulain de la Barre, docteur en Sorbonne qui finit par se convertir au protestantisme.

Il raconte lui-même comme quoi, après avoir fait figure de bon écolier, il s'aperçut que tout son mérite consistait à posséder des parchemins où était certifiée sa prétendue capacité. Il se décida à déserter l'aristotélisme des écoles pour s'enrôler sous les étendards de Descartes ; et il apprit de lui à se régler sur l'évidence des raisons, non sur l'opinion des hommes.

Dans divers livres, ce cartésien, peu ému du succès des *Femmes Savantes*, se fait le champion de l'égalité des sexes. Il dénonce l'injustice du vieux préjugé qui condamne la femme à une subalternité déshonorante et lui dénie des capacités analogues à celles de l'homme. Les femmes sont propres à tout. Ce sont les vices de leur éducation qui, en diverses matières, les frappent d'une sorte d'impuissance que ne comporte pas la nature. N'y a-t-il pas eu de grandes reines autant que de grands rois? Aptes à l'exercice de la souveraineté, les femmes sont aptes à plus forte raison aux diverses fonctions dont les monarques sont les dispensateurs. Elles peuvent parfaitement être ministres, secrétaires d'État, intendantes des finances. Rien ne s'oppose à ce qu'une femme, ayant acquis les connaissances requises et douée de bon sens, soit juge dans un parlement et même le préside.

Il n'y a d'obstacles que la jalousie masculine et la routine. Un temps viendra où on ne comprendra point cette inégalité des droits politiques et sociaux qui abaisse au-dessous de l'humanité la moitié des êtres humains.

La même logique cartésienne qui faisait de Poulain de la Barre le champion des droits de la femme l'amena à attendre les plus grands progrès de l'extension de l'esprit d'examen, à critiquer les préjugés nationaux et religieux, et à combattre les inégalités existant entre les hommes « Si on nous avait élevés au milieu des mers, sans jamais nous faire approcher de la terre, nous n'eussions pas manqué de croire, en changeant de place sur un vaisseau, que c'eussent été les rivages qui se fussent éloignés de nous, comme le croient les enfants au départ des bateaux. » Par une illusion analogue, chacun estime que son pays est le meilleur parce qu'il y est plus accoutumé; chacun s'imagine que *la religion dans laquelle il a été nourri est la véritable qu'il faut suivre, quoiqu'il* n'ait jamais songé à l'examiner ni à la comparer avec les autres ; chacun se sent plus porté pour ses compatriotes que pour les étrangers, dans les affaires où le droit est pour ceux-ci. De même, l'inégalité des biens et des conditions fait juger à beaucoup de gens que les hommes ne sont point égaux entre eux. Pour Poulain de la Barre, tous les êtres humains se valent les uns les autres, et tout privilège est une usurpation.

SAINT-EVREMOND ET AUTRES ÉPICURIENS

Parmi les épicuriens incrédules du xviie siècle, le plus brillant fut Saint-Evremond. Comme tous les mondains du temps de la régence d'Anne d'Autriche, il s'était nourri de Montaigne devenu l'indispensable bréviaire des honnêtes gens non inféodés aux jésuites ou aux jansénistes. Ses écrits sont une école de doute et de volupté. Il y a des pages dont l'ironie annonce Voltaire. Telle la conversation du maréchal d'Hocquincourt avec le père Canaye :

« Je ne l'ai que trop aimée, la philosophie, dit le maréchal, je ne l'ai que trop aimée ; mais j'en suis revenu et je n'y retourne pas. Un diable de philosophe m'avait tellement embrouillé la cervelle de *premiers parents*, de *pomme*, de *serpent*, de *paradis terrestre*, de *chérubins*, que j'étais sur le point de ne rien croire. Le diable m'emporte si je croyais à rien. Depuis ce temps-là, je me ferais crucifier pour la religion. Ce n'est pas que j'y voie plus de raison ; au contraire, moins que jamais, mais je ne saurais que vous dire, je me ferais crucifier sans savoir pourquoi. »

— « Tant mieux, Monseigneur, reprit le Père, d'un

ton de nez fort dévot, tant mieux ! Ce ne sont point mouvements humains, cela vient de Dieu. POINT DE RAISON ! C'est la vraie religion, cela. POINT DE RAISON ! Que Dieu vous a fait, Monseigneur, une bonne grâce ! *Estote sicut infantes; soyez comme des enfants.* Les enfants ont encore leur innocence; et pourquoi ? Parce qu'ils n'ont point de raison. *Beati pauperes spiritu ! Bienheureux les pauvres d'esprit !* Ils ne pèchent point. La raison ? C'est qu'ils n'ont point de raison. POINT DE RAISON ; JE NE SAURAIS QUE VOUS DIRE ; JE NE SAIS POURQUOI ! Les beaux mots ! Ils devraient être écrits en lettres d'or. CE N'EST PAS QUE J'Y VOIE PLUS DE RAISON ; AU CONTRAIRE, MOINS QUE JAMAIS. En vérité cela est divin, pour ceux qui ont le goût des choses du ciel. POINT DE RAISON ! Que Dieu vous a fait, Monseigneur, une belle grâce ! »

Pour être heureux, Saint-Evremond tâche de réfléchir le moins possible à notre condition commune et se plaît aux divertissements qui le font sortir hors de lui-même. Toujours en garde contre la crainte, la tristesse, la jalousie, il se fait une loi de désirer sans ardeur, d'espérer sans inquiétude, de jouir sans transports. Il s'interdit toute haine dans l'intérêt de son repos, et s'entoure de quelques affections où il goûte surtout le plaisir d'aimer. Il savoure les biens de la vie et se résigne à ses maux. Il s'accommode de cette sage médiocrité qui ignore le besoin et se passe de l'abondance. Il se ménage un doux sentier entre le vice dont la grossièreté le dégoûte et la vertu dont la rudesse l'effraye. Il aime les plaisirs ; mais il les veut délicats et abhorre la débauche. Il trouve une satisfaction d'amour-propre à pénétrer les travers de l'humanité ; mais il n'a garde de les crier par-dessus les toits et ne perdra pas son temps à entreprendre de corriger le monde. Il vénère la science ; mais il ne se creuse pas la tête à en pénétrer les secrets et préfère s'appliquer à fortifier sa raison, qu'il tâche d'assaisonner du sel de la bonne plaisanterie. Il se pique de n'être pas superstitieux ; mais il trouve malséant d'afficher l'impiété. Il rend hommage au christianisme qui tourne les maux en jouissances ; mais il ne rencontre qu'obscurités dans ses dogmes, et, autant il comprend qu'on se mette d'accord sur la charité expressément enseignée par Jésus-Christ, autant il s'explique les désaccords sur la doctrine des mystères établie bien après sa mort. Il condamne les disputes qui entretiennent l'aigreur des âmes et proclame due la liberté en matière de croyances. Il pense que tous les arguments de la philosophie pour prouver que nous sommes immortels, se réduisent au désir que nous avons de l'être. Il raille doucement ces libertins qui, après avoir aimé de çà et de là, font une fin, et dont la dévotion est le dernier amour.

Dans la troupe des esprits forts il y en avait qui, après avoir jeté leur gourme, se convertissaient très sincèrement à la foi : tels Gondi, Condé, Rancé, Charles Sévigné, la princesse palatine. Mais d'autres, par faiblesse de caractère ou calcul de politique, se prêtaient à de tristes comédies.

Le gai compagnon Desbarreaux fait le tranchant dans ses négations tant qu'il est en santé ; mais il croit en Jésus-Christ dès que la fièvre le prend. Un jour il burine un sonnet très pieux ; un autre jour il le désavoue.

Le poète Hesnault se confesse et brûle sa traduction de Lucrèce, lorsque la maladie le cloue au lit ; et c'était le même homme qui, la veille, écrivait ces vers :

> Tout meurt en nous quand nous mourons.
> La mort ne laisse rien, et n'est rien elle-même ;
> Du peu de temps que nous durons
> Ce n'est que le moment extrême.
> Cesse de craindre ou d'espérer
> Cet avenir qui doit la suivre !
> Que la peur d'être éteint, que l'espoir de revivre
> Dans ce sombre avenir, cessent de t'égarer !
> L'état dont la mort est suivie
> Est semblable à l'état qui précède la vie.

Antoinette Deshoulières avait eu Hesnault pour maître dans l'art de versifier et dans l'art de penser. Très libre d'esprit, elle ne veut pas que sa fille soit baptisée. Mais plus tard, quand Louis XIV prononce la révocation de l'Édit de Nantes, elle se ravise, et le sacrement la met en règle avec les dévots.

Le maréchal de Gramont, lui, s'était prêté aux mômeries dont l'exemple de Louis XIV faisait une loi à sa cour. Mais à la dernière heure le vieux courtisan redevient lui-même.

> « Puisque ma mort ne se peut reculer,
> Des sacrements cessez de me parler :
> Qui n'a plus qu'un moment à vivre
> N'a plus rien à dissimuler. »

Beaucoup dissimulaient jusqu'à la fin.

Ils avaient commencé par être des don Juan ne croyant qu'à *deux et deux font quatre* ; à l'exemple de don Juan ils s'étaient avisés de jouer les dévots, quand le roi vieilli donna dans la dévotion ; et ils finissaient en dévots dans l'intérêt de leurs familles.

De fait, c'était un rude personnage à soutenir que le personnage d'athée, en ces temps d'intolérance où les jésuites enseignaient, avec leur père Garasse, que *cette proposition très sotte qu'il ne faut forcer personne à croire comme ceci ou comme cela est la quintessence de l'athéisme*, et où les membres du clergé, dans leurs cahiers des États Généraux, exigeaient que le pouvoir fût impitoyable pour supplicier ou bannir quiconque serait convaincu d'être athée.

Les philosophes avaient gagné qu'on pût discuter sur Dieu ; mais il était entendu qu'au préalable on devait avoir la foi. Ce qui faisait dire à Saint-Evremond : « On brûle un homme assez malheureux pour ne pas croire en Dieu ; et cependant on demande publiquement dans les écoles s'il y en a un. »

Plusieurs avaient leur pensée de derrière la tête, qui n'osaient la manifester que par des sourires, des demi-mots, des réticences, des allusions discrètes. Un type, où bien d'autres se résument, c'est Vanini, ce prêtre italien qui, avec toutes ses grimaces et les mille démentis qu'il se donna à lui-même, ne réussit point à esquiver le bûcher. J'ai plus haut conté sa mort.

Un des artifices de Vanini était d'étaler en leur force les raisonnements des athées, et de les déplorer tout en les laissant sans réplique : « En voilà de belles horreurs ! s'écriait-il. Fi ! Ajoutons foi aux paroles de l'Église et croyons humblement aux saintes apparitions. »

Un jour Vanini publie, pour se mettre en grâce auprès de la compagnie de Jésus, *l'Amphithéâtre de l'éternelle Providence*, où il n'épargne pas les incrédules. Le lendemain, dans *Les secrets de la Nature reine et déesse*, il dit : « J'ai récemment écrit maintes choses auxquelles je n'ai garde de croire. Tel est le train du monde. » Et il enseigne qu'il n'y a pas d'autre divinité que la nature, ni d'autre morale que la loi naturelle.

Ailleurs, après avoir complaisamment développé les raisons pour lesquelles beaucoup d'auteurs ont nié l'immortalité de l'âme, il conclut : « Ne me demandez pas mon avis, Il me faudrait être vieux, riche et Allemand, pour le donner. »

A l'occasion, Vanini dit : « Je déteste dans mon cœur toutes les choses que je débite pour l'amusement de mon esprit. » Mais que ne débite-t-il pas ? Il excelle à plaider le pour et le contre. Courant par toutes les routes d'Italie, d'Allemagne, de Hollande, d'Angleterre, de France, il fait tour à tour figure de catholique, de protestant et d'athée. En France, il capte la faveur du nonce ; il a sa petite cour de jeunes gens, de médecins, de prêtres, de magistrats ; maints salons se le disputent. Mais, sitôt qu'on le sait dénoncé et emprisonné, tout le monde l'abandonne.

Devant ses juges de Toulouse, Vanini affirme et justifie l'existence de Dieu avec une force d'accent qui les frappe sans les ébranler. Après une longue procédure de six mois, ils le condamnent. « Eh bien ! allons mourir en philosophe ! » s'écrie Vanini, quand les sbires le tirent de son cachot. Et du haut de la charrette, redevenu lui-même, il prêche au peuple son évangile de l'athéisme. Sur l'échafaud son courage faiblit. Il s'irrite, se débat, s'exaspère. Pour exécuter l'arrêt qui veut qu'avant de le pendre et de le brûler on commence par lui arracher la langue avec des tenailles de fer, les bourreaux ouvrent sa bouche de force ; et c'est alors qu'il poussa ce cri terrible qui n'avait rien d'humain.

Saint-Evremond eut le mérite de la bonne tenue. Avec

des formes discrètes il resta jusqu'au bout épicurien et incrédule. Devenu vieux, il écrivait à Ninon : « Une heure de vie bien ménagée m'est plus considérable que l'intérêt de ma réputation. » A l'article de la mort, comme un prêtre lui demandait s'il ne voulait pas se réconcilier : « De tout mon cœur, répondit-il ; je voudrais me réconcilier avec l'appétit. »

FONTENELLE

Comme Saint-Evremond, Fontenelle mit tous ses soins à se ménager une vie longue et bonne. Le gentilhomme dont il fit son modèle était devenu nonagénaire ; lui, il devint centenaire.

Fontenelle aimait à effleurer les préjugés du bout de la plume et à s'essayer au paradoxe. Aux hommes du xviie siècle il parut hardi ; à ceux du xviiie il parut timide. Il joignait à ses vues de novateur un tempérament de conservateur.

Son livre *De la Pluralité des mondes*, publié en 1866, mettait à la portée du vulgaire le système de l'univers tel que le concevait Newton, et le système des tourbillons tel que l'avait imaginé Descartes. On y trouve une part de vérité et une part de roman, avec des embellissements où se mêle beaucoup d'afféterie. L'impression dernière est le sentiment de l'harmonie des sphères en perpétuel mouvement à travers l'infini, et la foi en l'avenir illimité de la science.

L'*histoire des oracles*, publiée en 1687, était une transformation à la française d'un ouvrage très lourd du Hollandais Van Dale. Le lecteur comprend tout de suite qu'en parlant des oracles du paganisme Fontenelle pense surtout aux miracles du christianisme. Il se met en frais pour démontrer qu'il n'y a pas lieu d'expliquer les oracles par une intervention de démons, et que, si on croyait aux mensonges des oracles, il y avait à cela une excellente raison, c'est qu'on voulait y croire. Cette bonne volonté de croire n'a-t-elle pas produit ailleurs d'aussi étranges effets ? N'a-t-elle pas incliné les chrétiens devant les dogmes inventés par Platon, tout comme elle avait incliné les païens devant les fables imaginées sur les faux dieux ? L'amour du merveilleux, si cher à l'ignorance humaine, a-t-il disparu ? Ne s'est-il pas simplement déplacé ? N'y a-t-il pas toujours une tacite complicité de la crédulité populaire et de l'intérêt sacerdotal ?

Fontenelle montre que le surnaturel s'éclipse dès que l'esprit humain s'éclaire ; et il en appelle des ténèbres de la superstition aux lumières de la philosophie.

L'*Histoire des oracles* est au fond un vivant plaidoyer en faveur de l'esprit scientifique. La manie qu'ont les hommes d'affirmer sans vérifier et de se perdre ainsi en toutes sortes d'explications de ce qui n'est pas, fait dire à Fontenelle : « Je ne suis pas si convaincu de notre ignorance par les choses qui sont et dont la raison nous est inconnue, que par celles qui ne sont pas et dont nous trouvons la raison. »

Cette forte pensée, dont les applications abondent, me remet en mémoire une aventure arrivée au bon Gassendi. Le comte et la comtesse d'Alais consultèrent ce philosophe à propos d'un spectre qui leur était plusieurs fois apparu pendant la nuit. Gassendi de faire d'amples recherches. Après force tâtonnements, il finit par conclure, avec un grand appareil de raisons spécieuses, que l'apparence du spectre avait été formée par des vapeurs dégagées du souffle du comte et de la comtesse. De fait, qu'était-ce que ce spectre ? Une officieuse chambrière, cachée sous le lit, qui de temps en temps agitait une baguette phosphorescente. La comtesse s'était avisée de cette comédie pour décider son bonhomme de mari à quitter Marseille. Mis au courant, Gassendi gémit sur le tort qu'ont les philosophes de vouloir tout expliquer, sans même s'assurer au préalable de la réalité des faits soumis à leur examen.

Ce fut une bonne fortune pour Fontenelle d'être pendant quarante-deux ans le secrétaire de l'Académie des sciences. Son universelle curiosité et ses goûts de fin vulgarisateur trouvèrent un ample domaine à exploiter dans l'histoire des inventions, des théories et des esprits qui avaient contribué à l'avancement de la science humaine. Ses éloges des membres français et étrangers de l'Académie des sciences sont en quelque sorte un petit canevas de la *Grande Encyclopédie*. Il sut intéresser en restant sur les hauteurs.

Être un parfait miroir réfléchissant très nettes et très vives les diverses images du mouvement scientifique était la vocation véritable de Fontenelle. Dogmatiser lui répugnait ; mais c'était son plaisir de poser en minaudant toute sorte de points d'interrogations. Avant tout ami de ses aises, et d'ailleurs convaincu que les multitudes ont besoin de vivre sous l'abri de conventions traditionnelles, il avait prononcé un jour cette parole blasphématrice : « Si j'avais la main pleine de vérités, je me garderais bien de l'ouvrir. » C'est peut-être à cette occasion que Mme de Tencin, frappant sa poitrine, lui dit : « Ce n'est pas du cœur que vous avez là. » En effet, cet homme qui comprenait tout, ne sentait rien. Nul jamais n'entendit sortir de sa bouche un cri d'émotion, pas plus qu'un franc éclat de rire. Il se fit une vie douce et des amis nombreux au moyen de deux maximes où se formule l'insouciance de l'égoïsme : *Tout est possible*, et *Tout le monde a raison.*

Vivant à mi-côte de la vertu et du vice, uniquement appliqué à empêcher ses penchants de devenir des passions, Fontenelle avait cette amabilité où l'indifférence se combine avec le désir de plaire. Son art fut de savoir donner beaucoup d'agrément à ce qui semblait en comporter le moins. Il prouva que toute idée nouvelle est accessible aux plus simples esprits, pourvu qu'on sache les y préparer et qu'on se garde bien de faire entrer le coin par le gros bout.

Par ses fréquentes épigrammes contre les théologiens qu'il plaint d'être obligés de « montrer un zèle violent pour des opinions très douteuses, qui ne méritent que la tolérance »; par son aptitude à populariser les vérités scientifiques; par sa maîtrise dans l'art de rendre intelligibles les découvertes de tout ordre; par ses vues réformatrices qui n'allaient à rien moins qu'à abolir la distinction des nobles et des roturiers, à mettre les métiers sur le même pied que les beaux-arts dans l'estime commune, à ne prélever d'impôts que sur les fortunes dépassant deux mille écus de rente, le placide Fontenelle fut un précurseur du fougueux encyclopédiste Diderot. D'autre part, sa passion de la clarté, ses ironies de doux incrédule, la multiplicité de ses goûts et de ses talents, sa manie d'aborder tous les genres, firent de lui le prototype minuscule du grand touche-à-tout, Voltaire.

Réserve faite de quelques pointes hardies contre l'antiquité classique et l'antiquité chrétienne, le libre examen est très circonspect chez Fontenelle. N'empêche que ce bel esprit a beaucoup aidé à l'évolution de la pensée moderne, par sa délicate façon d'acheminer les gens du monde à être hospitaliers aux nouveautés. En enseignant à savoir douter, à chercher la raison des choses, à voir clair en soi-même, le lumineux Fontenelle fut un bienfaisant promoteur de l'esprit cartésien.

LE CARTÉSIANISME ET L'ÉGLISE

Il arriva que les hérétiques, jansénistes et protestants, firent bon accueil au cartésianisme. Les écrivains de Port-Royal en particulier réservèrent dans leur *Logique* une belle place aux idées de Descartes et n'y laissèrent passer aucune occasion de flageller l'aristotélisme.

C'est à l'aristotélisme au contraire que l'enseignement semblait inféodé chez les catholiques purs. *Le règlement d'études* des Jésuites portait qu'il fallait, en philosophie, s'attacher à Aristote. Que si, parmi ses interprètes, on se trouvait réduit à citer un mécréant tel qu'Averroès, il était recommandé de reproduire sa pensée sans le moindre éloge et de s'appliquer à démontrer qu'il l'avait lui-même empruntée à d'autres. La compagnie n'admettait pas qu'on pût, n'étant point orthodoxe, arriver de soi-même à quelque idée raisonnable.

Certes, Descartes ne négligea rien pour empêcher qu'on ne soupçonnât son orthodoxie. Préoccupé de s'assurer les bonnes grâces de l'autorité ecclésiastique, il dédia ses *Méditations* aux docteurs de la Sorbonne ; en toute circonstance, il affirma qu'il était avant tout *de la religion de son roi et de sa nourrice;* de peur de s'attirer des querelles, il se montra d'une sobriété vraiment regrettable sur les questions relatives à la sociologie et à la vie future; à la nouvelle du triste procès de Galilée, il renonça à publier son livre du *Monde*, favorable aux découvertes récentes; en une autre occurrence, il écrivit à son disciple Régis une lettre de blâme, parce qu'il avait exposé publiquement quelques-uns de ses principes; enfin, après sa mort, le plus intime de ses disciples, Clerselier, crut devoir, avant de publier la correspondance du maître, y faire des coupures et y introduire des modifications, pour obéir à cet esprit de prudence pusillanime qui a fait dire à Bossuet : « M. Descartes a toujours craint d'être noté par l'Église, et on lui a vu prendre là-dessus des précautions qui allaient jusqu'à l'excès. »

Descartes n'en fut pas moins noté par l'Église. En 1662, Rome mit ses ouvrages à l'index *jusqu'à correction*. Ce ne fut qu'un commencement. En 1667, le grand roi, petit en tout sauf dans l'art de simuler la grandeur, interdit l'éloge public de Descartes, admettant bien qu'un Bossuet louât solennellement une Anne de Gonzague, mais n'admettant pas qu'il s'élevât une voix pour glorifier le plus éminent penseur de son siècle, sinon de tous les siècles. En 1670, le parlement prépara un arrêt frappant d'interdit la philosophie de Descartes, et il fallut que Boileau et Racine eussent recours à l'arme du ridicule pour empêcher cette nouvelle entreprise contre la raison humaine. En 1675, Louis XIV cassa un arrêt favorable au cartésianisme et confirma la proscription dont il était l'objet soit dans l'Université de Paris, soit dans les collèges de l'Oratoire. En 1680, le père Valois dénonça le cartésianisme à l'assemblée du clergé, disant aux évêques : « Je cite devant vous M. Descartes et ses plus fameux sectateurs, et je les accuse d'être d'accord avec Calvin ».

Les temps devaient changer, et avec les temps la politique des Jésuites. La même compagnie qui, au xviie siècle, appelait les rigueurs sur le cartésianisme, en arborera fièrement le drapeau au xviiie siècle, quand elle verra le parti des philosophes jeter la pierre à Descartes; et, l'an 1755, le père Guénard, dans un brillant discours sur l'esprit philosophique, exaltera, à l'encontre des *adorateurs stupides de l'antiquité,* « le père de la philosophie pensante ».

L'ÉMANCIPATION DES ESPRITS SOUS L'INFLUENCE DU CARTÉSIANISME

Il faut reconnaître qu'au xviie siècle ceux-là mêmes, parmi les membres du clergé, qui étaient favorables au cartésianisme, en redoutaient les effets. Ainsi Bossuet disait qu'il voyait « un grand combat se préparer contre l'Église sous le nom de philosophie cartésienne », et il déplorait en particulier, comme naissant d'une mauvaise interprétation des principes de Descartes, un *mal terrible,* à savoir « cette liberté de juger qui fait que, sans égard à la tradition, on avance témérairement tout ce qu'on pense ».

Mais le mal terrible que redoutait Bossuet n'existait-il pas déjà? Les Saint-Evremond, les Bernier, les Chapelle, les Molière, les Lamothe, les Lafare, les Chaulieu, les Bachaumont, les Méré, les Cyrano, les Desbarreaux, ne se piquaient-ils pas d'être déniaisés de toute foi? Le courant souterrain d'opinions libertines, qui s'était développé sous l'uniformité de tenue alors de rigueur, n'était-il pas d'autant plus fortifié qu'il avait à se dissimuler davantage? Le père Mersenne, cet actif intermédiaire entre Descartes et les savants, qui était l'homme de France le mieux informé, ne déclarait-il pas qu'il y avait dans Paris « cinquante mille athées »?

Voilà donc les beaux résultats qu'on obtenait avec les lettres de cachet! Voilà donc où aboutissait ce discrédit qu'on s'efforçait de jeter sur la philosophie dans l'opinion des gens comme il faut, et qui faisait qu'un Descartes, selon le témoignage de son biographe Baillet, était un objet d'opprobre pour les membres de sa famille, lesquels, ne le désignant plus que sous le titre odieux de philosophe, tâchaient de l'effacer de leur mémoire comme s'il eût été la honte de sa race, lui, appelé à en être la gloire!

Ecoutez ce que disait Fénelon parlant des dignitaires de l'Église : « On est accoutumé à nous regarder comme des hommes riches et d'un rang distingué, qui donnent des bénédictions, des dispenses et des indulgences; mais l'autorité qui vient de la confiance, de la vénération, de la docilité et de la persuasion des peuples, est presque effacée ». Et il ajoutait : « Les voilà arrivés ces temps où les hommes ne pourront plus souffrir la sainte doctrine, et où ils auront une démangeaison d'oreilles pour écouter les novateurs. » En effet, les temps dont parle Fénelon allaient succéder à ce siècle d'orthodoxie qu'inaugura, en Italie, le bûcher de Bruno, et que couronna, en France, avec les dragonnades, digne pendant des autodafés espagnols, la révocation de l'édit de Nantes.

Que fait donc l'intolérance, sinon perpétuer le règne

démoralisant des équivoques et retarder le triomphe définitif de la vérité qu'avancerait le libre conflit des idées?

MALEBRANCHE

Vers la même époque où Gassendi et Bayle s'inspiraient, bon gré mal gré, de l'esprit et de la méthode de Descartes pour combattre sa doctrine, le père Malebranche raffinait la doctrine de Descartes, sans demeurer fidèle, comme il le prétendait, à son esprit et à sa méthode.

La lecture du *Traité de l'homme* détermina la vocation de ce métaphysicien qui, par la subtilité de son intelligence et par l'éclat de son imagination, est de la famille des saint Augustin et des Platon, mais qui ressemble bien à Descartes par sa singulière puissance de méditation, non moins que par son superbe dédain de l'érudition.

Malebranche se persuada encore plus fortement que Descartes qu'il n'y a dans les bêtes aucune sensibilité et qu'elles sont de pures machines. S'avisait-on de lui soutenir que les animaux sont sensibles à la douleur, il répondait ironiquement : « Sans doute ils ont mangé du foin défendu ! »

Un jour, comme il se promenait avec Fontenelle, une chienne qui était pleine vint se rouler dans ses jambes. Le philosophe répondit aux gambades caressantes de la chienne par un fort coup de pied qui fit pousser un grand cri à la pauvre bête. Et comme Fontenelle s'étonnait : « Eh quoi ! dit Malebranche, ne savez-vous pas que cela ne sent point ? »

Curieux témoignage du pouvoir des préventions métaphysiques! Cet homme voit dans les animaux tous les gestes de la souffrance humaine ; et il décide quand même qu'ils ne souffrent point parce que, s'ils souffraient, leurs douleurs accuseraient la Providence ! Ces douleurs seraient en effet imméritées puisqu'ils n'appartiennent pas à la postérité d'Adam, et elles seraient sans compensation puisqu'ils ne sont pas immortels. Est-ce là un motif suffisant pour contester un fait qui crève les yeux ? Croyez plutôt, si cela vous plaît, à la préexistence et à la survivance des âmes animales ; mais ne niez pas l'évidence, en refusant à l'animal, aussi incapable qu'il soit de réflexion, la faculté de sentir et par suite de souffrir !

L'oratorien philosophe, ayant adopté la théorie cartésienne sur la passivité des substances, ne se borna point à méconnaître les forces vives de la nature, à voir dans les animaux de pures machines et à faire rentrer les sciences physiques dans la mécanique. Moins retenu que son maître par l'esprit scientifique et porté à l'idéalisme par son éducation chrétienne, il aboutit aux trois théories corrélatives de la *vision en Dieu*, de la *grâce* et des *causes occasionnelles*. Ainsi il s'appliqua à démontrer qu'à l'exception de notre être *confusément* aperçu par la conscience, nous voyons tout dans l'Esprit pur qui est le lieu des esprits et en qui résident les éternels archétypes des choses ; que nos bonnes actions sont des inspirations du pur Amour ; et que l'harmonie des mouvements entre eux, des idées entre elles, des mouvements et des idées, des âmes et des corps, est l'œuvre continue de la pure Toute-Puissance. Selon Malebranche, la nature ne nous offre que des effets, et ce que nous y appelons cause n'est jamais qu'un pur antécédent à l'occasion duquel Dieu, la seule cause partout présente et partout agissante, exerce son action. A cette doctrine déjà développée par

Geulinx, Leibniz appliquera l'esprit de simplification propre au cartésianisme, et il en fera le système de l'*harmonie préétablie.*

Le complément naturel de toutes ces théories était l'optimisme. Malebranche affirma avec Platon le règne du bien absolu, et il enseigna que le monde exprime d'autant mieux les perfections de Dieu que plus simples sont les voies selon lesquelles tout s'y accomplit. Que si le mal y apparaît, c'est que l'éventualité de certains désordres particuliers est nécessairement liée à la permanence des lois générales. Et ces lois générales, Malebranche les explique non pas, comme on le lui a reproché à tort, par le goût de Dieu pour la symétrie, mais par la nature de l'éternelle raison. Celle-ci, principe de toute grandeur et de toute perfection, c'est-à-dire du monde mathématique et du monde métaphysique, est à elle-même sa preuve.

Du moment où nous pensons à Dieu, il faut que Dieu existe, l'infini ne pouvant être vu qu'en lui-même. « Tel être, quoique connu, peut n'exister point. On peut voir un cercle, une maison, un soleil, sans qu'il y en ait ; car tout ce qui est fini se peut voir dans l'infini qui en renferme les idées intelligibles. » Mais l'infini est à lui-même son idée : rien ne le comprend, rien ne peut le représenter. D'où il suit que l'infini ne saurait être conçu comme simplement possible. On ne peut envisager l'essence de l'infini sans son existence actuelle.

De l'être infini dérivent, grâce à une création toujours continuée, nos inclinations et nos passions. L'amour indéterminé du bonheur et du bien est le fond commun de celles-ci. L'œuvre de la liberté se manifeste en elles par l'attache volontaire à tel ou tel bien particulier. Leur loi est qu'elles soient subordonnées, par notre activité aidée du secours divin, à l'ordre universel. Le lien de l'ordre universel est Dieu, qui est souverainement aimable et parce qu'il est la sainteté même et parce qu'il consommera notre félicité.

Sans doute il ne paraît pas digne de la sagesse et de la bonté du Créateur que l'esprit, dupe et esclave des sens et de l'imagination, soit misérablement assujetti au corps. Et cependant l'expérience nous convainc que cela est. Pourquoi cette contradiction ? C'est que nous ne sommes plus tels que Dieu nous a créés. Nous naissons pécheurs, et le péché fait que Dieu, sans rien changer à ses lois, devient le juste vengeur de notre corruption par tous ces maux physiques dont nous nous trouvons affligés. Heureux sommes-nous de ce qu'il ne nous anéantit pas quoique devenus indignes de lui, et de ce que, dans sa clémence, il nous a prédestiné un réparateur, un sauveur, qui est l'Homme-Dieu.

A l'Esprit Saint il appartient de nous faire entrer en communion avec l'Homme-Dieu, avec le Christ. La mandataire du Christ est l'Église. Dotée de l'infaillibilité, elle a pour mission soit de promulguer le dogme, soit de dispenser les sacrements, sacrés canaux de la grâce divine. Par la bonté du Christ nous sommes prévenus d'une délectation spirituelle, sainte concupiscence combattant la concupiscence déréglée présente en tous les fils d'Adam, et nous pouvons arriver à faire purement le bien, non par vanité, non par désir du salut, non par commisération humaine, mais par amour de cet ordre providentiel au service duquel doit s'employer, sous peine de *dol* et de *sacrilège*, toute puissance terrestre.

« O mon Dieu, s'écrie Malebranche, faites-moi con-

naître qu'il ne faut jamais aimer un bien absolument,
si l'on peut sans remords ne le point aimer ! Faites-moi
connaître que les créatures ne peuvent me faire ni bien
ni mal; que je ne dois ni les craindre ni les aimer, jusqu'à ce qu'étant plein de vous et vide de moi-même et de
toute autre chose, je rentre et je me perde en vous, ô
mon tout, comme dans la source de tous les êtres ;
et que je me retrouve, moi et toutes choses, en
vous ! »

Les *Méditations chrétiennes*, le *Traité de morale* et les
Entretiens métaphysiques de Malebranche, quoique non
moins dignes d'admiration, sont bien moins connus que
sa *Recherche de la vérité*. Dès l'apparition de cet ouvrage,
on fut émerveillé de la fertilité des vues, de l'élévation des
sentiments, du coloris du style. C'est avec une subtilité
profonde que Malebranche analyse ces illusions des sens,
ces visions de l'imagination, ces abstractions de l'esprit,
dont nous sommes continuellement dupes ; étudie et
distingue, en expliquant les faux mouvements où elles
nous engagent, nos inclinations et nos passions ; enfin
détermine quel est le meilleur usage à faire de nos moyens
naturels pour augmenter la force et l'étendue de notre
entendement et pour bien nous conduire dans la recherche
du vrai.

Lorsque de la critique des erreurs communes Malebranche passa à l'exposition de ses propres doctrines, il
ne fut plus suivi du public, et il eut à subir les censures
des soi-disant connaisseurs. On le pressait un jour de
répondre aux attaques des journalistes de Trévoux : « Je
ne dispute point, repartit le penseur, avec des gens qui
fabriquent un livre tous les mois, » et il laissa faire la foule

de ceux qui, au lieu de se donner la peine de comprendre sa métaphysique, répétaient le vers de Faydit :

> Lui qui voit tout en Dieu n'y voit pas qu'il est fou.

Moins superficiel, Diderot exaltera le génie de Malebranche, sinon ses idées; et tout en pensant qu'*une page de Locke contient plus de vérités qu'un volume de Malebranche*, il dira qu'*une ligne de Malebranche contient plus de subtilité, d'imagination, de finesse, d'originalité, que tout le gros livre de Locke.*

« Pulchra, nova, falsa; » beautés, nouveautés, faussetés : voilà en quels termes Bossuet résumait son impression sur les ouvrages de Malebranche. C'était se montrer sévère. Mais peut-être Bossuet sentait-il que, si le pieux méditatif n'eût été platonicien et catholique, il aurait abouti au panthéisme du philosophe que l'un et l'autre appelaient *le misérable Spinosa*.

LIVRE SIXIÈME

SPINOSA

LE SAGE DE LA HOLLANDE

S'il n'y avait pas eu un Descartes, y aurait-il eu un Spinosa? Non; pas plus que sans Socrate il n'y aurait eu de Platon.

Le Juif Spinosa naquit à Amsterdam en 1632 et mourut à La Haye en 1677.

Son éducation philosophique procéda de deux sources : l'étude des œuvres de Descartes, qui servirent de thème à son premier livre paru en 1664 et consacré à la démonstration géométrique d'une partie des principes de la philosophie cartésienne ; puis, l'étude des vieilles traditions de la philosophie juive, qui l'initièrent à un panthéisme ayant des traits communs avec celui de Plotin[1].

Tout jeune, Spinosa se fit remarquer comme un hébraïsant de premier ordre et un excellent commentateur de la loi. La synagogue voulut se l'attacher, avec une pension annuelle de mille florins. Il rejeta cette offre. Déjà perçait son esprit d'indépendance. Il en vint à nier les apparitions de Jéhovah, l'existence des anges, les inspirations de Moïse ; ne vit dans les miracles qu'impostures

---

[1]. Voir dans la PENSÉE CHRÉTIENNE, *des Évangiles à l'Imitation*, deux chapitres du livre premier intitulés : *la théologie kabbaliste ; la morale kabbaliste*.

ou hallucinations mêlées de crédulité; tourna en dérision l'anthropomorphisme de la Bible qui prête à Dieu les passions humaines, et professa que les Juifs n'avaient point été le peuple de Dieu, ni plus ni moins que les autres peuples.

Traduit devant la synagogue, Spinosa s'abstint de toute bravade; mais ne désavoua rien. Les rabbins l'excommunièrent. Il avait alors vingt-quatre ans.

Exilé d'Amsterdam, Spinosa passa quelques années à Rhimburg, près de Leyde; habita ensuite à Voorburg, et définitivement s'installa à La Haye.

On se montrait à La Haye cet homme de maigre mine, languissant et chétif, dont la réputation courait déjà le monde. Son logis était humble et il y polissait des verres d'optique, pour gagner sa vie. Tandis que ses doigts étaient occupés, sa pensée l'était aussi. Elle construisait de puissants théorèmes sur l'être universel, et parcourait les sommets familiers aux fortes têtes de ce xviie siècle demeuré par excellence le siècle des mathématiques et de la métaphysique. C'est pendant la nuit, entre dix heures du soir et trois heures du matin, que l'infatigable travailleur fixait par écrit les résultats de ses méditations.

Les gens de la ville racontaient que Spinosa était sobre, chaste, modéré, pacifique, désintéressé, généreux. Mais beaucoup se scandalisaient de l'entreprise qu'il avait faite d'approfondir la Bible et ses origines, sans témoigner la moindre crainte de saper les bases de la Révélation. Ils ajoutaient qu'il mettait Dieu partout, ce qui était une manière de ne le trouver nulle part. Ils se moquaient de ce rêveur ou le réprouvaient.

Quelques-uns pourtant, tels que Simon de Vriès et le grand homme d'État Jean de Witt, comprenaient les beautés de cette existence contemplative, dont le rayonnement sans chaleur ressemblait à la lumière d'une étoile. Ils admiraient ce mystique plongé en une sorte d'extase devant les abîmes de l'infini où n'atteint pas le va et vient des phénomèmes ; cet ascète détaché de tout ce qui n'est que d'un jour et n'ayant d'adhérence qu'à ce qui toujours demeure ; ce Bouddha de l'Occident, voyant tourner la grande roue de l'illusion universelle et trouvant dans l'abolition du désir, jointe à la pratique de la charité, la méthode de la délivrance.

Spinosa était le sage qui règle son existence d'après le meilleur idéal, et qui, quelque tour que prennent les choses, ignore toujours les désillusions. Antonin le Pieux avait le front glacé par la sueur froide de l'agonie, lorsque le chef des gardes vint, selon l'usage, lui demander le mot d'ordre ; et se soulevant sur son lit de mort, il répondit : « Egalité d'âme ». Le mot d'ordre du grand empereur fut la devise de Spinosa.

Sa vie austère et pure était celle d'un frère des Epictète et des Marc-Aurèle. Dédaigneux de toutes les superfluités, résigné à tous les événements, il considérait la misère et la folie des hommes avec un mélange de bonté et de sérénité, et il donnait en sa personne le spectacle d'un juste, inaccessible aux terreurs et aux séductions qui ébranlent le vulgaire.

Aux vertus morales des grands stoïciens, Spinosa semblait joindre leurs vieilles doctrines, avec des profondeurs nouvelles. Lucain ne fait-il pas dire à son Caton : « La demeure de la divinité ? Mais c'est la terre, la mer, le ciel, la conscience de l'homme vertueux. Pourquoi chercher des dieux ailleurs ? Jupiter est tout ce que tu vois ». Sénèque ne va-t-il pas répétant dans ses *Lettres* et dans ses *Questions naturelles :* « Quoi d'étonnant à ce qu'il y ait en l'homme quelque chose de divin? L'homme n'est-il pas une portion de la Divinité? Ce grand tout qui nous environne et nous comprend est une unité vivante et parfaite, Dieu même... Nous sommes incorporés à Dieu; nous sommes ses membres... Dieu, c'est l'âme de l'univers... Tout nom peut lui convenir. Voulez-vous l'appeler Destin? Vous ne vous tromperez pas. De lui procèdent tous les événements; en lui sont les causes des causes. Le nommerez-vous Providence? Vous aurez encore raison. C'est sa prévoyance qui veille aux besoins de cet univers et fait que rien n'en trouble la marche. Aimez-vous mieux l'appeler Nature? Le mot sera juste. C'est de lui que tout a pris naissance; il est le souffle qui nous anime. Voulez-vous voir en lui le Monde lui-même? Vous n'avez pas tort. Il est tout ce que vous voyez et tout ce que vous ne voyez pas. »

L'impassibilité, la quiétude, la douceur constante de Spinosa contrastaient avec les inégalités d'humeur de ces ignorants, qui, agités en mille manières par les influences de dehors, ne conquièrent jamais le vrai repos. Dans son regard rayonnait cette allégresse intérieure que donne la vertu et qui confère à l'homme la liberté d'esprit. Il trouvait bon de rire, de se récréer, d'aimer la nature, la musique, le théâtre, et tous les divertissements qu'il est possible de prendre sans faire tort à personne. Cette largeur de vues ne l'empêchait pas de se complaire au renoncement. Il vivait un jour d'une soupe au beurre et de quelques raisins, ou encore d'un bol de lait et de quelques gâteaux. Il ne buvait pas plus d'une pinte de vin par mois. Tant s'en faut qu'il fût riche, puisque, quand survint sa mort, son avoir se réduisait à environ

600 francs. Et néanmoins il refusait les largesses, bien loin de les rechercher. Simon de Vriès l'avait inscrit sur son testament pour une somme de 500 florins. Le philosophe voulut que cette somme fût réduite à 200 florins, disant que c'était encore trop. Être assez riche des biens de l'âme pour n'avoir besoin de rien est une condition divine. C'était l'idéal de Spinosa.

La paix profonde où il vivait ne fut troublée qu'en 1672, lorsque Jean de Witt fut massacré et foulé aux pieds par cette populace en délire dont Spinosa a dit que volontiers elle terrorise, si on ne sait la terroriser. Le philosophe pleura le grand républicain et aurait voulu mourir avec lui. On dut le retenir de force pour empêcher qu'il n'allât braver la colère de ces fous furieux qu'il appela *les derniers des barbares*.

En 1673, une chaire de philosophie lui fut offerte à Heidelberg au nom du prince palatin. On lui assurait, de la part de ce haut seigneur, qu'il aurait pleine liberté de philosopher; mais en même temps on exprimait l'espoir qu'il ne profiterait pas de cette liberté pour se permettre de trop vives attaques contre la religion. Il remercia et refusa. Ses raisons étaient qu'il ne voyait pas bien entre quelles limites pourrait se renfermer sa liberté de philosopher, pour ne point paraître ébranler les croyances établies ; qu'après tout il préférait faire avancer la philosophie que de l'enseigner; et que son amour pour la tranquillité d'une vie solitaire était plus fort que l'espoir d'une situation plus fortunée.

Spinosa avait également refusé de dédier un ouvrage à Louis XIV, de qui le duc de Luxembourg lui faisait espérer une pension. Il se jugeait engagé dans un courant d'idées mal propre aux largesses du grand roi ; et il entendait ne pas le quitter.

C'est le propre des nobles caractères de ne rien estimer à un si haut prix que la vérité ou ce qu'ils prennent pour elle. Un fanatique attente à la vie de Spinosa déserteur des pratiques du judaïsme ; il le dédaigne et se contente de conserver comme une curiosité le pourpoint rembourré où s'est perdu le coup de poignard. Des admirateurs lui offrent des dignités et des profits que paieraient quelques sacrifices d'opinion ; il reste sourd à leurs prières. Sans être oratorien comme Malebranche, Spinosa sait partout se trouver une cellule et mène une existence d'anachorète. Sa vie, non moins que celle du métaphysicien français, fut une longue méditation sur l'infini. « Ceux qui me traitent d'athée, disait ce sage, ne me connaissent pas. Les athées ont l'habitude de rechercher richesses et honneurs ; et ce sont là des choses que, moi, je méprise ».

L'athée ! c'était l'épithète par laquelle rabbins et pasteurs prétendaient flétrir Spinosa. Les maîtres de la synagogue ne lui pardonnaient pas ses complaisances pour une sorte de christianisme rationnel. Ne mettait-il pas au-dessus de tous les prophètes d'Israël Jésus de Nazareth, en qui il vénérait un sage animé de l'esprit de Dieu ? Mais, d'un autre côté, comment l'orthodoxie luthérienne se serait-elle accommodée d'un homme qui voyait en Jésus l'ennemi des temples, non moins que des rites et des simulacres ; qui enseignait que Jésus avait voulu établir, sur la ruine de tous les cultes, la religion purement spirituelle, et qui ajoutait que, même dans les enseignements de Jésus, il y a à rejeter tout ce qui ne s'ajuste pas au niveau de notre raison ?

Selon Spinosa, le Christ, qui a brisé les cadres du judaïsme, approuverait aujourd'hui ceux qui briseraient les cadres du christianisme tel qu'il est devenu, et qui, aux églises existantes, avec le despotisme de leurs dogmes et de leurs sacrements, avec le matérialisme de leurs observances et de leur culte, opposeraient l'Église idéale où l'homme manifeste son adoration, en esprit et en vérité, par un constant effort pour vivre de la vie divine. Pas de vraie piété là où n'est pas la vraie charité. Spinosa, comme Leibniz plus tard, aimait à répéter cette parole de l'évangile selon saint Jean : « Celui qui n'aime pas son frère qu'il voit, comment pourrait-il aimer Dieu qu'il ne voit pas? »

Ce large génie rendait hommage aux livres sacrés, en proclamant que, par beaucoup de leurs récits, par leurs images poétiques et par l'émotion qui s'en dégage, ils nous excitent à être pieux, justes et bons ; en convenant même qu'il y a des ignorants pour qui ils sont la seule voie de salut. Mais en même temps il professait que la révélation du divin réside dans les dictées de la raison; et qu'au lieu d'être particulière à un temps et à un lieu, elle est de tous les temps et de tous les lieux. D'où cette conséquence que toutes les pages de l'Ecriture Sainte doivent être lues avec la même liberté d'esprit qu'on apporte à la lecture des tragédies ou des épopées antiques, et comportent l'examen de la critique tout autant que les histoires d'un Hérodote ou d'un Tite-Live.

Puis, quels écarts entre l'orthodoxie courante et les pensées où se complaît Spinosa, quand il représente les hommes comme participant, dans l'intime d'eux-mêmes à l'activité radicale de l'être qui est la cause et la substance absolue ; quand il veut que l'individu se considère par rapport au monde non comme « un empire dans un empire » mais, comme *un automate spirituel* pris dans l'engrenage des roues d'un immense organisme ; quand il envisage les évolutions de la vie morale et la discipline des passions en dehors de tout concept qui ressemble aux commandements de Dieu ; quand il s'élève contre la stérilité des vains repentirs ; quand il condamne toute compassion qui débilite l'âme, toute humilité qui la dégrade ; quand enfin il vise à purifier les religions des fausses croyances qui abêtissent l'esprit et des haines sectaires qui endurcissent le cœur !

Sa vie durant, l'orage ne cessa de gronder sur la tête de Spinosa. Depuis qu'il avait donné au public son *Traité théologico-politique*, où sont préconisés le respect des droits de la pensée, le libéralisme gouvernemental, la religion rationnelle et l'interprétation symbolique des légendes pieuses, toute sorte de haines s'étaient ameutées contre lui ; et il fit œuvre de prudence en réservant pour le lendemain de sa mort la publication de son grand ouvrage sur la Morale qu'il intitulait : *L'Éthique démontrée dans l'ordre géométrique et divisée en cinq parties : De Dieu ; De l'esprit ; Des passions; De l'esclavage de l'homme, ou de la puissance des passions ; De la liberté de l'homme, ou de la puissance de l'intelligence.*

Spinosa avait aussi sur le chantier deux nouveaux livres : l'un intitulé *La Politique*, où il démontrait comment l'État, quelle que soit la forme du gouvernement, doit organiser les garanties de la paix et de la liberté ; l'autre intitulé *La Réforme de l'entendement*, où il cherchait la meilleure route à suivre pour arriver à la connaissance des choses. Il ne put achever ni l'un ni l'autre.

La phtisie, qui depuis longtemps le minait, acheva de le terrasser à l'âge de quarante-quatre ans et trois mois.

Spinosa ayant la réputation d'être hostile à toutes les religions existantes, catholiques et protestants s'unirent aux juifs pour stigmatiser sa mémoire.

Parmi les théologiens qui lui faisaient la guerre, le plus fielleux, le plus fanatique était le luthérien Christian Kortholt, auteur d'un libelle contre « le grand imposteur d'Amsterdam ». Quand Spinosa eut quitté la vie, avec la sérénité d'un fils qui rentre dans la maison paternelle, Kortholt annonça ainsi la nouvelle de cette mort qui faisait sa joie : « L'athée vient de rendre paisiblement son âme impure. » Faisant allusion au prénom de Spinosa, *Bénédictus*, Kortholt disait : « C'est *Maledictus* qu'il aurait dû s'appeler; car jamais homme ne mérita autant d'être maudit. » Pourtant il ajoutait, comme vaincu par la force de la vérité : « Il faut avouer que l'athée ne proféra jamais un juron, ni la moindre parole irrévérencieuse contre Dieu... Jamais non plus il ne fut tenté par l'argent. C'est à titre gratuit qu'il donnait quelques heures de son temps aux disciples nourris de ses doctrines perverses. »

On rougit pour l'humanité, quand on pense aux outrages dont d'innombrables énergumènes chargèrent ce saint de la libre pensée. Une des inventions du fanatisme fut de répandre des portraits de Spinosa où on prêtait à son visage une laideur repoussante et qu'accompagnaient ces mots : *Spinosa, prince des athées, portant le signe de la réprobation.*

La réparation ne devait pas tarder. C'est surtout en Allemagne qu'éclata la gloire de Spinosa. Les métaphysiciens éclos à la suite de Kant et de Fichte se réclamaient de l'auteur de l'*Éthique*, dans leur adoration du Dieu-Nature, qui frémit dans les vents et dans les eaux, sommeille dans les plantes, s'éveille dans l'animal, pense dans l'homme, et remplit les mondes de son inépuisable activité.

Jacobi et Schelling saluaient dans Spinoza l'oracle de la pensée nouvelle.

L'*Éthique* ravissait l'auteur de Werther et de Faust. « Gœthe a fait de Spinoza son compagnon inséparable » écrivait Herder. Et en effet Gœthe disait : « Quand la souffrance me visite, je me réfugie dans mon asile ordinaire, Spinoza. »

En plein temple évangélique, le pasteur Schleiermacher, « le premier des théologiens protestants depuis la Réforme », selon l'historien Zeller, rendait au sage de La Haye le plus solennel hommage ; exaltait « sa sainte innocence » ; le louait de s'être retiré vivant dans le monde éternel, et proclamait qu'il avait eu plus que personne l'intuition de l'infini, devenu son grand amour.

Pour Novalis, Spinoza plane au-dessus du vulgaire des philosophes, en même façon que le Mont Blanc dresse dans le ciel bleu la cime de ses glaciers resplendissants au-dessus de la chaîne des Alpes ; et il s'étonne qu'on ait osé traiter d'athée ce dévot qui était « ivre de Dieu ».

On s'explique que Lessing, qui fut l'admirateur de Spinoza en même temps que l'ami de Mendelssohn, ait fait d'un Juif le héros du drame qu'il a consacré à l'apologie de la sagesse et de la tolérance. C'est vraiment une grande race que celle qui a donné au monde Moïse, Jésus, saint Paul et Spinoza.

LE PANTHÉISME DE SPINOSA

Pour Spinosa, comme pour Descartes, s'impose la notion de l'*Être, cause de soi*, dont c'est la nature de ne pouvoir être conçu autrement qu'existant et exempt de limites. Le spinosisme consiste à nous montrer cet être, de qui l'essence implique l'existence, comme enveloppant dans son unité la totalité des choses. Seul il *est* véritablement et peut dire comme le Dieu des Hébreux : *Ego sum qui sum*.

La substance, c'est-à-dire *ce qui existe en soi et se conçoit par soi seul*, est pour Spinosa ce qu'est le pur esprit pour Malebranche. Elle est Dieu et en a tous les attributs métaphysiques. La substance, Être des êtres, existe par elle-même : car d'où pourrait sortir l'Être ? Elle est une : car de l'Être universel on ne peut distinguer que le non-être, pure abstraction. Elle est infinie : car, qu'y a-t-il au delà et en dehors de l'Être ? Indépendante, une, infinie, la substance est par là même éternelle et parfaite.

Nécessairement, la substance est le fond de l'univers, et l'univers est la manifestation de la substance. Pas de fond sans forme; pas de forme sans fond. L'intérieur et l'extérieur s'impliquent l'un l'autre, comme une montagne et une vallée. Donc Dieu est tout. Cause immanente, il se déroule dans le monde et le monde se concentre en lui.

Dieu étant infini, nous concevons que le nombre de ses attributs doit être infini ; mais nous n'en connaissons que deux : la pensée et l'étendue. A la pensée et à l'étendue, attributs de Dieu illimités, correspondent les corps et les esprits, modes limités de ces attributs.

Puisque l'étendue et la pensée sont les deux seuls attributs de Dieu qui se révèlent à nous, tout ce que nous connaissons n'est que mouvement ou idée. De la diversité des mouvements résulte la diversité des phénomènes physiques; de la diversité des idées résulte la diversité des phénomènes moraux.

Les mouvements se provoquent nécessairement les uns les autres, et il en est de même des idées. Ainsi tout ce qui est ne pouvait point ne pas être. Notre prétendu libre arbitre est une illusion. Dire : « J'ai été libre dans cette action », c'est dire : « J'ai eu une idée distincte de la cause de cette action ».

Cela n'empêche point qu'il faille distinguer les actes bons et les actes mauvais. La même logique qui nous explique que les hommes soient déterminés à faire ce qu'ils font, nous explique que leur conduite leur apporte bonheur ou malheur, selon qu'elle est conforme ou contraire à la raison. Un cheval ne peut être blâmé d'être un cheval, et non un homme; mais cela n'empêche pas qu'il doive être traité comme un cheval et non comme un homme. Celui à qui la morsure d'un chien donne la rage est assurément excusable, et cependant on a le droit de l'étouffer. De même, l'homme qui ne peut gouverner ses passions, ni les contenir par la crainte des lois, quoique excusable à cause de l'infirmité de sa nature, ne saurait jouir de la paix de l'âme ni de la connaissance et de l'amour de Dieu.

A côté des idées distinctes, il y a les idées obscures. Elles constituent les passions qu'on peut toujours diminuer, sinon détruire. Une affection ne saurait être vaincue que par une autre affection. Passer des actions dont la cause est obscure aux actions dont la cause est distincte, c'est affranchir sa volonté, et voilà l'objet de la morale. Convertir nos idées particulières et inadéquates en idées de plus en plus générales et adéquates, c'est faire progresser notre intelligence, et voilà l'objet de la logique.

Celui qui conçoit clairement toutes ses actions comme des développements de la substance absolue, et qui, par suite, identifie son vouloir et sa vie d'un jour au vouloir et à la vie du Dieu éternel, celui-là est vertueux, et ses idées participent de l'éternité de leur objet : elles ont été une méditation de la vie, non de la mort; elles vivront.

Celui qui se livre à la contemplation de la substance infinie, manifestée dans tous les êtres, celui-là est savant; et, parce que ses idées ont eu un objet impérissable, son âme, qui n'est que la collection de ses idées, ne périra pas. « L'ignorant, dit Spinosa, végète sans rien savoir de lui-même, et des choses, et de Dieu ; il ne connaît pas les joies de la résignation et il cesse d'être en cessant de souffrir. Le sage, dans la conscience de lui-même, et de Dieu et des choses, ne cesse jamais d'être et d'être heureux. »

S'immortaliser par l'identification volontaire de sa vie avec la vie universelle et par l'étude constante de l'Être; s'immortaliser par la vertu et par la science, c'est participer à l'indépendance de Dieu. Cette indépendance est, pour Spinosa, la véritable liberté.

Le spinosisme, aboutissant à la négation de notre personnalité et de notre libre arbitre, est démenti par la conscience du genre humain et par l'évidence pratique de la loi morale. Il consiste en une philosophie toute mathématique, admirable de force et de rigueur dans la plupart de ses parties, mais où se mêlent pourtant quelques hypothèses, déguisées sous les formes de la déduction géométrique.

L'hypothèse capitale qui domine et qui explique tout le système, c'est l'hypothèse de la substance conçue au point de vue cartésien. Descartes peuplait le monde de substances étendues et de substances pensantes. Dans les substances étendues, il distinguait de l'étendue la substance de l'étendue; et dans les substances pensantes, il distinguait de la pensée la substance de la pensée. Il semblait donc admettre, en dehors de la pensée et en dehors de l'étendue, des entités distinctes de la pensée et de l'étendue. Mais comment distinguer ces entités elles-mêmes les unes des autres, du moment où on les concevait indépendamment de toute manière d'être? Une substance n'ayant rien en soi qui la distingue, ne suit-il point de là qu'il n'y a pas plusieurs substances étendues mais une substance étendue, qu'il n'y a pas plusieurs substances pensantes mais une substance pensante, enfin qu'il n'y a pas une substance étendue et une substance pensante, mais simplement la substance, une sous la diversité de ses attributs et de ses modes?

Si Descartes, tout en mettant partout cette abstraction vide et inerte de la substance, ne laissa point d'affirmer la personnalité distincte et l'activité libre de l'homme, c'est que le sentiment de la vérité l'empêcha d'être conséquent. Spinosa, prédisposé aux hardiesses par ses opinions kabbalistes, fut conséquent; et sa logique à outrance déduisit le panthéisme et le déterminisme de cette notion d'une substance unique à laquelle on vient de voir que devait aboutir la doctrine cartésienne.

Quelle pierre d'achoppement, en philosophie, que la superstition de cette substance qu'on distingue de toute manière d'être! Être sans être ceci ou cela, c'est réellement n'être rien : de là le nihilisme ou le scepticisme ; c'est logiquement pouvoir être tout : de là le panthéisme. Qu'on approfondisse ces idées; qu'on distingue les philosophes qui se sont placés au point de vue réel, et les philosophes qui, comme Spinosa, se sont placés au point de vue logique, et on s'expliquera les principales erreurs de la philosophie ancienne, moderne et contemporaine.

LA MORALE DE SPINOSA

Ceux-là ont mal connu Spinosa qui ont vu uniquement en lui le plus rigoureux des panthéistes. Il se distingue encore et par le mysticisme stoïque de sa morale, et par l'originalité hardie de son exégèse religieuse, et par les tendances démocratiques de sa politique.

En intitulant *l'Ethique* l'ouvrage capital où est exposé son système et en y représentant ses démonstrations métaphysiques comme les simples préliminaires de sa doctrine sur les mœurs, Spinosa témoignait que la fin de la philosophie consiste à régler notre activité et à nous assurer la paix de l'âme. Comme Descartes, il ramène toutes les sciences à un seul but, l'accroissement de la perfection humaine, et voit dans la morale la science par excellence.

Il ne faudrait pas croire toutefois que Spinosa admette

un type de perfection absolue. A ses yeux, rien n'est parfait, rien n'est imparfait, que relativement au point de vue où l'on se place et aux dispositions avec lesquelles on juge. Au fond la nature n'a pas de but : elle est ce qu'elle est, et ne pourrait être autre. Il n'y a ni bien ni mal inhérent aux choses, et le discernement que nous faisons de l'un et de l'autre répond purement aux divers états de notre pensée.

Mais, par cela même que la pensée a ses lois inéluctables, il existe dans les actes humains certaines relations qui sont nécessairement en harmonie avec elle, et qu'il y a lieu de déterminer scientifiquement. En conséquence, Spinosa procède à l'analyse de nos appétits, de nos émotions, de nos affections, comme s'il était question de lignes, de plans ou de solides ; et, fidèle à la méthode des géomètres, il oppose ses déductions rigoureuses sur l'âme aux *historiettes* de la psychologie empirique.

Tout être tend à persévérer dans son être. Là où est la conscience, cette tendance se traduit par le désir. Le désir satisfait tourne en joie, le désir contrarié tourne en tristesse ; et de ces deux passions élémentaires découlent toutes les autres passions se résumant dans l'amour et dans la haine.

Sous l'empire de la passion, l'homme est asservi ; il ne peut se faire libre que par l'intelligence. Grâce à l'intelligence il comprend tout ; et, comprenant tout, il se met au-dessus de tout. La passion est essentiellement passive ; l'intelligence est essentiellement active. Le déploiement de l'énergie intellectuelle se trouve toujours accompagné de joie, joie sereine, pure et profonde.

La vertu consiste toute dans l'action. Pour arriver à

cette plénitude de la vertu qui est aussi la plénitude de la joie, il importe de s'exempter non seulement de la colère, de l'aversion, de l'envie, mais encore des vaines craintes, des vaines espérances, des vaines pitiés ; car tous ces mouvements de l'âme ne sont pas sans douleur, et la douleur est un amoindrissement de notre être, un affaiblissement de nos forces. Sans doute on secourra son frère ; mais on le secourra sans se laisser aller à de lâches attendrissements. Il faut subvenir aux maux d'autrui, non par crainte d'un sort pareil pour nous-mêmes, mais parce qu'il est bon de soulager qui souffre.

Aux sources vives de la joie se retrempent les deux vertus maîtresses de l'homme, l'énergie qui le fait maître de soi, tempérant, réglé, courageux dans le gouvernement de lui-même ; la générosité qui le fait bienveillant, fidèle, honnête, secourable et bon dans ses rapports avec les autres hommes, dont la raison veut qu'il soit l'auxiliaire et l'ami. « Rien n'est plus utile à l'homme que l'homme même, dit Spinosa. Les hommes ne peuvent que gagner à s'unir tous à tous, de façon que tous les esprits et tous les corps composent comme un seul esprit et un seul corps. » Et il ajoute cette parole, à la fois très chrétienne et très kantiste : « *Quiconque est gouverné par la raison ne veut rien pour soi qu'il ne veuille aussi pour les autres.* »

L'homme vertueux est l'homme fort que rien n'abat, parce qu'il voit en tout la nécessité et Dieu. Un tel homme sait se guérir de ses passions par la connaissance qu'il acquiert de lui-même, par la lutte qu'il engage contre les causes extérieures qui tendent à le pervertir, par l'aide du temps qui assure tôt ou tard le dessus aux sentiments que nous excitons et fomentons en nous, par la considération des motifs qui le sollicitent à se subordonner au grand tout, enfin par l'harmonie constante qu'il s'applique à introduire dans ses affections et dans ses actes. Plein de mansuétude pour l'ignorant et l'insensé, il ne leur en veut pas plus de n'être point des sages, qu'il n'en voudrait au chat de n'être pas un lion, au cercle de n'être pas un carré; également bon pour tous, il surmonte la haine et l'envie par l'amour et par la générosité; ennemi du tumulte de la vie mondaine, il règle toute sa conduite en vue de cette vie intérieure qui est la véritable vie : enfin, prêt à tout événement, il se repose dans la conscience du devoir accompli et dans cette pensée que, faisant partie de la nature, nous devons accepter ses lois.

Quand Epictète et Marc-Aurèle s'écriaient : « Tout ce qui t'accommode m'accommode, ô monde! » ils devançaient Spinosa. Comme eux, il enseigne à se détacher de tout et à acquiescer à tout, non avec trouble et chagrin, mais avec sérénité et allégresse. Volontiers dirait-il avec Pascal : « Ceux qui croient que le bien de l'homme est en la chair, et le mal en ce qui le détourne des plaisirs des sens, qu'ils s'en soûlent et qu'ils y meurent. Mais que ceux qui cherchent Dieu de tout leur cœur, qui n'ont de désir que pour le posséder, que ceux-là se consolent! » A ceux-là Spinosa ouvre les voies de la science, de la vertu, du bonheur et de l'immortalité.

Le fond de leur science sera la connaissance de Dieu. L'intuition du grand Tout leur révélera la solidarité nécessaire de toutes les existences, et, avec les stoïciens, ils seront conduits par le spectacle du déterminisme universel à l'universel optimisme.

Le fond de leur vertu sera l'amour de Dieu, non cet

amour de passion, inquiet et égoïste, qui s'adresse à un Dieu individuel, vaine idole de l'imagination ; mais un amour tout philosophique, s'attachant avec un entier désintéressement à l'Être infini de qui il n'y a à attendre ni faveur ni disgrâce : amour véritablement saint qui ne peut être souillé par aucun sentiment d'envie ou de jalousie, et qui est en nous avec d'autant plus de force que nous nous représentons un plus grand nombre d'hommes comme unis avec Dieu par le même lien d'amour ; seul amour susceptible d'être éternel, parce qu'il est une participation de cet *amour intellectuel*, infini, par lequel Dieu s'aime lui-même et, s'aimant lui-même, aime tous les hommes présents en lui comme lui en eux.

Là réside le salut ; là est la source d'une gloire et d'une joie impérissables ; de là enfin découle le bonheur parfait qui sera de posséder, par une sorte de nécessité éternelle, la pleine connaissance de Dieu et de tout en Dieu.

S'il est irrationnel de rêver une immortalité personnelle et de méconnaître que l'âme ne peut rien imaginer ni se souvenir de rien après la dissolution de l'organisme, il est aussi irrationnel de croire que nous mourons tout entiers. Ce qu'il y a de divin en nous, en tant que modes de l'étendue et de la pensée infinie, n'a jamais commencé d'être ni ne saurait cesser d'être. « Sans doute, dit Spinosa, il est impossible que nous nous souvenions d'avoir existé avant le corps, puisqu'aucune trace de cette existence ne peut se rencontrer dans le corps ; et cependant *nous sentons, nous éprouvons que nous sommes éternels*. L'âme, en effet, ne sent pas moins les choses qu'elle conçoit par l'entendement que celles qu'elle a dans la mémoire. *Les yeux de l'âme, ces yeux qui lui font voir et observer les choses, ce sont les démonstrations.* Aussi, quoique nous ne nous souvenions pas d'avoir existé avant le corps, nous sentons cependant que notre âme ne peut être enfermée dans les limites d'une durée déterminée qu'en tant qu'elle enveloppe l'existence du corps, et que de soi elle est éternelle. »

En même temps qu'il invite les hommes à s'affranchir de la *servitude humaine* pour s'initier à la liberté divine, et à mourir au monde pour jouir de l'éternité, Spinosa s'attaque aux mille formes de la superstition.

Il prend spécialement à partie ceux dont la vertu n'est qu'un calcul dévot. La plupart des hommes pensent qu'ils ne sont libres qu'autant qu'il leur est permis d'obéir à leurs passions, et qu'ils cèdent sur leurs droits tout ce qu'ils accordent à leurs devoirs. Toutes les vertus qui demandent un effort sur soi-même sont à leurs yeux des fardeaux dont ils comptent être débarrassés à la mort, en recevant le prix de leur esclavage. Et ce n'est pas cette seule espérance qui les conduit ; la crainte des horribles supplices dont ils sont menacés dans l'autre monde est encore un motif puissant qui les détermine à vivre, autant que la débilité de leur âme le comporte, selon *les règles de la loi divine.*

Otez au commun des hommes ces craintes et ces espérances dont s'entretient leur imagination, vous les verrez aussitôt conclure follement que ce qu'ils ont de plus raisonnable à faire c'est de suivre leurs passions. Tel un fou qui s'emplirait le corps de poisons et d'aliments mortels, par cette belle raison qu'il n'espère pas jouir de bonnes friandises pendant toute l'éternité.

La béatitude n'est pas le prix de la vertu ; c'est la

vertu même. Ce n'est pas parce que nous contenons nos mauvaises passions que nous la possédons ; c'est parce que nous la possédons que nous sommes capables de contenir nos mauvaises passions. Alors même que nous ne saurions pas que notre âme est éternelle, il n'en faudrait pas moins considérer l'acquisition des qualités morales comme le premier objet de la vie humaine.

LA RELIGION SELON SPINOSA

Pour Spinosa l'essentiel de la religion est la vertu : être religieux consiste à aimer ses semblables en Dieu et Dieu en ses semblables.

« C'est par la sainteté de la vie, dit-il, que nous connaissons que nous demeurons en Dieu et que Dieu demeure en nous. Oui, je le répète avec l'apôtre Jean, c'est la justice et la charité qui sont le signe le plus certain, le signe unique de la vraie foi *catholique*, c'est-à-dire universelle. »

Et, s'élevant contre ceux qui s'attachent à telle ou telle religion particulière, il s'écrie : « Vous qui croyez avoir trouvé la meilleure des religions, avez-vous examiné toutes les religions tant anciennes que nouvelles, celles de nos contrées, celles de l'Inde, celles de la Chine, enfin celles de tout l'univers? Pourquoi abdiquer votre raison? Pourquoi pousser l'humilité jusqu'à ne plus croire à vous-même pour ne croire qu'à d'autres hommes qui damnent tous ceux qui ne croient pas comme eux, sans songer qu'à leur tour ils sont damnés par un grand nombre de leurs semblables ? »

Dans les révélations, les prophéties, les miracles, les mystères, les cérémonies du culte, Spinosa ne voit qu'un immense outillage dont la destination normale est d'inculquer aux hommes la moralité et dont l'effet trop fréquent est de les abêtir.

LA BIBLE SELON SPINOSA

Examinant en particulier la Bible, Spinosa entreprend d'établir que là où l'on imagine une inspiration divine il n'y a qu'une œuvre purement humaine.

Son *Traité théologico-politique* repose tout entier sur ce principe : L'Écriture doit être expliquée par elle-même. Ainsi, on ne doit ni supposer une Église infaillible à laquelle il appartienne de décider sur le sens des livres qu'on répute sacrés, ni se permettre d'accommoder l'interprétation de ces livres aux doctrines auxquelles on a donné sa créance. Les auteurs des divers ouvrages dont est composée l'Écriture ayant pu se tromper et se contredire, il faut ne juger de ce qu'ils ont pensé que d'après ce qu'ils ont dit.

C'est le propre de la philosophie d'examiner sagement là où la superstition croit aveuglément. Or, selon Spinosa, le premier effet d'un examen attentif est l'élimination de toute croyance au surnaturel. Que savons-nous de ce qui convient à la puissance de la nature ou de ce qui la surpasse? Au lieu de fonder la crédulité sur l'ignorance, appuyons la religion sur la sagesse des idées et des actes.

Passant des considérations de principe aux considérations de fait, Spinosa établit qu'il y a lieu de contester l'antiquité attribuée à maints documents bibliques ; qu'il existe des désaccords dans la doctrine et dans les récits sacrés; enfin que ces œuvres, qu'on représente comme écrites sous la dictée de Dieu même, ont été composées par des hommes qui subissaient l'influence des temps, et qui, peu soucieux de dogmatiser, visaient le plus souvent à exercer une action politique.

Cela n'empêche point qu'il y ait une utilité morale à retirer de la pratique des livres sacrés. Pour cela il faut démêler les mythes dont ils sont, en divers endroits, la poétique enveloppe, et remplacer l'interprétation littérale par une interprétation symbolique. Ainsi, que le Christ ait souffert et expiré sur une croix, c'est littéralement exact; mais qu'il soit ressuscité d'entre les morts et monté au ciel, c'est là une conception purement allégorique figurant ce retour de la mort à la vie et cette ascension de l'âme au-dessus des choses terrestres, qui est le fruit de la sainteté, réalisable en tous les hommes et réalisée en Jésus.

Il y a un éternel fils de Dieu dont la connaissance est nécessaire à notre béatitude. Cet éternel fils de Dieu, c'est la sagesse manifestée dans tout l'univers, mais surtout dans les grands hommes, et, parmi les grands hommes, dans le Christ. N'allons pas pour cela imaginer que Dieu ait revêtu la nature humaine. « Ce serait aussi absurde, dit Spinoza, que si on prétendait qu'un cercle peut revêtir la forme d'un carré. »

A quoi bon toutes ces légendes mythologiques? L'essentiel c'est la vie morale. Il n'importe que vous soyez un païen ayant foi aux oracles ou un musulman croyant à Mahomet. Si vous offrez en prière à Dieu le culte de la justice et l'amour du prochain, vous êtes par cela seul un fidèle de la véritable religion et vous avez en vous l'esprit du Christ.

STRAUSS ET RICHARD SIMON CONTINUATEURS DE SPINOSA

Par les hardiesses de sa philosophie religieuse Spinosa ouvrait la voie où allait plus tard s'engager l'exégèse, et il préparait en particulier l'œuvre de l'hégélien Strauss qui, en critiquant les textes avec un vaste déploiement d'érudition, représentera la vie de Jésus, telle qu'elle se trouve racontée dans les évangiles, comme une légende religieuse dont l'éclosion toute spontanée est due aux rêveries des premières sociétés chrétiennes brodant la réalité historique d'après l'idéal que leur imagination et les traditions reçues leur suggéraient.

La plupart des récits évangéliques, œuvre de poésie et non d'histoire, tendaient à fixer l'idée d'un type de la sainteté absolue, produit suprême des progrès de la conscience religieuse. En même temps, ils satisfaisaient le double besoin qu'avait la première communauté chrétienne de glorifier son fondateur et d'affirmer en lui la réalisation des prophéties de l'*Ancien Testament*.

Telles seront les conclusions de Strauss et de Christian Baur, quand, selon le plan de Spinosa, ils feront de l'École de Tubingue ce centre fécond d'études religieuses, où tous les éléments du judaïsme et du christianisme, personnalités, institutions, documents, dogmes, ont été passés au crible de la libre critique.

En attendant l'époque où les Allemands, mis en éveil par le mouvement intellectuel du xviii° siècle, devaient multiplier les études mythologiques, un contemporain de Spinosa, le Français Richard Simon, oratorien philosophe, né à Dieppe en 1638, s'avisa, dans ses deux *Histoires critiques de l'Ancien et du Nouveau Testament*, d'appliquer à l'Écriture la même liberté d'examen dont on use envers les ouvrages profanes. Il fit une étude comparée du texte hébreu et de ses différentes versions ; il attaqua les explications forcées, les allégories trop contournées, qu'il croyait trouver dans les Pères ; il réclama en faveur du respect pur et simple de ce qui est, contre les fictions que suggèrent les controverses en l'air ; il se piqua d'opposer le sens *exact* au sens *sublime* et de substituer des traductions littérales aux paraphrases mystiques des théologiens ; il reporta aux scribes du temps d'Esdras la composition des livres mosaïques ; il établit que, dans le Pentateuque, il n'est aucunement fait mention d'une autre vie, par des analyses qui ont suggéré au savant évêque de Worcester, Warburton, son curieux ouvrage sur la *Divine législation de Moïse* se résumant dans ce paradoxe que le judaïsme devait être soutenu par une faveur extraordinaire de la Providence, puisqu'il a pu si longtemps subsister sans s'appuyer sur la foi en l'immortalité de l'âme ; il signala divers écrits primitivement adoptés par l'Église et plus tard rejetés comme apocryphes ; il marqua dans les ouvrages canoniques des transpositions, des anachronismes et des contradictions ; il ne négligea rien pour initier les esprits aux études orientales qui furent pourtant bien lentes à acquérir quelque vitalité ; enfin, tout en prétendant ne pas sortir de l'orthodoxie, il poussa assez loin l'audace de ses savantes recherches pour que Bossuet, en divers endroits de ses infatigables polémiques, le stigmatisât à peu près en ces termes : « Ce hardi censeur s'arrange de telle sorte que, les preuves de l'Écriture tombant ici, la tradition tombant ailleurs, tout l'édifice religieux est ébranlé. Au fond, il tend à n'y pas laisser pierre sur pierre ; mais il n'ose dire à pleine bouche ce qu'il pense ; il veut insinuer ses sentiments et en même temps se préparer des échappatoires ; il souffle le froid et le chaud, ne s'explique jamais nettement, prodigue les restrictions apparentes et réelles, abuse des mots *quelquefois, souvent, il y a apparence*, et met en œuvre ces tours malins où les louanges tournent tout à coup en dérision. » Ne dirait-on pas qu'en voulant caractériser Richard Simon, Bossuet a peint d'avance Ernest Renan ?

Déjà, environ quarante ans avant que naquît Spinosa, dès 1590, le Français Barnabé Brisson, fouillant les antiquités de la Perse, avait inauguré les études qui, avec Hyde, Anquétil Duperron, Sacy et Burnouf, devaient aboutir à nous révéler cette religion zoroastrienne dont le judaïsme, le christianisme et l'islamisme se sont approprié les doctrines sur les apparitions messianiques, les anges, les démons, la résurrection et le jugement dernier.

LA PHILOSOPHIE POLITIQUE DE SPINOSA

La philosophie politique de Spinosa est le complément de sa philosophie religieuse. Il l'aborde avec le parti pris de ne s'apitoyer sur rien, de ne s'étonner de rien, de n'adresser ni éloges ni blâmes, et de s'en tenir à tout comprendre. Mais est-ce assez d'expliquer les choses ? N'y a-t-il pas à se demander si elles méritent ou non d'être justifiées ? Prévenu en faveur du déterminisme universel, Spinosa ne fait pas assez la part de la conscience.

A la doctrine déjà vulgaire d'un contrat social sur lequel repose le droit positif, Spinosa associe, après

Hobbes, l'hypothèse d'un état de nature qui a nécessité le pacte de tous avec tous.

Mais n'est-ce pas une chimère que cet état de nature où il n'existait aucune distinction légitime entre le bien et le mal, où le droit de chaque individu n'avait de limites que celles de son pouvoir, où enfin, sous l'impulsion du désir naturel de se conserver et de s'agrandir, on n'était tenu de respecter ni choses ni personnes? Le droit, plus ou moins entrevu et sauvegardé, ne préexiste-t-il point aux législations qui le promulguent et le garantissent? Quelles qu'aient pu être les cruautés et les compétitions, nées de la licence, de l'intérêt et de la passion, n'y a-t-il pas eu de tout temps, parmi les hommes, une certaine sociabilité, grâce à l'universel instinct de l'amour et de la pitié?

Quand il fait intervenir ce pacte qui, en décidant de la justice et des lois ainsi que de leurs sanctions pénales, substitue le régime de la paix au régime de la guerre, et intéresse la nature de l'homme à suivre les commandements de la raison, Spinosa n'a garde d'admettre, comme le fait Hobbes, que le citoyen soit annihilé devant l'État et ne conserve plus aucune part de son droit naturel. Il tend au contraire à marquer des bornes à la puissance et par suite au droit du souverain.

C'est surtout la liberté de la pensée qui est l'objet des prudentes réserves de Spinosa. Que le sujet, dans ses actes, s'astreigne aux injonctions du pouvoir : c'est nécessaire pour éviter que la société ne soit dissoute. Mais il lui demeure le privilège inaliénable de penser ce qu'il lui plaît et de dire ce qu'il pense.

Insensé est tout gouvernement qui, méconnaissant la

liberté la plus essentielle de l'homme, vise à couler tous les esprits dans le moule d'une opinion commune. La fin de l'État n'est pas de transformer les hommes, êtres foncièrement raisonnables, en bêtes ou en automates ; c'est plutôt de faire qu'ils s'acquittent en sécurité de toutes leurs fonctions physiques et morales ; c'est de faire qu'ils usent sans contrainte de leur raison ; c'est enfin de faire qu'ils soient libres.

Ce grand penseur dit avec force : « Une cité où la paix n'est obtenue que par l'inertie des citoyens, conduits comme des troupeaux et uniquement instruits à servir, est plutôt une solitude qu'une cité. La vraie vie de l'homme ne consiste pas seulement dans la circulation du sang, mais dans le libre jeu de la pensée. Très violent et très éloigné de la nature est tout gouvernement où l'on refuse à chacun la liberté de dire et d'enseigner ce qu'il pense. »

Au surplus, la pleine liberté que revendique Spinosa se rapporte surtout aux opinions spéculatives. Il n'admet pas qu'on autorise des paroles ou des écrits qui tendraient au renversement de l'État; il limite le droit de penser là où son usage deviendrait acte de rébellion, et il veut que le citoyen, hostile à une loi, lui obéisse et ne détourne personnne de lui obéir, quitte à exprimer impunément sa désapprobation.

Objecte-t-on que la liberté de penser, même ainsi contenue, a des inconvénients ? Spinosa répond : « Y-a-t-il rien qui soit sans inconvénients ? Force vous est de tolérer des vices, comme la jalousie, l'avarice; et vous ne toléreriez pas la sincérité qui est une vertu ? »

Que d'autres, comme Hobbes, s'accommodent de

cette tranquillité que donne le despotisme ! Spinosa, lui, trouve qu'il n'y a rien de plus misérable. Il ne s'agit pas simplement d'en finir avec l'état de guerre; il s'agit surtout d'arriver, sous l'égide de la justice et de la charité, à l'union des esprits et à la concorde.

On a tort d'imaginer que le pouvoir sera plus fort parce qu'on le donnera à un seul homme. Un seul homme ne saurait supporter un si grand poids. Aussi qu'arrive-t-il? Le plus souvent le roi n'est roi que de nom. Enfant ou vieillard, malade ou incapable, il ne fait qu'exécuter les volontés de maîtres cachés, les pires de tous. Son insouciance laisse tout aller au gré d'une courtisane ou d'un favori.

Sans doute, c'est le propre du gouvernement monarchique que tout dépende de la volonté du roi: mais on peut empêcher que toute volonté du roi ait une valeur juridique et donner ainsi des limites à son autorité.

Spinosa entoure le monarque d'un conseil où figurent, en nombre proportionné, des membres des grandes familles, et qui est partiellement renouvelable d'année en année. A ce conseil appartient le soin de protéger les droits fondamentaux de l'État, de donner son avis sur les affaires, de promulguer les décrets royaux, de régler l'administration publique, de sanctionner les décisions judiciaires du corps des jurisconsultes et de diriger l'éducation des fils du roi.

Le pouvoir a la pleine disposition des terres. Il les loue, moyennant certaines redevances qui tiennent la place des impôts. Chacun n'étant ainsi qu'usufruitier, nul n'étant propriétaire, il en résulte, selon Spinosa, que tous ont le même péril à craindre de la guerre et le même avantage à retirer de la paix.

Quant à la religion, elle peut être réglée par l'État dans une république aristocratique ou démocratique, l'esprit du plus parfait libéralisme ayant toute chance d'y avoir le dessus ; elle ne le peut dans une monarchie, vu les procédés arbitraires et violents qui dès lors seraient rendus possibles. Ainsi le roi ne s'ingérera point dans les questions de croyance, et ce sont les fidèles qui devront s'occuper de pourvoir aux dépenses de leur culte.

Cependant, aussi tempérée qu'elle soit, la monarchie paraît à Spinosa la forme de gouvernement la moins rationnelle, la plus contre nature. Il lui préfère l'aristocratie, ouvertement constituée, et non déguisée comme il arrive dans les constitutions monarchiques.

Mais l'aristocratie elle-même est un régime de mauvais aloi, vu que tôt ou tard des privilégiés indignes y prennent la place des élites. C'est au gouvernement démocratique qu'il faut recourir, si l'on veut être d'accord avec la raison et la nature.

Le principal mérite de la *démocratie* consiste en ce que, pour la fonder, chacun ne se démet de son droit naturel qu'autant qu'il est nécessaire pour le bien public, et conserve spécialement le droit de participer aux délibérations en commun. Elle a cela de propre que tout pouvoir y est électif, qu'aucune charge n'y est héréditaire, et que tous les citoyens, arrivés à l'âge de raison et non flétris par arrêt de justice, y ont le droit de suffrage.

Mais quelle est la meilleure constitution démocratique ? L'ouvrage de Spinosa, malheureusement incomplet, s'arrête à l'endroit où il aborde cette recherche.

Spinosa, partant des mêmes principes que Hobbes, se montre plus sage que lui quand il place dans la liberté, plutôt que dans le despotisme, la plus grande force sociale et donne ses préférences au régime démocratique.

A l'encontre du philosophe anglais, qui fait résulter du pacte de tous avec tous l'abdication de l'individu, Spinosa conclut que, puisque aucun pacte n'a de valeur qu'en raison de son utilité, et que, l'utilité disparaissant, le pacte s'évanouit avec elle, il s'ensuit qu'il y a folie à prétendre enchaîner définitivement quelqu'un à sa parole, à moins qu'on ne fasse que la rupture du pacte entraîne pour le parjure plus de dommage que de profit : ce qui n'est réalisable que dans une constitution libérale.

Les deux philosophes se placent au point de vue exclusif de l'intérêt. L'intérêt étant chose variable, ils ont pu y rapporter des conséquences diamétralement opposées. Spinosa, né à Amsterdam, s'inspire du spectacle d'une république qui doit sa grandeur à la liberté. Hobbes, né à Malmesbury, s'inspire du spectacle de la révolution anglaise ; écoute la peur, conseillère de toutes les réactions ; et plaide la cause des Stuarts, ses maîtres. L'ami de Jean de Witt a des accents de citoyen. Le précepteur de lord Devonshire raisonne en courtisan. D'ailleurs ce courtisan était, comme on va le voir, un théoricien de génie.

LIVRE SEPTIÈME

LES PENSEURS ANGLAIS DE HOBBES A NEWTON

HOBBES

La longue vie de Hobbes, mort en 1679 à l'âge de quatre-vingt-douze-ans, fut toute remplie par des voyages, des lectures et des méditations dont ce fut le constant objet d'approfondir la psychologie, la morale et la politique. Il se lia, en Angleterre, en Italie et en France, avec les plus grands esprits de son temps ; prit part à des discussions de haute portée, et produisit dans le monde philosophique une commotion profonde par l'audace de ses maximes, dont on ne pouvait s'empêcher d'admirer le rigoureux enchaînement. Ses vertus furent la preuve qu'une haute moralité n'est pas incompatible avec l'athéisme.

Adversaire de Descartes, Hobbes ne laissa pas de s'inspirer de l'esprit cartésien et se montra profondément rationaliste. Ami de Bacon, Hobbes n'eut garde de partager son dédain pour les mathématiques et soutint que tout philosophe à qui manque l'esprit géométrique n'est rien qu'un bavard.

Il est curieux de voir à l'œuvre ce logicien ne reculant devant aucune outrance dans ses déductions et uniquement appliqué à serrer le tissu des mailles de fer dont est formé son système. L'Angleterre n'a pas eu de penseur plus vigoureux. Sa logique brutale ramenait toute idée à la sensation, tout être à la matière, et tout droit à la force.

Pour Hobbes, la philosophie consiste dans la connaissance qu'on acquiert des effets par leurs causes et des causes par leurs effets. Sa fin est l'appropriation des choses à nos goûts et à nos besoins.

L'homme connaît parce qu'il raisonne; il raisonne parce qu'il parle. Fixant les *fantômes des formes sensibles*, la parole constitue la pensée.

Penser, c'est calculer. L'intelligence procède des noms aux propositions, des propositions aux syllogismes, et toutes ces opérations se résument dans l'addition ou la soustraction, selon qu'on unit ou sépare des notions, c'est-à-dire des mots.

De même que la connaissance dépend du langage, le langage dépend de l'imagination et de la sensation. Or l'imagination et la sensation dépendent des mouvements de nos organes.

C'est aussi à des mouvements que se ramène toute la diversité des phénomènes auxquels s'applique la connaissance. Composition et décomposition de mouvements : voilà où tout se réduit. Il n'y a que des corps. Ce qu'on appelle esprit n'est qu'un corps plus subtil que les autres.

L'impression sensible, produite en nous par les corps, n'est pas seulement l'origine de toutes nos pensées; elle est aussi l'origine de toutes nos émotions. Selon que les mouvements engendrés dans nos organes favorisent ou contrarient le mouvement vital, la sensation est agréable ou désagréable, et cause plaisir ou douleur ; attire ou éloigne, et provoque désir ou crainte. Le conflit des craintes et des désirs est dit délibération ; et la volonté consiste dans la prédominance du désir le plus fort.

Le désir le plus fort prévaut nécessairement. On ne peut faire que ce qu'on fait, et c'est dans la mesure où on le fait sans empêchement qu'il y a liberté.

De par une loi inéluctable le bien, c'est-à-dire le plaisir, est l'objet de nos désirs, tandis que le mal, c'est-à-dire la douleur, est l'objet de nos craintes.

Vivre est la condition de tout bien. Qui perd la vie perd tout. Ainsi le pire mal est la mort, et notre principal intérêt est de nous conserver. De là il suit que le droit capital de l'homme est de se défendre. Or, qui veut la fin veut les moyens, et, plus que personne, l'intéressé est apte à faire le choix entre les moyens. Que si chacun est autorisé à se défendre par tous les moyens qu'il lui plaît d'adopter, il n'est aucun acte dont on puisse en principe lui interdire l'accomplissement, et la mesure de son droit c'est son utilité.

Mais si tous peuvent tout contre tous, le droit absolu de chacun se trouve annulé en fait par le droit égal de son voisin ; et la faculté de tout oser est entravée par la nécessité de tout craindre.

La nature commune des hommes implique qu'ils aient des désirs communs. Ces désirs, tous sont également autorisés à les satisfaire, et pourtant, si celui-ci les satisfait, celui-là ne le pourra, un même objet n'étant pas susceptible d'appartenir à deux personnes à la fois. Il résulte de là l'hostilité de tous contre tous. *L'état de nature est un état de guerre universel.*

Sans doute, l'homme est porté à s'unir avec l'homme, puisqu'il y trouve son profit, soit au point de vue des biens matériels, soit au point de vue des avantages d'opinion. L'homme n'en est pas moins foncièrement hostile à l'homme; et c'est là ce qui explique les précautions que nous prenons sans cesse les uns contre les autres, notre envie à l'égard de quiconque nous éclipse, le malin plaisir que nous trouvons à dire ou entendre des médisances, enfin les crimes monstrueux que commet la multitude quand les troubles civils ramènent l'individu à sa vraie nature. Un *méchant enfant robuste*, voilà au fond ce qu'est l'homme.

Il faut bien sortir de cet état où prévalent les plus forts et les plus habiles, mais qui est un état de crainte perpétuelle pour tous, parce que chacun court le risque de rencontrer plus fort et plus habile que soi. On est ainsi amené, dans une vue de sécurité, à juger qu'il importe de restreindre ce droit naturel qu'a chacun de pourvoir à sa conservation en usant à son gré de toute sa puissance; et sous les dictées de la droite raison, on s'élève à la considération de la *loi naturelle*, c'est-à-dire de la meilleure règle à suivre dans le choix des moyens propres à garantir notre conservation.

Cette loi naturelle n'impose pas d'obligation à notre volonté; mais elle impose ses démonstrations à notre intelligence. Expression de l'intérêt bien raisonné, elle nous suggère d'abord que l'essentiel est de chercher la paix, malgré les velléités belliqueuses des passions rebelles à la raison; elle nous suggère en second lieu que, pour obtenir la paix, il faut renoncer au droit absolu qu'on a sur toutes choses, à condition toutefois que les autres y renoncent de même ; elle nous apprend enfin qu'un contrat étant intervenu qui assure à chacun qu'il ne sera pas troublé dans l'usage de tel et tel droit, il faut observer les conventions établies, car il est absurde de faire un pacte, si on se réserve de le violer. La justice réside dans le respect des conventions qui ont créé le *tien* et le *mien* et arrêté le décalogue moral.

Ainsi, se conserver : voilà le but à atteindre. Avec le *droit naturel*, tous les moyens étaient permis ; mais, comme ils l'étaient à tous, tous se trouvaient par là même plus ou moins en peine. Avec la mise en vigueur de la *loi naturelle* qui nous prescrit de chercher la paix, nos moyens d'action sont restreints ; mais cette restriction, étant commune à tous, rend plus facile et plus sûre notre conservation.

La mise en vigueur de la loi naturelle ne saurait aller sans certaines garanties. Pour que le décret de la raison passe de l'ordre spéculatif à l'ordre pratique, il faut une puissance qui en assure l'exécution : cette puissance est l'autorité civile. Son œuvre est de rendre effectif le pacte des égoïsmes.

Pour constituer l'autorité civile, chacun abdique toute sa puissance propre en faveur d'un homme ou d'une assemblée, et lui transmet le droit et le pouvoir qu'il a de se gouverner soi-même, à condition que tous les autres en fassent autant. Par ce pacte tous s'unissent en un, et forment la cité. Dans ce *dieu mortel*, dans ce monstre artificiel, dans ce *Léviathan* qui est la cité, se trouvent définitivement concentrés tous les droits, par cela même que la transmission des pouvoirs de chacun à la force publique implique l'engagement de ne jamais lui résister.

Mais, l'intérêt étant ici le principe unique, sera-t-on tenu d'observer l'engagement contracté, si l'on trouve plus utile de le violer? Non, sans doute. Aussi Hobbes pense-t-il qu'il faut rendre le pouvoir civil tellement fort, tellement absolu, que nul ne puisse être tenté de le braver.

Qu'on n'aille pas se plaindre de cet absolutisme! C'est un mal légitime, puisque le contrat qui a institué le pouvoir civil n'a eu lieu qu'entre les membres de la multitude s'accordant dans une même aliénation de tous leurs droits, mais n'a en rien lié le souverain qui n'y est pas intervenu. C'est un mal nécessaire, puisque, quelque désir qu'on ait de le limiter, le pouvoir doit toujours être assez fort pour protéger les citoyens, et que qui peut protéger peut par là même opprimer.

Donc, le souverain, roi ou assemblée, possède une autorité absolue; et il a qualité non seulement pour combattre et traiter, juger et administrer, mais encore pour déterminer le juste et l'injuste, régler la propriété, décider de ce qu'on peut enseigner, dire et croire.

Que le souverain décrète l'adultère, le vol, le fétichisme; il n'y aura qu'à s'incliner.

La seule mesure du bien et du mal, c'est la loi civile : le souverain crée et abolit les devoirs.

La seule mesure du saint et de l'impie, c'est la loi civile : le souverain décide du dogme et du culte.

La seule mesure du vrai et du faux, c'est la loi civile : le souverain prononce si on dira ou non que deux et deux font quatre.

Reste de savoir en qui sera personnifiée la souveraineté. Cette question revient à celle-ci : quelle sera la forme du gouvernement?

La forme du gouvernement peut être démocratique, aristocratique ou monarchique. Dans tous ces régimes, l'absolutisme est possible ; toutefois, c'est dans une monarchie qu'il est le plus à son aise. Aussi est-ce à la monarchie que Hobbes accorde ses prédilections.

Mais, dira-t-on, l'irresponsabilité du roi est l'asservissement des sujets. — Qu'importe, si cet asservissement leur profite ? Force sera toujours d'obéir. Avoir un seul maître vaut mieux que d'en avoir plusieurs. Plus les chefs seront nombreux, plus on sera rançonné par eux et leurs créatures ; plus les vexations seront multiples, inévitables. Que d'insipides tracasseries, que de méchantes persécutions, que de basses vengeances, dans les états populaires !

La vraie liberté c'est la pleine faculté laissée à chacun de s'occuper à son gré de ses affaires. On n'a bien cette liberté que dans les monarchies. Vous y pouvez vaquer à vos intérêts personnels et êtes déchargé du soin des affaires publiques.

Un mal de la démocratie, c'est que chacun y fait de la politique. Or, bien rares sont ceux qui ont l'étoffe d'hommes d'État. Un autre mal est que la parole y est souveraine. Cela assure le triomphe des démagogues qui, sans autre talent que celui de la déclamation, entreprennent d'accommoder les choses à leurs appétits, sont intéressés aux perpétuels changements, et aboutissent à tout brouiller. Un troisième mal c'est l'absence du secret, si nécessaire pour la protection des citoyens les uns contre les autres et surtout pour la protection de la cité contre les ennemis extérieurs.

L'égoïsme même fait au roi un devoir de poursuivre le bien de son peuple, avec qui le principe héréditaire l'identifie, lui et sa famille. Au contraire il est naturel que des chefs temporaires dévorent avidement leur proie d'un jour.

Hobbes insinue au monarque de faire enseigner exclusivement ses doctrines dans les universités, afin que les sujets soient instruits à aimer le despotisme.

Hobbes se fait illusion. Sa théorie du despotisme n'apprend qu'à l'abhorrer.

Ce n'est pas sans raison que Descartes, jugeant le traité de Hobbes sur le *Citoyen*, regrettait que cette œuvre vraiment forte ne s'appuyât point sur des *maximes plus vertueuses*, et adressait ce reproche à la morale de Hobbes qu'elle suppose tous les hommes méchants ou leur donne sujet de l'être.

De même que le pessimiste La Rochefoucauld résumait son expérience de la vie dans ce principe outré : « Les vertus se perdent dans l'intérêt comme les fleuves dans la mer » et s'appliquait à montrer que l'amour de soi est le mobile réel de toutes les actions auxquelles on applique les beaux noms de reconnaissance, d'amitié, de bonté, de générosité, de dévouement, Hobbes mutile systématiquement la nature humaine qu'il prétend analyser, et, dans la probité, dans la bienfaisance, dans la pitié, dans la charité, il ne voit que des raffinements de l'amour-propre. Ainsi, selon lui, si nous plaignons un malheureux, c'est parce que nous nous imaginons nous-mêmes à sa place ; si nous assistons notre prochain, c'est parce que nous ne pouvons avoir de plus grande preuve de notre pouvoir que d'expérimenter que nous sommes en état de réaliser, outre nos désirs, les désirs d'autrui. Même dans les sentiments esthétiques, qui semblent si essentiellement désintéressés, Hobbes ne voit qu'un épanouissement de l'égoïsme. Par exemple, nous ne nous amusons du ridicule que parce que notre orgueil en prend occasion de nous mettre au-dessus des autres.

L'homme étant ainsi profondément égoïste et ne faisant qu'empirer à mesure qu'il se replie sur lui-même, il en résulte qu'il se distingue tristement des animaux par la perversité de sa nature. La volonté de nuire, selon Hobbes, est innée en nous. Pour les abeilles et les fourmis, le bien particulier ne se sépare pas du bien public; pour l'homme, rien n'est plus agréable, dans la possession de ses biens propres, que de penser qu'ils sont supérieurs à ceux d'autrui. Les brutes, quand elles ont atteint leur bien-être, ne portent pas d'envie aux êtres de leur espèce; l'homme, au contraire, n'est jamais plus nuisible à autrui que lorsqu'il possède abondamment le loisir et les richesses.

Imaginez à son origine l'humanité ainsi conçue. Qu'y a-t-il en présence ? Des monstres. On comprend dès lors qu'il soit essentiel de se procurer la paix à quelque prix que ce puisse être, et que le système de la compression absolue paraisse le meilleur au philosophe anglais.

Mais combien plus vrai et plus sage Platon, dans son livre *des Lois*, lorsqu'il représente les faibles restes du genre humain décimé par un déluge universel, épars çà et là, sans industries, sans maisons et sans lois, trouvant dans leur petit nombre un motif de s'aimer, unis dans la communauté des besoins et des habitudes, se faisant une législation des meilleures coutumes où les ont engagés les instincts de la nature, se donnant pour chefs les membres les plus autorisés de la famille ou de la tribu, et retenant toujours, même au milieu des conflits suscités par la rivalité des intérêts et des passions, quelques étincelles de justice et d'humanité !

Il y a un écho du génie de Hobbes dans les rapsodies de l'Allemand Nietzche, fantaisiste déplorablement surfait, qui, partant des mêmes principes, enseigne qu'il n'y a de sacré que le droit de la force; que les pires causes sont sanctifiées par la victoire ; que le Christianisme, avec sa glorification de la charité et des saintes espérances, la Révolution, avec ses rêves d'égalité et de justice, n'ont fait qu'accréditer une morale d'esclaves ; que la pitié est malsaine et la fraternité chimérique ; que l'individu doit se rendre surhumain à force d'inhumanité et se hausser à une sorte de césarisme ou de napoléonisme.

Ce n'est pas une nouveauté que cette conception de l'homme fort qui relègue dans le royaume du bleu vertus et croyances, et qui marcherait sur le corps de sa mère pour arriver au but. Ce qui est une nouveauté c'est son apothéose.

Il faut s'étonner du nombre d'esprits sérieux dupés par la grandiloquence charlatanesque d'un doctissime cabotin que l'hypertrophie du moi a chemina à la folie.

GROTIUS ET BACON DEVANCIERS DE HOBBES

« La philosophie politique, a dit Hobbes, est une chose toute nouvelle : elle n'est pas plus ancienne que mon ouvrage du *Citoyen* ». Quand il prononçait ces orgueilleuses paroles, le philosophe anglais oubliait trop facilement l'antiquité et la renaissance. Sans remonter si haut, ne constatons-nous pas que le fameux livre de Grotius sur le *Droit de la paix et de la guerre*, ayant paru en 1625, a précédé de dix-sept ans le traité de Hobbes, publié en 1642?

Jurisconsulte, historien, poète, linguiste, mathématicien, théologien, cet illustre Hollandais était un homme universel. Adepte du protestantisme, il fit un *Traité de la vérité de la religion chrétienne* conforme aux idées prédominantes parmi les réformés; mais, sur la fin de sa vie, il inclina vers les doctrines anti-trinitaires de Socin et fut de ces chrétiens qui exaltent le Christ sans voir en lui un Dieu. Dans les luttes entre les sectes théologiques, il se rangea du côté où régnait le plus grand esprit de tolérance, et les intolérants le firent condamner à la prison perpétuelle. Il s'évada grâce à l'industrieux dévouement de sa femme et trouva un refuge auprès de Richelieu qui le dota d'une pension. Plus tard, Christine de Suède le fit son ambassadeur auprès de la cour de France. Sa supériorité d'homme d'État le faisait admirer. Pourtant Grotius voyait dans les charges publiques un lourd fardeau. « Je suis rassasié des honneurs, écrivait-il à son père ; je rêve de passer le reste de mes jours dans la paix, uniquement occupé de Dieu et d'écrits où je dirai ce qui me paraîtra le plus avantageux pour la postérité ». Il se démit en effet de ses hautes fonctions; mais la mort le surprit peu après, à soixante-trois ans, en 1645.

Dans son *Traité de la guerre et de la paix*, curieux alliage d'érudition et de génie, Grotius entreprenait de renouveler la jurisprudence politique, jusqu'alors inféodée aux codes ou à la théologie, en la ramenant à des principes philosophiques; il se réclamait, contrairement au système de Hobbes, du grand principe de la sociabilité humaine; il en appelait enfin du droit positif au droit naturel, antérieur à toute convention, immuable comme la raison et comme Dieu qui n'y saurait rien changer.

On doit regretter que Grotius ait eu le grave tort d'amnistier la servitude politique et domestique, en admettant, contrairement aux exigences de la dignité humaine, que particuliers et peuples puissent, par l'aliénation de leur personnalité aux mains d'autrui, se traiter ou être traités comme des choses; mais on doit le louer de s'être virilement élevé contre ces luttes cruelles qu'on commence sous des prétextes futiles et qu'on conduit sans aucun respect pour aucune loi divine et humaine, comme si une simple déclaration de guerre devait ouvrir la porte à tous les crimes; on doit le louer d'avoir enseigné que, quoique séparés, les peuples ne sont pas naturellement ennemis, et que, même entre ennemis, l'humanité ne saurait perdre ses droits.

Puffendorff, esprit éminemment didactique, coordonna, divisa, régularisa et amoindrit l'œuvre de Grotius. Ce n'est pas sans quelque raison que Leibniz l'appelle *jurisconsulte médiocre, philosophe nul*. Tandis que Grotius enseigne que le droit dérive de la nature même des choses, Puffendorff le subordonne à la volonté d'un supérieur. La justice ne s'impose-t-elle donc point à notre conscience, même quand il n'y a pas quelqu'un qui nous la commande ? Et celui qui commande, n'est-ce pas dans la mesure où il est juste, et non dans la mesure où il est fort, qu'il mérite d'être obéi ?

Avant Grotius le renouvellement de la science du droit avait été entrevu par Bacon. Dans son *Traité de la dignité des sciences* et dans ses substantiels et brillants *Essais de morale et de politique*, ce remueur d'idées ne se bornait pas à enseigner comment à la *science morale*, aussi insuffisante à elle seule que l'est la vue d'un beau modèle d'écriture pour qui ne sait pas tenir une plume, doit être associé *l'art de la moralisation*, reposant sur la triple étude des caractères qui sont comme le tempérament des âmes, des passions qui sont les maladies des âmes, enfin de la bonne éducation, des bons exercices, des bonnes fréquentations, des bonnes études, qui, appropriés selon les cas, sont les remèdes des âmes : il caractérisait aussi cette science de la justice universelle, d'où dérivent les lois; il reprochait aux philosophes de ne pas être assez pratiques en ces matières et aux jurisconsultes d'être trop terre à terre, ceux-ci parlant comme du fond d'une prison, ceux-là parlant comme du haut des nuées; il montrait combien c'est cruauté de donner la torture aux lois pour la donner aux hommes; il insistait sur les dangers de l'obscurité des lois, de l'équivoque des formules, du vice des méthodes, de la contradiction des jugements; il étudiait, avec une pénétration qui rappelle Machiavel, l'organisme de l'État, le rôle et les inclinations dominantes de la noblesse et du peuple, les secrets de l'art de commander, le naturel et le maniement des partis, les symptômes, les causes et les remèdes des troubles publics.

LES PURITAINS

Peu de temps après la mort de Bacon, commença chez les Anglais, grâce à la vitalité des sectes protestantes, un mouvement révolutionnaire qui imprima une forte impulsion aux études de philosophie politique. Le droit populaire eut ses puissants avocats parmi lesquels primèrent les puritains.

Ces croyants professaient un parfait mépris pour toutes les grandeurs humaines et entendaient ne se courber que devant Dieu. C'est au nom de la Bible qu'ils appelaient de leurs vœux le renversement de la monarchie et le *règne des saints*.

Ainsi pour eux, comme pour Bossuet, la source du droit était l'Écriture sainte ; mais, ennemis jurés de la royauté, ils en tiraient une politique toute différente. Bossuet ne manquait certes pas de textes à alléguer. Il y en avait aussi à leur service. Par exemple, dans le livre des *Juges*, l'emblème du roi est le chardon qui n'est bon à rien qu'à faire du mal avec ses épines. Dans le livre des *Rois*, Samuel, répondant au peuple qui désire un monarque, représente l'exercice du pouvoir royal comme une continuelle spoliation des sujets par le maître, et bientôt les Juifs déplorent d'avoir ajouté à leurs autres péchés celui de demander un roi.

On peut railler ces républicains, compassés dans leurs gestes, raides dans leur démarche, sombres dans leur vêtement, lugubres dans leur physionomie, qui nasillaient sentencieusement des textes de l'Écriture, s'affublaient de noms hébreux, affectaient le mépris des sciences, abhorraient les divertissements du beau monde, prodiguaient les gémissements et les contorsions au cours de leurs interminables prières. On doit réprouver ce fanatisme dévot, qui empruntait au papisme, tout en l'exécrant, ses pires excès dans l'austérité et dans l'intolérance ; qui imposait des jeûnes, fermait les théâtres, brûlait des tableaux, couvrait les nudités des statues, réglementait tyranniquement la vie privée, imposait de force la bigoterie, exigeait des brevets de sainteté pour l'exercice des fonctions publiques, et finalement aboutit à une réaction remplaçant le règne des saints, avec toutes ses contraintes, par le règne des courtisanes, avec toutes ses licences.

Il n'en est pas moins vrai que ces enthousiastes, fiers, hardis, résolus, eurent leurs grands côtés. Ils ont été les stoïciens du protestantisme. A leurs yeux rien d'humain ne comptait; il n'y avait que la Providence, dont ils se jugeaient les ministres dans le conseil et dans l'action. Ils abattirent la royauté, l'aristocratie, le sacerdoce, et furent les organisateurs des victoires qui firent de l'Angleterre la reine des nations.

MILTON

Milton n'eut pas les étroitesses des puritains. Dans la grande lutte qui, de l'Angleterre, devait s'étendre à l'Amérique et à la France, il prit parti contre tous les préjugés et tous les despotismes. Nul n'a été plus dévoué à la cause des droits populaires, de la libre discussion et de la tolérance.

On ne peut songer à Milton sans songer à Dante, son égal par le génie comme par le malheur, auteur comme lui d'une épopée religieuse, alliant comme lui l'érudition et la poésie, rompu comme lui aux controverses scolastiques, écrivant comme lui sur les matières politiques. Mais, tandis que Dante, dans son *Traité sur la Monarchie*, prétendait établir les titres divins des empereurs allemands, continuateurs des empereurs romains, dont il opposait la souveraineté temporelle à la souveraineté spirituelle de l'Église, Milton, dans ses divers écrits, soutenait le régime républicain, et, outre les arguments du sens commun, invoquait en faveur des principes de liberté et d'égalité le patronage de l'Évangile. « Quelle forme de gouvernement, disait-il, est plus conforme aux préceptes du Christ qu'une libre république ? Là, ceux qui gouvernent ne sont pas des demi-dieux quémandant notre idolâtrie ; ils sont les continuels serviteurs du peuple. »

Milton, mûri par les années, désavoua ce qu'il y avait eu d'excessif dans ses plaidoyers en faveur de l'insurrection et du régicide. Il dut reconnaître que la mort du roi Charles fut un acte qui blessa l'opinion publique et qui fit peut-être plus de tort que de bien aux libertés de l'Angleterre. Mais, sur le fond des choses, il maintint ses idées essentielles.

Pourquoi un roi serait-il à l'abri de tout châtiment ? Plus est grand son privilège, plus doit être réelle sa responsabilité. Il est impolitique de ne pas mettre le frein d'un danger toujours présent là où réside la plus grande puissance pour faire le mal.

Le droit d'insurrection s'identifie avec la loi de la conservation personnelle écrite par Dieu dans nos cœurs. Qu'importe qu'il ne soit pas formulé dans une constitution ? Il préexiste à toute constitution.

L'autorité a des limites nécessaires. Si elles ne sont pas fixées par la modération des gouvernants, elles leur sont tôt ou tard rappelées par la révolte des gouvernés. Il n'est au pouvoir de personne de dissoudre le terrible tribunal qui, dans la conscience des opprimés, prononce contre les oppresseurs et déchaîne les maux de la rébellion devenue moins intolérable que la résignation.

Dupe ou complice, Milton, avant tout ennemi des Stuarts, eut le tort d'applaudir aux tragi-comédies du grotesque et terrible Cromwell, ce Tartufe de génie, qui donnait à un régicide criminellement préparé les couleurs d'un sacrifice divinement inspiré ; dédaignait de se faire couronner roi pour mieux régner ; devenait sous le titre perfide de *protecteur* le destructeur des libertés publiques ; prétendait se justifier de mettre l'Angleterre à ses pieds parce qu'il mettait l'Europe aux pieds de l'Angleterre, et, comme tous les usurpateurs de son espèce, fondait avec beaucoup de peine, sur le mensonge et le meurtre, une grandeur dont il ne devait jouir qu'au milieu de continuels tourments et durant un petit nombre d'années.

Il s'en faut d'ailleurs que l'indépendant Milton poussât ses théories démocratiques aussi loin que beaucoup de puritains. Ses réserves portaient en particulier sur le droit de suffrage qu'il voulait sévèrement limité. « Si l'on donne à tous, disait-il, le droit de nommer tout le monde, ce ne sera plus la sagesse et l'autorité, mais la turbulence et la gloutonnerie qui élèveront aux dignités, et on fera sénateurs les habitués des tavernes de village. »

Mais une liberté qu'il revendiquait sans restriction c'était la liberté de penser : « Qui tue un homme tue un être raisonnable ; qui tue un bon livre tue la raison elle-même. Apôtres de la censure et de la persécution, vous outragez à la fois la divinité et l'humanité. De par une loi providentielle, le bien et le mal sont jumeaux. On n'arrive pas à l'un sans connaître l'autre. Cessez donc d'emprisonner les esprits ! Les temps sont venus de parler et d'écrire librement sur toutes les matières du bien public. Dussent les vents de toutes les doctrines souffler à la fois sur la terre, la vérité est en campagne, laissez-la lutter avec l'erreur. Qui a jamais vu que, dans un combat libre et ouvert, la vérité fût vaincue ? »

Milton pensait que le remède aux maux de la liberté c'est la liberté. Attendons tout de cette incomparable éducatrice. Quand un prisonnier quitte son cachot, il est aveuglé par la lumière du jour. Faut-il le replonger dans sa prison ? Non. Il s'accoutumera vite à cette clarté du soleil, qui de troublante deviendra bienfaisante.

Au droit de dire ce qu'on pense est logiquement lié le droit de croire ce qu'on veut. Aussi Milton, dans son *Traité du pouvoir civil en matière religieuse*, entreprit de démontrer que, la religion étant d'essence spirituelle, un régime protecteur ne peut que la dénaturer et l'avilir. Toute intervention de l'Etat dans la direction des croyances ou dans l'organisation du culte est une usurpation sur le domaine sacré de la conscience.

Le livre posthume de Milton, *La doctrine chrétienne d'après les Ecritures*, respire l'indépendance ; et il s'y prononce pour un libre christianisme où n'est point admise la divinité du Christ. C'est dans ce christianisme qu'ont communié de tout temps les plus grands esprits de l'Angleterre.

PENN ET LES INITIATEURS DE LA RÉVOLUTION AMÉRICAINE

Les principes politiques soutenus par Milton furent admirablement appliqués et élargis par ces quakers qui, sous la conduite du grand Guillaume Penn, allèrent, en 1683, s'établir dans un coin de l'Amérique septentrionale pour y ressusciter la primitive Eglise. Ils se montrèrent des modèles de douceur, de frugalité, de loyauté, de justice et d'humanité ; ils ne voulurent point que dans leur société tel ou tel fût appelé *monseigneur*, mais s'appelèrent tous *frères*, et en effet se traitèrent en véritables frères ; ils établirent sur de grandes bases le système électif ; ils constituèrent un budget commun pour les orphelins et les pauvres ; ils rendirent absolument et effectivement gratuite la justice ; ils admirent enfin le libre exercice de toutes les religions, et pourvurent à ce que personne ne pût souffrir le moindre dommage à cause de ses croyances.

Encore toutefois convenait-il d'avoir des croyances. L'utilitarisme anglais répugne à l'athéisme. Locke, législateur de la Caroline, et Penn, législateur de la Pensylvanie, eurent cela de commun que, tout en ouvrant largement la porte à toutes les religions, ils exclurent les athées, que Voltaire lui-même déclarera dangereux encore plus que les fanatiques. C'était leur conviction, conviction outrée, que les promesses, les contrats, les serments, qui sont le lien de la société humaine, n'ont pas de prise sur les négateurs de l'existence de Dieu.

Avant l'arrivée de cette colonie de cinq cents hommes qui, au bout d'un siècle et demi, devait se trouver transformée en un Etat d'un million d'hommes, l'Amérique avait déjà commencé, sur divers points de son territoire, la mise en pratique des idées que semaient les philosophes. Ainsi, en 1641, le Rhode-Island adoptait une constitution éminemment démocratique où le droit de suffrage était étendu à tous, où les lois étaient soumises à la sanction des assemblées primaires et où l'intolérance religieuse était proscrite. Dès 1633, le fondateur de cet Etat, Roger Williams, réclamait, au nom même du christianisme, l'entière liberté des cultes, et disait : « Le pouvoir civil n'a d'empire que sur les corps et les biens des hommes ; il ne peut intervenir en matière de foi. »

FILMER ET SIDNEY

En opposition aux publicistes libéraux du xviie siècle, Hobbes fut, en Angleterre, le plus vigoureux apologiste du pouvoir absolu ; mais il ne fut pas le seul. L'an 1681 parut sous ce titre *le Patriarche*, une théorie historique du droit divin qui fit beaucoup de bruit, plus de bruit qu'il n'y avait de talent. L'auteur, Robert Filmer, qu'on pourrait appeler le de Bonald anglais, assimilait la monarchie au patriarcat, ramenait le droit du monarque au droit sacré du père de famille, et représentait le pouvoir des différents rois de la terre comme remontant, de génération en génération, par voie de transmission héréditaire et de partage, à Noé et à Adam, premiers souverains en qui l'autorité royale a son origine.

C'était là une hypothèse visiblement ridicule, mais qu'on ne pouvait montrer ridicule qu'en reconnaissant que toutes les monarchies existantes procèdent ou de la force qui ne fait pas le droit, ou du suffrage populaire qui, ayant fondé le droit, peut défaire ce qu'il a fait.

Les doctrines de Filmer furent victorieusement combattues par Sydney, ce fier républicain qui eut la tête tranchée parce qu'il avait l'âme d'un Brutus. Si cet Anglais, digne de l'ancienne Rome, combattit la royauté, ce ne fut pas pour faire triompher une secte religieuse, car il était un esprit libre ; ce fut pour faire triompher la liberté qu'il aimait comme le premier des biens. Quand Cromwell devint le maître, il refusa de se joindre aux adulateurs de sa fortune et resta l'adversaire intrépide de toute tyrannie.

Les Cromwell disparus et Charles II monté sur le trône, Sydney dédaigna le bénéfice de l'amnistie et préféra rester éloigné de sa patrie pendant dix-sept ans. Il y rentra enfin pour occuper un siège au parlement où l'appelait le suffrage de ses compatriotes. Son éloquence fit de lui l'adversaire le plus redouté des ministres. Ils ne trouvèrent rien de mieux que d'impliquer dans une conspiration ce grand citoyen qui leur portait ombrage. Sydney était un séditieux, puisque, dans ses écrits, il plaidait avec force la cause du droit contre toutes les oppressions. Un tribunal le condamna à mort. La sentence prononcée, le juge Jeffreys, qui était son ennemi personnel, l'exhorta ironiquement à se montrer résigné : « Tâte mon pouls, lui dit Sydney, et tu verras que je suis plus calme que toi. » Et impassible, il porta sa tête à l'échafaud.

Dans ses *Discours sur le gouvernement*, Sydney montre que la puissance n'est pas un avantage, mais une charge imposant à celui qui la supporte de s'oublier lui-même pour le bien de ceux qu'il dirige ; il représente comme le but principal de l'autorité le respect et le développement de la liberté, mère des vertus, de l'ordre, de la prospérité ; il compare aux maux énormes qu'engendre l'absolutisme les moindres maux qu'entraîne le gouvernement populaire ; il proclame que le soulèvement de toute une nation ne mérite point le nom de rébellion ; il démontre que le souverain, établi par le peuple et pour le peuple, demeure toujours justiciable du peuple ; il enseigne enfin que la loi doit seule régner et est d'autant plus forte qu'elle est plus juste.

Milton et Sydney continuaient le réformateur Knox et

l'historien Buchanan, qui, au xvi⁰ siècle, avaient esquissé la théorie anglaise du droit et des libertés publiques, en s'inspirant surtout, l'un de l'esprit du protestantisme, l'autre de l'esprit de la renaissance.

LOCKE, THÉORICIEN DES DROITS DE L'HOMME ET DE LA PROPRIÉTÉ INDIVIDUELLE

A Milton et à Sydney succéda l'illustre Locke, né en 1632, mort en 1704. Locke, fils d'un puritain, avait été initié dès l'enfance aux grands principes qui dirigeaient les rigides protestants par lesquels fut faite la Révolution d'Angleterre et préparée la Révolution d'Amérique.

Il combattit les visions chimériques de Filmer, et, rectifiant les théories de Hobbes sur l'état de nature et sur le contrat social, il montra, d'une part, que les relations d'homme à homme, qui ont précédé et accompagnent les relations de citoyen à citoyen, ne sont ni n'ont jamais été exemptes de lois; d'autre part, que le pacte primordial, sur lequel repose philosophiquement sinon historiquement toute société politique, ne crée point mais ne fait que consacrer certains droits individuels, antérieurs à toute constitution civile.

Parmi ces droits, Locke place le droit de propriété. Chez la plupart des théologiens et des jurisconsultes, c'était une opinion depuis longtemps accréditée que la propriété est d'institution purement civile. De là à conclure que l'État a pleinement le droit de disposer des fortunes et des biens, il n'y avait pas loin. Aussi voyons-nous que les Platon, les Thomas Morus, les Harrington, les Mably, les Morelly, les Babeuf, les Marx, dans leurs utopies socialistes, se sont réclamés de cette doctrine, et qu'elle était également invoquée par tous ces hommes qui, soit dans l'antiquité, soit aux premiers temps du christianisme, soit au moyen âge, visaient à faire prévaloir le communisme. Locke opposa à la tradition autoritaire une théorie libérale de la propriété, et, en ce point comme en d'autres, il prépara l'œuvre réparatrice de la Révolution, qui a affranchi des entraves de la routine le droit d'acquérir et de posséder, et a véritablement fondé la propriété individuelle en consacrant son indépendance vis-à-vis de l'État.

Toutefois Locke est loin d'élargir le droit de propriété autant que devaient le faire les économistes français. Ainsi, il ne regarde point comme légitime propriétaire celui qui, convertissant l'usage en abus, ou bien laisse inutilement périr les objets de première nécessité dont il dispose, ou bien étend outre mesure ses appropriations au point de ne pas en laisser assez pour autrui. « Si l'on passe, dit-il, les bornes de la modération, et que l'on prenne plus de choses qu'on n'en a besoin, on prend ce qui appartient aux autres » : maxime très grave, et qui, tout en ayant un grand fond de vérité, prête à des applications dangereuses.

Où Locke devance la doctrine des économistes, c'est lorsqu'il explique l'origine de la propriété par le travail, à l'encontre de ceux qui la font dériver de conventions, de lois, ou d'un simple fait d'occupation. « Encore que la terre et les créatures inférieures soient communes, chacun, dit-il, a un droit particulier sur sa propre personne : le travail de son corps et l'ouvrage de ses mains sont son bien propre. Dès lors, tout ce qu'il a tiré de l'état de nature par sa peine et son industrie appartient à lui seul ; car, cette peine et cette industrie étant sa peine et son industrie à lui, personne ne saurait avoir droit sur ce qu'elles lui ont acquis, surtout si assez de choses semblables et aussi bonnes demeurent communes aux autres. »

Objecte-t-on qu'en bien des cas il suffit pour être propriétaire d'être le premier occupant, sans qu'il y ait eu travail personnel? Locke répond que prendre possession d'une chose, cueillir un fruit par exemple, c'est toujours accomplir un certain travail, puisque cela ne peut se faire sans un exercice quelconque de notre activité.

Si le droit de propriété est créé par le travail, c'est que le travail de chacun est véritablement sien. Les produits de son industrie appartiennent à l'individu, parce que lui-même s'appartient. Ainsi il y a un lien intime entre la liberté et la propriété, et c'est ce que marque la sage devise des Anglais : *Liberté et propriété !* On s'explique que Locke ait combattu, en même temps que les empiètements sur la propriété, les empiètements sur la liberté individuelle.

Il montre comment les hommes naissent et doivent rester foncièrement égaux et libres ; il attaque l'esclavage comme un état contre nature ; il enferme le pouvoir paternel dans les strictes limites imposées au père par le devoir qu'il a de faire de son fils un homme, et un homme libre ; il prouve combien Filmer a tort de confondre avec le pouvoir paternel, qui dérive d'un devoir naturel, le pouvoir civil qui dérive d'un contrat volontaire ; il oppose à la situation que leur minorité fait aux enfants vis-à-vis des parents, la situation que leur commune majorité fait aux gouvernés vis-à-vis des gouvernants ; il établit enfin que, puisque les citoyens doivent être traités par les dépositaires du pouvoir non comme des mineurs mais comme des égaux, l'absolutisme monarchique est essentiellement illégitime : « N'est-il pas absurde, dit-il, de supposer que les hommes, en sortant de l'état de nature, seraient tous convenus de se soumettre aux lois, un seul excepté qui conserverait toute la liberté primitive accrue par la pleine possession du pouvoir et l'entière assurance de l'impunité ? Autant vaudrait croire que les hommes, après avoir tout fait pour se garantir contre les fouines et les renards, trouveraient doux d'être dévorés par les lions. »

LOCKE, THÉORICIEN DES TROIS POUVOIRS
ET DU DROIT D'INSURRECTION

Quand les hommes, à la suite d'un accord explicite ou implicite, constituent une société civile, ce n'est pas pour abdiquer leurs droits naturels au profit du souverain ; c'est pour employer le souverain au service de leurs droits naturels qu'il a mission de garantir.

Dans ce but, chacun ayant fait abandon de son droit originaire de se faire justice à lui-même, l'État est chargé de l'exercice du droit de faire justice à tous. C'est là sa fonction propre que se partagent trois pouvoirs qui pourvoient à la légitime défense de la vie, de la liberté et de la propriété de chacun et de tous : le *pouvoir confédératif*, par le règlement des rapports internationaux ; le *pouvoir exécutif*, par l'application des lois ; le *pouvoir législatif*, où se concentre la souveraineté, par l'établissement des prescriptions, des défenses et des châtiments nécessaires à la sécurité commune.

Une fois les pouvoirs constitués, il ne faut pas croire, avec Hobbes, que le peuple ne conserve plus aucune espèce de souveraineté. Selon Locke, le peuple ne saurait cesser d'être virtuellement souverain : il retient par suite le droit de se protéger contre les attentats du pouvoir, serait-ce le pouvoir législatif ; et en vertu d'une loi naturelle qui prévaut sur toute les lois positives, il peut, faute d'appel possible sur la terre, *en appeler au ciel* par l'insurrection.

Locke pense, avec Guizot, que « si ce grand droit social de l'insurrection ne pesait pas sur la tête des pouvoirs eux-mêmes qui le nient, le genre humain aurait perdu depuis longtemps toute dignité comme tout honneur ».

A ceux qui insistent sur les dangers du droit de rébellion, à ceux qui préfèrent le calme de l'arbitraire au tumulte de la révolte, Locke répond que les vrais rebelles sont les gouvernants qui violent les lois ; qu'au fond les révolutions, même quand elles ont lieu à l'occasion de petites causes, sont déterminées par de très grandes causes qui ont précédé ; que les condamner équivaut à prétendre qu'Ulysse et ses compagnons auraient dû, au lieu de résister, se laisser tranquillement dévorer par Polyphème, pour éviter tous les inconvénients qu'il y avait à mettre le trouble dans la caverne du cyclope.

Bien compris, Locke a raison. En effet, maints cas peuvent se produire où, les moyens d'opposition pacifique étant interdits et le droit ouvertement violé, le pouvoir qui, par son indignité, n'est point ou n'est plus le vrai dépositaire de la justice, devient justiciable de la société armée pour son droit. Par exemple qui oserait flétrir comme autant de crimes les divers soulèvements qui ont abouti à l'expulsion de dominateurs tyranniques et à la fondation de grandes républiques, à Athènes et à Rome dans l'antiquité, en Suisse et en Amérique dans les temps modernes ? Mais encore est-il vrai que trop souvent l'insurrection ne fait qu'aggraver l'injustice par l'injustice et compliquer le mal sous prétexte d'y remédier ; encore est-il vrai qu'elle est un crime tout à fait inexcusable là où existent réellement le droit de discussion et le droit de suffrage.

LOCKE, THÉORICIEN DE L'ÉDUCATION

Par ses efforts pour remonter de la loi positive à la loi naturelle, Locke se rattache à Grotius. Il l'avait certainement beaucoup étudié, et nous voyons qu'il recommande la lecture de ses écrits comme tout à fait propre à compléter une bonne éducation.

L'éducation, telle que Locke la conçoit, répond assez bien à l'idéal qu'esquissaient Rabelais et Montaigne. Bien loin de penser que l'érudition scientifique et la polissure littéraire suffisent, il veut qu'on dresse l'enfant à tous les exercices ; qu'on le mette directement à l'école des faits ; qu'on l'habitue à étudier la nature et les hommes ; qu'on l'initie graduellement à la connaissance des droits sociaux ; et aussi, comme le répétera Rousseau, qu'on lui fasse apprendre un métier, serait-il né gentilhomme.

Ennemi des rigueurs d'une discipline qui fait prendre l'instruction en dégoût, Locke enseigne à stimuler l'écolier par l'appât de la louange et par l'aiguillon de l'émulation, non par l'inhumaine sévérité des répressions corporelles. Il ne s'agit pas de former un excellent automate ou un parfait savant, mais un honnête homme, habile à bien penser et à bien faire, capable de parler de tout et de plaire en tout. Point de mollesse ; le travail doit être continu. Mais il faut le diversifier et le tourner en jeu : c'est une éducation servile que celle où l'on sent toujours la contrainte.

Les divertissements, que les pédants méprisent, ont peut-être plus d'importance que l'étude ; car ils mettent en œuvre les inclinations de l'individu et ils permettent au maître de saisir au vif le caractère de son élève. Or, rien n'importe comme cette connaissance du caractère. Il n'y a qu'à suivre et à aider la nature de chacun, pour l'acheminer au développement physique, intellectuel et moral dont il est susceptible.

L'œuvre pédagogique ainsi entendue suppose des soins qu'on n'a pas coutume de trouver dans l'éducation publique. Aussi Locke est-il défavorable à l'éducation publique. A ses yeux, l'éducation est essentiellement une fonction de famille. Or la famille doit être une espèce d'État libre dans l'État libre.

LOCKE, THÉORICIEN DE LA LIBERTÉ RELIGIEUSE ET DE LA TOLÉRANCE

De même que la famille, l'Église, d'après Locke, doit être séparée de l'État. A lui le domaine des choses de la terre ; à elle le domaine des choses du ciel.

Par cela même qu'on bénéficie de la sécurité qu'assure la société politique, on accepte nécessairement les charges que son maintien impose. Mais, pour ce qui est d'une confession religieuse, on demeure toujours libre d'y adhérer ou de s'en détacher, et c'est seulement devant soi-même qu'on a à répondre de sa croyance.

Que la superstition et l'incrédulité ne soient point exemptes de péché, c'est possible; mais, en fait de péchés, l'État n'a à s'enquérir que de ceux qui lèsent les droits d'autrui. « Tout le pouvoir du gouvernement, dit Locke, n'a rapport qu'aux intérêts civils ; se borne aux matières de ce monde, et n'a rien à faire avec le monde à venir. »

De là suit la condamnation de l'intolérance. Pour que cette condamnation soit efficace, il faut, selon Locke, proscrire le fanatisme religieux ou athée. L'existence de l'État implique que chacun y reconnaisse aux autres, tous les droits dont il prétend jouir lui-même. Dès lors, les sectaires qui se font un dogme de frustrer les autres de la liberté méritent d'en être frustrés eux-mêmes. « Ceux qui, prétextant la religion, dit Locke d'accord avec Bayle, veulent dominer sur la conscience des autres, ceux qui, par leurs doctrines, déclarent qu'ils n'attendent qu'une occasion favorable pour envahir les droits de la société, les biens et les privilèges de leurs compatriotes, ceux qui ne demandent la tolérance du magistrat que pour en priver une partie de leurs concitoyens dès qu'ils auront les moyens et la force d'en venir à bout, ceux-là ne peuvent attendre aucune tolérance de la part du magistrat. » Bref, l'intolérance est toujours illégitime, sauf quand elle s'exerce contre les intolérants.

Il est arrivé que les intolérants ont dit : Tolérez-nous tels que nous sommes, puisque votre principe est la tolérance ; et acceptez que, maîtres, nous ne vous tolérions pas tels que vous êtes, puisque notre principe est l'intolérance. Pour Locke, parler ainsi c'est se mettre soi-même hors du droit commun. La cité suppose la mutualité des libertés ; et ceux-là s'en excluent qui revendiquent cyniquement le privilège de la tyrannie.

Les écrits de Locke sur l'*Origine véritable, l'étendue et la fin du gouvernement civil ;* sur l'*Éducation* et sur la

Tolérance, ont servi de préface aux œuvres des philosophes français du xviiie siècle, en particulier à l'*Esprit des lois*, au *Contrat social*, et à *l'Emile*. En outre, par son *Traité sur la diminution de l'impôt et l'augmentation de la valeur des monnaies*, Locke s'est rangé à côté de Jean de Witt, de Boisguillebert et de Vauban, les fondateurs de l'économie politique considérée comme science à part ; et il a devancé Adam Smith, en reconnaissant dans le travail la valeur par excellence.

LOCKE THÉORICIEN DE L'ENTENDEMENT HUMAIN

Ses divers ouvrages d'ordre politique ou économique ont été pour beaucoup dans la juste renommée de Locke ; mais c'est surtout l'*Essai sur l'entendement humain*, livre souvent calomnié, qui l'a rendu illustre comme philosophe.

Ce livre, dont devait s'inspirer toute l'école empirique et où Voltaire salue l'œuvre d'un sage faisant modestement l'histoire de l'âme, après que tant de raisonneurs en avaient fait le roman, a pour objet de démontrer quelle est l'étendue de nos connaissances certaines et la manière dont nous y parvenons.

Locke traite tour à tour des *notions innées*, des *idées*, des *mots* et de la *connaissance*.

Fausse, selon Locke, est la doctrine vulgaire, accréditée par Descartes, qui admet que dans l'intelligence existent, préalablement à toute expérience, certains principes servant de règles à nos pensées et à nos actes. L'observation nous apprend que ni les enfants, ni la plupart des esprits incultes ne comprennent les axiomes dont on parle. Prétendra-t-on qu'ils les connaissent sans s'en rendre compte ? Mais, quand on affirme que ces principes sont originairement dans notre entendement, ou on ne dit rien, ou on entend par là qu'ils sont aperçus par l'entendement. Or, s'il est certaines vérités que notre entendement aperçoit de bonne heure, ces vérités se réduisent à quelques idées simples qui sont graduellement acquises et pas du tout innées.

Il en est de l'ordre pratique comme de l'ordre spéculatif. Selon les religions et les législations, les climats et les races, on voit se diversifier les notions sur le devoir et sur Dieu. Innombrables sont les doctrines absurdes que certains esprits considèrent comme des axiomes indubitables parce qu'une nourrice les leur a fait sucer avec le lait et qu'elles se trouvent consacrées par un long temps, acceptées par tout leur entourage, hautement prônées comme des principes incontestables de religion et de morale. Ce qu'on appelle la voix universelle de la conscience, c'est l'opinion qu'a chacun sur ce qu'il fait; et cette opinion varie d'un homme à un autre, d'un peuple à un autre, si bien que certaines personnes font par principe de conscience ce que d'autres évitent pour le même motif.

Toutefois, il ne suit point de là qu'en matière de croyance et de mœurs il n'y ait ni vrai ni faux, ni bien ni mal. S'il n'y a point de vérités innées, de lois innées, il y a des vérités naturelles, des lois naturelles, qui tiennent aux convenances essentielles existant entre les choses et entre les hommes. Parce que l'impression qu'elles ont faite sur nous est très ancienne, nous nous imaginons à tort qu'elles se trouvent primitivement gravées dans nos âmes. De fait, l'éducation les inculque; l'observation les fait reconnaître.

L'âme est à l'origine une *table rase* où se déposent peu à peu les données de l'expérience. Celle-ci a deux sources, la *sensation* et la *réflexion*. Par la sensation nous recevons l'impression des choses; par la réflexion nous prenons conscience et de la sensation et de nos opérations intellectuelles.

Les premières idées de l'enfant lui viennent de sensations auxquelles la réflexion s'appliquera plus tard. C'est ce que témoigne le langage, où tous les mots, directement ou par dérivation, répondent à des idées sensibles. Ainsi, c'est aux sens que sont dus les matériaux de nos pensées, et « rien n'est dans l'entendement qui n'ait d'abord été dans les sens ».

Quand on prétend que l'âme a la pensée pour essence et pense indépendamment de toute sensation, on fait une hypothèse que l'expérience ne confirme point. Soutiendra-t-on que l'homme pense toujours, quoiqu'il ne s'en aperçoive pas toujours? Autant vaudrait soutenir que l'homme a toujours faim quoiqu'il ne le sente pas toujours. Ce que nous pensons dépend de ce que nous sentons, et, aussi haut que nos conceptions s'élèvent, elles ont toujours un fondement empirique. Les idées *complexes* ne sont que des combinaisons indéfiniment variées d'idées *simples*. Celles-ci sont introduites en nous par la sensation et par la réflexion, et nous ne pouvons pas plus les altérer ou les effacer qu'un miroir ne peut altérer ou effacer les images des objets placés devant lui.

A la suite de la *perception* qui est passive, l'activité de l'esprit *retient* et *remémore* les idées, les *discerne*, les *compare*, les *combine*, et par une opération propre qui nous distingue éminemment de l'animal, les *abstrait*, les *généralise*, en les séparant de toutes les circonstances qui font qu'elles représentent des êtres particuliers actuellement existants.

Mais, quelque féconde qu'elle puisse être, l'activité de l'esprit ne saurait aboutir à la formation d'une seule idée simple, en dehors des données de la sensation et de la réflexion. De même que toute notre industrie ne peut, dans le monde matériel, qu'unir ou séparer plus ou moins ingénieusement des matériaux fournis par la nature, sans réussir jamais à produire la moindre parcelle de matière ou à détruire un seul atome, de même, dans le monde intellectuel, nous ne saurions ni créer ni anéantir aucune idée simple.

Nous recevons toutes les idées simples de l'expérience, soit par un sens spécial, comme les idées de solidité, de couleur, de son, d'odeur; soit par plusieurs sens, comme les idées d'étendue, de mouvement, dues à la vue et au toucher; soit par la réflexion, comme les idées de pensée, de vouloir; soit par la sensation et par la réflexion, comme les idées d'existence, d'unité, de plaisir, de douleur.

Qu'on ne dise point que certaines idées, comme les idées d'immensité, d'éternité, d'infinité, ne sauraient provenir de l'expérience qui ne nous offre rien de correspondant. L'idée d'*immensité* est un mode de l'idée d'étendue; l'idée d'*éternité* est un mode de l'idée de durée; l'idée d'*infinité* est un mode de l'idée de quantité. Ces trois idées sont purement négatives, et nous les formons en éliminant les bornes des trois idées positives auxquelles elles se ramènent.

Les idées complexes qui expriment une relation quelconque se résument dans l'idée de *cause*, que nous acquérons en observant au moyen des sens les variations successives manifestées dans les choses et en remarquant que tout changement est lié à une certaine modification par laquelle il est produit.

Les idées complexes qui expriment telle ou telle individualité, pierre, rose, cheval, homme, se résument dans la notion de *substance*, que nous formons en unifiant un certain nombre d'idées simples dont nous expérimentons la simultanéité et dont nous nous habituons à considérer l'assemblage comme une seule chose qu'indique un seul nom. Imaginer sous un groupe de qualités un support qui les soutient, c'est attribuer l'être à un pur fantôme de notre imagination. Par exemple, qu'est-il possible d'entendre par la substance d'une chose étendue et solide, sinon des parties étendues et solides? Que si l'on insiste et demande ce qu'est la chose à laquelle la solidité et l'étendue sont inhérentes, force sera de répondre comme cet Indien à qui l'on demandait : Qu'est-ce qui soutient la terre? Un immense éléphant, dit-il. Mais qu'est-ce qui soutient l'éléphant? Une immense tortue, dit-il. Mais qu'est-ce qui soutient la tortue? Et alors se sentant acculé, il répondit : Ma foi, je n'en sais rien.

Au moyen des mots, nous analysons les idées, nous les déterminons, nous nous les rappelons.

Rien n'éclaire la marche des pensées comme le bon emploi des termes. Une langue bien faite n'est peut-être pas le tout de la science ; mais elle en est la plus grande partie.

La plupart des erreurs viennent de ce que nous négligeons de circonscrire nettement la signification des mots. Un même terme réveillant tour à tour différentes idées, on confond les choses, et le raisonnement s'égare.

Dans la formation du langage, l'abstraction et la généralisation jouent un rôle capital. A l'exception des noms propres, tous les termes sont des termes généraux. C'est que nous nous habituons vite à écarter de l'idée complexe que nous avons de tels et tels individus ce qui est particulier à chacun d'eux, pour n'en retenir que ce qui est commun à tous. D'un côté, conserver une idée distincte de chaque chose prise à part est au-dessus de nos forces; d'un autre côté, la science ne peut se constituer et s'agrandir que par des généralisations successives.

Mais ne soyons pas dupes, et n'allons pas imaginer que les *espèces*, auxquelles nous ramenons les choses sous des noms généraux, soient des réalités. « Ce qu'on appelle général et universel est uniquement l'ouvrage de l'entendement. » Ce n'est pas à dire qu'il faille nier les similitudes existant entre les êtres, en particulier ceux qui se perpétuent par semences tels que les hommes, les animaux, les plantes; mais on se trompe lorsqu'on imagine, avec les Platoniciens, certaines essences incorruptibles des choses, au lieu de comprendre cette loi universelle du changement qui fait que ce qui maintenant est herbe, deviendra tour à tour graine, farine, pain, chair humaine. Aussi arrive-t-il que les limites où finissent et où commencent les différentes espèces sont très incertaines, et que, selon le point de vue où l'on se place, on trouve qu'il faudrait en multiplier ou en diminuer infiniment le nombre. Les nominalistes avaient donc bien raison de dire que les universaux ne sont que des mots. Mais c'est le tort universel des métaphysiciens de prendre les mots pour des choses. Ainsi on se fait une réalité des *formes substantielles*, des *âmes végétatives*, de *l'horreur du vide*, de la *tendance au mouvement* : tout cela n'est qu'un pur verbiage, un manteau à notre ignorance.

Sachons enfin ignorer, et comprenons dans quelles limites infranchissables est enfermée la connaissance humaine.

La connaissance est tantôt intuitive, tantôt démonstrative : ou on expérimente, ou on tire des conséquences. De quelque façon qu'on y arrive, connaître c'est toujours démêler des rapports de convenance ou de disconvenance qui existent entre nos idées. Là où finissent nos idées finit nécessairement notre science.

Dans la sphère même de nos idées, notre science est bornée à ce qui se laisse atteindre par la sensation ou par la réflexion. Sans doute nous pouvons nous poser des questions sur la substance, sur l'essence intime des choses. Mais ce sont là des problèmes transcendants auxquels il est inutile de s'appliquer et que nous ne saurions résoudre.

Ainsi Locke n'ose point espérer que nous devenions jamais capables de savoir si oui ou non c'est la matière qui pense, vu que la spiritualité de l'âme ne comporte pas moins de difficultés que sa matérialité ; et que, « par la raison, il nous est impossible de découvrir si Dieu n'a point donné à quelque amas de matière disposée à propos la faculté de penser ».

De même que nous ignorons s'il y a ou s'il n'y a point incompatibilité entre l'étendue et la pensée, nous ignorons en quoi se lient et s'opposent entre elles les qualités secondes, telles que son, couleur, saveur, odeur, qui évidemment n'affectent que les êtres sentants et ne sont dans les corps que la puissance qu'ils ont de produire des sensations d'un certain ordre. Nous ignorons également l'essence des rapports existant entre les qualités secondes et les qualités premières, solidité, étendue, figure, repos ou mouvement, qui nous paraissent inséparables des corps, quels qu'ils soient et quelques modifications qu'ils subissent. Nous ignorons aussi la nature intrinsèque des réalités extérieures, par cela même que nous ne les saisissons pas immédiatement, et que nous les connaissons uniquement par les sensations qu'elles provoquent en nous. Or « la plupart des sensations qui sont dans notre esprit ne ressemblent pas plus à quelque chose qui existe hors de nous, que les noms qu'on emploie pour les exprimer ne ressemblent à nos idées ».

Mais, du moins, comment jugeons-nous qu'il y ait quelque réalité en dehors de nous? D'abord c'est là un jugement dont la nécessité pratique est incontestable. Ensuite ce jugement est fondé, premièrement sur l'impossibilité où est l'esprit de se former par lui-même des idées simples, de sorte que, le sens de la vue lui manquant par exemple, il ne pourra jamais inventer la notion de couleur; en second lieu, sur la différence profonde des idées dues à une sensation actuelle et des idées qu'évoque le souvenir; enfin, sur le concours des sens pouvant se contrôler et se rendre mutuellement témoignage.

A la connaissance indirecte du monde extérieur se joint la connaissance intuitive et immédiate de notre existence. Sans doute nul ne pénètre son essence propre; mais chacun, par la réflexion, se perçoit directement lui-même dans sa vie intellectuelle et morale.

LES IDÉES MORALES DE LOCKE

Le ressort de la vie intellectuelle et morale est la volonté, qui agit également sur l'évolution des idées et sur les mouvements du corps. Elle n'a rien de commun avec la prétendue liberté d'indifférence, et néanmoins elle ne subit pas de contrainte. Impossible sans doute de ne point obéir à l'entendement; mais c'est à *notre* entendement que nous obéissons. Nécessairement, nous portons sur les rapports de nos idées tels et tels jugements; mais il dépend de nous de séparer ou d'unir, d'écarter ou de rappeler les idées simples que nous avons reçues passivement, et là apparaît le libre arbitre.

Locke disait souvent que la science des mœurs pourrait se démontrer mathématiquement. Mais, ses amis le pressant d'écrire cette morale scientifique dont il parlait et sur laquelle il déclarait avoir beaucoup médité, il s'en excusa en alléguant son âge, et il ajouta qu'on n'en avait pas besoin puisqu'on avait l'Évangile.

D'après Locke, chacun désire être heureux, et il est impossible de ne point le désirer. Par cela même, les plaisirs physiques ou moraux nous attirent; la douleur nous répugne. L'art du législateur consistera donc à intéresser les hommes au bien, et la science du devoir devra se confondre avec la science du bonheur.

Quant à Dieu, Locke professe que nous n'en avons aucune espèce d'intuition, mais que nous parvenons, en considérant la nature et surtout notre être, à nous démontrer son existence. Puisque nous sommes, Dieu est. Mais gardons-nous de prétendre pénétrer ses attributs et scruter ses desseins. Dans toutes les spéculations de cet ordre notre esprit sort des bornes que lui trace sa médiocrité naturelle.

LA RELIGION SELON LOCKE

Locke pensait que, comme tous les problèmes qui concernent le monde divin, la question de l'immortalité de l'âme est entourée d'obscurités profondes, et, tout en signalant des vraisemblances favorables, il n'estimait pas que par le raisonnement on arrivât là-dessus à aucune certitude.

Mais il faut remarquer que du point de vue purement scientifique Locke distinguait le point de vue pratique. A ce dernier point de vue, il ne saurait admettre qu'on puisse ne pas avoir foi en la vie future; il condamne nettement l'athéisme, et il recherche, comme Kant le fera plus tard et plus hardiment, ce que doit être la religion contenue dans les limites de la raison. Tel est l'objet de son traité *du Christianisme raisonnable,* dont Rousseau devait s'inspirer en écrivant la *Profession de foi du vicaire savoyard.*

Pour adhérer à une doctrine qui se dit révélée, enseigne Locke, chacun est en droit d'exiger qu'elle concorde avec la religion naturelle et n'affirme rien qui soit visiblement invraisemblable. Un dogmatisme contraire à la raison ne souffre pas l'examen.

Ces fondements une fois posés, le philosophe anglais recherche si, à la lumière du sens commun, il ne serait pas possible d'adopter une espèce de confession de foi chrétienne assez large pour rallier toutes les âmes pieuses. Il aurait particulièrement à cœur de réaliser le vœu de Georges III et de faciliter une réconciliation entre les sectes dissidentes de l'Angleterre.

Les considérations pratiques tiennent en effet une

grande place dans la pensée de Locke, et c'est par elles qu'il est conduit à étendre le domaine de la croyance fort au-delà du domaine de la science. En cela il ressemble bien à la plupart des philosophes de son pays. Ils ont essentiellement l'esprit positif. Ce positivisme qui leur est propre se traduit par un scepticisme plus ou moins mitigé en métaphysique, et par un dogmatisme plus ou moins libéral en théologie. Leur empirisme tend à renfermer la philosophie dans le cercle des faits qui se laissent voir et toucher. Pour la part d'inconnu qui subsiste, leur utilitarisme adresse les esprits à la religion. Celle-ci demeure chargée de l'intime discipline des âmes. Ne pas faire des réserves en sa faveur semblerait *indécent* et *impolitique*.

Dès le moyen âge, Duns Scot et Guillaume d'Ockam déclaraient que les questions de l'immortalité de l'âme et de l'existence de Dieu étaient en dehors de la spéculation scientifique, et ils faisaient appel à la révélation. Au commencement de l'ère moderne, le chancelier Bacon affichait le positivisme le plus accentué ; se défendait d'avoir l'intention de fonder quelque secte philosophique à la manière des anciens Grecs, et disait : « Il importe fort peu aux affaires humaines que l'on sache quelles sont les opinions abstraites d'un esprit sur la nature et les principes des choses ». Mais, en même temps, il ne laissait passer aucune occasion d'affirmer ses sentiments religieux, et il terminait ses œuvres, où domine le naturalisme scientifique, par une profession de foi au surnaturel. Hobbes lui-même, dont la doctrine est matérialiste, opposait aux objets de la science, essentiellement décomposables, les objets de la foi tels que Dieu et les esprits purs, qui sont indécomposables ; et il admettait, dans sa Cité, des dogmes théologiques sur lesquels décideraient l'utilité et la force. A son tour Locke, en même temps qu'il conclut à la limitation de notre science dans une sphère que l'expérience détermine, fait leur part aux croyances dominantes; insiste sur les vraisemblances qui acheminent à adopter un minimum de foi, et, professant une espèce d'optimisme religieux, enseigne qu'au lieu de nous plaindre d'être réduits à une demi lumière, nous devons bénir la *divine sagesse* qui a proportionné nos connaissances à nos besoins terrestres.

A la fin de sa vie qu'il avait embellie des plus louables vertus, modestie, sincérité, mansuétude, fidélité au malheur, travail, désintéressement, humanité, ce sage écrivait à son ami Collins que notre suprême joie est le souvenir du bien accompli, et que deux choses consolent de mourir : une bonne conscience et l'espoir d'une existence meilleure.

MÉRITES ET LACUNES DE LA PSYCHOLOGIE DE LOCKE

N'approfondissant pas beaucoup, mais répandant une grande clarté sur toutes les matières, Locke avait eu à cœur de constituer la philosophie du bon sens. Dans ses livres, pas de méthode rigoureuse ; rien de cet ordre didactique qu'affectent les hommes d'école. Aux procédés sévères d'une exposition savante il préférait l'aimable allure d'une conversation substantielle. Il avait horreur des termes techniques et se plaisait à employer les mots les plus simples de la langue courante. Sa préoccupation constante était de se rendre intelligible à tous les esprits un peu cultivés.

C'était là une excellente nouveauté, trop vite tombée

en désuétude parmi les philosophes, qui semblent croire qu'il ne saurait y avoir de profondeur là où il n'y a pas du jargon et du galimatias.

Descartes, un des premiers, avait donné l'idée de cette manière d'écrire. On connaît ses efforts pour démocratiser la philosophie ; on sait comme il s'avisa de composer son *Discours de la méthode* non dans la langue des savants, mais dans la langue de tout le monde, afin d'être compris de ceux qui se servent de leur raison naturelle toute pure ; on sait aussi qu'il visait à « expliquer les plus curieuses matières de telle sorte que les lecteurs qui n'avaient point étudié les pussent entendre. » C'est lui précisément qui délivra Locke de cette manie, alors usitée dans les écoles, de parler sans s'entendre et surtout sans se faire entendre.

On a souvent répété que Locke devait beaucoup à Bacon ; de son propre aveu, c'est à Descartes qu'il était surtout redevable.

Il est permis de célébrer dans Locke le promoteur de la psychologie expérimentale, l'initiateur de toutes ces belles recherches sur l'entendement, qui, au xviiie siècle, ont abouti à la *Critique de la raison pure*. Mais il ne faut point oublier que Descartes et Hobbes lui ouvrirent la voie.

Descartes d'abord, indiquant une route qu'il quitta trop vite, marqua comment la philosophie pouvait être fondée sur des vérités évidentes tirées de l'observation des faits psychologiques ; enseigna, dans le *Traité de l'homme*, que les phénomènes ordinaires de la pensée sont nécessairement liés aux divers états des organes de nos sens et en particulier aux modifications cérébrales ; expliqua enfin comment les idées sont tout autre chose que les objets dont nous les supposons être les représentations et ne leur ressemblent pas plus que la douleur causée par une pointe d'aiguille ne ressemble à cette aiguille.

Hobbes mit dans tout son jour cette dernière pensée de Descartes, où le criticisme est en germe ; il soutint que les qualités sensibles sont de *purs fantômes*, en ce sens que nous croyons percevoir des réalités extérieures quand nous ne faisons que percevoir des modifications produites en nous, et il montra que les choses en elles-mêmes nous demeurent inaccessibles. De plus, devançant les analyses spéciales de Locke et de ses continuateurs, il ramena les plus hauts effets de l'intelligence à des connexions de *propositions* et de *noms* dont on affirme ou on nie ; il rechercha comment le langage, qui est la méthode par excellence, nous rend supérieurs aux animaux ; il esquissa une théorie de l'association des idées ; il réduisit tout aux opérations initiales des cinq sens, et il aboutit à cette conclusion : penser c'est sentir.

Hobbes avait nettement montré que la psychologie, *physique expérimentale de l'âme*, était une science d'observation. Locke fit voir que l'observation à laquelle il fallait recourir était double, et qu'outre soi-même on devait étudier les autres êtres humains par voie directe et indirecte. Ce mélange de la méthode objective avec la méthode subjective devait de plus en plus prendre de l'accroissement.

La multiplicité des faits et des signes par lesquels se traduit la vie morale devient une ample source d'informations psychologiques, pourvu qu'en l'utilisant on sache s'éclairer des lumières de la conscience et bien raisonner sur ses propres souvenirs. L'étude de l'ethno logie, de la linguistique, de l'histoire, de la physiologie, de la littérature et des arts, tend à agrandir de plus en plus la science de l'âme.

On a beaucoup raillé Locke parce qu'il en appelait souvent à des expériences vulgaires, invoquait des récits de voyageurs, s'appuyait sur des observations relatives à des sauvages ou à des enfants, à des idiots ou à des fous. Qu'il tirât de là certaines conséquences erronées, c'est possible ; mais du moins avait-il le mérite de préparer cette psychologie comparée dont c'est l'œuvre d'étudier les manifestations de la pensée non pas simplement dans l'homme en général, mais dans les différentes races d'hommes, en différents milieux, en différents âges ; non pas simplement dans l'espèce humaine, mais encore dans l'animal et même dans la plante, enfin dans tous les êtres qui manifestent, à l'état plus ou moins embryonnaire, la vie sensible et la vie intellectuelle ; non pas seulement là où le développement psychologique est normal, mais encore là où des circonstances exceptionnelles, des anomalies, des monstruosités aident à reconnaître à travers les déviations de la nature les lois mêmes de la nature.

Tandis qu'on se bornait généralement à étudier les faits psychologiques tels qu'ils sont dans leur complexité actuelle, tels qu'ils se manifestent chez l'être adulte et bien conformé, Locke entreprit de remonter à leur origine, et de ramener la multitude des idées composées à quelques idées simples dont il expliquerait expérimentalement la naissance et les développements, sans se perdre en spéculations stériles sur la matérialité ou la spiritualité du principe pensant.

C'était chose excellente d'établir l'importance des questions d'origine, et de donner l'exemple des analyses descriptives et comparées en psychologie. Mais était-ce tout ? Locke, n'a-t-il pas eu le tort de négliger pour l'étude des formes discursives de la pensée l'étude de son unité immanente ? N'aurait-il pas dû s'élever à ce point de vue de la réflexion intime où, remarquant que nous ne pouvons percevoir nos modifications sans nous percevoir nous-mêmes, ni nous percevoir nous-mêmes sans nous percevoir comme modifiés, nous saisissons notre être, notre unité, notre énergie active, dans tous ces faits que nous déclarons *nôtres* ?

C'est pour s'être trop arrêté à la surface des phénomènes psychologiques, pour avoir négligé d'observer dans chacun d'eux l'action vivante qui en est le principe et le lien, que Locke a abouti à des exagérations erronées dans sa critique de la théorie des idées innées. Sans doute il n'a point de peine à prouver que nous ne naissons point avec des idées toutes faites, ni même avec des ébauches d'idées. Mais, suit-il de là qu'il n'y ait point en nous certaines prédispositions intellectuelles que révèle et développe notre contact avec les choses et qui sont les conditions de toutes nos connaissances ? Or, c'est ainsi que Leibniz et Descartes, bien interprétés, entendent l'innéité. C'est ainsi également que l'entendait Aristote, quand il ramenait les principes universels à des *habitudes primitives* auxquelles l'expérience donne occasion de se manifester. On concède à Locke que l'expérience est à l'origine de toutes nos connaissances ; on lui conteste qu'elle en soit l'unique origine.

Si l'âme est une *table rase*, une capacité vide, la sensation elle-même demeure inexplicable. La sensation ne saurait en effet se comprendre sans quelque chose qui sent ; elle est, conformément à la formule aristotélique qu'adopte aujourd'hui l'école anglaise, *l'acte commun du sujet sentant et de l'objet senti*. Admettons que « les principes des choses viennent se déposer sur notre intelligence comme sur une sorte de toile, » encore faut-il reconnaître, avec Leibniz, que c'est là « une toile élastique et active, et qui modifie ce qu'elle reçoit. »

Et, au fond, Locke ne déclare-t-il pas qu'il en est ainsi, lorsqu'il oppose à la sensation la réflexion ? Ce pouvoir qu'a l'homme de former des idées ou n'est rien, ou est un ensemble de prédispositions nous permettant de rendre le sensible *intelligible*. Ces prédispositions sont-elles des idées déposées en nous, d'abord endormies et puis s'éveillant ? Non ; mais elles sont l'esprit même qui est évidemment inné à lui-même. Que les sens soient indispensables pour qu'il se manifeste lui-même à lui-même ; du moins, ils ne le font pas lui-même. De là vient qu'en dehors des phénomènes contingents il y a certaines conditions de l'être que notre pensée proclame nécessaires, parce qu'elle ne peut ni se comprendre, ni rien comprendre sans elles. Ainsi interrogez un enfant, il ne saura pas formuler explicitement cet axiome : *tout a sa raison* ; mais vous verrez qu'il en est tout pénétré et qu'il le manifeste implicitement dans tout ce qu'il dit, dans tout ce qu'il fait. Ce n'est pas là chez lui le résultat d'une induction expérimentale ; car, outre que l'induction présuppose le principe qu'on voudrait expliquer par elle, il faut remarquer que dans l'induction on s'élève lentement et graduellement du particulier au général. Pour arriver par exemple à cette conclusion que toute matière est assujettie aux lois de la pesanteur, il faut un très-grand nombre de faits qui servent de base au raisonnement ; encore la conclusion demeure-t-elle toujours contestable. Au contraire, dans le cas dont il s'agit, on s'élève immédiatement de l'individuel à l'universel, du contingent au nécessaire ; ou plutôt on applique à l'individuel une loi universelle, on applique au contingent une loi nécessaire de l'esprit. Ainsi, on ne dit point, comme le prétendent les empiristes : J'ai vu tant de fois des faits qui ne manquaient pas de s'accompagner l'un l'autre ; donc tous les faits se produisent les uns les autres ; mais on se dit, ou plutôt on procède toujours comme si on se disait : Il n'est pas possible que partout et toujours un fait ne soit pas produit par un autre ; cherchons donc la cause de tout fait.

Ce n'est pas à tort que Leibniz, réfutant Locke, a dit : « Les sens nous apprennent ce qui a lieu, mais non ce qui a lieu nécessairement. Les principes généraux entrent dans nos pensées dont ils sont l'âme et la liaison, et ils sont nécessaires comme les muscles et les tendons le sont pour marcher, quoiqu'on n'y pense point. L'esprit s'appuie sur ces principes à tout moment ; mais il ne vient pas aisément à les démêler et à se les représenter distinctement et séparément, parce que cela demande une grande attention à ce qu'il fait, et la plupart des gens, peu accoutumés à méditer, n'en ont guère. Les Chinois n'ont-ils pas comme nous des sons articulés ? Et cependant, s'étant attachés à une autre manière, ils ne se sont pas encore avisés de faire un alphabet de ces sons. C'est ainsi qu'on possède bien des choses sans le savoir. »

Que si Locke a trop méconnu l'existence de ces *formes* de la pensée qu'analysera la logique de Kant et qui sont comme les moules où sont coulées toutes nos connaissances, il a eu du moins le mérite de réagir contre l'abus des vaines spéculations; il a soumis à des critiques légitimes, quoique souvent superficielles, beaucoup d'idées et de jugements qu'on se dispensait volontiers de contrôler en les proposant comme des axiomes; il a enfin rendu évidente l'erreur des rationalistes qui prétendent tirer d'eux-mêmes tout le tissu de leurs systèmes et croient qu'on peut, en demeurant dans l'ignorance de la réalité, réussir à connaître la vérité.

LES PIÉTISTES DE L'UNIVERSITÉ DE CAMBRIDGE

Par son *Essai sur l'entendement humain*, Locke était allé à l'encontre des doctrines en vigueur dans les grandes écoles de son pays. Ces doctrines consistaient en une espèce de spiritualisme néoplatonicien que les Gale, les Cudworth, les Henri Morus opposaient au matérialisme de Hobbes.

Gale prétendait que la philosophie avait été révélée de même que la religion, et reconnaissait particulièrement dans les ouvrages de Platon, la Bible philosophique.

Cudworth, le savant professeur de Cambridge, s'inspirait, comme ses collègues, de la théorie platonicienne des *Idées*, et voyait au fond de tout, sous le nom de *natures plastiques*, des essences créées par Dieu avec mission de produire et d'organiser les choses, sans avoir aucune intelligence de leurs opérations éminemment intelligentes : doctrine que le naturalisme athée devait plus tard s'assimiler en rapportant tout à une finalité aveugle.

Henri Morus assignait trois sources à la philosophie, la raison, les Ecritures, et les livres où règne l'esprit platonicien.

Du même que Gale et Cudworth, de même que Whitcok, Burnet et Tillotson, également affiliés à la nouvelle Académie, Morus professait une espèce de culte pour les conceptions de Platon, de Pythagore et de la Kabbale; mais il différait d'eux en ce qu'il mettait Descartes de la partie. Lui excepté, les philosophes de Cambridge étaient tous plus ou moins hostiles au cartésianisme. Cudworth en particulier n'y voyait qu'un athéisme déguisé.

Ainsi, en Angleterre, des professeurs attaquaient Descartes au nom de Platon, tandis qu'en Hollande le théologien Voëtius s'acharnait après lui au nom d'Aristote, et qu'en France l'évêque Huet le diffamait comme plagiaire, au nom de tous les auteurs que lui avait permis de connaître sa vaste érudition, et cela avec l'approbation d'un Huyghens et d'un Leibniz, tous deux ingrats envers leur maître, surtout Leibniz offrant au prélat d'Avranches de compléter son recueil des plagiats de Descartes, lui qui sans doute n'ignorait pas combien sont faciles les accusations de cette sorte et qui certainement y aurait prêté autant que personne.

Il ne faut pas trop s'étonner si les philosophes de Cambridge furent animés de l'esprit de réaction et tendirent à ramener les intelligences au système des forces occultes. Adeptes de cette secte *latitudinaire* qui prétendait avoir trouvé le juste milieu entre les puritains et les papistes, ils étaient avant tout des théologiens. En philosophant, ils étaient dominés par la préoccupation de demeurer dans le giron de la foi et d'y retenir l'université où ils professaient. Or telle est la loi : s'il ne règne dans les écoles une pleine liberté, toute philosophie vivante y est promptement pétrifiée; les formules mortes qui semblent tout concilier y prennent empire; les routines s'y perpétuent; et les innovations n'y sont jamais qu'une restauration artificielle de quelques vieux systèmes.

HERBERT DE CHERBURY ET SHAFTESBURY

Ce courant d'idées spiritualistes qui, en Angleterre, s'opposa aux négations de Hobbes et aux critiques de Locke, avait déjà commencé à se former du temps de Bacon. Ainsi Herbert de Cherbury, né en 1581 et mort en 1648, ébauchait la doctrine du sens commun que devait plus tard s'approprier et agrandir l'école écossaise [1]; présentait comme vérités primitives et universelles beaucoup d'idées susceptibles de discussion; et pensait que l'affirmation de l'existence de Dieu et de l'immortalité de l'âme, l'enseignement de la vertu et de la piété sont les principes capitaux de toute philosophie raisonnable.

La raison se fait aimable et persuasive dans les écrits de ce gentilhomme qui, avant de se mettre à philosopher, avait été un héros des fastes chevaleresques par ses succès dans les tournois, ses duels et ses galantes aventures.

De même que lord Herbert, lord Shaftesbury, contemporain de Locke, défendit la théorie des notions innées

---

1. Dans LA PENSÉE NOUVELLE, *de Kant à Tolstoï*, j'étudierai le spiritualisme de l'école écossaise, en même temps que l'idéalisme de Berkeley qui ouvrit la porte aux théories phénoménistes de David Hume, et le scepticisme de David Hume qui *éveilla Kant de son sommeil dogmatique*. La corrélation de ces études avec l'étude du criticisme kantiste est manifeste. A la source est le livre de Locke sur l'*Entendement humain*.

et plaça dans un certain instinct de la raison l'origine de nos principales connaissances. Il insista spécialement sur ce qu'il appelait le *sens moral*, entendant par là une disposition instinctive qui porte tous les hommes à approuver ou à désapprouver les manifestations de tels ou tels penchants et qui leur fait ainsi reconnaître s'ils sont bons ou mauvais. En même temps, il montra comment le sentiment moral nous élève au sentiment religieux. Il voulait que le sentiment religieux restât pur de toute crainte égoïste et affranchi de toute entrave dogmatique. La superstition lui semblait un pire mal que l'incrédulité, et, pour mettre chacun en garde contre elle, il faisait appel au cœur. « C'est en nous, disait-il, que nous devons sonder les profondeurs divines. » Il disait encore : « Sens en toi la bonté, et toutes choses t'apparaîtront bonnes et belles. » Pour lui, la bonté était la vertu naturelle; la vertu, la bonté acquise.

Il y a une parenté visible entre ces idées et les idées de Platon. Shaftesbury admirait la libre allure de ce beau génie, et il s'appliqua à l'imiter dans ses gracieux écrits qui n'ont rien du ton habituel aux dissertations d'école.

CUMBERLAND, WOLLASTON ET CLARKE

Dans la défense du spiritualisme, Shaftesbury faisait prédominer le point de vue sentimental; Cumberland, Wollaston et Clarke firent prédominer le point de vue rationnel.

Cumberland, auteur de la *Recherche philosophique sur les lois naturelles*, prit à partie le système de Hobbes et s'appliqua à démontrer, d'un côté, que plus est grande envers tous la bienveillance de l'être raisonnable, plus s'accroissent et son bonheur propre et le bonheur commun ; d'un autre côté, que l'accroissement de bien-être procuré par la fraternelle bienveillance de l'homme pour l'homme est une preuve manifeste que Dieu, qui est la bonté même, nous prescrit d'être bons.

Wollaston, dans son *esquisse de la religion naturelle*, enseigna que le bien se ramène au vrai et que toute mauvaise action n'est au fond qu'un mensonge pratique. Ainsi, être ingrat, c'est par ses actes nier une dette qui existe.

Clarke, en même temps qu'il s'appliqua à démontrer l'existence de Dieu et l'immortalité de l'âme, traita lui aussi des *devoirs de la religion naturelle*. Repoussant tout mobile égoïste, il fondait l'obligation morale sur les convenances initiales qui résultent des rapports constants des choses et constituent l'ordre universel. Une théorie analogue des règles éternelles, nécessaires, immuables, qui dérivent de l'essence des êtres, devait bientôt figurer à la tête d'un chef-d'œuvre de la philosophie française : l'*Esprit des lois*.

S'il s'est trouvé d'accord avec Montesquieu sur l'idée du bien, Clarke n'a pas été d'accord avec Leibniz, ni sur la notion du libre arbitre qu'il soutint contre le déterminisme impliqué par la doctrine de l'harmonie préétablie, ni sur la notion de l'espace qu'il représentait comme un attribut de Dieu dans une fameuse polémique où il ne fit guère qu'interpréter et défendre les idées du grand homme dont il fut l'ami, Newton.

NEWTON

Newton est dans les temps modernes ce que fut Archimède dans l'antiquité : le prince de la science. Nul mieux que lui n'apprécia et n'employa ce mode d'investigation qui, procédant du complexe au simple, dégage d'observations multiples et variées les vérités générales qu'elles impliquent. Nul mieux que lui ne s'entendit à faire consciencieusement des expériences, à en délimiter rigoureusement les données, à en consigner régulièrement les résultats, à en tirer graduellement les plus lointaines conséquences. Que si sa méthode fut admirablement sévère et positive, ce n'est pas à Bacon qu'il ne cite jamais que nous devons en faire honneur. Sa méthode fut telle parce qu'il était Anglais, parce qu'il venait après Galilée et Descartes, et surtout parce qu'il était Newton.

Instruit par certaines erreurs de Descartes à s'élever avec lenteur des faits aux principes et à ne jamais s'en tenir à des expériences superficielles; formé par l'exemple de Descartes et par celui de Galilée à unir les mathématiques à la physique; porté par le caractère de sa race et en particulier par son caractère propre à s'appuyer toujours sur le réel, à examiner avec sang-froid, à induire avec circonspection; doué enfin d'une patience et d'une pénétration merveilleuses, double caractère de ce génie à qui un rien fit découvrir le secret des mondes parce qu'il *y pensait toujours*, Newton réagit contre l'abus que faisaient encore les savants d'affirmations témérairement supposées indiscutables; n'admit d'évidence que celle qui était en quelque sorte extraite des faits; systématisa toutes ses recherches; approfondit toujours les phénomènes jusqu'à ce qu'il trouvât la formule numérique de leurs rapports; soumit à toute sorte de vérifications expérimentales les explications déduites de ses calculs; renouvela par ses découvertes la mécanique céleste, la physique, les mathématiques; enfin accéléra à l'infini les progrès qu'avaient commencé à faire la science et l'esprit scientifique.

La lumière, qui rend tout visible aux yeux, était demeurée elle-même invisible à l'intelligence de l'homme. Newton la décomposa et la fit vraiment connaître.

On avait la loi de Galilée, on avait les trois lois de Képler, et ce dernier avait déjà pressenti le rapport qui lie les mouvements des astres aux mouvements des corps pesants; mais la formule d'une loi générale harmonisant toutes les diversités dans son unité demeurait inconnue. Newton observa, calcula, et trouva le système de l'univers.

Ce n'est pas tout. Newton partage avec Leibniz l'honneur de la découverte de ce magnifique calcul qui, pénétrant d'après quelles séries continues de rapports s'engendrent les grandeurs, a fait démêler en elles tant de propriétés que ne pouvait atteindre l'analyse ordinaire; de ce calcul qui, reculant les bornes de la physique, a soumis à nos mesures les éléments les plus imperceptibles du mouvement et de la matière.

Quand les anciens enseignaient à déduire les propriétés du cercle de celles du polygone tendant de plus en plus à se confondre avec lui à mesure que sont multipliés ses côtés, leur méthode contenait virtuellement l'idée du calcul infinitésimal; mais il fallait savoir l'y trouver. C'est Newton qui, allant au bout de la route ouverte par de grands mathématiciens tels que Galilée, Képler, Cavalieri, Descartes, Fermat, le père Grégoire, Roberval, Barrow et Wallis, inventa le calcul des fluxions auquel correspond et par lequel fut peut-être suggéré le calcul intégral et différentiel de Leibniz. Dans ce dernier apparaît la même méthode, mais plus généralisée, plus simplifiée et empreinte d'un plus haut caractère métaphysique.

« Physique, garde-toi de la métaphysique ! » disait Newton. Selon Hegel, qui a singulièrement méconnu le génie anglais et en particulier le génie de Newton, ces paroles reviennent à celles-ci : « Science, garde-toi de la pensée ! » Mais, de fait, Newton ne voulait pas dire qu'il faille simplement regarder devant soi, sans s'inspirer de ces idées d'universelle intelligibilité et d'universelle harmonie qui dirigent les recherches de tout vrai savant, même sans qu'il s'en rende compte. Autant aurait valu dire qu'il faut avoir des yeux et point d'esprit. Son intention était de proscrire les généralités stériles où se complaisent les faiseurs de systèmes, et de substituer aux spéculations imaginaires et vagues sur les *causes*, des théories expérimentalement fondées et mathématiquement précisées sur les *lois* des phénomènes.

Il exigeait qu'on raisonnât d'après des faits, et il se plaisait à répéter : « *Je ne fabrique pas d'hypothèses.* » Ce n'est pas qu'il ne lui arrivât de faire des suppositions ; mais il tirait ces suppositions de la réalité, non de sa fantaisie ; il les donnait pour ce qu'elles étaient, et il ne négligeait aucun moyen d'en vérifier la valeur. Une des idées qui lui étaient chères était de faire servir le perfectionnement des sciences au perfectionnement de la morale. « Sans le savoir, disait-il, la morale s'égare ; et sans la morale, le savoir n'est qu'un vain nom. »

Une chose remarquable chez Newton c'est le soin qu'il prend de séparer des faits rigoureusement acquis les explications conjecturales. Celles-ci sont une espèce d'étiquette résumant une somme de résultats incontestables. Il peut arriver que l'étiquette ait besoin d'être changée ; mais les faits demeurent. Ainsi, on connaît cette théorie subsidiaire des *émissions* lumineuses que Newton indiquait dans son *Optique*. Il faut enfin l'abandonner, après l'avoir longtemps conservée en ajoutant hypothèse sur hypothèse. Les découvertes de Newton sur la lumière sont-elles pour cela mises en péril ? Nullement. Et la théorie de l'*attraction* universelle ? On a souvent imaginé que Newton avait par là ressuscité les *forces occultes*, et prêté aux corps des puissances appétitives. Mais, de fait, qu'a-t-il voulu dire sinon que les corps se comportent *comme s'ils s'attiraient* en raison directe de leur masse et en raison inverse du carré des distances? Voici comment il s'en explique lui-même dans une de ses lettres au docteur Bentley : « La supposition d'une gravité innée, inhérente et essentielle à la matière, tellement qu'un corps puisse agir sur un autre à distance, est pour moi une si grande absurdité que je ne crois pas qu'un homme jouissant d'une faculté ordinaire de méditer sur les objets physiques puisse jamais l'admettre. »

Il s'agissait pour Newton de lier le plus grand nombre possible de phénomènes au plus petit nombre possible de principes de mouvement. L'explication qui lui paraissait la plus propre à grouper tous les rapports trouvés et vérifiés par ses observations et par ses calculs, consistait à admettre, avec Gassendi et Épicure, l'existence des atomes et à supposer un fluide éthéré servant de milieu universel, et pour les astres, et pour les corps, et pour les molécules auxquelles toute matière se réduit. Les vibrations élastiques de cet éther engendreraient les phénomènes physiologiques ainsi que les phénomènes physiques.

C'est en particulier l'accroissement continu de la densité de l'éther, à mesure qu'il se trouve éloigné des corps, spécialement des corps célestes, qui « produirait la gravitation mutuelle des astres et celle de leurs parties respectives vers un centre particulier, chaque corps tendant de la partie la plus dense vers la plus rare du milieu. »

Newton, qui s'était tant moqué d'une gravité innée, admettait-il donc une élasticité innée? Non probablement; et ce qui le montre c'est qu'il avance d'autres conjectures, et qu'il lui arrive en particulier de dire que l'attraction peut être produite par impulsion. En somme, il considère les causes comme inconnues. Il lui suffit d'adopter le point de vue qui rend les faits le plus facilement et le plus complètement intelligibles.

De la philosophie naturelle, objet de son livre des *Principes*, Newton distinguait la théologie surnaturelle. Il était croyant; il était chrétien, mais un chrétien affirmant la sainteté des évangiles sans admettre la divinité de Jésus-Christ.

On sait qu'il écrivit un commentaire sur l'Apocalypse. Tant s'en faut qu'il sût lire dans ce livre comme dans le livre du monde. Il n'aboutit guère qu'à ajouter les ténèbres aux ténèbres. Une de ses idées était que le pape est l'Antéchrist.

Très éloigné d'exclure absolument, comme Bacon et Descartes, la considération des causes finales, Newton pensait que l'ordre et la beauté de l'univers sont un argument décisif en faveur de la Providence. Il disait : « A chaque pas l'astronomie trouve la limite des causes

physiques, par conséquent la trace de l'action de Dieu. »
Un jour, on lui demandait par quels moyens il est possible de prouver que Dieu existe. Il se découvrit et, sans rien dire, montra le ciel. Volontiers se serait-il écrié avec son frère de gloire, Képler : « Cieux, chantez le Créateur ! Soleil, lune et planètes, glorifiez-le dans votre ineffable louange ! Harmonies célestes, louez sa sagesse ! Tout ce que nous ignorons, lui il le sait ! » Non moins que Képler, Newton était convaincu de la vanité de notre science : « Je suis, disait-il, comme un enfant qui s'amuse sur le rivage et qui se réjouit de trouver de temps en temps un caillou plus uni ou une coquille plus jolie que d'ordinaire, tandis que le grand océan de la vérité demeure voilé à mes yeux. »

Une des hypothèses où se complut Newton consistait à considérer l'espace comme le *sensorium de la divinité*. Il lui semblait que l'existence seule de l'espace suffit à prouver l'existence de Dieu. En effet, il nous est inintelligible que l'espace puisse ne pas être; et néanmoins nous ne saurions voir en lui une substance. Reste, selon Newton, que nous le considérions comme un attribut se rapportant à une substance qui est Dieu. « Dieu, dit-il, dure toujours et est partout présent, et, par cela même qu'il est partout et toujours, il constitue l'éternité et l'immensité. »

Clarke s'appliqua à développer la pensée de Newton. Il le défendit en particulier d'avoir voulu faire de l'espace un véritable *organe* au moyen duquel Dieu percevrait et pénétrerait les êtres. Mais il soutint que l'espace, infini, immuable, éternel, est un nécessaire attribut de Dieu et nous rend manifeste son existence.

Leibniz, dont il va être parlé, opposa à cette doctrine

de Newton et de Clarke la théorie plus rationnelle qui consiste à n'envisager l'espace ni comme une substance, ni comme un attribut, et à juger qu'il est un pur rapport de coexistence, de même que le temps est un pur rapport de succession. « Etrange imagination, s'écriait-il, d'après laquelle Dieu sera divisible et aura des parties ! Si Dieu est dans l'espace, comment l'espace sera-t-il en Dieu ? »

LIVRE HUITIÈME

LEIBNIZ

Leibniz, né en 1646 à Leipsig, mort en 1716, disputa à Newton l'invention du calcul infinitésimal; opposa à la psychologie empirique de Locke la doctrine cartésienne de l'innéité de la raison; enfin combattit le panthéisme de Spinosa, l'occasionalisme de Malebranche et l'automatisme de Descartes, trois systèmes engendrés l'un par l'autre.

Leibniz est l'Aristote des temps modernes. Il enseigne, lui aussi, qu'être c'est agir; et sa philosophie est une théorie de l'activité universelle fondée sur ce principe : tout a sa raison.

L'UNIVERS SELON LEIBNIZ

Cela seul existe qui est intelligible et rationnel; c'est-à-dire qui peut et doit être.

L'expérience nous fait connaître la réalité; elle ne nous la fait pas comprendre. Analysez l'idée d'être; vous n'y trouverez pas la raison d'être. Ainsi la raison, quand elle prononce que *tout a sa raison*, s'ajoute elle-même à toutes choses, et ne nous vient pas des choses. On nous dit : « Rien n'est dans la pensée qui n'ait d'abord été dans les sens ». — « Encore faut-il excepter la pensée elle-même », répond Leibniz, après saint Augustin.

L'univers consiste en une infinité de forces actives ou *monades*, qu'il faut concevoir « à l'imitation de la notion que nous avons des âmes ».

Tout comme il n'y a pas de raison pour que le nombre des monades soit borné, il n'y a pas de raison pour que deux monades soient absolument identiques et par suite indiscernables. Ainsi, dans cet univers infini, il y a diversité universelle. Mais, en même temps que toutes les forces sont développées à des degrés différents, il y a, d'une part, continuité entre ces degrés de l'être, et la nature ne fait rien par sauts; d'autre part, chaque force enveloppe dans sa virtualité ce qui est actuellement développé chez les autres, si bien que chacune est un miroir de l'univers. De cette sorte, l'unité s'allie avec la variété; toutes choses diffèrent, et pourtant toutes se ressemblent.

La représentation du grand tout dans chacun de ses éléments est appelée par Leibniz perception. Les monades qui ne lisent rien en elles-mêmes de cette infinité qui y est représentée constituent les corps inanimés; leurs perceptions sont toutes indistinctes. Chez les plantes et surtout chez les animaux, les perceptions deviennent moins indistinctes. Chez l'homme, un grand nombre des perceptions sont distinctes. Leibniz appelle ces perceptions distinctes des aperceptions. « La connaissance réfléchie des vérités infinies nous distingue des animaux et nous fait citoyens de la république des esprits; or, un seul esprit vaut tout un monde, parce que, non content de l'exprimer, il le conçoit et s'y gouverne à la façon de Dieu ». Aussi, non seulement les esprits sont indestructibles, comme toute monade ; mais encore ils sont immortels, et, conservant à jamais leur personnalité, ils sont faits pour « un passage éternel à de nouvelles joies et à de nouvelles perfections ».

La vie de chaque monade s'explique par l'appétition, c'est-à-dire par sa tendance continue à développer les puissances qui sont en elle et à passer d'une perception à une autre. Aristote l'avait dit : la vie de la nature est dans le désir.

Mais comment s'expliquent les rapports des substances les unes avec les autres ? « Les monades n'ont pas de fenêtres par lesquelles quelque chose puisse y entrer ou en sortir. » Si leurs développements se correspondent, c'est que Dieu, de toute éternité, en a réglé l'accord. L'harmonie est *préétablie*.

Par une conséquence naturelle de cette harmonie, tout s'entresuit dans chaque être comme dans l'ensemble des êtres. Le passé était gros du présent, et le présent est gros de l'avenir.

LA PROVIDENCE SELON LEIBNIZ

Cet univers, immense assemblage de forces qui, plus ou moins perfectionnées, sont toutes imparfaites, n'a pas sa raison en lui-même ; il suppose un Être qui, possédant la plénitude de l'être, soit la raison dernière de toutes choses. Cet Être, c'est Dieu. Dieu n'est pas simplement le premier anneau de la chaîne des êtres ; il est en dehors d'eux et au-dessus d'eux, les produisant tous du sein de son éternité.

Ce Dieu, que notre raison affirme par cela même

qu'elle le conçoit, l'harmonie universelle le manifeste, et le moindre des êtres finis raconte à l'homme les perfections de l'Être infini.

Pourquoi l'Être infini, se suffisant à lui-même, a-t-il créé l'univers ? Parce que sa bonté l'y sollicitait et qu'il n'y avait pas de raison pour qu'il s'en dispensât. Parmi tous les mondes possibles, il a dû choisir le meilleur, c'est-à-dire celui qui était destiné à offrir l'image la moins imparfaite de l'Être parfait. L'œuvre de Dieu ne peut-être qu'une œuvre vraiment divine.

Toutefois, il est nécessaire que dans l'univers le bien absolu ne se manifeste que graduellement, par cela même que la fin suppose les moyens et que rien ne se fait tout d'un coup. De là les lois générales ; de là aussi les maux particuliers. Ces maux, qui sont des conditions indispensables du progrès et qui tiennent à un manque d'être, viennent non de la volonté de Dieu, mais de la nature nécessairement imparfaite des êtres finis. A vrai dire, ce sont moins des maux que des formes inférieures du bien.

Pour qui ne s'arrête pas à la surface trompeuse des phénomènes et pénètre le fond des choses, tout est revêtu de beauté, tout est empreint de perfection. Il y a plein accord entre le règne des causes efficientes et le règne des causes finales, entre le règne de la nature et le règne de la grâce. L'ordre physique est à l'ordre moral ce qu'est l'ombre à la lumière. Il lui demeure universellement subordonné. D'où cette conséquence que « les révolutions de la matière sont accommodées à la félicité des bons et au châtiment des méchants », et que, « par les seules lois de la nature, les âmes doivent s'attirer un jour les peines et les récompenses qu'elles auront méritées ».

Ainsi aux yeux de Leibniz, il y a de l'activité, de la raison, de l'harmonie en tout, partout et toujours. Comme Pascal, il pense que tout part de l'infini et que tout va à l'infini. Mais cette pensée ne trouble pas la sérénité de son âme, parce qu'il ne peut mettre en doute l'excellence de l'univers, image mobile de l'immobile perfection.

AFFINITÉS DU RATIONALISME DE LEIBNIZ AVEC CELUI DE DESCARTES

La méthode de Leibniz se confond, quoi qu'il en ait dit, avec la méthode rationnelle de Descartes. Il ajoute à la distinction cartésienne des idées claires et obscures, distinctes et confuses, la distinction spinosiste des idées adéquates et inadéquates ; il dit que, pour être accomplie, la connaissance doit embrasser les derniers éléments de son objet; il montre comment il faut, par une exacte analyse, s'assurer qu'une notion n'a rien d'impossible ou de contradictoire ; il enseigne que le principe supérieur de la certitude est l'ordre même qui relie les idées et les explique l'une par l'autre. Mais Descartes ne pensait-il pas de même, lui dont le procédé consistait à contrôler les idées par des décompositions et des réductions successives, lui qui réclamait la parfaite convenance des notions les unes avec les autres, lui qui visait à faire remonter ses analyses jusqu'aux « premiers possibles », aux « attributs absolus de Dieu », à la dernière raison des choses ?

Descartes, en sa qualité de réformateur, s'éleva vigoureusement contre les abus du syllogisme. Cela ne l'empêchait pas de développer sa pensée en mathématicien et d'enchaîner les unes aux autres des conceptions dont le fond se réduit à des séries de syllogismes. A son exemple, Leibniz estime qu'il faudrait doter la philosophie de démonstrations aussi rigoureuses que celles des mathématiques. En même temps, moins hostile au moyen âge, il relève la syllogistique du discrédit où elle était tombée; il salue en elle une des inventions les plus considérables de l'esprit humain; et il l'appelle une espèce de *mathématique universelle* où est contenu un « art d'infaillibilité » pourvu qu'on soit habile à s'en bien servir. Là-dessus, il remarque, avec une raison profonde, que les lois de la logique ne sont pas autres que celles du bon sens mises en ordre et par écrit; que, quoique la logique des probables ait d'autres conséquences que la logique des vérités nécessaires, « la probabilité même de ces conséquences doit être démontrée par les conséquences de la logique des nécessaires; » que, quand on discute, le meilleur moyen d'arriver à s'entendre est souvent d'argumenter en forme pour débrouiller le chaos des raisonnements allégués de part et d'autre; que, « dans les plus importantes délibérations qui regardent la vie, l'État, le salut, les hommes se laissent éblouir souvent par le poids de l'autorité, par les fausses lueurs de l'éloquence, par des exemples mal appliqués, par des enthymèmes qui supposent faussement l'évidence de ce qu'ils suppriment, et même par des conséquences fautives, de sorte qu'une logique sévère, mais d'un autre ton que celle de l'École, ne leur serait que trop nécessaire, en particulier pour déterminer « de quel côté est la plus grande apparence; » que, si l'argumentation scolastique est ordinairement incommode, rien néanmoins ne saurait être plus important que l'art d'argumenter avec rigueur, c'est-à-dire « pleinement quant à la matière, et clairement quant à l'ordre et à la forme des conséquences, soit évidentes par elles-mêmes, soit prédémontrées »; qu'enfin il faut savoir préférer aux belles apparences du discours suivi des raisonnements où soit gardée « quelque formalité constante », où les définitions soient bien précisées, où les principes et les conséquences soient très nettement distingués, où en un mot, il y ait moins d'éloquence et plus de certitude. Toutes ces idées de Leibniz sont tout à fait conformes à l'esprit et aux pratiques de Descartes.

Convaincu que tout se fait mathématiquement et que la musique par exemple est « une arithmétique qui ne s'entend pas compter », Leibniz aboutit à la conception de cette *caractéristique universelle* qui a été l'une de ses plus chères pensées. Il ne s'agit pas de l'irréalisable substitution d'une langue unique aux idiomes existants, mais d'une algèbre des idées dont conviendraient tous les intellectuels pour converser entre eux de tous les points du globe. Ici encore Leibniz suit les traces de Descartes. Celui-ci avait déjà parlé de la possibilité d'établir entre toutes les pensées susceptibles d'entrer dans l'esprit humain un ordre analogue à celui qui est naturellement établi entre les nombres ; il jugeait préalablement nécessaire la vulgarisation d'une « vraie philosophie » déterminant « quelles sont les idées simples qui sont en l'imagination des hommes et desquelles se compose tout ce qu'ils pensent; » cela fait, il pensait qu'on pourrait exprimer par un petit nombre de signes simples, différemment combinés, tous les rapports d'idées possibles ; et il expliquait que la langue universelle, une fois constituée, aurait d'abord le mérite d'être fort aisée à apprendre et à écrire ; puis, chose capitale, « aiderait au jugement, en lui représentant si distinctement toutes choses qu'il lui serait impossible de se tromper, au lieu que, tout au rebours, les mots que nous avons n'ont quasi que des significations confuses. »

En attendant la *Caractéristique universelle*, conçue également par Descartes et par Kant, Leibniz jugeait immédiatement possible l'élaboration d'une langue commune, susceptible d'être très facilement apprise. De fait, on aboutira bientôt à trouver — et peut-être avec l'*Esperanto* est-elle déjà trouvée — une langue conventionnelle, aussi simplifiée, aussi logique, aussi facile que possible, qui certes ne remplacera pas les idiomes naturels des divers peuples, chose ni désirable ni réalisable, mais s'ajoutera à eux, dans les écoles, pour devenir l'instrument universel des communications internationales. Quel grand pas aura fait la fraternité humaine, le jour de l'adoption d'une telle langue par les divers États du monde civilisé !

LA PHILOSOPHIE LEIBNIZIENNE DE L'ACTION

Ces rapports entre le rationalisme de Leibniz et le rationalisme de Descartes n'ont pas empêché Leibniz de dire : « Je ne suis rien moins que cartésien. » Selon lui, la philosophie cartésienne n'est que *l'antichambre de la vérité*. Il faut passer par là, mais non s'y arrêter, si l'on veut parvenir à la réelle connaissance des choses.

Descartes avait entrepris de déterminer comment, dans le monde, tout se fait par figures et mouvements. Au delà de ce point de vue tout mathématique, Leibniz envisage le point de vue métaphysique. Figure et mouvement se supposent, mais ne suffisent point à s'expliquer mutuellement ; et il faut un principe d'action en qui la diversité naisse de l'unité et se ramène à l'unité.

Sans doute, Descartes a eu raison de bannir ce continuel recours aux forces occultes qui rendait toute science impossible. Avec lui, il convient d'analyser mécaniquement tous les phénomènes de la nature. Mais le mécanisme se suffit-il à lui-même? N'a-t-il pas un principe supérieur?

La matière, pure puissance passive, ne saurait nous donner le dernier mot des choses. En effet, la conception de la matière se résout logiquement, comme le veut Descartes, dans celle de l'étendue. Or qui dit étendue dit continuité, répétition, multiplicité. Mais qu'est-ce qui est continué, répété, multiplié? L'étendue est une délimitation extrinsèque de l'être. Mais qu'est-ce qui le fait se délimiter ainsi et non autrement? Force est d'admettre une énergie intérieure que la figure et le mouvement ne font qu'*exprimer* à nos sens.

L'étendue est une abstraction indéfiniment divisible; elle n'a rien de réel, elle se réduit à néant, si on ne voit en elle l'ordre de coexistence d'unités concrètes et vivantes. Supprimez la tendance, c'est-à-dire l'effort plus ou moins accusé, qui est l'essence même de ces unités : que reste-t-il? Rien. Être, c'est agir. Quand on ne voit dans le mouvement qu'une succession de juxtapositions différentes entre certains corps, on néglige pour l'apparent le réel. Le réel, c'est l'action. Considérez un corps en repos; puis considérez-le en mouvement au moment précis où il occupe tel ou tel lieu : vous ne trouverez rien qui différencie ces deux états, si vous ne remarquez que, dans le second cas, le corps *tend* à passer du lieu où il est dans un autre lieu. Cette tendance à l'action c'est encore l'action.

De fait l'action est partout et toujours. Pas de corps sans mouvement; c'est-à-dire pas de substance sans effort. Ce qu'on appelle corps est un ensemble continu de forces agissantes et résistantes. Ce qu'on appelle communication du mouvement par le choc n'est que la transformation du mouvement intestin des particules d'un corps en mouvement translatif de l'ensemble; transformation qui a lieu sans que soit changée la quantité de force préexistante. Ce qu'on appelle immobilité, c'est le caractère des mouvements, des vibrations, des actions et réactions qui, par leur exiguité, échappent à nos sens.

Descartes avait bien démêlé en nous l'action et montré parfaitement comment nous la connaissons; mais il avait cru n'en trouver aucune trace dans la nature : d'où la démarcation si tranchée qu'il établissait entre l'étendue et la pensée, le physique et l'intellectuel, les corps et les esprits. Au *dualisme* de l'âme et de la matière Leibniz substitue le *monisme* qui, tout en distinguant le supérieur et l'inférieur, reconnaît dans la vie spirituelle le type de toute existence. N'est-ce pas là le vrai? N'y a t-il pas lieu de renvoyer dos à dos les négateurs de l'invisible qui n'affirment que le visible et les négateurs du visible qui n'affirment que l'invisible? Ce qui se voit est la face extérieure de ce qui ne se voit pas; et la matière est le contour superficiel de l'esprit, seul profondément réel.

« Les principes du mécanisme dont les lois du mouvement sont les suites, dit Leibniz, ne sauraient être tirés de ce qui est purement passif, géométrique ou matériel, ni prouvés par les seuls axiomes des mathématiques. Pour justifier les règles dynamiques, il faut recourir à la métaphysique réelle et aux principes de convenance qui affectent les âmes et qui n'ont pas moins d'exactitude que ceux des géomètres. La source du mécanisme est la force primitive. Les lois du mouvement, selon lesquelles naissent de cette force les forces dérivées ou impétuosités, découlent de la perception du bien et du mal, ou de ce qui convient le mieux. De cette sorte, les causes efficientes dépendent des causes finales. Les choses spirituelles sont par nature antérieures aux matérielles. Elles leur sont aussi antérieures dans l'ordre de la connaissance, puisque nous voyons l'âme, qui nous est intime, plus intérieurement que le corps, comme l'ont remarqué Platon et Descartes. » Ainsi, à côté des idéalités physiques et mathématiques, Leibniz nous montre les réalités spirituelles et métaphysiques. Celles-là correspondent à celles-ci et en tirent leur raison d'être. « Il y a de la *géométrie* partout et de la *morale* partout. »

Ceux-là se tromperaient qui ne voudraient voir que le moral en tout. « L'ordre actuel demande la matière, le mouvement et ses lois. » Des êtres affranchis de la matière seraient comme des « déserteurs de l'ordre général ». Pas un mouvement dans le corps qui ne corresponde à un mouvement de l'âme, et réciproquement. « Tout ce que l'ambition fait faire à l'âme de César, dit Leibniz, est représenté dans son corps, et il y a un certain état du corps qui répond même aux raisonnements les plus abstraits. » Donc, sous peine de préparer un sujet de triomphe aux matérialistes, il faut reconnaître que tout se fait dans le corps, à l'égard du détail des phénomènes, comme si l'homme n'était que corps.

Mais, en même temps qu'il se déclare aussi *corpusculaire* qu'on le saurait être dans l'explication des phénomènes particuliers et veut qu'on s'en rende compte mathématiquement et mécaniquement, Leibniz se dit « approbateur des scolastiques » dans l'explication générale et pour ainsi dire métaphysique des principes des corps, qu'on ne peut faire dépendre de la seule *étendue mathématique*. Il reproche à Descartes de ne vouloir pas que son Dieu agisse selon quelque fin, ou, tout au moins, d'alléguer que nous ne sommes pas capables de découvrir les fins de Dieu. Il ajoute que « la science est de savoir les raisons ». Or « les raisons de ce qui a été fait par entendement sont les causes finales, ou desseins de celui qui les a faites. » La fonction remplie marque la fin voulue. Voilà pourquoi « la considération de l'usage des parties est si utile dans l'anatomie ».

Selon Leibniz, c'est pour s'être servi trop exclusivement du principe de contradiction et de la notion corrélative des causes efficientes qui sert à juxtaposer les phénomènes dans le temps et dans l'espace, que Malebranche et Spinosa n'avaient rien vu que de passif dans tous les êtres de l'univers. En cela ils continuaient Descartes qui, méconnaissant les caractères de l'individualité, avait adopté le système de la *création continuée*. « Si la substance créée est un être successif, objecte Leibniz, si elle ne dure pas au-delà d'un moment et ne se trouve pas la même durant quelque partie assignable du temps, elle n'opère point et n'agit point par elle même, elle ne mérite pas le nom de substance. » Dès lors, le plus simple n'est-il pas de dire, avec Spinosa, que Dieu est la substance, et que les créatures ne sont que ses accidents ou ses modifications? Aussi, pour Leibniz, le spinosisme n'est-il qu'un *cartésianisme immodéré* auquel il convient d'opposer la notion des unités vivantes dont notre âme nous offre le type. « Spinosa aurait raison, écrit-il dans une lettre à Bourguet, s'il n'y avait pas de monades. »

Qu'est-ce donc au juste que ces forces auxquelles Leibniz veut qu'on remonte pour éclaircir l'idée de substance? Ce ne sont pas des puissaces nues; ce sont des énergies *actives et agissantes*. « Il ne faut pas entendre la force comme une simple faculté ou possibilité d'agir qui, pour être effectuée ou réduite à l'acte, aurait besoin d'une excitation venue du dehors et comme d'un *stimulus* étranger. La véritable force active renferme l'acte en elle-même; elle est une *entéléchie*, pouvoir moyen entre la simple faculté d'agir et l'acte déterminé ou effectué : cette énergie contient et enveloppe l'effort. »

Gœthe, à l'exemple de bien d'autres penseurs allemands, s'inspirera plus tard de Leibniz lorsqu'il mettra ces paroles dans la bouche de Faust : « Comment dire ? *Au commencement était le verbe*? Non, ce n'est pas cela. *Au commencement était l'esprit*? Non. *Au commencement était la force*? Non. Enfin je commence à voir clair et j'écris avec confiance : *Au commencement était l'action.* »

LE PRINCIPE DE LA CONVENANCE ET LA VOLONTÉ DU MEILLEUR

De même que le matériel se résout dans l'immatériel, le principe de contradiction se résout dans le principe de finalité. Tant que cette double réduction n'est pas faite, on demeure dans le logique, on n'atteint pas le réel ; on envisage des possibilités, on ignore l'être.

Prononcer qu'une même chose ne peut pas à la fois être et ne pas être, c'est s'appuyer sur une vérité qui règle toutes nos démonstrations, mais qui n'avance en rien nos recherches. Il est besoin d'un principe qui ne serve pas seulement de loi à l'analyse de nos concepts ; mais qui soit la lumière de nos intuitions expérimentales. Ce principe éminemment synthétique est le *principe de l'ordre ou de la convenance*. Pour qu'une chose soit il ne suffit point que son idée n'implique aucune contradiction ; il faut encore qu'il y ait en elle ce que Leibniz appelle « une prévalence d'intelligibilité ou d'ordre ».

Au point de vue tout logique des causes efficientes correspond le concept de la nécessité brute ; au point de vue tout réel des causes finales correspond le concept de la nécessité morale. Le fond de celle-ci est convenance et spontanéité. Toutes les substances s'harmonisent les unes avec les autres, et chacune trouve en elle-même le principe de ses propres développements.

Convenance et spontanéité intelligente, voilà pour Leibniz la liberté. « La liaison des causes avec les effets, bien loin de causer une fatalité insupportable, fournit un moyen de la lever, » parce que chaque forme de l'être, en même temps qu'elle est une condition nécessaire pour celle qui suit, est une fin contingente pour celle qui précède, et que toute la série des formes de l'être est suscitée par l'infaillible vouloir d'une sagesse d'autant plus libre qu'en voulant ce qui est le meilleur elle se veut elle-même.

Cette idée de la volonté du meilleur est chez Leibniz une idée capitale. Platon, Aristote, et surtout les scolastiques, en avaient usé et abusé. Descartes avait réagi ; mais non aussi complètement que voudrait souvent le faire croire Leibniz. Si Descartes pensait que « tout ce genre de causes qu'on a coutume de tirer de la fin n'est d'aucun usage dans les choses physiques et naturelles ». c'est parce que les motifs d'après lesquels Dieu se conduit surpassent la portée de notre esprit. A ses yeux, c'était une *présomption impertinente* de procéder comme si on était du conseil de Dieu et qu'on eût qualité pour prendre avec lui la charge de conduire le monde. Mais encore est-il vrai que Descartes croyait à l'existence de desseins tendant à l'absolue réalisation du bien. Pleinement optimiste, il affirmait que Dieu, *voulant toujours ce qui est le meilleur*, n'a produit aucune œuvre qui ne soit « parfaite et entièrement achevée en toutes ses parties » ; il expliquait les apparences du désordre par notre ignorance du concert total des êtres, et il disait que « la même chose qui pourrait peut-être, avec quelque sorte de raison, sembler fort imparfaite si elle était seule dans le monde, ne laisse pas d'être parfaite, étant considérée comme faisant partie de cet univers. » Son optimisme allait même si loin que, dans son *Traité du monde et de la lumière*, il se proposa de démontrer les premières lois de la nature en n'appuyant ses raisons sur aucun autre principe que sur les perfections infinies de Dieu.

L'ÉVOLUTIONISME DE LEIBNIZ ET SES APPLICATIONS DE LA LOI DE CONTINUITÉ

C'est précisément de ce principe que Leibniz se réclame pour reconnaître, à l'exemple d'Aristote, comme la première loi de la nature, cette *loi de continuité* dont il fait un constant usage.

Elle lui sert à combattre le matérialisme athée des atomistes et le matérialisme panthéiste de Spinoza introduisant partout « l'inertie et la torpeur »; elle lui sert à combler l'abîme que Descartes avait ouvert entre les corps et les esprits et à rejeter la théorie de l'automatisme des bêtes; elle lui sert à concevoir les analogies, les proportions, les évolutions successives d'où naît en tout le progrès à l'infini; elle lui sert à envisager la gradation des espèces conformément aux découvertes ultérieures de la paléontologie et au point de vue du transformisme; elle lui sert à fonder le calcul infinitésimal sur la permanence des rapports existant entre des valeurs qui croissent ou décroissent uniformément au delà de toute quantité assignable, et sur cette pensée qu' « il est permis de considérer le repos comme un mouvement infiniment petit, la coïncidence comme une distance infiniment petite, l'égalité comme la dernière des inégalités; » elle lui sert à expliquer l'universalité de la vie spirituelle par la distinction du conscient et de l'inconscient, des perceptions claires et des perceptions confuses s'harmonisant et se diversifiant sans fin; elle lui sert à rendre compte des différentes phases de la vie morale par un enchaînement d'états qui se déterminent les uns les autres et par la génération nécessaire de motifs qui sont libres dans la mesure où ils sont *nôtres*; elle lui sert enfin à soutenir que Dieu, voulant *antécédemment* le bien, doit permettre *conséquemment* le mal, parce que rien ne se fait tout d'un coup, et que sa Providence, quoiqu'elle réalise, parmi les possibles éternellement présents à ses regards, ceux-là seuls qui sont les plus parfaits, et qu'elle tâche que les moyens soient bons non seulement *par ce qu'ils font* mais encore *par ce qu'ils sont*, est néanmoins forcée d'établir des degrés dans l'accomplissement de toute perfection.

EXCLUSION DU PANTHÉISME

Puisqu'il y a nécessairement des degrés en toutes choses, on ne saurait tout absorber dans une même unité, matière universelle ou esprit universel; on ne saurait admettre qu'il n'y ait qu'une seule substance qui pense, croit et veut telle chose en moi, mais qui pense, croit et veut tout le contraire dans un autre; on ne saurait adopter cette « doctrine de la pire espèce » qui voit dans les divers êtres de simples modes de la Divinité.

Aussi, en même temps qu'il nous représente les monades inférieures comme émanant de la monade divine par des *fulgurations continuelles*, Leibniz oppose les créatures au créateur, les *actifs particuliers* à *l'actif suprême*. « Dieu calcule et pense, dit-il, et l'univers est produit »; mais l'univers demeure essentiellement distinct de Dieu. Sans doute l'univers ne subsiste que parceque l'efficacité de l'acte créateur persiste à jamais; mais les êtres ont chacun leur énergie propre, ils possèdent chacun une vertu féconde survivant au décret divin qui l'a déposée en eux.

RELATIVITÉ DE L'ESPACE ET DU TEMPS SELON LEIBNIZ

Dès le moment où l'âme suprême a produit d'autres âmes auxquelles elle a donné une existence indépendante, corps, espace et temps ont apparu. Corps, espace et temps ne sont pas des réalités substantielles; ce sont de purs rapports entre les monades et leurs déterminations.

Êtres imparfaits, nous ne nous représentons les choses que d'une manière confuse, et ainsi nous ne percevons rien que sous les conditions du temps et de l'espace.

Comment peut-il se faire qu'une portion de l'espace ou du temps soit simultanément finie et décomposable en une infinité d'éléments intermédiaires? Dès l'antiquité, Zénon abordait cette question dans ces célèbres arguments dont l'allure sophistique nous choque, mais dont le point de départ a une réelle profondeur. Après lui, Aristote la reprenait en enseignant qu'il fallait non pas conclure, avec les Éléates, à une unité qui serait tout, mais reconnaître que toute grandeur est, d'une part, *virtuellement* infinie, et, d'autre part, *actuellement* finie. Leibniz écarte la difficulté en montrant ce qu'il y a de relatif et d'illusoire dans la réalité sensible. A celle-ci il oppose la réalité suprasensible. De même, Kant opposera au *phénomène* le *noumène*.

Si nous n'avions que des pensées distinctes, nous saisirions directement les principes des vérités mathématiques et physiques que le temps, l'espace et les corps figurent; il n'y aurait plus pour nous ni temps, ni espace, ni corps. Mais cela n'a lieu que pour Dieu qui seul possède une sagesse sans bornes.

LA HIÉRARCHIE DES AMES; L'ANIMAL ET L'HOMME

La nature est par rapport à Dieu, la matière est par rapport à l'esprit, ce qu'est l'ombre par rapport à la lumière, ce qu'est le zéro par rapport à l'unité. Pas de nombre qu'on ne pût former par les différentes combinaisons du zéro avec l'unité ; pas de couleur qu'on ne pût obtenir par les différentes combinaisons de l'ombre avec la lumière. De même, tous les possibles sont réalisés par l'action du parfait se manifestant à divers degrés dans l'imparfait, qui en est une limitation plus ou moins variable.

L'immense échelle des êtres va s'élevant, depuis les monades nues dont sont formés les corps bruts, jusqu'à Dieu, la monade parfaite. Parmi les monades intermédiaires on distingue deux grandes espèces : les esprits humains et les âmes animales.

A la rigueur toute monade est une âme ; toutefois on peut réserver ce nom à celles en qui la perception, devenue plus distincte, est accompagnée de sentiment et de souvenir. Or, quoi qu'en ait dit Descartes, n'y-a-t-il pas chez les bêtes sentiment et souvenir ? Il y a même chez elles, grâce à la mémoire, l'espèce de *consécution* à laquelle les empiristes ont voulu souvent réduire la raison. Cette consécution imite, il est vrai, la raison ; mais la raison n'en garde pas moins un caractère très distinct et essentiellement irréductible.

Remarquons, en effet, que les sens ne nous donnent jamais que des exemples, c'est-à-dire des vérités particulières ou individuelles. Mais, comme le marque Leibniz en divers endroits, tous les exemples qui confirment une vérité générale, de quelque nombre qu'ils soient, ne suffisent pas pour établir la nécessité universelle de cette vérité. Il ne suit pas de ce qu'une chose est maintes fois arrivée qu'elle arrivera toujours de même. Les vérités nécessaires, telles qu'on les trouve dans les mathématiques, doivent avoir des principes dont la preuve ne dépende point des exemples, ni par conséquent du témoignage des sens, quoique sans les sens on ne se serait jamais avisé d'y penser.

Les bêtes sont purement empiriques et ne font que se régler sur les exemples sans arriver jamais à former des propositions nécessaires, au lieu que les hommes sont capables de savoir par voie de démonstration et possèdent la raison. Les consécutions des bêtes ne sont qu'une ombre du raisonnement, un passage d'une image à une autre, parce que, dans une rencontre nouvelle qui paraît semblable à la précédente, elles s'attendent de nouveau à ce qu'elles y ont trouvé joint autrefois, comme si les choses étaient liées en effet parce que leurs images le sont dans la mémoire. Ainsi, quand on montre aux chiens le bâton, ils se souviennent aussitôt de la douleur qu'il leur a causée ; ils crient et prennent la fuite. Ces consécutions des bêtes sont le prototype de celles des simples empiriques qui prétendent que ce qui est arrivé quelquefois arrivera encore dans un cas où ce qui les frappe est pareil, sans être pour cela capables de juger si les mêmes raisons subsistent. C'est par là qu'il est si aisé aux hommes d'attraper les bêtes et qu'il est si facile aux simples empiriques de faire des fautes. Les hommes agissent en effet à l'instar des bêtes, lorsque les consécutions de leurs perceptions ne dépendent que du principe de la mémoire. Ils ressemblent alors à ces médecins qui n'ont que de la pratique sans théorie. De fait, nous ne sommes que des empiriques dans les trois quarts de nos actions. Par exemple, si nous attendons pour demain le lever du soleil, notre unique fondement c'est que le soleil s'est constamment levé tous les jours : il n'y a que les astronomes qui le prévoient par raison. La connaissance des vérités nécessaires est ce qui nous distingue des simples animaux et nous permet de constituer les sciences.

Par ces vues, Leibniz réfute à l'avance cette doctrine de l'école anglaise qui prétend réduire la raison à une attente machinale, et qui dès lors assimile l'homme à l'animal. De même que cette école, Leibniz fait voir le rôle capital de l'association des idées ; il remarque comment les perceptions simultanées agissent par leur grandeur et par leur similitude ; il montre même, mieux que ne le fera Stuart Mill, comment il arrive qu'une forte impression, faite d'un seul coup, produit le même effet qu'une longue habitude ou plusieurs perceptions médiocres souvent répétées ; mais il n'a garde de confondre des liaisons d'idées foncièrement contingentes avec les connexions nécessaires qu'établit la pensée, et il distingue de l'accumulation des impressions empiriques l'action intellectuelle qui les combine rationnellement.

Ayant ainsi une âme raisonnable, l'homme se trouve élevé au-dessus des bêtes et fait partie de la république des esprits.

LE TRANSFORMISME LEIBNIZIEN

Puisque *la nature ne fait rien par sauts*, il ne faut pas s'en tenir à distinguer la bête de la machine et l'homme de la bête ; il faut, en même temps, reconnaître qu'il y a d'innombrables variétés d'êtres ménageant les transitions entre ces types divers. De la pierre à la plante, de la plante à la bête, de la bête à l'homme, de l'homme à Dieu, les formes de l'activité et de la vie, de plus en plus végétative, de plus en plus animale, de plus en plus humaine, s'interposent graduellement et indéfiniment. N'imaginons pas que nos distinctions et nos coordinations de genres et d'espèces cadrent pleinement avec la réalité des choses ; envisageons-les plutôt comme des conceptions esthétiques résultant des lois de notre perspective intellectuelle. « Tout va par degrés dans la nature, dit Leibniz ; mais la beauté de la nature qui veut des perceptions distinguées demande des apparences de sauts et pour ainsi dire des chutes de musique dans les phénomènes. »

Plusieurs remarques confirment Leibniz dans cette pensée que les déterminations établies par nous entre les espèces n'ont qu'une valeur provisoire, proportionnée à nos connaissances. Il fait observer que « les mélanges des espèces et même les changements dans une même espèce réussissent souvent avec beaucoup de succès dans les plantes. » Il regarde comme possible qu'en tel ou tel temps, en tel ou tel lieu de l'univers, les espèces des animaux doivent être ou aient été *plus sujettes à changer qu'elles ne le sont présentement parmi nous*. « Plusieurs animaux, dit-il, qui ont quelque chose du chat, comme le lion, le tigre et le lynx, pourraient bien avoir été d'une même race et être maintenant comme des sous-divisions nouvelles de l'ancienne espèce des chats. De même, il se peut que des chiens, distingués comme étant de différentes espèces, soient d'une même race éloignée et que leurs ancêtres aient été semblables ou les mêmes. » Enfin, il croit que les âmes des hommes ont préexisté, non pas en âmes raisonnables, mais en âmes sensitives seulement, qui ne sont parvenues à la raison, que lorsque l'homme que l'âme devait animer a été conçu.

Sans doute des savants viendront qui, moins à court d'expériences et moins retenus par le respect des décisions théologiques, appliqueront plus largement à la zoologie le principe de la variabilité des espèces et entreprendront d'expliquer par quelles transitions lentes et insensibles les formes organiques les plus complexes ont pu naître des formes les plus élémentaires ; mais c'est bien Leibniz qui, par ses théories sur la préexistence et sur le développement continu des êtres, a posé les premières assises de la doctrine de l'évolution.

Cette doctrine, telle qu'il l'entend, n'est point une sorte d'apothéose du hasard aboutissant, à travers les mille rencontres de la concurrence vitale, à un enchaînement progressif de sélections naturelles. C'est l'apothéose de la raison manifestée en tout être par la *tendance au meilleur* et constituant le ressort de l'acheminement universel vers la perfection.

L'antagonisme des individus aide à leur perfectionnement. Kant s'inspirera de Leibniz quand il montrera les arbres de la forêt, qui cherchent à se dérober mutuellement l'air et le soleil, se mettant dans la nécessité de croître le plus possible dans une direction verticale, au lieu de devenir rabougris et tordus.

A la théorie cartésienne des combinaisons mécaniques opérées du dehors, Leibniz oppose la théorie des développements dynamiques procédant de l'intérieur des êtres ; et, en même temps, il rejette la conception usuelle des créations successives et locales. Selon lui, la perfection de Dieu veut un monde qui, existant par soi et non par une suite d'interventions miraculeuses, soit peuplé d'êtres munis des moyens de se conserver, de se perfectionner et de se reproduire à l'infini. La même force et vigueur, dit-il en divers endroits, subsiste toujours et passe seulement de matière en matière : le changement est continuel dans chaque monade ; et elles sont toutes ainsi constituées que tout leur naît de leur propre fonds par une parfaite spontanéité à l'égard d'elles-mêmes, et pourtant avec une parfaite conformité aux choses du dehors.

Ainsi, nulle part le chaos ; nulle part la mort. Tout est ordonné; tout est animé. Chaque vivant est un composé de vivants ; chaque organisme est un assemblage d'organismes. Ce que nous appelons génération n'est qu'accroissement ; ce que nous appelons mort n'est que diminution. Tout procède par concentrations et expansions alternatives, comme le dira Gœthe ; et, là où nous imaginons la destruction, il n'y a que des métamorphoses de l'impérissable activité.

Leibniz ne se contente pas de confirmer les vues de Pascal sur cette loi du progrès qui veut que l'humanité soit comme un seul homme qui subsiste toujours et apprend continuellement ; il ne se contente pas de remarquer que ce qui met le comble à la beauté et à la perfection des œuvres divines, c'est que l'univers marche sans cesse, et du mouvement le plus spontané, vers un ordre de plus en plus complet ; il affirme encore la perpétuité d'une ascension progressive dans la vie d'outre-tombe, parmi les délices de la béatitude éternelle.

LES PERCEPTIONS INCONSCIENTES ET LEUR GRANDE INFLUENCE

Par cela même que, dans la nature, tout part d'une petitesse et tend à une grandeur incommensurable, sans que soit rompue l'harmonie et sans qu'il y ait aucune solution de continuité dans la série des formes de l'être, il est permis de dire que « les raisons ou rapports du fini réussissent dans l'infini ; » et il y a lieu d'adopter ce postulat où Leibniz nous montre le fondement de la méthode infinitésimale : « Toutes les fois qu'il s'agit d'un passage continu se terminant à quelque limite, on peut instituer un raisonnement où cette limite elle-même soit comprise. »

Cette continuité, cette gradation, que le mathématicien reconnaît dans la décroissance des grandeurs, caractérise également les faits psychologiques. Les perceptions distinctes se résolvent en perceptions confuses. C'est faute d'avoir tenu compte de ces perceptions dont on ne s'aperçoit pas, que, selon Leibniz, les cartésiens ont été conduits à faire des bêtes de purs automates.

De fait « toute monade enveloppe et représente une multitude dans son unité. » Cette représentation doit comporter une infinité de degrés et elle est loin d'impliquer la coexistence d'une sensation. Ce serait mal comprendre l'immense subtilité des choses, ce serait imaginer dans les formes de l'être un vide inintelligible que de ne pas admettre que les perceptions qu'on remarque procèdent par degrés d'autres perceptions qui sont trop petites pour être remarquées.

D'ailleurs, plusieurs faits nous font reconnaître l'existence de cette infinité d'impressions qui se produisent dans l'âme sans que la réflexion s'y applique. Prises à part, elles n'ont rien qui les distingue, par suite de leur petitesse ou de leur uniformité ; mais, ajoutées à d'autres, elles ne laissent pas de produire leur effet et de se faire sentir dans l'assemblage, au moins confusément. Ainsi, on entend le murmure de cent mille vagues et on ne saurait remarquer le murmure d'une seule vague ; pourtant encore faut-il qu'on ait quelque perception du bruit de chaque vague, quelque petit qu'il soit : autrement on ne percevrait pas le murmure de cent mille vagues, puisque cent mille riens ne sauraient faire quelque chose.

Comment nous apercevrions-nous de l'interruption soudaine d'un bruit habituel, celui par exemple que fait la roue d'un moulin, s'il n'était vrai que, même quand nous ne prenons pas garde à ce bruit, nous en avons une perception confuse ? Comment, au réveil, nous apercevrions-nous de nos perceptions, si elles n'avaient été précédées par d'autres dont nous ne nous sommes pas aperçus ? Une perception, selon Leibniz, ne peut venir naturellement que d'une autre perception, comme un mouvement ne peut venir naturellement que d'un autre mouvement. « On ne serait jamais éveillé par le plus grand bruit du monde, dit-il, si on n'avait quelque perception de son commencement qui est petit, de même qu'on ne romprait jamais une corde par le plus grand effort du monde si elle n'était tendue et allongée un peu par de moindres efforts, quoique cette petite extension qu'ils font ne paraisse pas. » On peut même aller jusqu'à dire qu'il reste quelque chose de toutes nos pensées passées et qu'aucune ne s'efface entièrement.

Sans doute, on a peine à s'expliquer comment il y a dans l'âme des pensées qu'elle n'aperçoit pas. Et pourtant, on comprend qu'il doit en être nécessairement ainsi. En effet, pour que nous réfléchissions toujours expressément sur toutes nos pensées, il faudrait que l'esprit fît réflexion sur chaque réflexion à l'infini, sans jamais pouvoir passer à une idée nouvelle. « Par exemple, en m'apercevant de quelque sentiment présent, je devrais toujours penser que j'y pense, et penser encore que je pense d'y penser, et ainsi à l'infini. Mais il faut bien que je cesse de réfléchir sur toutes ces réflexions, et qu'il y ait enfin quelque pensée qu'on laisse passer sans y penser; autrement on demeurerait sans cesse sur la même chose. »

Ainsi, autant il serait absurde, en physique, de nier l'existence des corpuscules parce qu'ils échappent à la portée de nos sens, autant il est absurde, en psychologie, de nier l'existence des perceptions insensibles. Dire qu'elles n'existent pas équivaut à prétendre qu'il y a le vide là où il n'y a pas de matière palpable, ou que la terre est sans mouvement parce que son mouvement, étant uniforme et sans secousses, ne se fait pas remarquer.

Toutefois, Leibniz se garde bien de tout ramener à l'inconscient, comme l'a fait depuis tel de ses compatriotes. Il se contente d'établir, avec une rare originalité, que les perceptions insensibles exercent beaucoup plus d'influence qu'on ne pense.

Elles expliquent nos goûts, nos humeurs, nos impressions, nos penchants, nos passions, nos réminiscences, nos déterminations en apparence indifférentes, nos joies, nos tristesses et nos inquiétudes sans cause ; elles rendent compte des effets de l'instinct et de l'habitude; elles nous font comprendre comment notre activité persiste dans l'état de sommeil, de vertige et de léthargie; elles élaborent graduellement notre physionomie physique et morale, maintiennent notre identité et rendent solidaires les uns des autres tous les moments de notre existence; elles élargissent indéfiniment le domaine de la mémoire (car avec des associations d'idées bien conduites on pourrait se ressouvenir de bien loin, de la même façon qu'en entendant le commencement d'une chanson on se rappelle ce qui suit), et elles donnent un moyen à tous les souvenirs du passé de se réveiller mutuellement en telle ou telle période de notre développement ultérieur; enfin elles facilitent cette harmonie universelle qui fait que le grand tout se reflète dans chacune de ses parties et que le moindre des êtres est comme un livre qui, si sous savions le lire avec la pénétration que Dieu possède, développerait à nos yeux le tableau et l'histoire entière de l'univers.

DÉTERMINISME ET OPTIMISME DE LEIBNIZ

De même que la théorie des perceptions inconscientes, la doctrine du déterminisme se rattache à ce principe que tout s'entresuit dans la nature. La liaison rationnelle de toutes choses qu'avait tant affirmée Descartes mène Leibniz à nier le libre arbitre, ou du moins à le dénaturer.

L'homme, tel que l'entend Leibniz, possède, en commun avec toutes les monades, une spontanéité indépendante, et a en propre une intelligence raisonnable. Comme toute monade, il agit de lui-même; en outre, il peut se rendre compte des mobiles de son activité, se soustraire à la servitude des passions, et opter pour le bien, qu'au fond nous ne cessons jamais de vouloir et qu'infailliblement nous préférerions toujours si, comme Dieu, nous savions toujours y voir clair.

Mais l'homme jouit-il d'une puissance d'initiative qui enveloppe la possibilité, non simplement logique, mais réelle et vivante, de déterminations contraires, si bien que, voulant l'un, nous aurions pu vouloir l'autre ? C'est ce que n'admet pas Leibniz. Sans doute il reconnaît, contrairement à Spinosa, que chacun de nous est « une petite divinité dans son département » ; mais dans cette divinité il ne voit qu'une sorte d'*automate spirituel*. Tout est lié ; et rien ne saurait être autrement qu'il n'est sans que l'harmonie préétablie fût rompue. « Si à l'égard de quelque personne et même de cet univers quelque chose allait autrement qu'elle ne va, rien ne nous empêche de dire que ce serait une autre personne ou un autre univers que Dieu aurait choisi. »

Dieu, qui nous incline sans nous forcer et nous fait faire spontanément ce qu'il veut, possède sans bornes toutes les perfections dont il y a des germes en nos âmes. Il est un océan dont nous n'avons reçu que des gouttes. La puissance, la connaissance, la beauté sont pleinement en lui. Ce qui en apparaît en nous n'est qu'un épanchement de ses rayons.

Ne nous plaignons pas de ce que le fini ne fait qu'imiter l'infini sans le reproduire. La toute-puissance consiste à pouvoir tout faire excepté l'absurde. Or est absurde tout ce qui est contradictoire, comme la coexistence de deux infinis. Il suffit que le monde soit en somme le moins imparfait possible et que tout y conspire au meilleur.

Le mal toléré, non voulu, est nécessaire comme condition du bien. Supprimez les désordres physiques, supprimez les vices et les crimes, toute la suite des choses se trouvera modifiée et Dieu ébranlé. La manière de vouloir vient de la manière de comprendre ; la manière de comprendre vient de la manière de sentir; et la manière de sentir vient des objets mêmes. D'où ces paroles de Leibniz dans sa *Confession philosophique* : « La volonté de pécher dérive en définitive des choses extérieures, c'est-à-dire de l'état présent des choses; l'état présent vient du précédent, le précédent vient d'un autre et ainsi de suite; donc l'état présent est lié à la série des choses et découle de l'harmonie universelle; l'harmonie universelle vient des idées éternelles et immuables, contenues dans l'entendement divin. »

À ces théories Leibniz associe l'idée de la damnation, que d'ailleurs il ne veut pas éternelle. — Mais, pourrait-on objecter, si nos crimes sont une partie essentielle du bel ordre de l'univers, pourquoi nous en punir? Si au contraire ils gâtent ce bel ordre, pourquoi Dieu, au lieu de s'en prendre à nous, ne s'en prendrait-il pas à lui-même qui les a décrétés de toute éternité?

LA MORALE DE LEIBNIZ

De l'enchaînement des choses les unes avec les autres il résulte que chacun doit chercher son bien propre dans le bien général. Régler cette recherche est précisément l'objet de la morale.

Pas plus que les axiomes mathématiques, les principes moraux ne dépendent de la volonté de Dieu. « Il n'est guère plus contraire à la raison et à la piété, déclare Leibniz, de dire que Dieu agit sans connaissance, que de vouloir qu'il ait une connaissance qui ne trouve point les règles éternelles de la bonté et de la justice parmi ses objets, ou enfin qu'il ait une volonté qui n'ait pas d'égard à ces règles. »

C'est dans l'amour que Leibniz nous montre le foyer vivant de la moralité. Nous tendons tous également à nous rendre heureux. Il s'agit d'adapter aux exigences de la raison cette aspiration instinctive. *Aimer c'est faire son bonheur du bonheur d'autrui.* Être juste c'est, conformément à la doctrine stoïque, ne léser personne, rendre à chacun son dû, vivre honnêtement et pieusement. On est juste dès qu'on dirige bien son amour. *La justice est la charité du sage.* Elle se résume dans le respect de cette puissance morale qui est le droit, et dans l'acceptation de cette nécessité morale qui est le devoir.

L'homme est un composé de temps et d'éternité. Il se divinise par la vertu. Pour atteindre à la vertu il faut bien comprendre la vieille règle : « Ne fais pas aux au- autres ce que tu ne voudrais pas qu'on te fît; fais aux autres ce que tu voudrais qu'on te fît ». Cette règle, loin de servir de mesure, en a besoin. Prise à la lettre elle subordonnerait nos obligations à notre arbitraire individuel. On ferait trop ou trop peu. « La règle *ne fais pas à autrui ce que tu ne voudrais pas qu'on te fît* ne doit s'entendre, dit Leibniz, que d'une volonté juste. Son vrai sens est que la place d'autrui est le vrai point de vue pour juger équitablement, lorsqu'on s'y met ». Ici Leibniz est le précurseur de Kant. Il faut conclure de la doctrine de ces deux maîtres qu'à l'occasion de tout acte important, nous devons scruter quelle est la maxime de notre conduite, en nous demandant : Si dans la même situation tout homme agissait comme moi et d'après le même principe, qu'adviendrait-il de moi-même, de la famille, de la patrie, de l'humanité ?

Le secret du bonheur, selon Leibniz, est d'aimer son

devoir et de joindre à la pratique du bien l'exercice assidu de la culture intellectuelle. Le savoir et l'actif usage de la raison ont d'inconcevables charmes, et les plaisirs de l'esprit sont les plus propres à nous tenir constamment en joie. Leibniz rappelait volontiers que Cardan, pauvre et vieilli, mais tout adonné aux travaux de la science, était content de son état jusqu'à dire : « Je ne changerais pas ma condition contre celle d'un jeune homme en belle santé et regorgeant de richesses, mais enfoncé dans l'ignorance ».

Vis-à-vis des êtres sans raison, le régime de la guerre est légitime. Ainsi, par cela même qu'il est permis au lion de déchirer l'homme et au rocher de l'écraser, il est permis à l'homme de tuer le lion et de briser le rocher. Mais, dans les rapports de personne à personne, il importe de substituer le régime de la paix, qui égalise et affranchit les hommes, au régime de la guerre qui est l'écrasement du faible par le fort.

Il est dans l'ordre qu'une grande famille des nations se constitue ; que les peuples fraternellement unis s'entre-protègent contre les risques de guerre ; qu'une juridiction supérieure prononce équitablement dans tous les conflits éventuels; qu'une force suffisante garantisse l'exécution des sentences intervenues.

Leibniz entend qu'une idée religieuse serve de fondement à la moralité publique ; car, pour le grand nombre, c'est la considération de Dieu et de l'immortalité qui rend les obligations de la vertu et de la justice absolument indispensables. De là ses plaintes contre l'esprit de son temps où il ne trouvait déjà que trop de dispositions à « renverser jusqu'aux bases de la religion naturelle ».

L'ÉCLECTISME RELIGIEUX DE LEIBNIZ ET SON ENTREPRISE D'UNE FUSION DES ÉGLISES PROTESTANTES AVEC L'ÉGLISE CATHOLIQUE

La religion naturelle consiste à être convaincu que Dieu existe et que la mort est le commencement d'une vie nouvelle; à être juste et charitable; et à se reposer avec confiance et amour dans la bonté de notre Père.

Non content d'une religion naturelle, Leibniz comprend qu'on adopte une des religions qui se déclarent révélées. Bien éloigné d'admettre, avec Spinosa, que tout ce que la raison ne dicte point doive passer pour superstition, il s'autorise de l'ignorance où nous sommes de la conduite de l'univers, pour conclure que Dieu aurait pu faire naître dans le monde une espèce de république spirituelle dont il serait le chef et à laquelle il aurait prescrit, outre les devoirs universels de justice et de charité, certaines obligations spéciales.

Cela reconnu, pourquoi les gens de bien n'emploieraient-ils pas leurs loisirs et leurs talents à s'assurer si ces religions qui font tant de bruit dans le monde ne renfermeraient pas quelque chose de vrai et de solide ? « Il me semble, dit Leibniz, qu'il est un peu plus impérieux de s'informer de la vérité des révélations et apparitions et de découvrir s'il y a quelque puissance supérieure pourvue d'entendement et de volonté qui se mêle de nos affaires, que de savoir s'il y a un vide ou s'il y a quelque matière éthérée qui remplit l'espace dont on a tiré l'air. »

A ses yeux, comme aux yeux de saint Thomas dont il s'est souvent inspiré, l'accord doit s'établir entre la philosophie et la religion, la réflexion et la foi, pourvu qu'on sache bien distinguer des doctrines qui sont *contre la raison* les doctrines qui sont purement *au-dessus de la raison*.

Une des grandes vues de Leibniz était la conciliation du protestantisme avec le catholicisme, la fusion des différentes églises chrétiennes dans une église universelle.

La constitution d'une grande cité religieuse, qui, pour se développer dans la paix et dans la fraternité, garderait du protestantisme et du catholicisme ce que chacun a de meilleur et où l'autonomie des consciences, laissées aussi libres que possible, s'allierait à l'harmonie d'une hiérarchie puissante, lui semblait être une des plus souhaitables choses du monde, pourvu qu'elle fût obtenue sans léser les âmes de part ni d'autre.

Leibniz engagea sur ce point une correspondance avec Pélisson et Bossuet. Il reprochait aux théologiens du protestantisme de donner dans l'excès des subtilités, tout autant que les scolastiques du catholicisme. Pour lui, il avait à cœur de se garder de ces manières qui sentent la dispute et de cet air de supériorité dont chacun a coutume de décorer son parti. Il trouvait que bien souvent on a raison des deux côtés quand on consent à s'entendre; il aimait moins à réfuter qu'à découvrir les éléments d'un accord et à bâtir là-dessus.

Nul plus que lui ne fut pénétré de cette maxime, attribuée inexactement à saint Augustin, et formulée par un théologien protestant dans ses *Exhortations pour la paix de l'Église* : « Conservons dans les choses nécessaires l'unité; dans les choses non nécessaires la liberté; dans les unes et les autres la charité; et tout sera en meilleur état. »

Dans l'ordre doctrinal, Leibniz jugeait bon que les protestants fissent toutes les concessions que comporterait la charité et que ne condamnerait pas la conscience ; mais il n'admettait pas qu'on pût trahir la vérité jusqu'à reconnaître l'infaillibilité de Rome dont le joug serait *insupportable*. Dans l'ordre disciplinaire, il trouvait impossible que tout homme de sens et de cœur ne fût pas alarmé des abus répandus dans l'Église catholique. A son gré les Italiens et les Espagnols, habitués à *donner fort dans l'extérieur*, étaient infectés plus que d'autres par ces pratiques pernicieuses qui font tort à l'essence de la piété. Il appartiendrait aux Français et aux Allemands de se joindre ensemble pour remettre l'Église dans son lustre. Que faudrait-il pour cela? D'abord qu'il se rencontrât un Pape bien intentionné qui, au lieu d'obéir aux préjugés romains, n'aurait souci que de se montrer le père commun des croyants et de mettre un terme à une séparation funeste que les bons chrétiens ne sauraient assez pleurer de toutes leurs larmes ; puis, que le bon vouloir de ce pontife fût favorisé par des souverains sachant comprendre que le comble de la grandeur humaine c'est de pouvoir faire le bien général des hommes et que le suprême degré de la félicité serait de le faire en effet.

Aux yeux de Bossuet c'est autre chose de corriger les abus autant qu'on le peut, autre chose d'apporter des changements à la doctrine « constamment et unanimement reçue ». Il n'admet point de tels changements.
Mais Leibniz conteste la perpétuité des dogmes et nie qu'il faille *canoniser les opinions* uniquement parce qu'elles se trouvent établies en crédit depuis des siècles.

Il conteste que l'Église catholique n'ait jamais fait que maintenir ce qu'elle trouva déjà établi. Notamment au sujet du culte des images, il démontre qu'aux premiers temps il n'en était pas question, et que, quand un concile grec le consacra, un autre concile, tenu à Francfort, fit opposition au nom de la France, de l'Allemagne et de la Grande-Bretagne, alors également hostiles à une nouveauté qui contribua à *rendre le christianisme méprisable* dans les pays d'Orient et à *faire prévaloir Mahomet*. Une erreur pour être ancienne n'en est pas moins une erreur ; et les abus ne cessent pas d'être des abus parce qu'ils s'autorisent les uns des autres.

Quelle surprise n'éprouveraient pas les martyrs de l'Église primitive s'ils reparaissaient dans l'Église nouvelle et étaient témoins de tant de pratiques superstitieuses qui ont détourné les peuples de cette adoration en esprit et en vérité où Jésus voyait l'essence de la religion ?

Que dirait saint Jérôme s'il voyait maints livres non écrits en hébreu et naguère tenus pour apocryphes introduits aujourd'hui parmi les saintes Écritures d'où il les excluait, et s'imposant sous peine d'anathèmes à la foi de chacun comme dictés mot à mot par le Saint-Esprit ?

Comment admettre que le concile de Trente ait anathématisé le divorce en cas d'adultère, quand le divorce en cas d'adultère était admis par Jésus ?

D'autre part, qu'est-il advenu de cette foi au règne de mille ans si en vogue dans la primitive Église ? Maintenant il n'en est plus question.

Qu'est-il advenu de ces corps que les anciens pères de l'Église attribuaient aux anges ? Maintenant on fait des anges de purs esprits.

Laissons quantité d'autres exemples. Mais qu'a-t-il donc été ce Concile de Trente où la vérité chrétienne aurait été codifiée en termes définitifs ? Selon Leibniz, les grandes controverses y furent *dépêchées* par une troupe de gens dévoués à Rome, mais peu zélés pour le bien de l'Église. Une bonne occasion s'offrait à eux. Toutes les nations du Nord étaient absentes. Il n'y avait là non plus ni Grecs ni Orientaux. On n'avait qu'à compter avec un roi d'Espagne engoué des moines et avec une Italienne gouvernant la France. Les prélats du concile, Italiens pour la plupart, étaient *entêtés d'opinions chimériques*, bien convaincus que les autres étaient des barbares et qu'il leur appartenait à eux de gouverner le monde. Tandis qu'au concile de Constance et de Bâle, les nations du Nord avaient balancé ou primé l'autorité des Italiens, ici les Italiens, avec un appoint d'Espagnols, étaient les maîtres et avaient les coudées franches. « Ils taillèrent en plein drap, dit Leibniz, et firent des décisions à outrance à l'égard de la foi, sans vouloir ouïr les contradictions. » De plus, au lieu de procéder à une réforme véritable des abus dominant dans l'Église, ils consumèrent le temps en des matières qui ne touchaient qu'à l'écorce, pour « se tirer vite d'affaire et donner un semblant de satisfaction au monde qui avait été dans l'attente de quelque chose de grand de la part de ce concile ». D'où Leibniz conclut que bien des choses empirèrent; que l'espérance de la réconciliation fut perdue; que les abus jetèrent des racines plus fortes; que les religieux, par le moyen des confréries et de mille inventions, portèrent la superstition plus loin qu'elle n'avait jamais été; que personne n'osa plus ouvrir la bouche parce qu'on le traitait d'abord d'hérétique, au lieu qu'auparavant des Erasme et des Vivès, tout estimés qu'ils étaient dans l'Église romaine, n'avaient pas laissé de parler franc sur les erreurs et les abus des scolastiques et des moines.

Leibniz ne veut pas qu'on pointille sur les doctrines, et il stipule une liberté de conscience aussi large que possible à l'endroit du dogmatisme chrétien tel qu'il a été défini au concile de Trente.

Mais Bossuet n'est disposé à aucune concession. « Sous le beau prétexte de la simplicité de la doctrine chrétienne, dit-il, on veut retrancher tous les mystères, qu'on nomme subtils, abstraits, métaphysiques, et réduire la religion à des vérités populaires... C'est une fausse simplicité que celle qui voudrait qu'on laissât la foi des hauts mystères à la liberté de chacun ». Pour lui, il n'y a rien à changer dans aucune des sentences de l'Église. Les modifier aujourd'hui impliquerait le droit de les modifier demain. La religion n'aurait plus rien de stable. « En pensant fermer une plaie, s'écrie-t-il, nous en ouvririons une plus grande... Le concile de Trente a été souscrit par tout le corps de l'épiscopat. Nous faire délibérer si nous maintiendrons les décisions du concile de Trente, c'est nous faire délibérer si nous croirons l'Église infaillible, si nous serons catholiques, si nous serons chrétiens. »

Autant Leibniz était libéral, autant Bossuet était autoritaire. Son génie et sa foi l'inclinaient également à l'intransigeance. Tandis que, essentiellement philosophe, Leibniz était plus ami du rationalisme que des orthodoxies, lui était avant tout un orthodoxe.

Dès lors, les compromis que suggérait à Leibniz son esprit politique ne purent qu'être impitoyablement repoussés par l'évêque de Meaux, l'homme de la tradition et de la règle. Bossuet accusa Leibniz de s'opiniâtrer dans l'hérésie; Leibniz déplora que Bossuet, retranché dans le formulaire du concile de Trente, refusât tout accommodement avec le libre examen. Bossuet, selon le mot de sa pieuse amie Mme de Brinon, conclut que Leibniz était « un homme dont l'esprit naturel combattait les vérités surnaturelles »; Leibniz exprima le regret que Bossuet, qui, par la beauté et la force de ses expressions aussi bien que de ses pensées, le charmait jusqu'à lui *lier l'entendement,* n'opposât au fond que de vaines raisons qui s'évanouissaient en fumée dès qu'elles étaient soumises à l'examen de la stricte logique, et qu'il ne comprît pas que, pour toutes les matières importantes, il faudrait se renfermer dans un raisonnement tout sec et en forme.

L'échec auquel aboutirent ses efforts de conciliation laissèrent à Leibniz toute sa sérénité. « La Providence trouvera son heure, disait-il, et se servira d'instruments plus heureux. Un jour viendra où on donnerait beaucoup pour que les choses fussent réduites aux termes qu'on a refusé d'accepter maintenant. »

De fait, l'intransigeance de l'Église catholique, qui fit sa force dans le passé, fait sa faiblesse dans le présent. Le temps est proche où elle devra se transfigurer ou périr.

En attendant, qu'importe que protestants et catholiques s'excommunient mutuellement ? *On aurait tort,* c'est le mot de Leibniz, *d'imaginer que Dieu exécute contre les âmes les sentences des Églises.*

L'ESSENCE DE LA RELIGION, SELON LEIBNIZ

Dans la pure religion, telle que la concevait Leibniz, il entrait de l'esthétique, de la morale, et de la science. Son éclectisme aboutissait à une sorte de conciliation de la pensée antique, de la pensée chrétienne et de la pensée moderne.

Aux païens qui n'avaient point d'articles de foi; qui voyaient dans les dieux tantôt de vivantes personnalités, tantôt de purs symboles des forces naturelles; qui croyaient aux miracles, aux augures, aux oracles, et que menaient par la crainte et par l'espérance des collèges de prêtres, interprètes prétendus de la colère ou de la bonté des dieux, Leibniz oppose les Hébreux faisant régner dans un petit canton de la terre la croyance en un seul Dieu, créateur du monde et source de tous biens.

Mais qu'est le progrès réalisé par Abraham et par Moïse, à côté du progrès réalisé par Jésus-Christ? Il confère l'autorité d'un dogme public à la doctrine de l'immortalité de l'âme, qui jusque-là chez les Juifs, *n'était point autorisée d'une manière populaire*; il achève de convertir en loi la religion naturelle; il donne vie aux plus beaux préceptes de la morale éternelle; il opère à lui seul ce que tant de philosophes avaient en vain tâché d'accomplir, et, lorsque les chrétiens ont enfin le dessus dans l'Empire romain, maître de la terre connue, la doctrine des sages devient celle des peuples.

Plus tard paraît Mahomet. Apôtre de l'unité de Dieu et de l'immortalité des âmes, il est fidèle aux grands dogmes de la théologie naturelle. Ses sectateurs les popularisent en Asie et en Afrique. Ils abolissent en bien des pays les superstitions païennes.

Jésus-Christ, achevant ce que Moïse avait commencé, a voulu que la divinité fût l'objet, non seulement de notre crainte et de notre vénération, mais encore de notre amour et de notre tendresse. C'était donner aux hommes un avant-goût de la félicité future; car il n'y a rien de si agréable que d'aimer ce qui est digne d'amour.

Qui aime fait son plaisir des perfections et du bonheur de ce qu'il aime. Or, Dieu possède sans bornes toutes les perfections de nos âmes; il est *un Océan dont nous n'avons reçu que des gouttes*. Quand on l'aime d'un amour éclairé, on se complaît aux bonnes actions et on y goûte ce plaisir qui, *transportant l'humain au divin,* donne un si beau relief à la vertu.

Faire son devoir c'est obéir à la raison; et obéir à la raison c'est exécuter les ordres de la suprême Raison. Du moment où on dirige ses intentions au bien commun on travaille à la gloire de Dieu. Au théiste qui trouve qu'il n'y a pas de plus grand intérêt que d'épouser l'intérêt général et *qui se complaît à procurer les vrais avantages des hommes*, qu'importent les mauvais succès ? Il est content de tout ce qui arrive, puisque Dieu l'a voulu. Il n'a de regret que de ses fautes. Qu'on réponde à ses bienfaits par l'ingratitude, il ne se relâchera pas dans *l'exercice de son humeur bienfaisante*. Sa charité est humble; elle n'affecte jamais de régenter; elle le rend aussi exigeant envers lui-même que miséricordieux envers le prochain.

« Il n'y a point de piété, dit Leibniz, où il n'y a point de charité. » A ses yeux c'est confesser Dieu que faire le bien ; c'est être athée que faire le mal. Il est pénétré de cette admirable doctrine formulée dans la première épître attribuée à saint Jean : La marque qu'on connaît Dieu c'est de garder ses commandements. « Celui qui dit qu'il connaît Dieu et qui ne garde pas ses commandements est un menteur... Qui n'aime point demeure dans la mort ; et qui hait son frère est un homicide... Vivre selon la justice nous fait enfants de Dieu... Mes bien-aimés, aimons-nous les uns les autres... N'aimons pas en paroles et avec la langue, mais en actions et avec vérité... Si quelqu'un a des biens de ce monde, et que, voyant son frère dans le besoin, il lui ferme son cœur et ses entrailles, comment l'amour de Dieu résiderait-il en lui ?... Si un homme dit : *j'aime Dieu*, et qu'il haïsse son frère, cet homme ment ; car celui qui n'aime pas son frère qu'il voit, comment peut-il aimer Dieu qu'il ne voit pas ?... Personne n'a jamais vu Dieu. Mais si nous nous aimons les uns les autres, l'amour de Dieu est parfait en nous... Dieu est amour... Qui demeure dans l'amour demeure en Dieu, et Dieu demeure en lui. »

Quoique tout le monde, autour de lui, fût assidu au culte, Leibniz n'était pas un pratiquant. Sur le point de mourir, il répondit négativement à la demande qui lui fut faite s'il ne voulait pas recevoir la communion.

Néanmoins, malgré son dédain personnel pour les observances en usage, Leibniz proclamait l'utilité d'un culte extérieur pour la majorité des hommes.

Les cérémonies de la pratique et les formulaires de la croyance qu'on trouve dans les diverses religions en sont les formes esthétiques et scientifiques, parlant aux imaginations et aux intelligences.

C'est un outillage salutaire qu'on doit louer, du moment où il nous aide à nous élever de la vie vulgaire à la vie spirituelle, nous incline aux actions vertueuses et nous approche de la pure lumière. Le mal est que trop souvent les formulaires trahissent la vérité, et les cérémonies faussent la moralité.

En général les hommes mettent leur dévotion dans des formalités. Or, ces formalités ne peuvent être louables que quand elles sont comme *une haie à la loi divine*, nous protégeant contre le vice. Il faut regretter qu'à l'encontre de l'enseignement de Jésus, la dévotion ait été ramenée aux cérémonies et la doctrine chargée de formules, sans que la vertu et la vérité y trouvassent profit. « Des chrétiens se sont imaginés de pouvoir être dévots sans aimer le prochain, et pieux sans aimer Dieu; ou bien on a cru pouvoir aimer son prochain sans le servir, et pouvoir aimer Dieu sans le connaître. » Tels qui enseignent la religion n'entendent rien aux perfections divines, et se figurent un Dieu qui ne serait digne ni d'être imité ni d'être aimé. Ainsi, que Dieu fasse expier aux sages de l'antiquité le tort de n'avoir pas été initiés au christianisme, ou aux enfants morts sans baptême le tort de n'avoir pas été baptisés; ce sont là d'étranges duretés que le bon sens de Leibniz repousse. « Heureusement, dit-il, Dieu est plus philanthrope que les hommes. »

Aux yeux de Leibniz comme jadis aux yeux de Bacon, si certaine science éloigne de la croyance, une science supérieure y ramène; et si elle détache l'homme de la foi commune, ce n'est que pour l'élever à une foi plus haute.

De même que le rapprochement des doctrines philosophiques permet d'en dégager la philosophie éternelle, le rapprochement des doctrines religieuses permet d'en dégager la religion éternelle.

Plus l'humanité progressera, plus la religion se libérera des entraves confessionnelles qui opposent les sectes aux sectes, et sera pénétrée de beauté, de vérité, de moralité.

VUES RÉFORMATRICES DE LEIBNIZ

Leibniz étendait à tout ses curieuses investigations, et pour tout il était fécond en vastes projets. De même qu'il aurait voulu unir les théologiens dans la consécration d'une jurisprudence spirituelle renfermant ce qu'il trouvait de plus pratique et de plus raisonnable chez les différentes sectes, il aurait voulu unir les législateurs dans la promulgation d'un code international ramenant la diversité des prescriptions en vigueur aux règles les plus essentielles du droit naturel.

Il était ennemi de ces complications qui embrouillent les matières les plus claires, servent de prétexte aux contestations et font vivre la chicane. « Je tiens, écrivait-il, que les lois les plus courtes, comme les dix commandements de Dieu et les douze tables de l'ancienne Rome, sont les meilleures. »

Pierre le Grand, génie qui savait deviner et utiliser le génie, demanda à Leibniz d'être le Solon de la Russie. Mais la mort surprit Leibniz avant qu'il eût pu mener à bonne fin son œuvre de réformateur.

Il est digne de remarque qu'aux yeux de Leibniz, le point capital d'une œuvre de cette sorte consistait à organiser sur de fortes bases l'éducation publique.

Qu'importent les beaux préceptes sans les bonnes mœurs ! Et comment faire régner les bonnes mœurs sans une bonne discipline ? Dans l'ordre moral les maximes sont peu de chose, la pratique est tout. Rien de sérieux ne s'y opère que par la force de l'exemple et de l'habitude.

Il y a une gymnastique, une hygiène et une médecine des âmes dont les procédés doivent s'adapter à la nature commune des hommes et en même temps être diversifiés selon la constitution morale des individus. Ce n'est pas là une œuvre de science pure ; c'est avant tout une œuvre d'art. L'esprit de finesse y joue un plus grand rôle que l'esprit géométrique, et il ne faut pas cesser de recourir aux leçons de l'expérience.

Si l'instruction ne fait pas l'éducation, elle la seconde ; et c'est d'elle que relèvent les progrès de la civilisation. Leibniz, convaincu du grand rôle qui appartient à la théorie, voulait que l'enseignement à tous les degrés fût unifié par des vues philosophiques embrassant les principes des sciences, des arts et des métiers, et qu'il fût dirigé par un conseil de savants à qui appartiendrait l'initiative des réformes concernant le bien commun.

Toutes les connaissances apparaissaient à Leibniz comme des fragments d'un même tout. Aussi n'y avait-il aucune étude qui lui fût indifférente. A lui seul il était toute une académie. Historien, il apprit à remonter aux sources, à discuter les documents, à étudier, en même temps que les faits et gestes des peuples, leurs antiquités et leurs langues, à unir l'ethnologie et la linguistique. Philologue, il fut des premiers à fouiller les étymologies, à comparer les idiomes, à scruter les origines. Légiste et jurisconsulte, il collectionna les actes publics de toute sorte et il rechercha les réformes à introduire dans la promulgation et dans l'étude du droit. Géologue, il préluda aux belles découvertes de la paléontologie. Naturaliste, il affirma l'existence des zoophytes en se fondant sur ce que l'ordre de la nature implique des êtres tenant le milieu entre les animaux et les plantes. Physiologiste, il conçut après Swammerdam, ce révélateur des infiniment petits, avant Bonnet de Genève, Robinet et Haller, l'hypothèse aujourd'hui rejetée de l'emboîtement, qui nous montre un premier être contenant en soi toutes les générations venues après lui et nous fait assister au développement des germes inclus les uns dans les autres ; il dévoila l'infinité du monde microscopique des vivants ; il enseigna qu'une maladie « est comme une plante ou un animal, et demande une histoire à part ». Physicien et chimiste, il inventa des méthodes de recherche, multiplia les expériences, créa des laboratoires, sema les vues nouvelles, et suggéra toute sorte d'applications de la science à l'industrie. Mathématicien, il institua le calcul différentiel qui, par l'analyse transcendante des accroissements infiniment petits de quantités variables, permet de mettre en équation une multitude d'états géométriques, mécaniques ou physiques, et il put être opposé à Newton.

LEIBNIZ DEVENU L'AME DE LA RÉPUBLIQUE DES SAVANTS

Le xvii° siècle fut illustré par des savants en tout genre. Cassini, Viviani, Guglielmini, Bianchini, Manfredi, Zanotti essayaient, en Italie, de suivre les traces de Galilée ; Torricelli et Pascal établissaient la pesanteur de l'air; Huyghens trouvait les éléments de la théorie newtonienne du mouvement curviligne, appliquait le pendule aux horloges, perfectionnait le télescope, découvrait l'anneau de Saturne et s'illustrait par ces belles recherches de physique et de mathématiques que devait continuer Euler; Hooke, dans son livre sur les *Principes du mouvement de la terre*, conjecturait, avant Newton, la gravitation universelle; Robert Boyle, inventeur de la machine pneumatique ainsi qu'Otto de Guéricke, admirateur et disciple de Bacon, consacrait à l'organisation de grandes expériences son temps et sa fortune, et s'appliquait à populariser la méthode positive; Brandt, et après lui le chimiste Kunckel, faisait cette découverte du phosphore qui inspira à Leibniz, poète à ses heures, d'ingénieux vers latins; deux grands esprits, Swammerdam et Malpighi, deux remarquables observateurs, Leuwenhoeck et Kerkring, étudiaient les mystérieux procédés de la nature, découvraient dans le plus étroit espace un univers d'atomes vivants, et agrandissaient les horizons de la pensée humaine en soumettant à l'anatomie les formes les plus élémentaires de l'être; le médecin hollandais Boerhaave, immortel auteur des *Aphorismes*, des *Institutions de médecine*, des *Éléments de chimie*, s'apprêtait à ressusciter Hippocrate et Galien en sa personne et à attirer autour de lui, à Leyde, des disciples venus de tous les points de l'Europe; Bradley déterminait l'aberration de la lumière de ces étoiles fixes que des millions de lieues séparent de nous; Roëmer calculait la vitesse des rayons solaires; Halley précisait les variations de la boussole et, non moins que son contemporain Hévelius, avançait les progrès de l'astronomie; enfin les Pascal, les Fermat, les Malebranche, les

Roberval, les Mercator, les Cavaliéri, les Grégoire de Saint-Vincent, les Barrow, les Wallis, les Clarke, les Bernouilli étaient, comme mathématiciens, les glorieux satellites de ces trois soleils de la science, Descartes, Newton et Leibniz. C'est surtout la géométrie qui fut florissante au xviie siècle. L'âge des sciences naturelles devait suivre, et faire succéder, dans les œuvres de la poésie et de l'art, un nouvel idéal à l'idéal qu'avait créé la prédominance de l'esprit géométrique.

Au milieu des dissidences religieuses, des discordes civiles, des luttes internationales, il s'était établi une espèce de république scientifique qui rapprochait dans une unité commune l'Angleterre, la France, la Hollande, l'Allemagne, la Russie, la Suisse et l'Italie, et dont la capitale était Paris, le lieu du monde, selon Leibniz, où de tout temps il y a eu *le plus d'habiles gens ramassés*. Les mathématiciens s'envoyaient des problèmes d'un bout de l'Europe à l'autre; les théologiens se communiquaient leurs commentaires; les métaphysiciens leurs spéculations; les physiciens leurs expériences. Les deux langues généralement adoptées étaient le latin et le français.

Leibniz estimait que le français est, avec le latin, la plus philosophique des langues. Il disait cette parole profonde : « Il y a entre la langue et le caractère d'un pays la même corrélation qu'entre la lune et la mer » ; et il remarquait comment, en France comme ailleurs, l'apogée de la grandeur littéraire avait correspondu à l'apogée de la grandeur politique.

Divers opuscules de Leibniz visaient à préparer soit la prépondérance et l'unification de l'Allemagne, à qui manquait selon lui une capitale telle que Paris, soit la restauration de la langue et de la littérature allemandes qui allaient prendre bientôt un si bel essor sous le coup d'aile de grands poètes doublés de grands penseurs. Leibniz et Humboldt, Lessing et Herder, Kant et Fichte, Schiller et Gœthe, autant de promoteurs des revanches de l'Allemagne, qui s'accomplirent dans l'ordre de la pensée avant de se réaliser sur les champs de bataille. L'hégémonie spirituelle prépara l'hégémonie matérielle.

Leibniz proposait pour modèle à l'éducation des Allemands, l'éducation des Français, habitués à lire dès leur prime jeunesse des livres où l'agréable se joint à l'utile, et à tenir des réunions où, entre honnêtes gens également exempts de grossièreté et de pédantisme, un heureux échange de pensées se substitue aux *farces absurdes* de la Germanie; mais en même temps il protestait contre les plates imitations de notre esprit classique et de nos mœurs propres. Il redoutait que la mode française ne chassât d'Allemagne tel ou tel diable, que pour faire la place plus grande à *Belzébuth*, le pire des diables. « J'oserai presque affirmer, disait-il, qu'un Allemand de la vieille roche, qui est ivre en parlant et en écrivant, montre plus de jugement que n'en montre, avec toute sa sobriété, un singe francophile. Mieux vaut encore être l'original d'un Allemand que la copie d'un Français. »

On sait au surplus comment la révocation de l'Édit de Nantes, qui chassa au delà du Rhin toute une élite de Français convertis à la Réforme, fit bénéficier l'Allemagne d'une féconde transfusion de l'âme française.

Son éducation, son génie, ses études, ses voyages, ses relations prédisposaient Leibniz à devenir l'âme de la grande cité des savants. Sa correspondance témoigne qu'il fut en effet le plus vivant foyer du mouvement intellectuel. Cet esprit universel recevait de partout et faisait partout rayonner la lumière. En même temps qu'il discutait avec des écrivains tels qu'Arnauld, Malebranche, Bossuet, Huyghens, Bayle et Clarke, et qu'il était en rapport avec toutes les sociétés savantes, Leibniz appliquait son merveilleux talent de diplomate à faire entrer dans ses vues de progrès des souverains tels que le prince de Hanovre, le roi de Saxe, le roi de Suède, le roi de Prusse, le czar de Russie, l'empereur d'Autriche. Il conseilla successivement à Louis XIV et à Charles XII la conquête de l'Égypte où il rêvait de voir fleurir sur les ruines de l'ancienne civilisation une civilisation nouvelle; il invita Pierre le Grand à s'étendre en Asie et à y faire pénétrer les sciences, les arts, les belles mœurs qu'il introduisait en Russie ; il se préoccupa des moyens d'ouvrir le monde oriental aux recherches des savants qui voudraient prendre place à côté de Hyde, l'historien du mazdéisme, ou de Marsham et de Sale, entreprenant de débrouiller l'un les anciennes institutions de l'Égypte, l'autre les origines du mahométisme; il se procura des échantillons des langues de toutes les nations qui avaient affaire avec le czar jusqu'à la Perse, aux Indes, et à la Chine, en vue de démêler les caractères de ces nations et de découvrir de quels lieux elles sont sorties; il fit un mémoire demandant que l'État mît fin à « l'exploitation des pauvres travailleurs par les gros négociants » au moyen de la création de grands ateliers nationaux, où « les ouvriers, en causant gaiement, travailleraient aux frais de la société, en échange d'une rémunération convenable »; il créa, par ses hautes et sages conceptions, le droit diplomatique de l'Europe ; il pressentit la théorie des microbes; il appela de ses vœux le percement de l'isthme de Suez; il sollicita l'organisation d'une expédition vers le pôle nord.

L'intelligence insatiable de Leibniz s'intéressait à tout et lui suggérait des vues sur tout. On voyait le même homme s'occuper des changements à apporter dans la tactique militaire et des moyens d'enrichir un pays par l'acclimatation des vers à soie; de négociations politiques préparant de bonnes alliances et de fouilles archéologiques; de la constitution d'une Académie et des procédés propres à rendre un grand fleuve navigable; de la mise en scène d'un opéra et de la substitution du principe de la *conservation des forces vives* au principe cartésien de la *conservation des mouvements;* des variations de l'aiguille aimantée et du mécanisme d'une machine arithmétique (encore conservée à Hanovre), qui, tandis que la machine à calcul de Pascal ne pouvait faire que des additions et des soustractions, opérait aussi des multiplications, des divisions, et même des extractions de racines. C'était bien le penseur complet à qui tout sert de stimulant et de matière. Leibniz allait jusqu'à s'occuper de l'organisation de fêtes publiques, et là encore il innovait en tournant les divertissements à l'utilité commune. C'est ainsi que, pour fêter le czar, il fit construire un *plan en relief de l'empire russe avec les accidents de terrain, les fleuves et les mers au naturel.* Rendre quelque service au genre humain était sa constante préoccupation. Un de ses grands sujets d'étonnement était de voir que, tant de choses utiles restant à faire, les hommes s'amusent presque toujours à ce qui est déjà fait, ou à des inutilités pures.

LE GÉNIE DE LEIBNIZ

D'après ce qu'il nous apprend, c'est la lecture des chefs-d'œuvre de l'antiquité qui amena Leibniz à s'imposer comme règle de *penser toujours utilement*. Il s'était fait aussi, à cette école, une seconde règle : *Écrire et parler toujours clairement*.

De même que le visage se colore, sans qu'on y pense, quand on marche aux rayons du soleil, Leibniz, en pratiquant les anciens, prit l'empreinte de leur pensée et de leur style. De là son aversion pour l'emphase vide et les faux ornements. On est souvent fatigué par cette érudition énorme dont il nous accable sans en être lui-même accablé; mais on est frappé de ces intuitions rapides où éclate la plénitude de sa pensée, et l'on aime, en son langage, cette familiarité pittoresque de l'homme qui, tout pénétré du réel, a lu plus encore dans les choses que dans les livres.

Il faut parcourir, après les œuvres de Leibniz, les doctes traités de Wolf, son disciple, pour mesurer toute la distance qui sépare les initiateurs des scholars. Les esprits secondaires se plaisent à tout systématiser. Là où vivait l'inspiration, avec un désordre apparent, eux alignent en un ordre factice des théories toutes mortes, et leur médiocrité fait un lit de Procuste au génie.

Esprit à la fois studieux et inventif, Leibniz *ne méprisait rien facilement* et ne cessait de penser par lui-même. « Ceux qui aiment à entrer dans les détails des choses, disait-il, dédaignent les recherches abstraites et générales; ceux qui approfondissent les principes entrent rarement dans les particularités. Pour moi, j'estime également l'un et l'autre. » La postérité a jugé que, comme Aristote, il excellait dans l'un et dans l'autre.

Il existe une différence profonde entre ces génies initiateurs, Socrate, Descartes, et ces génies encyclopédiques, Aristote, Leibniz. Les uns dédaignent l'érudition, affectent de tout ignorer, font table rase du passé et s'acheminent du doute au savoir ; les autres se tiennent au courant de tout, ont à cœur de tout comprendre, rattachent le présent au passé, et sont essentiellement dogmatiques.

Dès son enfance, Leibniz fut nourri des philosophes anciens. En même temps, il « pénétra bien avant dans le pays des scolastiques ». Il admira parmi eux saint Thomas en faveur de qui il veut qu'on fasse une exception quand on médit des philosophes du moyen âge ; et il distingua de l'aristotélisme de l'école le véritable aristotélisme, qu'il jugeait soit directement d'après les ouvrages d'Aristote, soit indirectement d'après les leçons du savant Thomasius. Encore tout adolescent, il fit connaissance avec les livres du chancelier Bacon, de Cardan et de Campanella, puis avec les œuvres de Képler, de Galilée et de Descartes. Alors, selon ses paroles, il crut « retrouver Aristote, Platon, Archimède, Hipparque, et les autres maîtres du genre humain ».

Venu à Paris, qu'il habita pendant environ quatre ans, il connut Arnauld, Nicole, Malebranche ; il se fit initier par Huyghens aux profondeurs de la géométrie ; il lut enfin les œuvres de Pascal qui lui « ouvrirent l'esprit », et lui suggérèrent des vues dont il se déclare lui-même étonné. On peut dire que la France a été la seconde patrie de Leibniz. Il en adopta la langue, et elle fut le milieu fécond où germa toute sa philosophie.

Mis en rapport avec les penseurs modernes, Leibniz rejeta le recours continuel aux puissances occultes. Un moment, il voulut tout ramener aux atomes et au vide, vu que c'est là ce qui remplit le mieux l'imagination. Mais il aperçut bientôt l'insuffisance de toutes ces explications mécaniques dont la simplicité le charmait, et il *réhabilita*, dit-il, les *formes substantielles*, en séparant l'usage qu'on en doit faire de l'abus qu'on en avait fait. Dans cette œuvre, il s'inspira des idées des théosophes de la Renaissance, des kabbalistes, de la société des Rose-Croix dont il fut le secrétaire, des deux Van-Helmont, de Bruno, et plus particulièrement de Glisson qu'il put lire lors de ses voyages en Angleterre l'an 1673 et l'an 1676. Voilà comme Leibniz, l'éclectique par excellence, prenait son bien, à la façon de Molière, partout où il le trouvait. Lui-même se montre à nous « tirant l'or de la boue et la lumière des ténèbres ». Il se félicite d'être arrivé à une analyse des idées et des choses qui échappe aux erreurs où entraîne l'esprit de secte; qui « allie Platon avec Démocrite, Aristote avec Descartes, les scolastiques avec les modernes »; qui enfin combine la spontanéité avec la nécessité, le vitalisme avec le mécanisme.

A l'encontre du matérialisme ramenant tout à des apparences sensibles et de l'idéalisme ramenant tout à des entités logiques, Leibniz établit victorieusement l'universelle spiritualité des êtres.

AU SEUIL DU XVIIIᵉ SIÈCLE

L'histoire a bien réglé les choses en faisant vivre l'Aristote de la pensée moderne aux confins du xviiᵉ et du xviiiᵉ siècle.

A la veille des furieux combats d'idées, c'est un noble spectacle que celui de ce grand esprit scrutant tous les horizons pour y chercher des rayons de lumière ; toujours avide de pénétrer une face nouvelle de l'intérieur des choses et d'aller plus loin qu'on n'est allé ; mais, en même temps, respectueux des conceptions de toutes les intelligences sincères, et s'appropriant d'avance ces paroles d'Amiel, le profond méditatif de Genève : « Il ne faut jamais mettre contre soi un idéal ; il faut en montrer un autre plus pur, plus haut, plus spirituel, et dresser, derrière une cime élevée, une cime plus élevée encore. »

Peut-être Leibniz, dans sa préoccupation de signaler les rapports entre les systèmes, était-il trop porté à oublier les différences. Il procédait volontiers en diplomate qui négocie des alliances, en médiateur qui veut tout concilier.

Son optimisme allait bien au delà de la juste mesure. A cet homme doté de tous les talents et comblé de tous les honneurs, tout paraissait *être pour le mieux dans le meilleur des mondes*. Ce ne sera pas là l'opinion des hommes du xviiiᵉ siècle. Ces philosophes, pères de la Révolution dont Leibniz avait le pressentiment, ne seront pas aussi satisfaits que lui ; ils ne trouveront pas que tout soit à merveille dans l'histoire et dans la nature ; ils n'auront pas de bonnes paroles pour toutes les doctrines ;

ils estimeront qu'il y a des opinions radicalement fausses, des choses radicalement mauvaises ; ils auront leurs partialités et leurs colères ; ils monteront généreusement à l'assaut de tous les préjugés que leur dévoilera la raison, et ils entreprendront de refaire un monde meilleur sur les ruines du vieux monde.

Le vieux monde n'est plus ; le monde nouveau n'est pas encore : de là nos maux.

Le 14 novembre 1716, dans la capitale du Hanovre, sous un ciel gris, furent portés en terre, sans aucune pompe, les restes d'un homme sûrement bien isolé, bien inconnu ; car, à la suite du cercueil, on n'apercevait qu'une seule personne. Celui qu'on enterrait si misérablement était le grand Leibniz, naguère si entouré, si glorifié ; et l'unique fidèle qui l'accompagnait à sa dernière demeure était son vieux domestique. Ainsi l'avaient voulu de hautes convenances, vu que le défunt n'avait mandé aucun ecclésiastique à son chevet, et qu'il était réputé un mécréant par cela seul que sa religion débordait les cadres des religions existantes.

Ni la Société des Sciences de Berlin, ni la Société Royale de Londres, n'honorèrent du moindre panégyrique celui qui avait été le plus illustre de leurs membres, et qui reste le savant le plus universel des temps modernes. Seule l'Académie des Sciences de Paris, par l'organe de Fontenelle, prononça l'éloge du maître de la philosophie allemande.

Tant reste profonde l'ornière des vieilles orthodoxies ! Tant sont lents les progrès de la conscience humaine !

TABLE DES MATIÈRES

L'AVÈNEMENT DE LA PENSÉE MODERNE 1

LIVRE PREMIER
LA RÉNOVATION RELIGIEUSE

Le besoin d'une réforme. 3
L'initiative de la réforme. 5
Luther. 6
Le manifeste sur les réformes nécessaires. 7
L'hommage de Luther au pape Léon X 18
La liberté chrétienne selon Luther 20
La grande rupture de Worms 23
La Bible et l'Église catholique 26
Bienfaits de l'esprit protestant 31
Le pastorat protestant et le sacerdoce catholique 34
Ni confession, ni célibat obligatoire, ni pratiques ascétiques
  ou païennes 42
L'esprit de liberté allié à une doctrine de servitude . . 43
Les révolutionnaires protestants 45
L'initiation à la tolérance alliée à la pratique de l'intolérance. 48
Le rationalisme protestant. 63
La Compagnie de Jésus 77
Le développement logique du catholicisme 89
Le Jansénisme 92
Saint Vincent de Paul 95
La décadence de l'Église et la fin du gallicanisme 97
Lamennais, de Bonald et Joseph de Maistre 98
Le second Lamennais 101
Le spiritualisme universitaire 102
Le catholicisme comtiste 106

La crise catholique 115
Essais de transformation du catholicisme 123
Le futur avènement de la religion philosophique. 139

LIVRE DEUXIÈME

LA RÉNOVATION PHILOSOPHIQUE ET SCIENTIFIQUE

Renaissance italienne 165
Pomponat 168
Crémonini et Vanini. 169
Ficin, Ramus et Patrizzi. 171
Télésio et Campanella. 173
Giordano Bruno, disciple de Nicolas de Cusa 175
La décadence du génie italien 178
Les théosophes en Italie, en Allemagne et en France . . . 180
Van Helmont et Glisson 182
Bœhm et Molinos. 183
La poussée révolutionnaire dans le catholicisme 185
La poussée révolutionnaire dans le protestantisme 188
Languet, Hotmann et Jurieu. 190
Machiavel 193
Socialisme de Thomas Morus et de Campanella 200
Bodin 203
La Boétie et la révolution en marche 204
Montaigne 208
Rabelais 214
Erasme et les humanistes 218
La science et l'Église 220
La découverte du nouveau monde 225
La découverte de l'imprimerie 227
Galilée et les autres grands promoteurs de la renaissance
  scientifique. 229
La révélation des mondes 234
L'esprit scientifique 240
François Bacon 244

LIVRE TROISIÈME

DESCARTES

Descartes, maître de la méthode expérimentale 259
Descartes, maître de la réflexion philosophique 261

La morale selon Descartes. 263
L'existence de Dieu, selon Descartes 299
La toute-puissance de Dieu, selon Descartes. 300
La véracité divine fondement du savoir humain, selon Descartes 303
Le déterminisme scientifique selon Descartes 304
Le système du monde selon Descartes. 305
La primauté philosophique de Descartes 309

LIVRE QUATRIÈME

PASCAL

Le génie et l'œuvre de Pascal 313
Le cartésianisme de Pascal. 316
Le pyrrhonisme de Pascal 326
Le pessimisme de Pascal. 343
Le jansénisme de Pascal. 346
L'esprit géométrique de Pascal. 361
Le mysticisme de Pascal. 369

LIVRE CINQUIÈME

LES PENSEURS FRANÇAIS DE GASSENDI A MALEBRANCHE

Gassendi et Bayle. 383
Les réfractaires du grand siècle 386
Cyrano de Bergerac. 388
Poulain de la Barre 389
Saint Evremond et les autres épicuriens du xviie siècle. . . 391
Fontenelle 397
Le cartésianisme et l'Église 401
L'émancipation des esprits sous l'influence du cartésianisme. 403
Malebranche 405

LIVRE SIXIÈME

SPINOSA

Le sage de la Hollande. 411
Le panthéisme de Spinosa. 421
La morale de Spinosa. 425
La religion selon Spinosa 431

La Bible selon Spinoza. 432
Strauss et Richard Simon continuateurs de Spinoza 434
La philosophie politique de Spinoza. 436

LIVRE SEPTIÈME

LES PENSEURS ANGLAIS DE HOBBES A NEWTON

Hobbes. 443
Grotius et Bacon devanciers de Hobbes 452
Les puritains. 455
Milton 457
Penn et les initiateurs de la révolution américaine. 460
Filmer et Sidney 462
Locke, théoricien des droits de l'homme et de la propriété individuelle. 464
Locke, théoricien des trois pouvoirs et du droit d'insurrection 467
Locke, théoricien de l'éducation 469
Locke, théoricien de la liberté religieuse et de la tolérance . 470
Locke, théoricien de l'entendement humain 472
Les idées morales de Locke 479
La religion selon Locke 481
Mérites et lacunes de Locke 483
Les piétistes de l'Université de Cambridge. 490
Herbert de Cherbury et Shaftesbury. 492
Cumberland, Wollaston et Clarke. 493
Newton. 494

LIVRE HUITIÈME

LEIBNIZ

L'univers selon Leibniz 503
La providence selon Leibniz 505
Affinités du rationalisme de Leibniz avec celui de Descartes. 507
La philosophie leibnizienne de l'action 510
Le principe de la convenance et la volonté du meilleur, selon Leibniz. 515
L'évolutionnisme de Leibniz et ses applications de la loi de continuité 517
Exclusion du panthéisme par Leibniz. 519

Relativité de l'espace et du temps selon Leibniz	519
La hiérarchie des âmes ; l'animal et l'homme, selon Leibniz.	520
Le transformisme leibnizien	523
Les perceptions inconscientes et leur influence, selon Leibniz.	526
Déterminisme et optimisme de Leibniz	530
La morale de Leibniz	532
L'éclectisme religieux de Leibniz et son entreprise d'une fusion des Églises protestantes avec l'Église catholique.	535
L'essence de la religion, selon Leibniz.	542
Vues réformatrices de Leibniz	546
Leibniz devenu l'âme de la république des savants	548
Le génie de Leibniz	554
Au seuil du xviiie siècle	557

ÉVREUX, IMPRIMERIE CH. HÉRISSEY ET FILS

ERRATA

―

Page 13, *paragraphe* 3, *ligne* 1, *lisez* : On fabrique des saints pour amorcer les foules.

Page 39, *ligne* 4, *lisez* : déclareront impies ceux qui *pensent*.

Page 57, *paragraphe* 4, *ligne* 1, *lisez* : La survivance de l'esprit catholique *chez les répudiateurs du catholicisme*.

Page 69, *paragraphe* 3, *ligne* 2, *lisez* : les Harnach, les Leblois, *les Réville*, les Sabatier.

Page 201, *ligne* 12, *lisez* : *Des* casuistes intervinrent.

Page 209, *paragraphe* 3, *ligne* 5, *lisez* : tirer des vieux livres tout le suc *de la morale* qui s'y trouve.

Page 291, *paragraphe* 4, *lisez* : Descartes devance Emerson exaltant *la* confiance en soi.

Page 292, *paragraphe* 3, *ligne* 4, *lisez* : qui sont *estimés officieux*.

Page 296, *paragraphe* 4, *ligne* 6, *lisez* : des autres *avantages*.

Page 374, *paragraphe* 4, *ligne* 2, *lisez* : *en 1654*.

Page 452, *dernière ligne du chapitre*, *lisez* : cabotin que l'hypertrophie du moi *achemina* à la folie.

```
    3  4  5  7
  6  8  0  4  4
        1  1  4
   8  4  0  2
 6  1  2  3  4  3
   5  6  6  3
 9  2  3  4  5  6
   4  5  6  7
 8  2  3  4  5  7
    3  0  7  8
```

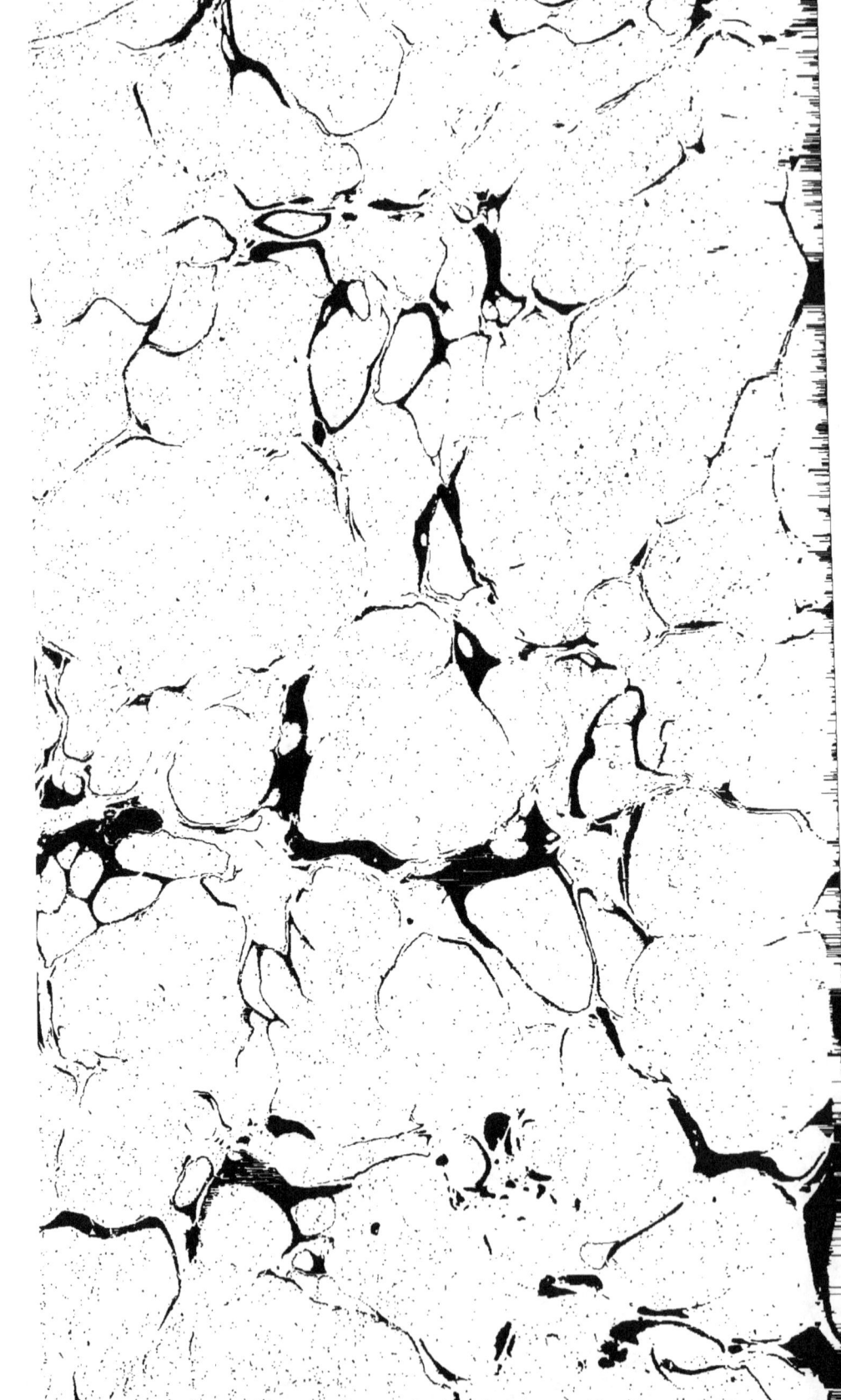

www.ingramcontent.com/pod-product-compliance
Lightning Source LLC
Chambersburg PA
CBHW060507230426
43665CB00013B/1425